社会企业家精神

混合目标的挑战与管理

易靖韬 赵萌 徐京悦 王强 王建英 等 著

第三辑

SOCIAL ENTREPRENEURSHIP

中国人民大学出版社
·北京·

什么样的资源配置方式能够使我们的社会更加健康、平等和包容？当传统企业以利润最大化为圭臬，难以将社会问题的解决置于首位时，当公益组织因资源匮乏与生存压力而步履维艰时，谁能在经济效益与社会价值的博弈中开辟一条新路？十个扎根于中国大地的企业，以鲜活的实践给出了答案。本书中的这些企业案例不仅是创业的故事，更是对"混合目标"这一社会企业核心特征的深刻诠释——在追求经济收益与社会价值的动态平衡中，以创新模式回应中国社会的深层挑战，以使命坚守点亮弱势群体的希望之光。

中国社会的结构性矛盾为这些社会企业提供了生长的土壤。城乡发展失衡的裂痕中，善品公社以电商之力破解"扶贫漏斗困局"，将分散的资源凝聚为产业链的合力。在四川雅安，黄果柑合作社通过品牌共享与"四级品控"体系，让农产品从田间直达消费者，既提升了农户收入，又重塑了乡村经济的造血能力。七约生态农业则从土壤退化的危机中突围，将传统米酒酿造与有机种植结合，不仅让千亩土地重焕生机，更吸引年轻人返乡，为乡村振兴注入活力。这些案例揭示了一个不容忽视的现实：在城市化与工业化的浪潮下，乡村的生态保护、产业升级与人才回流需要更具韧性的解决方案，而社会企业通过整合商业逻辑与公益使命，正成为弥合城乡差距的重要力量。

弱势群体的权益保障是另一社会痛点。集善乐业以"公益联合体"模式构建残障人士就业生态，通过数字化技术赋能，将话务客服、大数据标注等岗位转化为残障群体的职业机遇。甘肃张掖的就业基地不仅为残障人士提供了经济收入，更通过康复训练与心理咨询帮助残障人士重拾尊严。成都童萌则在普惠早教领域另辟蹊径，以"妈妈合伙人"制度激活社区闲置空间，让中等收入家庭以每月300元的成本享受优质服务，同时为全职妈妈创造就业机会。这些实践表明，当市场因成本考量回避弱势群体，当政府资源难以覆盖需求长尾时，社会企业以混合目标为导向的微创新，往往能撬动系统性变革。例如，大米和小米通过自主研发的RICE干预体系，将孤独症儿童康复服务从一线城市下沉至乡镇，以科技与资本的力量填补公共服务空白。这种"商业支撑公益，公益反哺商业"的闭环，正是社会企业区别于传统组织的核心优势。

更深层的挑战在于，如何让社会价值不被经济压力所稀释。十方缘在临终关怀领域的探索提供了启示。从个人陪伴到组织化服务，其建立的五星级义工体系与ISO认证流程，既保证了服务质量的专业性，又通过"爱与陪伴一堂课"等产品实现公益价值的可持续传播。复恩与复观律师事务所则通过法律研究与服务的"三元闭环"，推动公益行业法治化进程。它们证明，社会企业的成功不仅依赖初心，更需要将使命嵌入治理结构。正如成都天杰在推广有机钾肥时，从单纯销售转向"土壤优先"的技术服务，通过示范田与农民课堂建立信任，最终在商业回报与社会效益间找到平衡点。这种"动态校准"的能力，正是混合目标管理的精髓——它要求组织在使命僵化与商业漂移的钢丝上行走，以悖论心智接纳冲突，以组织护栏约束失衡，以钟摆平衡实现螺旋上升。

中国社会的转型阵痛为这些企业赋予了独特的使命。老龄化加速背景下，十方缘为重症老人提供心灵呵护；城市化进程中，古村之友通过互联网平台激活新乡贤力量，守护文化遗产；教育资源不均的现实中，是光以四季诗歌课程点亮乡村儿童的情感世界。这些案例共同指向一个事实：当经济发展与精神文明的鸿沟日益扩大，传统治理模式难以应对复杂需求时，社会企业以其灵活性与包容性，成为社会痛点的"缝合者"。它们不满足于"解决症状"，而是深入问题的因果链条。例如，善品公社不仅帮助农户销售农产品，更通过合作社培训与产业链共建，提升乡村的自主发展能力；七约生态农业从化学农业的反思转向有机种植，试图重构人与土地的伦理关系。这种系统化的问题解决思维，恰恰是商业企业"共享价值"策略难以企及的深度。

然而，社会企业的探索绝非坦途。混合目标带来的内在张力，在案例中清晰可见。成都童萌从公益转型社会企业时，收费模式曾引发"背离初心"的质疑；集善乐业在扩大就业基地规模时，面临专业人才短缺与人工智能替代的双重挤压；复恩在推动公益法治化时，需在学术理想与客户需求间寻找交集。这些挑战暴露出一个根本性命题：社会企业如何在不背离使命的前提下实现可持续发展？答案或许藏于"动静对齐"的策略中——成都天杰通过"离心锚定"拓展新业务时，始终以土壤修复为使命内核；善品公社在品牌升级中坚守"四级品控"，让商业扩张成为社会价值的放大器。换言之，社会企业的生命力在于，将变革的"动"与使命的"静"融为一体，使每一次战略调整都成为对初心的再确认。

站在更宏大的视角，这些案例折射出中国社会企业生态的雏形。从是光的标准化诗歌课程到集善乐业的乐业云工平台，从大米和小米的科技赋能到复观所的法律基础设施，一个支持社会创新的生态系统正在形成。这不仅需要社会企业自身的进化，更依赖政策环境的优化、影响力投资的成熟、公众认知的转变。当古村之友的汤敏通过"爱乡宝"平台激活平民善业时，我们看到的不仅是单个组织的成功，更是一种新经济伦理的萌芽——在这里，利润不再是终极目标，而是维系使命的手段；在这里，企业的成功标准被重新定义，社会影响力与财务健康同等重要。

这些实践给予我们深刻的启示：社会企业不是公益与商业的简单叠加，而是一种新的组织范式。它要求创业者兼具企业家精神与社会情怀，在市场的残酷竞争中守护理想，在资源的匮乏中创造可能。当七约生态农业的许学超从农药销售员转型为有机农业倡导者，当是光的康瑜用诗句叩开乡村儿童的心扉，他们都在证明，商业的力量可以温柔地改变世界。这或许正是社会企业的终极价值——它让我们相信，在效率与公平、利润与使命、竞争与公益之间，存在一片充满可能的中间地带。这片地带，既是解决中国社会问题的试验田，也是构建人类命运共同体的微缩图景。唯有更多人以创新者的勇气踏入这片土地，以守护者的坚韧培育希望的种子，我们才能共同书写一个更健康、更平等、更包容的未来。

本书是中国人民大学科学研究基金（中央高校基本科研业务费专项资金资助）项目成果。借此作序，由衷感谢参与撰写本书的中国人民大学商学院课题团队的所有成员，特别是赵萌、王建英、王强和徐京悦老师，感谢他们长期的专注和卓越的领导。目前，《社会企业家精神》三部曲已然成形，前面两部试图回答社会企业的界定与特征，以及社会企业和商业企业的本质区别等基本问题。本书作为第三部，则回答社会企业混合目标的管理策略问题。三部曲一脉相承，实现了对于社会企业这一全新组织形态的理论解构。通过长期追踪国内社会企业的发展与变迁，我的同事们也为中国人民大学商学院实现"最懂中国管理的世界一流商学院"的愿景和探索建构中国自主的工商管理知识体系做出了卓越贡献。

易靖韬

中国人民大学商学院院长

社会企业的混合目标：优势、挑战与管理

目录

善品公社：双轮驱动破解扶贫漏斗困局

成都天杰：守护田野的肥料专家

七约生态农业：让人与土地更自然

集善乐业：用公益联合体打造助残乐业新模式

十方缘：铺就爱与陪伴的老人心灵呵护之路

大米和小米：为孤独症儿童点亮康复之光

成都童萌：社区普惠早教社会企业的萌芽生长

是光：用诗歌实现乡村儿童自由的情感表达

复恩复观：协力培植公益之林的法律服务者

古村之友：从古村落保护到乡村善治的社会创新实践

社会企业的
混合目标：
优势、挑战与管理

我谨代表社会企业家精神丛书的工作团队，向中国人民大学社会企业研究中心的王建英、徐京悦、王强老师，中国人民大学商学院参与编写案例的老师和同学，中国人民大学商学院领导，接受案例调研的社会企业家，在中国推动社会企业发展的学界和实务界的众多合作伙伴，以及中国人民大学出版社的编辑表达深深的敬意与谢意！

没有他们持续的工作和支持，就不可能有历时八年出版的三本《社会企业家精神》系列案例集。这个系列试图回答关于社会企业这一新兴组织领域的三个基本问题：什么是社会企业？社会企业和商业企业的本质区别是什么？社会企业面临的独特挑战和管理策略是什么？我们希望通过回答这三个问题，为社会各界推动中国社会企业的发展，提供一个相对逻辑严谨和具有实践经验支撑的认识基础和对话基础。为落实2017年提出的《中国社会企业发展北京倡议》做出贡献。

为回答这三个问题，在第一辑《社会企业家精神》中，我们界定了中国社会企业的内涵和类型。在第二辑中，我们讨论了区分社会企业和商业企业的社会使命稳健性问题。在第三辑（本书）中，我们的主题是理解和管理社会企业的混合目标，从而实现经济收益和社会价值的持续增长。笔者和同仁欣喜地看到近年来在中国对社会企业的研究和实践蓬勃发展，各种观点和视角层出不穷。这为社会企业的发展注入了源源不断的活力，同时也产生了更多的疑问和困惑。因此，在展开讨论之前，笔者对本系列所理解的社会企业需要做两点澄清。

首先，本系列所讨论的社会企业是自20世纪末以来涌现出的新型组织形态。这种组织形态早期集中出现在现代商业企业和非营利组织发展较为成熟的欧美国家。社会企业逐渐受到重视，是因为它能在当下的经济（如对股东利益优先的企业理论的反思、更加充裕的投资资金）、社会（如贫富差距扩大、环境污染）、技术（如更有效的沟通和交通效率带来的创业便利）、政治（如政府公共支出缩减、政府寻求更有效的公共服务方式）等环境中，更加有效和可持续地解决市场、政府和社会组织三重失灵领域的社会问题。因此，虽然社会企业家精神贯穿人类历史，但我们所讨论的社会企业的组织结构、法律特征、组织挑战和管理策略根植于当代社会经济的发展环境中。它不等同于历史上众多同时具有盈利活动和社会价值的组织形式、具有社会实验性质的活动，或在特定地域和文化环境中出现的传统慈善与商业活动的结合体。与历史上少数精英人士所开创的具有社会属性的商业活动不同，我们所讨论的社会企业是当今社会中每个人都可以选择的职业路径和生活方式。

其次，本系列并不认为社会企业是所有企业发展的必然方向。社会企业不必然，也不应然取代专心创造经济价值的商业企业和专心创造社会价值的非营利组织。社会企业是在这两者之外的第三个选项。这三种组织形态对社会都有着独特的贡献。它们共同帮助社会实现经济增长、公民权益保障和社会公正等综合目标。社会企业可以与其他类型组织合作，但是当一家社会企业试图模仿或取代商业企业、非营利机构或政府在社会中的功能，那么这家社会企业恐怕会偏离它最有优势的生存空间，甚至发生使命漂移。关于"使命漂移"及其相关概念"使命稳健性"的详细阐述，请参见《社会企业家精神（第二辑）》。

综上所述，本系列所讨论的社会企业，是人类社会发展到现阶段才会出现的一种个人和组织的选择。社会企业的一个基本特征是追求创造经济收益和社会价值的混合目标。而这个基本特征常常引发人们的质疑：为什么要把事情搞得这么复杂？追求纯粹的单一的组织目标不好吗？同时追求多个目标会不会导致竹篮打水一场空，哪个目标都无法实现？会不会因为同时追求多个目标而导致组织的失败？本书试图基于现有的研究成果和笔者的实践来回应这些疑虑。本书的基本观点包括两个方面。首先，混合目标相对于单一的经济或社会目标，在解决社会问题方面具有独特的优势。其次，混合目标会给组织带来独特的挑战，从而要求组织采用针对性的管理策略。通过论述混合目标所带来的优势、挑战和应对策略，本书希望揭示社会企业不同于单一目标组织的独特之处，为社会企业从业者、支持者和研究者提供有益的参考。

社会企业的混合目标

社会企业是典型的混合型组织（hybrid organization），结合了来自商业部门、非营利部门乃至政府部门的目标、逻辑和价值理念（Battilana，Besharov，& Mitzinneck，2017）。混合型组织囊括了广泛的组织形式，如从事战略企业社会责任的商业企业，需要自负盈亏的博物馆，需要兼顾社会、政治和经济目标的国有企业。近年来，越来越多的商业企业开始把经济目标和社会目标置于同等重要的地位（Davis，2016），加入混合型组织的行列。如美国的共益企业（benefit corporation）和低利润有限责任公司（low-profit limited liability company）、英国的社区利益公司（community interest company）等。第一辑第一章对这些企业类别有详细论述。

作为混合型组织，社会企业的基本特征是同时对经济收益和社会价值两种绩效负责，或者说追求混合目标。这决定了社会企业既不像商业企业那样追求经济收益（特别是股东利益）最大化，也不像非营利组织那样追求社会价值最大化，而是追求经济绩效和社会绩效的最优化。最优化体现为经济绩效与社会绩效之间的均衡。在均衡点上，用以增加经营收入和促进业务发展的活动不会减损社会使命；同时，用以创造社会价值和保障受益人群福祉的活动也不会威胁到经营收入的可持续性。通过维持这一均衡，社会企业的经济收益和社会价值得以持续增长。

实现和维持这一均衡，要求社会企业采用不同于商业企业和非营利组织的组织结构、治理模式、管理制度和决策方式（Ebrahim，Battilana，& Mair，2014）。例如，社会企业的绩效考核需要同时考量财务指标和社会影响力指标，业务发展需要满足侧重不同目标的利益相关方的诉求。

混合目标的优势

实践和研究证明，追求混合目标的社会企业可以为市场或政府难以独自解决的社会痼疾提供创新的解决方案（Mair & Rathert，2019）。例如，社会企业的工作能够显著减少系统性的社会不平等（Mair，Wolf，& Seelos，2016），或建立更加包容的劳动力市场（Battilana，Sengul，Pache，& Model，2015）。而追求单一经济目标的商业企业的社会责任或社会创新活动，不仅难以解决这类社会痼疾，而且可能无意中固化甚至强化这类社会问题。在过去几十年里，商业企业为解决社会问题投入了巨量资金、人力和社会资本。然而，这些投入常常忽视或有意回避解决社会问题所需要采取的关键行动，产出了大量无法产生持续和实质性社会影响的项目，对利益相关方造成了意料之外的负面影响，并且通常在经济与社会目标发生冲突时退回到追求单一经济目标的老路上去（Wright & Nyberg，2017）。

研究证明，商业企业的社会责任或社会创新活动难以解决系统性的社会问题。首先，鉴于经济目标在商业企业中的主导地位，商业企业在解决社会问题时面临一个根本性的选择：在经济收益大、社会收益小和经济收益小、社会收益大的两种投资中，企业该怎样选择？答案几乎是显然的。企业偏好在与产生经济收益直接相关、能产生更大经济收益的领域创造社会价值。当下十分流行的"创造共享价值"（creating shared value）模式鼓励企业把创造社会价值的活动整合到主导性的经济目标中去，促使企业注重能够快速产生经济收益的短期社会价值而不是长期的社会影响（Slawinski & Bansal，2015）。于是，企业追求能够被宣传成企业和社会"双赢"的"简单胜利"（如节能减排），而不是投入可能产生系统性社会和环境问题的领域（如保护生物多样性），即使企业的价值链活动可能正对这个领域造成破坏（Barnett，Henriques，& Husted，2022）。企业还面临另一个选择：当解决社会问题的活动可能会妨碍企业的盈利能力时，该怎样选择？研究发现，当创造共享价值的活动和经济目标发生冲突时，这些活动常常会被搁置或削弱。例如，当企业的环保活动不利于实现企业的盈利目标时，企业会通过各种方法使得环保目标被渐渐淡化，从而让位给经济目标（Wright & Nyberg，2017）。在上述情况下，期待商业企业能够持续有效地创造共享价值、解决社会问题，可能只是一种臆想（Crane，Palazzo，Spence，& Matten，2014）。

其次，社会问题的系统性在于造成问题的因素是多重的而且是相互关联的，针对单一因素的活动无助于解决系统性问题。例如，社会责任活动倾向于直接避免在供应链中使用童工，却极少采取行动去解决童工背后的社会和经济不平等问题，以及禁止儿童工作后他们的出路问题（Rathert，2016；Wijen，2014）。

最后，商业企业倾向于通过技术手段解决社会问题，然而技术手段在改善社会和生态系统时具有内在的局限性。例如，技术解决方案常常产生意料之外的负面后果（如生产电动汽车造成土壤毒化）；可能导致"杰文斯悖论"（Jevons's paradox），也就是新技术会提高资源使用效率，从而鼓励更多生产活动使用该技术，结果比新技术出现之前消耗更多的资源；可能导致过度生产和消费环保产品，对环境造成比以往更大的负担（Barnett et al.，2022）。

认识到商业企业解决社会问题时的种种困境，越来越多的人呼吁开发一种具有根本创新性的、基于市场规则解决社会问题的新模式。社会企业正是这样一种在以经济目标为导向的企业社会活动遇到正当性危机时出现的替代组织形态。追求混合目标的社会企业，能够提供改变社会问题深层次的因果链条和制度要素的解决方案，而不只是解决问题的表面症状（Lawrence，Graham，& Bryan，2014）。例如，孟加拉国的格莱珉银行（Grameen Bank）认识到缺乏社会资本以及由社会资本带动的教育、金融、政治等资源是乡村女性受困于贫穷的关键原因。于是，格莱珉银行通过创新的小额贷款模式为乡村女性创造社会资本，进而逐步化解她们身上的制度束缚。研究发现，社会企业在一些重大社会问题领域（如减少不平等、促进多样化、增加社会包容等），相较于商业企业能够更加系统和深入地创造社会价值，例如，增进人们对社会问题复杂性的认识，设计具有实际效果和可持续的解决方案，有效率地实施具体的干预机制，以及对经过验证的干预机制的规模化应用（Seelos & Mair，2017）。

许多国家的政府部门也表现出对社会企业混合目标的浓厚兴趣。政府希望社会企业通过创新的、财务可持续的方式，解决棘手的社会问题和提供公共服务。全球范围内公共支出预算的缩减，以及人口和职业结构的变化，进一步促使政府部门看到社会企业在解决政府失灵问题上的潜力（Mair & Rathert，2019）。尽管社会企业具有以上诸多优势，但混合目标也会带来独特的挑战。

混合目标的挑战

同任何组织一样，社会企业的发展水平和经营成败受到个人、组织以及环境因素的影响。由于经济目标和社会目标在价值取向、行为逻辑、社会期待等方面有着内在的差异，社会企业面临着两种目标之间内在的持续的冲突（Pache & Santos，2010；Pache & Santos，2013）。一个运转良好的社会企业，既需要具备市场竞争所要求的效率、盈利能力和对环境变化的适应性，也需要具备对社会使命的热忱与专注。然而在现实中，社会企业常常在进行管理决策和绩效评估时遇到两种目标优先性的冲突（Grime，2010），需要处理组织内部不同亚群体之间、不同外部利益相关方之间相互冲突的需求（Smith，Gonin，& Besharov，2013），以及面对这些冲突的道德两难（Dees，2012）。基于已有的研究成果和笔者的实践经验，本书把混合目标带来的挑战归纳为以下几类：社会使命的僵化、成功界定的差异、组织亚群体的冲突、外部利益相关方的压力、战略变革的风险。

1. 社会使命的僵化

一个组织的使命描述了组织存在的根本目的以及实现这一目的的恰当手段。组织使命常常被通俗地称作组织的"初心"。而组织身份是一个组织核心的、持久的、能够使它和其他组织相区别的关键特征（Albert & Whetten，1985）。它将组织使命内化到每个成员的心中，连接组织的"大我"和自己的"小我"，使成员能够基于组织使命来回答"我是谁"和"我是做什么的"这些关键问题。

社会企业的领导层或决策者对组织身份的形成和维系起到至关重要的作用（Besharov & Khurana，2015）。他们定义组织的社会使命，进而通过雇佣和奖励认同使命的员工，开展培训和考核来传播和巩固支持使命的价值观和行为模式，解雇和使命不契合的员工等方式，来建立和强化组织身份。他们也常常通过对组织仪式的设计和实施，对物理空间的安排，对组织历史和组织故事的叙述等方式，来维系组织身份。当社会企业的成员通过组织身份把自我身份（"我是谁""我是做什么的"）和社会使命紧密地结合起来，他会自觉地坚持和维护社会使命，即使环境的变化要求对社会使命进行调整。这时，调整使命对于这些成员尤其困难，导致社会使命的僵化或对环境变化的低适应性。社会使命僵化的一个例子是英国曾经名噪一时的社会企业 Aspire。Aspire通过雇佣无家可归者销售商品对其进行赋能。然而，在遇到环境变化和财务困难时，主要决策者不顾特许经营商的反对意见，坚持把受益人群聚焦在难以培训的"瘾君子"等弱势人群上，并拒绝调整商业模式和降低成本，导致和加盟商关系的破裂，最终走向破产清算（Tracey，Phillips，& Jarvis，2011）。

至少有两个因素可能造成社会使命的僵化。首先，超越功利目的（如打工挣钱）的崇高目标（如扶危济困）是组织成员在工作中意义感的重要来源（Lepisto & Pratt，2017；Rosso，Dekas，& Wrzesniewski，2010）。当社会企业的成员把自我身份和这种崇高目标结合在一起，把组织使命变为他人生中需要实现的个人使命时，就相当于和社会企业达成了一种基于共同意识形态的心理契约（Thompson & Bunderson，2003）。他可能把社会使命的调整看作对于这个契约的背叛，从而产生巨大的心理压力（Morrison & Robinson，1997）。然而，来自组织内部和外部环境的挑战会不断威胁社会企业的生存。对组织的战略和使命做出适时的调整，往往是组织渡过难关、实现持续发展的关键（Smith & Besharov，2019）。社会企业成员和使命达成的心理契约可能令他们难以觉察组织在经营中遇到的困难，未就遇到困难时调整使命做好心理和行为准备。其次，过度关注社会目标的组织发展路径可能导致社会使命的僵化。当决策者过度侧重社会目标而淡化经济目标时，社会企业可能会优先发展和创造与社会价值有关的员工能力、管理制度以及外部利益相关方关系。例如，一项针对641家法国就业整合型社会企业（work integration social enterprise）的研究发现，在组织创立之初高度强调社会目标的企业，在发展过程中会偏向于发展与社会目标有关的价值理念、员工能力、外部合作关系，而忽视与经济目标相关的员工能力和社会关系，结果对财务持续性造成负面影响（Battilana et al.，2015）。

2. 成功界定的差异

相较而言，单一目标组织的成员和外部利益相关方，可以更加清晰一致地根据组织目标界定成功，并通过利润率或受益人群数量等指标测量成功。追求混合目标的社会企业需要同时对社会和经济绩效负责。因此，社会企业作为一个组织的成功，在理论上是根据两种绩效的最优化，或两种绩效的平衡且持续增长来界定的。但在现实中，界定社会企业的绩效要复杂得多。这造成组织成员或外部利益相关方对于什么是企业的成功可能有着不同的甚至相互冲突的理解，这给组织的决策和发展带来了挑战。社会影响力的多元维度属性和对社会目标在决策中核心程度的不同理解，是成功界定差异的两个重要原因。

人们通常用社会影响力来衡量社会使命的达成程度（Ebrahim & Rangan，2010）。但不同决策者、员工或外部利益相关方，可能从不同的视角理解和评估企业的社会影响力。这是因为社会影响力是一个多元维度的概念，包括但不限于规模影响（scaling out）、规则影响（scaling up）、规范影响（scaling deep）（Zhao，2020）。规模影响的指标是受益人群的规模和业务覆盖的地区范围。规则影响的指标是公共政策和政府议程的改变。规范影响的指标是受益人的个人、家庭和社区的发展情况以及公众理念的转变。

一家社会企业可能经济规模（如员工数量、资产规模、收入规模）较小，但能产生巨大的社会影响。例如，一家雇佣并赋能残障人士的小型社会企业，可能能够推动政策的变化（规则影响），并为所在社区的个人和家庭带来深刻影响（规范影响）；而另一家具有相同使命的社会企业更加重视规模影响，努力增加残障员工的数量，并追求经济收入的快速增长。如果我们理解社会影响力的多元维度，那么就更容易理解这两家企业各自的成功之处。它们用各自的方式实现了组织的持续经营和社会影响力的持续增长。但是，如果社会企业的成员之间、主要外部利益相关方之间、企业和外部利益相关方之间，侧重的社会影响力维度不一致，这可能造成组织亚群体之间的冲突，以及企业和利益相关方之间的冲突，导致企业运行瘫痪或失去外部资助。

虽然社会目标在社会企业的决策中占据核心的位置，但对于经济目标是否处于同等核心的位置抑或处于相对次要的位置，不同企业成员之间和不同外部利益相关方之间可能看法各异。研究发现，两种目标在不同社会企业中具有不同的组织目标中心度（centrality）（Besharov & Smith，2014）。在高中心度的企业中，社会目标和经济目标对组织的生存和发展具有相似程度的重要性。例如，在扶贫型小额贷款机构中，决策者可能会在员工培训、绩效考核、选择合作伙伴时对社会目标和经济目标给予相似程度的考量。对于低中心度的企业，社会目标在企业决策和运行中占据更加显著的核心地位。例如，一家以传承和推广传统文化艺术为使命的社会企业，把社会目标作为主导目标。决策者可能需要权衡两种测量工作绩效的方法：一种是考量业务活动能否传播艺术的内在价值，另一种是考核基于市场反馈的量化指标。后者更有利于提高效率和增加业务收入。而决策者可能会选择前者，即使它在提高收入方面不具有优势。

组织目标的中心度会受到组织目标兼容度（compatibility）的影响（Besharov & Smith，2014）。对于高兼容度的企业，为实现不同目标所开展的活动是高度一致的，甚至可能是同一项活动。例如，小额贷款机构中与经济目标有关的活动（发放和回收贷款）和与社会目标有关的活动（帮助贫困人群获得金融服务）是高度统一的。相应地，决策者可能倾向于在考核员工业绩时对社会目标和经济目标给予同等重要的考量。而在低兼容度的企业中，为两种目标服务的活动可能产生相互冲突的影响。例如，致力于传承和推广艺术的社会企业可能会发现，为增加市场知名度和业务收入所开展的活动并不利于受众理解艺术的内在审美。这时，决策者可能会偏向社会目标，减少或避免开展这类活动。

在上述情况中，如果组织成员或外部利益相关方不认同决策者对组织目标中心度的理解，他们对于企业的成功也会和决策者有不同的理解。接受高中心度的人会认为组织成功要求社会目标和经济目标实现相似比例的增长；而接受低中心度的人会认为为了保障社会目标，在经济目标上进行妥协对于组织成功是必要的。如果企业内部或企业与外部利益相关方之间存在这样的对于成功界定的差异，就可能给决策带来困难，甚至造成难以调和的冲突。

3. 组织亚群体的冲突

社会企业的不同成员、部门、层级等亚群体可能会侧重不同的组织目标。经济目标和社会目标对成员的价值理念、工作技能和行为方式有不同的要求。例如，一家扶贫型小额贷款机构的社会目标要求员工能够理解和回应贫困客户的情绪、心理和社会障碍。接受过社会工作和心理学训练的员工可能更擅长这种技能。而经济目标要求员工理解和应用金融领域的知识，包括定量分析的技能。有商业或经济学科背景的员工可能对此更加熟悉。教育背景不仅对工作技能有影响，也可能对员工的价值理念产生影响。例如，商学院和法学院的学生，在毕业后更有可能接受追求利润最大化是企业的首要目标这一观念（West，2011）。这种教育背景的决策者可能更加侧重经济目标，强调成本收益和效率；而侧重社会目标的决策者可能强调解决社会问题的实际效果（Esptein，2008）。前者可能希望加强和供应商、客户、投资者的关系，后者可能希望与包括非营利组织和政府部门在内的、更广泛的利益相关方建立联系（Brickson，2007）。

组织亚群体对不同目标的侧重会带来日常决策的分歧。例如，一个名叫数字鸿沟数据公司（Digital Divide Data）的柬埔寨社会企业为弱势群体提供信息技术培训，帮助其就业。企业的经理人员对在柬埔寨的什么地区开展业务以及该为受益人群提供怎样的服务等问题上持续争论。有人认为应该去最偏远的地区服务最弱势的群体，有人认为应该在基础设施较好和就业机会较多的地区开展工作；有人认为应该为弱势群体提供综合的社会干预，有人认为这样做会削弱组织的财务持续性（Smith & Besharov，2019）。当这些分歧持续发酵，可能会造成决策者的焦虑和自我防御行为，因为这些分歧带来难以应付的复杂局面以及对决策者自我认同的挑战（Vince & Broussine，1996）。这可能促使决策者在两种目标中进行二选一，进而在侧重不同目标的亚群体之间引发对立（Lewis，2000）。如果亚群体之间的冲突不能得到及时化解，对立双方会愈发感到自己受到对方的威胁，对自己的选择持续投入资源和情感，并通过排斥对方来强化自我认同（Fiol，Pratt，& O'Connor，2009）。这使得对混合目标的追求退化成维护各自目标的权力争斗。最终，亚群体冲突变得难以调和，甚至导致组织工作的瘫痪。

多项研究说明了亚群体冲突对组织的破坏作用。例如，一项关于美国销售天然食品的合作社的案例研究发现，组织中有两派成员：更加关注社会和环保目标的"理想主义者"和更关注组织财务健康的"实用主义者"（Ashforth & Reingen，2014）。这两个群体在许多决策上长期意见不合，包括决策权在多大程度上应该集中在少数管理者手中、是否应该减少成员在购买合作社产品时的优惠折扣、应该为会员服务分配多少预算等。他们在目标和价值理念上的紧张关系渗透到日常事务中，如应该生产和销售什么商品、店面该如何布置、员工是否应该统一着装等。理想主义者们会把日常事务中试图增加销售额的做法称为"不符合环保理念的"、"腐败的"或"不道德的"。两个群体之间的持续紧张关系令合作社一度难以为继。另一项研究发现，在玻利维亚的一家知名扶贫型小额贷款机构，一部分信贷员强调组织的商业成功，而另一部分信贷员强调推动弱势群体发展。这两个群体之间的长期冲突和不信任最终导致组织失败（Battilana & Dorado，2010）。

4. 外部利益相关方的压力

社会企业，特别是初创期的社会企业，常常依靠认同其社会使命的外部利益相关方提供关键资源，如资金、技术支持、市场信息、市场可见度、社会信任度等。但不同利益相关方可能侧重不同的组织目标。基金会、捐款人、非营利合作伙伴、政府部门等可能更注重社会目标以及产品和服务的社会属性；而投资机构、供应商、经销商、客户等可能更注重经济目标以及产品和服务的经济属性。虽然它们总体上认同社会企业的混合目标，但它们会从自身利益和价值立场出发，对社会企业提出要求。于是，社会企业需要满足不同的甚至相互冲突的外部需求，否则就可能失去关键的资源。一项研究发现，一家雇佣生活困窘的移民来提供翻译服务的社会企业未能持续获得利益相关方的支持（Bell，2011）。这是因为商业合作伙伴担心移民的工作质量达不到标准，非营利的合作伙伴担心这家企业存在剥削移民的风险。

如果不能满足侧重经济目标的利益相关方的需求，社会企业就可能失去资金来源。但如果偏向满足商业伙伴和投资方的需求，则可能令侧重社会目标的利益相关方担心企业会偏离社会使命，因而招致质疑和反对。有学者认为，社会企业用同一种行为让所有利益相关方都满意是不现实的（Pache & Santos，2013）。研究建议社会企业持续观察不同利益相关方对企业行为的反馈，并策略性地向它们分别展示支持不同目标的行为（Ramus，Vaccaro，& Berrone，2021）。

5. 战略变革的风险

社会企业在发展过程中会不断遇到来自组织内部和外部环境的挑战，这些挑战会严重影响组织的生存和发展。这时，企业必须进行战略变革，或者说实质性地改变商业模式的核心要素，如目标受益人群、核心产品与服务、盈利模式、关键合作伙伴等。然而，战略变革可能令组织成员和外部利益相关方感到企业的行为和他们原本认可的组织形象不一致，从而引发他们对企业发生使命漂移的担忧（Grimes，Williams，& Zhao，2019）。战略变革还可能令认同其使命的利益相关方感到被企业疏远（Drori，Honig，& Sheaffer，2009），甚至背叛（Nobel，2011），因而招致它们的质疑和反对（Hampel，Tracey，& Weber，2020）。例如，墨西哥的扶贫型小额贷款机构 Compartamos Banco 为了加速发展，把受益人群从极端贫困人群转向较为富裕的人群，把组织身份从"小额贷款机构"转变为"微型金融银行"，提高了贷款额度，增加了业务扩张和融资的速度（Carrick-Cagna & Santos，2009）。但这一转变被诺贝尔和平奖得主、小额贷款先驱穆罕默德·尤努斯教授批评偏离了为穷人服务的初心（Yunus，2011）。化解战略变革的风险是社会企业实现持续增长的必经之路。

管理混合目标

管理混合目标带来的挑战是社会企业实现持续发展的关键任务。基于已有研究，本书将管理混合目标的策略归纳为以下几类：悖论心智（paradoxical mind）、组织护栏（organizational guardrail）、钟摆平衡（pendulum balance）、动静对齐（change-stability alignment）。悖论心智描述了有助于社会企业组织成员，特别是决策者管理混合目标的认知能力。组织护栏是指有助于避免两种目标相互损害以及确保两种目标相互促进的组织安排。钟摆平衡是指通过持续地交替强调社会目标或经济目标，来避免对一种目标的追求损害另一种目标。动静对齐是指通过可以保障社会使命稳健性（静）的方式进行战略变革（动），并在利益相关方质疑或反对变革时，使其认识到战略变革不会偏离社会使命。

1. 悖论心智

为了避免社会使命的僵化，有效管理成功界定的差异、组织亚群体的冲突、外部利益相关方的压力和战略变革的风险，社会企业的决策者必须具备能够包容和协调不同目标的认知能力。研究认为元技能（meta skills）对于决策者有效处理社会目标和经济目标之间的关系十分重要（Smith，Besharov，Wessels，& Chertok，2012）。为了更清晰地表达元技能的认知本质，这里我们用"悖论心智"来取代原文献中的"元技能"。悖论是指这样一种情况：一个事物同时包含两种看似相互矛盾、通常不会共存的元素，这种共存是该事物存续的必要条件（Smith & Lewis，2011）。悖论心智是指一个人能够认识到两种看似矛盾的元素之间既相互冲突又相互依存。在社会企业的情境中，这意味着决策者认识到经济目标和社会目标虽然可能存在冲突，但它们都是社会企业生存和发展所不可或缺的（Smith & Besharov，2019）。

悖论心智包括三个要素：接纳心智（acceptance）、差异化心智（differentiation）、整合心智（integration）。具有接纳心智的人能够接受存在与自己的偏好不同的组织目标。接纳心智是管理混合目标的关键认知基础，它帮助决策者减少焦虑、弱化冲突以及有意识地寻求创新的解决方案（Fiol，2002）。差异化心智是指能够认识到不同组织目标对于组织生存和发展的独特贡献。它强调不同组织目标的独特价值，从而减小决策者过度偏好某一种目标的风险。整合心智则是指能够同时考量不同的组织目标，并且在它们之间建立某种协同关系。它促使决策者为解决不同目标之间的冲突寻求创新的解决方案。差异化心智是整合心智发挥作用的前提，因为识别每种目标的独特属性和功能使得在目标之间建立积极的、有意义的连接成为可能（Suedfeld，Tetlock，& Streufert，1992）。

发展悖论心智绝非易事。这要求决策者的认知模式至少发生三个层面的转变。首先，决策者需要从基于规则的、理性的思维方式转变为自我指向性的（self-referential）和叙述式的（discursive）思维方式（Ford & Ford，1994）。其次，决策者需要把看似相互矛盾的双方从"非此即彼"（either/or）的关系重新界定为"既可以也可以"（both/and）的关系（Bartunek，1988）。最后，决策者需要通过管理组织成员之间的社会交往，恰当地呈现不同目标之间的紧张关系，而不是刻意压制这种紧张关系（Smith & Berg，1987）。在一些大学里，培养悖论心智正在成为新兴的课程内容。康奈尔大学备受好评的本科课程"社会企业家、创新者与问题解决者"（Social Entrepreneurs，Innovators，and Problem Solvers）就是一个例子。学生在课上开发的商业计划屡次获得康奈尔大学和哈佛大学举办的"商业向善"（Business for Good）商业计划竞赛冠军。

2. 组织护栏

混合目标的挑战体现在日复一日的决策过程中。组织亚群体可能对最基本的工作决策持有不同看法，如招聘怎样的员工、为谁服务、怎么服务、提供怎样的产品、在哪里提供服务、怎样评估服务效果、选择怎样的合作伙伴、是否服务新的人群、是否寻求外部投资、何时增加生产规模等。社会企业需要设计和实施能够认可和支持混合目标的公司的治理结构和管理制度，培养相关的员工工作技能，从而确保决策和执行不会过度偏向一个组织目标而牺牲另一个目标（Battilana，Lee，Walker，& Dorsey，2012）。这些组织层面的正式安排就像是公路两旁的护栏。护栏能够保障汽车不会偏离道路，尽管汽车可能会忽左忽右，就像社会企业有时更靠近经济目标，有时更靠近社会目标。因此，这些用来避免组织决策和活动破坏混合目标的正式安排，可以被看作"组织护栏"（Smith & Besharov，2019）。只有通过设置组织护栏，社会企业才有可能避免出现社会使命僵化，防止组织亚群体之间出现难以调和的冲突，避免战略变革偏离组织使命。

总的来说，组织护栏包括整合型（integration）和区隔型（differentiation）两大类。整合型护栏的目的是使组织成员和外部利益相关方认识到两种目标的相互兼容，认识到它们对于组织生存发展的重要性和必要性，从而包容和支持混合目标。区隔型护栏则是通过把侧重不同目标的组织成员安排在不同的工作领域或物理空间，确保他们各司其职，同时最小化双方因为工作交集产生的冲突。因为区隔型护栏对于混合目标的保障效果尚未得到清晰的证实，本书重点介绍整合型护栏。

　　整合型护栏包括组织在各个方面的制度和过程。在雇佣政策方面，研究发现，如果社会企业专门雇佣具有与单一组织目标有关的职业背景的员工（如商业企业背景或社会工作背景），可能不利于协调混合目标。相比之下，如果雇佣缺乏工作经验的员工，然后通过培训、集体活动等社会化的过程，帮助这些员工理解、包容和支持混合目标，则可以有效地避免不同员工群体之间的冲突（Battilana & Dorado，2010）。需要注意的是，这类案例研究结果的广泛适用性和可靠性还需要进一步研究的检验。

　　在治理结构和董事会决策方面，研究发现"保护性董事会结构"（protective board structure）和"关系领导力过程"（relational leadership process）能够有效维持混合目标（Pache，Battilana，& Spencer，2024）。保护性董事会结构可以保障董事会决策既能关注到财务可持续性的需求，又不会损害社会使命。例如，邀请拥有与社会目标相关的工作经验的商业人士加入董事会，或在侧重社会目标人士占主导的董事会中，增加投票权相对较小的代表商业机构和社会影响力投资机构的人士。这些安排被证明对保护混合目标具有积极作用。然而，仅仅依靠保护性董事会结构不足以避免两种目标之间的破坏性冲突。例如，侧重社会目标的董事会成员可能会激烈地反对侧重经济目标的董事会成员所支持的项目，因而造成管理层冲突和决策瘫痪（Pache et al.，2024）。这就需要在建立保护性董事会结构的同时，建立关系领导力过程。这个过程通常由同时认同社会目标和经济目标的决策者（如董事会主席或执行董事）来发起。这类决策者被称为混合目标导向的决策者（hybrid leader）。

　　混合目标导向的决策者需要在侧重不同目标的董事会成员之间建立认知和情感联结，帮助他们理解和在情感上接受对方的视角。这个过程被研究者称作"文化习得"（enculturation）。文化习得有助于消除董事会内部冲突的重要根源：侧重不同目标的成员强调自己和对方在价值理念和情绪感受之间的差异。例如，侧重经济目标的一方把侧重社会目标的一方看作顽固的卫道士，而后者把前者看作冷血的商人。

促进文化习得的策略包括但不限于：确保在董事会会议上同时讨论财务绩效和社会绩效；在董事会会议上与日常的沟通中经常性地提醒和解释两种目标；通过社会互动（如聚餐、参访一线工作、和受益人群交流）帮助董事会成员深入了解彼此的价值理念，建立情感联系。

与此同时，董事会成员和管理团队（如总经理、财务负责人、人力资源负责人、关键业务负责人）之间沟通不畅和缺乏信任也是组织亚群体冲突的重要原因。这种不信任会蔓延到整个公司，激化不同员工群体之间的紧张关系。为解决这个问题，混合型决策者需要在董事会成员和管理团队之间建立系统的联系。这个过程被称作"桥接过程"（bridging process）。

桥接过程的目的是确保董事会决策充分考虑管理团队面临的实际情况，并确保管理团队能够理解和执行董事会的决策。实现桥接过程的策略包括但不限于：让董事会成员和管理团队一起准备董事会会议的议题，使得董事会决策能够充分考虑管理团队遇到的实际挑战；邀请管理团队在董事会会议上说明和解释两种目标在日常工作中的体现；邀请董事会成员（通常是董事会主席或执行董事）定期（如通过管理委员会月度会议）向管理团队说明董事会决策。

在员工管理层面，研究发现，社会企业可以通过建立"协商空间"（spaces of negotiation）的正式制度和活动，来促进侧重不同目标的员工群体之间展开协商、形成共识，并且弱化双方对组织资源的竞争（Battilana et al.，2015）。协商空间的作用是帮助侧重不同目标的员工群体通过密切沟通，获得管理双方潜在冲突的经验和技能。

建立协商空间包括但不限于以下策略。首先，要求不同员工群体在决策之前必须和对方进行沟通并寻求反馈，从而确保双方能够一起处理在决策中与两种目标有关的权衡和取舍。例如，在工作整合型社会企业中，负责保障受益人群权益的员工（或称社会辅导员），需要把下个月的工作计划发给产品生产部门，征询对方对受益人群的培训是否和高峰期的生产安排相冲突；而生产部门需要在三周之内提供反馈并和社会辅导员就活动日程达成一致。其次，在正式绩效考核中纳入对两种目标的绩效评估。例如，在工作整合型社会企业中，要求每位执行生产任务的员工（即受益人群）每个月和指定的生产主管以及社会辅导员进行三方会议。会议上三方一起讨论该员工在工作行为、业务技能和社会价值方面的进展。三方在讨论之前均需要填写关于该员工的绩效评估文件。会上需要比较三份文件，并讨论三方评估的差异。再次，要求侧重不同目标的员工参加对方的相关培训。例如，在工作整合型社会企业中，要求生产主管参加关于社会问题和受益人群状况的培训，要求社会辅导员参加针对商业技能的培训。最后，要求互相观察对方工作，获得一线经验。如要求社会辅导员每周两小时观察生产主管的工作。

　　协商空间的有效运行，需要通过高强度的、持续的和全体组织成员参与的社会化机制来保障。这种机制能够帮助员工建立和强化悖论心智，也就是认识到经济目标和社会目标是相互依存的。社会化机制包括各种正式和非正式的组织活动。例如，通过团建讨论具体的组织挑战，形成一致认同的解决方案；通过年会把员工和外部利益相关方召集在一起讨论组织挑战和发展计划，重新确认组织的两种目标；通过经理人员和下属的日常交流提醒两种目标的重要性。

　　值得注意的是，上述组织护栏的目的不是要杜绝不同目标之间的分歧和冲突，而是要避免目标之间的内在分歧转化为破坏性冲突，并把这种内在分歧转化为促进组织发展的建设性冲突。有效的组织护栏不能仅仅起到救火队员的作用，也就是当支持一种目标的活动可能损害另一种目标时，采取措施抑制这种活动。例如，当对受益人群的培训和生产活动冲突时，强行取消培训或暂停生产。这种抑制行为虽然暂时解决了分歧，却可能积累冲突隐患，最终导致侧重不同目标的员工之间爆发难以调和的破坏性冲突。

3. 钟摆平衡

研究发现，面对不断出现的挑战，一个持续发展的社会企业通常会经历一个交替往复的组织过程来保持两种目标之间的动态平衡。社会企业可能在某个阶段特别强调社会目标而相对忽视经济目标，为了平衡，在下一阶段它会更加强调经济目标；为了平衡，它又会在下一阶段特别强调社会目标，如此周而复始。本书把这一过程称作"钟摆平衡"。社会企业经历这个过程是因为在日常运营中，组织亚群体和外部利益相关方对不同目标的侧重常常会交替出现。例如，侧重不同目标的员工群体可能出现周期性的决策权力交替（Ashforth & Reingen，2014），董事会成员可能在不同时期关注不同的目标（Pache et al.，2024），侧重不同目标的外部利益相关方可能会交替对企业施加压力（Ramus et al.，2021）。通过钟摆平衡，社会企业能够有效避免社会使命僵化，防止组织亚群体出现难以调和的冲突，更好地应对外部利益相关方压力。

钟摆平衡有时被称为震荡策略（oscillation）。现有研究发现两种策略对于实现钟摆平衡十分重要：对组织战略和社会使命的适应性调整；密切沟通不同利益相关方的需求并策略性地向其展示支持不同目标的行为。

之前提到的数字鸿沟数据公司案例研究清晰表明了适应性调整的重要性（Smith & Besharov，2019）。这家企业在创建初期的定位是一家非营利机构，使命是为当地弱势人群（如残障人士和赤贫者）提供综合福利，并通过提供高质量的信息技术培训帮助其找到就业机会。然而，这一群体缺乏学习能力，难以获得有效的工作技能，使得企业收入微薄，濒临破产。于是，董事会针对谁是目标受益人群、如何保证为这一群体找到工作机会等与使命相关的核心问题展开了持续讨论。最终，领导层认为不能仅仅因为有人需要帮助就承诺提供就业机会，必须成为一家在财务上可行、能够有效覆盖成本的企业。于是数字鸿沟数据公司把使命调整为"通过提供 IT 工作机会来消除贫困，让那些原本没有工作机会的人群能够获得此类工作"。这样，企业聚焦在那些更有学习能力、更有可能找到工作的弱势群体身上。

然而，在调整服务对象和提高企业运行效率后，部分员工（即受益人群）担心企业因为过度关注经济绩效而忽视了员工的发展需求。这些员工抱怨经理不愿倾听他们的声音和花时间提供工作上的帮助。一些员工抱怨受到高级经理的剥削，并组建了工会。主要投资方也对企业的社会影响表达了疑虑。董事会得知情况后积极采取措施为员工创造更多价值，如使用增加的收入为员工提供奖学金、领导力发展培训、医疗保健福利等。但同时并未减弱对增加收入的关注，开始筹划将业务扩张到其他东南亚贫困地区。

随着时间的推移，主要资助方期望数字鸿沟数据公司进一步提升盈利能力。在这一压力下，领导层经过和不同利益相关方的充分沟通，决定再一次调整使命，聚焦在为全球的弱势年轻群体服务，使组织成为能够真正盈利的企业。措施包括在美国建立分支机构，培训和雇佣难以找到工作的退伍军人及其家属。企业还聘请了一名前公司高管担任总裁，专门负责业务增长。但同时，领导层制定了一份文件，规定了这位总裁在增长业务时的边界和限制条件，以确保社会使命的稳定。另外，领导层还新增了两个管理职位——社会影响力副总裁和人力资源副总裁——来制衡总裁侧重经济目标的决策。在创立之后的十五年间，企业持续地调整经营战略和组织使命来应对来自经济目标或社会目标的挑战，实现了钟摆平衡，业务拓展到东南亚、非洲和美国等地，雇佣了超过 1 200 名员工，并帮助其中的 900 人找到了理想的工作。创始人被《纽约时报》称作"我最喜欢的社会企业家"之一。

通过适时调整组织战略和社会使命，钟摆平衡避免了使命僵化问题。但进行自我调整的社会企业，不一定能令外部利益相关方信服它对特定组织目标的关注。研究发现，在这种情况下，社会企业需要与不同利益相关方密切沟通它们的需求，并策略性地向其展示支持不同目标的行为。一项对两家意大利工作整合型社会企业的比较案例研究揭示了这一策略的重要性（Ramus et al.，2021）。两家企业（企业 A 和企业 B）的外部利益相关方有些侧重经济目标（如供应商、客户、投资人），有些侧重社会目标（如社会服务机构、非营利组织）。起初，这两家企业把主要精力放在对弱势群体的综合服务上，但这削弱了它们的工作效率和产品质量。结果，侧重经济目标的利益相关方纷纷取消了和它们的合作。对此，两家企业有着截然不同的理解和应对方式。

企业 A 积极与两个利益相关方群体进行沟通，了解他们的顾虑和需求。企业 A 发现这两个群体其实对于企业的产品质量和财务可持续性有着同样的要求。决策者认识到增强商业能力并不会遭到侧重社会目标的利益相关方的反对。于是决定采取措施，让不同利益相关方看到企业在提升商业能力上的努力。它邀请双方参观新的办公区域，展现企业的专业性、良好有序的运营以及保证产品质量的能力。企业 A 还调整了组织结构来提高运营效率，并且积极向两个利益相关方群体宣传组织的变革。这些措施使企业 A 在短时间内重新获得了两个群体的支持，获得了更多的业务合同。但是随着企业 A 不断强调商业能力，侧重社会目标的利益相关方开始担心它会忽视社会目标。这时企业 A 决定加强宣传社会价值来维持侧重社会目标的利益相关方的信心。于是定期邀请两个群体参观工作场所，特别展示其工作是如何帮助弱势群体融入社会的。与此同时，企业 A 的财务总监积极和商业伙伴沟通如何改进管理制度来增加可预期的财务收益，这打消了商业伙伴对企业过度关注社会目标而忽视经济目标的顾虑。

相反，企业 B 的决策者没有积极和利益相关方沟通对方的需求，而是坚持认为生产效率和社会价值无法兼得，并且试图说服侧重经济目标的利益相关方接受这一点。一方面，企业 B 加强了对弱势群体的培训，提高他们的服务水平。另一方面，企业 B 邀请商业伙伴参加组织内部会议，在会上强调社会目标将不可避免地牺牲生产效率。结果，商业伙伴认为企业 B 会持续忽视它们的经济需求，不愿继续合作。这迫使企业 B 更积极地向对方宣传自己在支持经济目标上的努力，包括加强管理制度和雇佣更有能力的生产部门经理。同时，为了避免侧重社会目标的利益相关方担心自己过分看重经济目标，它通过网站和简报强调企业会优先关注社会目标。

虽然两个企业都积极地回应不同利益相关方的需求，但是企业 B 未能充分沟通和恰当判断侧重经济目标的利益相关方的需求，也没有及时向对方展示在支持经济目标上的行为，最终导致企业 B 和企业 A 得到截然不同的结果。企业 A 实现了钟摆平衡，令两个利益相关方群体都很满意。侧重经济目标的一方相信企业 A 不会忽视经济目标，侧重社会目标的一方相信企业 A 的商业能力能够更好地创造社会价值。相比之下，企业 B 未能实现钟摆平衡。它虽然取得了侧重社会目标的利益相关方的认可，但始终未能恢复侧重经济目标的利益相关方的信任，因为后者更多地看到企业 B 强调社会目标对商业能力的负面影响，以及它对社会目标的投入升级。最终，企业 B 无法持续获得业务合同，转变为依靠外部资助的非营利模式。

需要强调的是，决策者的悖论心智和组织护栏为有效实施上述钟摆平衡策略提供了必要的保障，避免企业因为过度偏向经济目标而偏离社会使命，或因为过度偏向社会目标而经营失败。

4. 动静对齐

社会企业需要通过战略变革应对环境变化，保障组织的生存和发展。但战略变革可能触发内外部利益相关方对使命漂移的担忧，甚至反对变革。这就要求社会企业能够避免或改变内外部利益相关方对战略变革（动）必然会破坏使命稳健性（静）的认知，使对方认识到变革不仅不会背离使命，还有助于维持和增强社会使命。笔者把这种通过战略变革保障使命稳健性的情况称为"动静对齐"。动静对齐可以有效地管控战略变革的使命漂移风险以及由此引发的外部利益相关方压力。动静对齐可以通过两类策略来实现：锚定变革（anchoring change）和重建认同（identification resetting）。锚定变革是一个识别、合理化和实施一种能够保障使命稳健性的战略变革方式的过程。重建认同是指在利益相关方质疑和反对战略变革时，缓和它们对变革可能偏离社会使命的感受，并且重新建立它们对变革后企业的认同（Hampel et al.，2020）。

研究发现，当面临内外部环境变化对社会企业的威胁时，成功的社会企业能够识别出怎样进行战略变革才能保障社会使命的稳定，或者说变革可以怎样被锚定在社会使命上，使变革无法偏离使命。通过识别、合理化和实施这种可以被锚定的变革方式，社会企业能够避免或减少决策者自身以及内外部利益相关方对战略变革导致使命漂移的担忧。

通过研究 9 个亚洲国家的 51 家已经实现了社会价值和经济价值持续增长的社会企业，学者发现这些企业在发展过程中通过两种方式来锚定变革：离心锚定（centrifugal anchoring）和向心锚定（centripetal anchoring）。离心锚定是指企业通过采用新的商业模式、服务新的受益人群来增加经营收入，同时，决策者将这种偏离现有受益人群的变革合理化，使利益相关方认识到变革可以同时应对环境挑战和维持社会使命。向心锚定是指企业通过为现有受益人群提供新的产品和服务来增加经营收入，或加强现有受益人群的工作能力使其能够采用新的商业模式增加经营收入，从而使利益相关方认识到，这种变革能够在应对挑战的同时维持社会使命。

决策者对社会目标的反思能力和通过与受益人群及利益相关方深入交往来识别新商业模式的能力，是实现锚定变革的关键。研究发现有以下四种实现锚定变革的机制。首先，决策者通过反思社会目标对不同受益人群的包容性，以及不同受益人群在实现社会目标时的互补关系，能够合理化为什么服务新受益人群可以维持社会使命，从而实现离心锚定。其次，决策者通过建立和现有受益人群的高度信任关系，取得他们对企业服务新受益人群的支持，从而合理化为什么服务新受益人群能够维持社会使命，实现离心锚定。再次，决策者通过反思最初确立社会目标的背景和个人动机，增强对现有受益人群的承诺，进而寻找新的商业模式来更好地服务这一人群，从而实现向心锚定。最后，决策者通过和现有受益人群以及认同这一人群的利益相关方进行持续深入的交往，发掘能够更好服务这一人群的新商业模式，从而实现向心锚定。一次锚定变革虽然可以说服利益相关方战略变革不会偏离社会使命，但可能不足以解决业务遇到的困境，或者锚定变革后又会遇到新的挑战。因此，成功的社会企业常常需要进行多次锚定变革才能实现经济收益和社会价值的双重增长。

如果社会企业没有及时有效地锚定变革，可能会造成外部利益相关方对战略变革提出广泛质疑，甚至发起攻击。这时，企业就需要重新建立其对变革后企业的认同感。感到战略变革会偏离社会使命的利益相关方，可能会发展成两个群体：攻击者和质疑者。研究显示，企业可以通过寻求共情（seeking empathy）和神话化（mythologizing）两种策略来分别应对攻击者和质疑者，重新建立和他们的情感联结（Hampel et al.，2020）。

寻求共情是指社会企业和利益相关方充分沟通业务面临的困境、企业自身为应对困境所做出的努力、维持原有商业模式的难度，以及变革的缘由与目的，从而使利益相关方理解战略变革的正当性和必要性。有效的寻求共情要求企业能够具体、充分和持续地回应利益相关方的指责和攻击，从而把它们的关注焦点从一种被背叛的感觉转移到企业所面临的生死抉择上去。研究发现，虽然寻求共情不一定能消除所有攻击，但它能够显著降低攻击的强度和减少攻击者的数量（Hampel et al.，2020）。

神话化是指通过充满热忱的理想化的叙事方式，向质疑者表达企业目标的历史渊源、企业对目标的认同、用现有方式实现目标的困难程度以及企业为解决困难所付出的努力等。有效的神话化使质疑者认识到：战略变革能够延续企业对现有目标的热忱，变革的目的是在新的形势下更好地实现目标。如果能争取到有公信力的人士为企业的叙事背书，就更有利于打消质疑者的顾虑。研究发现，神话化的策略使得质疑者最终出现两种态度：一是对企业的努力表示出敬意，但不再与企业共事；二是转而继续支持企业（Hampel et al.，2020）。

表 1 总结了混合目标的挑战与管理策略之间的关系。

表 1　社会企业混合目标的挑战及其管理策略

挑战	管理策略			
	悖论心智	组织护栏	钟摆平衡	动静对齐
社会使命的僵化	●	●	●	
成功界定的差异	●			
组织亚群体的冲突	●	●	●	
外部利益相关方的压力	●		●	●
战略变革的风险		●		●

注：●为应对相应挑战的管理策略。

结　语

组织如何管理不同的、相互冲突的目标是一个悠久的组织研究命题（March & Simon，1958）。Selznick（1957）在其经典著作中阐述了组织的一个内在的悖论特征：组织成员的理想主义目标与现实生存目标相互矛盾且共存。社会企业的社会目标和经济目标之间的冲突，可以看作这种基本组织悖论的反映和延伸。

如前文所述，悖论是指这样一种情况：一个事物同时包含两种看似相互矛盾、通常不会共存的元素，这种共存是该事物存续的必要条件（Smith & Lewis，2011）。本书希望说明社会目标和经济目标之间的冲突是社会企业的内在悖论属性，也是社会企业的核心特征（Tracey & Phillips，2007）。这种悖论元素之间的冲突是持续存在的，人们只能接受它、管理它、与之长期共存，而无法消灭它或彻底"解决"它（Luscher & Lewis，2008）。社会企业从业者不仅无法避免，也不应试图去消灭这种冲突，因为识别和管理悖论元素的冲突恰恰是一个组织创新和发展的源泉。如本书所展示的，这种冲突可以促使社会企业采用创新的管理制度来保障社会和经济价值的增长，或用创新的方式满足不同利益相关方的诉求。

社会企业的成功与否，取决于它能否持续、有效地管理两种看似矛盾但又必须共存的组织目标之间的冲突。因此，社会企业的发展实质上是悖论式发展。这意味着，只有持续不断地觉察和关注社会目标和经济目标之间的冲突，通过管理冲突取得两种目标的平衡，才可能实现社会企业的持续发展。

（赵萌）

参考文献

1. Albert S, Whetten D A. 1985. Organizational identity. Research in Organizational Behavior, 7: 263 – 295.

2. Ashforth B E, Reingen P H. 2014. Functions of dysfunction: managing the dynamics of an organizational duality in a natural food cooperative. Administrative Science Quarterly, 59: 474 – 516.

3. Barnett M, Henriques I, Husted B W. 2022. Salvaging corporate sustainability:

going beyond the business Case. UK：Edward Elgar Publishing.

4. Bartunek J. 1988. The dynamics of personal and organizational reframing. In Ouinn R, Cameron K, (Eds). Paradox and Transformation：Toward A Theory of Change in Organization and Management. Cambridge, MA：Ballinger：137 – 162.

5. Battilana J, Dorado S. 2010. Building sustainable hybrid organizations：the case of a commercial microfinance organization. Academy of Management Journal, 53 (6)：1419 – 1440.

6. Battilana J, Besharov M L, Mitzinneck B. 2017. On hybrids and hybrid organizing：a review and roadmap for future research. In Greenwood R, Oliver C, Lawrence T B, Meyer R E, (Eds). The Sage Handbook of Organizational Institutionalism. Thousand Oaks：SAGE Publications.

7. Battilana J, Lee M, Walker J, Dorsey C. 2012. In search of the hybrid ideal. Stanford Social Innovation Review, 10 (3) (Summer)：51 – 55.

8. Battilana J, Sengul M, Pache A – C, Model J. 2015. Harnessing productive tensions in hybrid organizations：the case of work integration social enterprises. Academy of Management Journal, 58 (6)：1658 – 1685.

9. Bell T. 2011. Being the only b. Stanford Social Innovation Review, 9 (3)：27 – 28.

10. Besharov M L, Khurana R. 2015. Leading amidst competing technical and institutional demands：Revisiting Selznick's conception of leadership. Research in the Sociology of Organizations, 44：53 – 88.

11. Besharov M L, Smith W K. 2014. Multiple institutional logics in organizations：explaining their varied nature and implications. Academy of Management Review, 39：364 – 381.

12. Brickson S L. 2007. Organizational identity orientation：the genesis of the role of the firm and distinct forms of social value. Academy of Management Review, 32：864 – 888.

13. Carrick-Cagna A – M, Santos F. 2009. Social versus commercial enterprise：the Compartamos debate and the battle for the soul of microfinance. INSEAD Teaching Case, 1 – 15.

14. Crane A, Palazzo G, Spence L J, Matten D. 2014. Contesting the value of "creating shared value". California Management Review, 56 (2)：130 – 153.

15. Davis G F. 2016. Can an economy survive without corporations? Technology and robust organizational alternatives. Academy of Management Perspectives, 30 (2): 129 – 140.

16. Dees J G. 2012. A tale of two cultures: charity, problem solving, and the future of social entrepreneurship. Journal of Business Ethics, 111 (3): 321 – 34.

17. Drori I, Honig B, Sheaffer Z. 2009. The life cycle of an internet firm: scripts, legitimacy, and identity. Entrepreneurship Theory and Practice, 33 (3): 715 – 738.

18. Ebrahim A, Battilana J, Mair J. 2014. The governance of social enterprises: mission drift and accountability challenges in hybrid organizations. Research in Organizational Behavior, 34: 81 – 100.

19. Ebrahim A, Rangan V K. 2010. Putting the brakes on impact: a contingency framework for measuring social impact. Academy of Management Annual Meeting Proceedings, 1: 1 – 6.

20. Fiol C M. 2002. Capitalizing on paradox: the role of language in transforming organizational identities. Organization Science, 13: 653 – 666.

21. Fiol C M, Pratt M G, O'Connor E J. 2009. Managing intractable identity conflict. Academy of Management Review, 34: 32 – 55.

22. Ford J D, Ford L W. 1994. Logics of dualities, contradiction and attraction in change. Academy of Management Review, 19: 756 – 795.

23. Grimes M G, Williams T A, Zhao E Y. 2019. Anchors aweigh: the sources, variety, and challenges of mission drift. Academy of Management Review, 44: 800 – 818.

24. Hampel C E, Tracey P, Weber K. 2020. The art of the pivot: how new ventures manage identification relationships with stakeholders as they change direction. Academy of Management Journal, 63: 440 – 471.

25. Lawrence T B, Graham D, Bryan G. 2014. Managing social innovation. In Dodgson M, Gann DM, Phillips N. (Eds). The Oxford Handbook of Innovation Management. Oxford: Oxford University Press: 316 – 334.

26. Lepisto D A, Pratt M G. 2017. Meaningful work as realization and justification: toward a dual conceptualization. Organizational Psychology Review, 7 (2): 99 – 121.

27. Lewis M. 2000. Exploring paradox: toward a more comprehensive guide. Acade-

my of Management Review, 25: 760 – 776.

28. Luscher L, Lewis M W. 2008. Organizational change and managerial sensemaking: working through paradox. Academy of Management Journal, 51: 221 – 240.

29. Mair J, Rathert N. 2019. Social entrepreneurship: Prospects for the study of market-based activity and social change. In McWilliams A, Rupp D E, Siegel D S, Stahl G K, Waldman D A (Eds). The Oxford Handbook of Corporate Social Responsibility: Psychological and Organizational Perspectives. Oxford: Oxford University Press: 359 – 373.

30. Mair J, Wolf M, Seelos C. 2016. Scaffolding: a process of transforming patterns of inequality in small-scale societies. Academy of Management Journal, 59 (6): 2021 – 2044.

31. March J G, Simon H. 1958. Organizations. New York: Wiley.

32. Morrison E W, Robinson S L. 1997. When employees feel betrayed: a model of how psychological contract violation develops. Academy of Management Review, 22: 226 – 256.

33. Nobel C. 2011. Teaching a "lean startup" strategy. HBS Working Knowledge: 1 – 2.

34. Pache A C, Battilana J, Spencer C. 2024. An integrative model of hybrid governance: the role of boards in helping sustain organizational hybridity. Academy of Management Journal, 67 (2): 437 – 467.

35. Pache A C, Santos F. 2013. Inside the hybrid organization: selective coupling as a response to competing institutional logics. Academy of Management Journal, 56: 972 –1001.

36. Pache A C, Santos F. 2010. When worlds collide: the internal dynamics of organizational responses to conflicting institutional demands. Academy of Management Review, 35 (3): 455 – 476.

37. Ramus T, Vaccaro A, Berrone P. 2021. Time matters! How hybrid organizations use time to respond to divergent stakeholder demands. Organization Studies, 42 (10): 1529 – 1555.

38. Rathert N. 2016. Strategies of legitimation: MNEs and the adoption of CSR in response to host country institutions. Journal of International Business Studies, 47 (7): 858 – 879.

39. Rosso B D, Dekas K H, Wrzesniewski A. 2010. On the meaning of work: a theo-

retical integration and review. Research in Organizational Behavior, 30: 91 – 127.

40. Seelos C, Mair J. 2017. Innovation and Scaling for Impact: how Effective Social Enterprises Do It. Stanford: Stanford University Press.

41. Selznick P. 1957. Leadership in Administration: a Sociological Interpretation. Evanston, IL: Row Peterson.

42. Slawinski N, Bansal P. 2015. Short on time: intertemporal tensions in business sustainability. Organization Science, 26 (2): 531 – 549.

43. Smith W K, Berg D. 1987. Paradoxes of Group Life. San Francisco: Jossey-Bass.

44. Smith W K, Besharov M L. 2019. Bowing before dual gods: how structured flexibility sustains organizational hybridity. Administrative Science Quarterly, 64: 1 – 44.

45. Smith W K, Besharov M L, Wessels A, Chertok M. 2012. A paradoxical leadership model for social entrepreneurs: challenges, leadership skills, and pedagogical tools for managing social and commercial demands. Academy of Management Learning and Education, 11 (3): 463 – 478.

46. Smith W K, Gonin M, Besharov M L. 2013. Managing social-business tensions: a review and research agenda for social venture. Business Ethics Quarterly, 23 (3): 407 – 442.

47. Smith W K, Lewis M W. 2011. Toward a theory of paradox: a dynamic equilibrium model of organizing. Academy of Management Review, 36: 381 – 403.

48. Suedfeld P, Tetlock P, Streufert S. 1992. Conceptual/integrative complexity. In Smith C, Atkinson J, McClelland D, Verof J, (Eds). Motivation and Personality: Handbook of Thematic Content Analysis. Cambridge: Cambridge University Press: 393 – 400.

49. Thompson J A, Bunderson J S. 2003. Violations of principle: ideological currency in the social contract. Academy of Management Review, 28: 571 – 586.

50. Tracey P, Phillips N. 2007. The distinctive challenge of educating social entrepreneurs: a postscript and rejoinder to the special issue on entrepreneurship education. Academy of Management Learning and Education, 6 (2): 264 – 271.

51. Tracey P, Phillips N, Jarvis O. 2011. Bridging institutional entrepreneurship and the creation of new organizational forms: a multilevel model. Organization Science, 22: 60 – 80.

52. Vince R, Broussine M. 1996. Paradox, defense and attachment: accessing and

working with emotions and relations underlying organizational change. Organization Studies, 17: 1 – 21.

53. West D. 2011. The Purpose of the Corporation in Business and Law School Curricula. Governance Studies at Brookings.

54. Wijen F. 2014. Means versus ends in opaque institutional fields: trading off compliance and achievement in sustainability standard adoption. Academy of Management Review, 39 (3): 302 – 323.

55. Wright C, Nyberg D. 2017. An inconvenient truth: how organizations translate climate change into business as usual. Academy of Management Journal, 60 (5): 1633 – 1661.

56. Yunus M. 2011. Sacrificing microcredit for megaprofits. The New York Times, January 14: A23.

57. Zhao M. 2020. Social entrepreneurship for systemic change: the case of Southeast and South Asian countries. Journal of Asian Public Policy, 14 (2): 225 – 250.

善品公社：

双轮驱动破解扶贫漏斗困局

当人们怀疑，我们选择信任；当人们抱怨，我们选择行动；当人们放弃，我们选择坚持。坚持才会改变！

——刘文奎

2023 年 4 月 20 日，"4·20" 雅安地震①十周年纪念日，中国乡村发展基金会（原中国扶贫基金会，以下简称基金会）② 与雅安市人民政府举行战略合作协议签约仪式，雅安市委书记李酲、基金会理事长郑文凯见证签约。市委副书记、市长彭映梅，基金会执行副理事长刘文奎分别致辞。

刘文奎回顾了十年来基金会在雅安市各级党委、政府大力支持和紧密配合下，在灾后重建、乡村产业发展、乡村人才振兴等领域实施的一系列项目的情况。讲到善品公社项目的时候，深情的目光仿佛穿透了十年的迷雾，他深知，这条品牌与项目双轮驱动的产业帮扶模式探索之路并非坦途……

挑战：扶贫模式迭代

1. 扶贫漏斗困局

作为基金会执行副理事长兼秘书长，刘文奎曾经在其《乡村振兴与

---

① 北京时间 2013 年 4 月 20 日 8 时 2 分四川省雅安市芦山县（北纬 30.3 度，东经 103.0 度）发生 7.0 级地震，震源深度 13 千米。四川省雅安市、成都市、乐山市，陕西省宝鸡市、汉中市、安康市等地均有较强震感。截至 2013 年 4 月 24 日 10 时，共发生余震 4 045 次，3 级以上余震 103 次，最大余震 5.7 级。受灾人口 152 万，受灾面积 12 500 平方千米。资料来源：https：//baike. baidu. com/item/4% C2% B720% E9% 9B% 85% E5% AE% 89% E5% 9C% B0% E9% 9C% 87/2290997? fr＝aladdin.

② 2021 年 2 月 25 日，习近平总书记在全国脱贫攻坚总结表彰大会上庄严宣告，"我国脱贫攻坚战取得了全面胜利""完成了消除绝对贫困的艰巨任务"。2022 年 6 月，经上级主管部门批准，中国扶贫基金会正式更名为"中国乡村发展基金会"。

可持续发展之路》一书中，回顾了 20 世纪八九十年代早期的贫困村庄，一次次投入、一个个项目实施，但若干年后村庄的面貌依旧，贫困依然，即所谓"扶贫漏斗"。刘文奎说："当时的扶贫工作，一般是以贫困县为单位，以专项项目方式设计实施的，比如卫生项目、教育项目、生计项目等。"从一个县的角度看起来规模很大的项目，比如几千万元甚至上亿元的项目，分配到全县几十个甚至数百个贫困村的时候，每个村就只有几十万元甚至几万元的规模，他补充道："把有限的资源分配给很多村庄，虽然每个村都有一点，但每个村得到的资源都不足以满足可持续发展的最低需要。"而且，外部输血式的扶贫甚至让一些贫困户产生了等、靠、要的思想。结果是，一次次地做项目，每次都像撒胡椒面，不能从根本上解决乡村的贫困问题。

从 2000 年开始，刘文奎和基金会的同事们从最初对扶贫漏斗现象的思考入手，扎根西部贫困乡村，不断试错，试图探索出一条扶贫新路。

第一次尝试是在四川凉山昭觉县碗厂乡和美姑县依果觉乡的五个行政村。2000 年提出项目意向，到 2004 年 3 月正式启动，项目准备用了四年时间。加上项目实施期三年，到 2007 年项目结束，共跨越了七年。项目投资总额为 1 150 万元，其中生态保护项目投入 354 万元，占总投资的 31%；社区基础设施和服务改善项目投入 231 万元，占总投资的 21%；生计可持续开发项目投入 227 万元，占总投资的 20%；项目管理和支持活动投入 190 万元，占总投资的 17%；社区能力建设项目投入 118 万元，占总投资的 11%。虽然项目在短时间内给村庄带来了变化，但遗憾的是，这些变化仍然是以集中投入基础设施项目为主，阶段性特征明显，本质上仍然是靠外部资源输入为动力。村庄并没有因为这个项目的实施，在经济上培育起自我发展能力，实现贫困乡村可持续发展的目标，进而把项目村的"贫困漏斗"堵住。

第二次尝试是在四川绵竹土门镇民乐村。2008 年 5 月 12 日汶川地震后，灾区重建成为关键。2008 年 8 月进入民乐村，10 月 21—22 日，基金会在德阳组织召开了"民乐村灾后重建规划研讨会"，随后重点开展了食用菌和獭兔养殖两个项目。但同样遗憾的是，到 2011 年 8 月，这两个项目先后失败。刘文奎这样总结道：

> 因为村里的能人不愿意站出来，而我们当时也没有认识到本村能人的重要性，没能尽最大努力动员有条件的能人带领村民一起干，而是代之以招商引资的方式，从外面聘请经理人合作，由此埋下了失败的隐患。

村民根本不把这个项目当成自己的项目，项目得不到村民的真正支持。不过，在民乐村项目设计实践过程中，基金会看到了村民合作的重要性和现代企业制度的价值，并形成了以合作社为基础、以产业为导向的重要认识。

第三次尝试是在青海玉树结古镇甘达村。2010 年 4 月玉树地震中，该村受灾严重，57 人死亡，100 多人受伤，所有房屋全部垮塌，是极重灾村。2010 年 7 月，基金会开会讨论合作社建设和发展产业项目时，就把村里十几个德高望重的头人①都请过来一起商议。随着头人们慢慢地接受合作发展的理念，全村人也都认可了重建合作社的必要性。合作社选举了村里公认的能人巴桑扎西而不是原来的村长为理事长。基金会决定投入 300 万元，支持甘达村组建运输队参与玉树灾后重建。从 2011 年初合作社运输队正式投入运营，到 2014 年 5 月，合作社总共实现收入 447 万元，总支出 282 万元，账面节余 165 万元。到 2020 年，甘达村已经成为有几百万元集体资产，而且每年给村民分红的富裕村。

---

① "头人"，是村里一些德高望重的人，类似于以前中原地区儒家文化传统中的乡绅，他们的意见对村民有着至关重要的影响。资料来源：刘文奎. 2021. 乡村振兴与可持续发展之路. 北京：商务印书馆：252.

一条乡村可持续发展之路，似乎展现在了刘文奎和基金会面前。

2. 互联网新可能

2013 年 4 月 20 日，雅安发生地震，基金会在考虑灾后重建和产业发展时决定在两个村实施"美丽乡村"旅游项目。但是，并不是所有的村庄都有条件开展乡村旅游项目，那么其他的村庄怎么发展？

彼时，"双十一"和移动互联网的发展如火如荼，这启发了刘文奎。

事实上，基金会对互联网并不陌生，2000 年刘文奎加入基金会时就分管网站升级改造，此后一直积极投入人力、物力提升网络应用能力。特别是 2006 年，由当时的秘书长拍板，基金会投入 1 000 万元预算，请用友公司做信息化系统建设。2011 年创办善品网，尝试搭建二手物品网络交易平台，通过义卖筹集善款。

面对成了大众关注焦点的"双十一"，基金会做了认真分析，认为网络购物从一种商业行为变成了一个社会现象，甚至成了一种流行文化。互联网电商给大家带来的便利性和可能性，让人们充满期待。那么，怎样才能搭上互联网商业的快车，让扶贫工作更有成效呢？

2014 年 2 月 25 日至 3 月 1 日，刘文奎带队先到杭州拜访了阿里巴巴，然后去了江苏睢宁和浙江丽水，考察当地的电子商务发展情况，参观了一些有代表性的电商企业和品牌。他了解到睢宁县沙集镇东风村有数百家民营电商企业，年销售额突破 20 亿元。虽然电商销货是村中年轻人引入带动的，但大部分经营者是村里的普通农户。

> 原来电子商务并非像我们想象中那么"高大上"，这给予了我们极大的鼓舞和启发，为开展产业扶贫项目打开了想象空间。
>
> ——刘文奎，2021 - 7 - 19

从江浙考察回来，基金会就成立了一个小组，研究如何用电子商务帮农民卖农产品。按照淘宝平台规则，基金会不能开淘宝店，必须拥有企业注册法人才行。于是，第一次尝试是和雅安名山区建山乡飞水村的"名建猕猴桃种植农民专业合作社"一起。2014 年 9 月 10 日，基金会帮助合作社注册了淘宝店，同时发挥基金会的资源优势，通过媒体报道带动关注，通过明星转发微博引入流量，仅仅三天时间，就通过线上渠道销售猕猴桃 1 万多斤，实现销售额 11 万元。第二次尝试是在 10 月 17 日，这一天是国际消除贫困日，基金会联手淘宝聚划算平台，做了第二次推广。也是三天的时间，销售额猛增到 26 万元。

两次试水成功，说明这个模式可持续、可复制；但同时，基金会也注意到以合作社为单元，只经营季节性单品的缺陷在于资源浪费巨大，即投入那么多资源和流量，结果却只做成了一锤子买卖。此外，用中国扶贫基金会的机构品牌为农民的产品做背书，虽然效果明显，但是如果要为更多农产品背书，存在诸多合规性问题和技术障碍无法解决。毕竟帮农民卖农产品也是销售行为，若农产品发生质量问题，会给基金会的品牌造成损害。

2015 年 1 月 29 日，基金会独资设立了北京中和农道农业科技有限公司（以下简称中和农道），注册"善品公社"商标，按社会企业方式运作[1]，以区别于基金会内部负责公益设施援助为主的"产业发展项目部"[2]，希望打造一个独立、统一的品牌，来实施电子商务扶贫项目。刘文奎兼任董事长。

---

① 为更大力度支持四川脱贫攻坚，以成都为基地，更广泛地惠及欠发达地区，并辐射西北和西南地区，北京中和农道农业科技有限公司于 2017 年 2 月 6 日注册成立四川中和农道农业科技有限公司，2021 年 10 月 28 日更名为四川善品公社农业科技有限公司。

② 针对我国乡村产业发展中土地产出率、劳动生产率、资源利用率低的现状，基金会发起乡村产业发展项目，通过在欠发达地区开展设施援助、技术推广、技能培训和多元服务等方式，提升农业生产效率，降低生产成本，助力产业高质量发展，促进小农户与现代农业有机衔接，实现可持续增收。资料来源：http://www.cfpa.org.cn/project/GNProjectDetail.aspx?id=122.

品牌共享：善品公社的尝试

1. 初战电商失利

黄果柑在雅安石棉县已有两三百年的种植历史，其口感独特，果肉饱满多汁，而且具有天然反季节优势①，当地种植面积有几万亩，是石棉县的重要农业产业项目。但一直没形成市场影响力，销售价格上不去，销售渠道也不稳定，农户增收的效果不明显。

石棉县政府听说了善品公社的模式，于 2015 年 7 月找到基金会，希望能帮助当地果农实现增收。善品公社将黄果柑作为第一个主打产品，联合苏宁易购作为黄果柑销售主渠道做全网推广，并决定于 2016年 3 月 9 日召开黄果柑上市发布会。

根据电商运营的经验，按照销售 1 万单的预期目标，苏宁团队要求供应链必须确保用户下单后 24 小时内发货，以保持较好的用户体验。由于当时只在成都有分拣仓，所以，如果接到订单再从果园里采摘，然后从石棉运到成都，发往全国早已超出 24 小时的时限。因此，根据苏宁易购团队的市场需求量测算，中和农道采购了 6 万斤黄果柑，并提前运到了成都仓库，做好分拣。

3 月 9 日，石棉黄果柑新品上市发布会在北京鸟巢国际会议中心如期举行，黄果柑的信息也同步上线。但第一天销售订单迟迟没有像之前想象的那样迅速增长。第二天，网络销售情况依然没有明显起色，成都仓库的同事不断催问销售部门，因为果子存在仓库里水分流失很快，每滞留一天就要产生新的损耗。于是刘文奎联系基金会的捐赠单位，希望

---

① 黄果柑是以雅安石棉县为主产地的颇为神奇的柑橘类水果。与一般春华秋实的水果不同，黄果柑虽然也是春天开花，却要经历长达 13～14 个月的生长期，到第二年春天才逐渐成熟。这意味着春天果树开花的时候，头一年的果子还没有下树，呈现出花果同树的奇观。资料来源：刘文奎．2021. 乡村振兴与可持续发展之路．北京：商务印书馆：345.

通过团购解决燃眉之急；又联系其他渠道，希望能分销一些库存；甚至自己动手写了一封致消费者的信，附在果箱中，希望消费者了解善品公社的模式，给予持续的支持。

但远水解不了近渴，果子很快就要烂掉的困境压在了每一个人身上。时任善品公社首席运营官王光远回忆道："我那时候压力很大，心力交瘁，甚至开会的时候都会走神。有一天把办公室门反锁上，自己待在屋里想对策，谁也不让进。"所幸，最后找到了腾讯公益基金会的翟红星秘书长和孙毅副秘书长，他们同意 3 月 18 日下午在腾讯公益做一次推广，最终帮助善品公社渡过了难关。

这次危机让基金会和善品公社进一步思考产业扶贫：如何让消费者接受品牌？如何能够更好地与市场标准对接？如何让供应链每个环节都完美配合？如何能够在没有资金、流量扶持的情况下，实现自我造血？

2. 塑造"品牌力"

作为一个新兴品牌，向消费者传递品牌价值是基金会与善品公社所面临的重要课题。由于主打品质化，淘宝、拼多多等平台的价格战模式显然不适合善品公社品牌的发展。没有品牌忠诚度，公域流量也很难沉淀。基于此，善品公社市场部另辟蹊径，从微信公众号和微店入手，通过扶贫故事传递真情。

善品公社的微信公众号中，每星期都会挖掘农产品背后的一些典型的人物和故事。如雅安汉源的大樱桃，市场部通过在推文中介绍汉源樱桃的产地、肉质以及生产樱桃过程中的小故事，打造汉源樱桃"'樱'为爱，所以甜"的甜蜜印象（见图 1）。这种推文的形式，不仅让消费者感受到汉源樱桃的品质，还能够唤起消费者内心的甜蜜和爱意，想要通过樱桃与爱的人共同分享心意。

图1 善品公社雅安汉源大樱桃

淘宝天猫平台只是个简单的页面展示，向消费者传递这种信息就没有那么强；但是很多人通过推文，会了解这是合作社生产出来的产品，而不是标准化流水线下的产品。由于消费者很多是从农村走出去的，他可能会产生共鸣，会有触动他的点。

——基金会产业发展项目部副主任、善品公社负责人冯忠德，

2022－06－09

此外，公众号也会通过活动和展会，推广自己的产品，分享美食故事。2022年5月，在成都街头发起"石棉枇杷甜蜜芳华"试吃活动（见图2），邀请街头行人品尝善品公社的石棉枇杷，说出最真实的试吃感受，并与大家分享甜蜜故事。

截至2022年6月，以黄果柑为例（见图3），善品公社该年整体的黄果柑传播量将近2亿次，仅微博就有将近5 000万次的传播，支付宝一天流量可以达到1亿次左右，宣传战略成效初显。

图 2　石棉枇杷甜蜜芳华　　　　图 3　黄果柑 T 台秀活动

3. 试水共享品牌

在与善品公社合作之前，坪阳黄果柑专业合作社里的大部分农户参与了当地的"黄金果业联合社"。黄金果业联合社是 2014 年在石棉县农业农村局和石棉县人民政府的倡导下，由 10 家合作社、2 家公司和 2 位私营老板，共 14 个主体成立的组织。坪阳黄果柑专业合作社理事长王志伟回忆道："我们合作社是以 3 万块钱的股份入股到黄金果业联合社的。"

虽然县政府很支持，但是该联合社存在着三大短板，即生产不统一、技术不统一和销售不统一，没有办法形成高质量的农产品品牌和规模效益。2015 年之前，虽然合作社的产业有所发展，但农户有好东西却卖不出好价钱，也不知道怎么把好东西卖出去。王志伟总结道："归根结底，是市场意识不足。"

基金会与中和农道推出的共享"善品公社"品牌方案，让合作社的发展有了改观。

以农村合作社为基础，解决上游的生产和品质安全问题，以"善品公社"为统一品牌，凡是符合我们标准的产品，都授权使用品牌，凡是授权的产品都可以有序流通到我们整合的地方。通过市场化的标准体系与合作社来形成生产动力。

——冯忠德，2021‐10‐12

在前期的收购过程中，善品公社会按照事先制定的农产品质量标准，对农户手中的农产品进行筛选。以黄果柑为例，善品公社通过农产品的分级销售，把石棉县黄果柑按照一级果、二级果、三级果进行划分。

一级果卖到电商，3块钱一斤，而当时的市场价才1块6。差果我不要，去卖你的市场价。这一举措的目的就是告诉老百姓，你想卖上3块钱一斤，黄果柑必须个头大，口感好，颜色好。

——坪阳黄果柑专业合作社理事长王志伟，2021‐10‐13

果品分级和差别化收购直接刺激了合作社黄果柑的销售，尤其是互联网线上销售这个板块的带动更明显。但是，"统一管理、进行共享"听起来很轻松，实际上面临着三大难题：一是质量问题，如果不把控质量，就会出现风险与隐忧；二是规模问题，小农生产难以形成规模，保证不了供应；三是信任度问题，即便农户有机生产，消费者也难以相信。

上游共耕：三大难题的破解

1. "四级品控"提质量

在大凉山项目中，基金会试图通过集中投入资源解决贫困乡村的可持续发展，但是仅仅靠基金会的支持和资源的堆砌远远不足以解决乡村可持续发展问题。大凉山的失利，让基金会认识到，乡村振兴的实现必然要参与市场竞争、以市场为导向，必须对传统乡村单家独户的小农生产方式进行变革。

石棉县美罗镇①坪阳村地处大渡河畔，属典型的干热河谷气候，气候温润，光照充足，有良好的水果种植条件，是黄果柑的核心产区。1989 年，坪阳村开始引种黄果柑并逐步扩大规模，全村黄果柑种植面积近 2 000 亩。善品公社将其选为产品基地，借鉴甘达村项目的经验，从改造合作社入手，来提升品质。

在改革之初，基金会和石棉县坪阳合作社也曾一度陷入困惑：必须要把品种改良成什么样？如何提高各种理化指标？

> 实际过程中我们发现标准很多，比如说国标绿标、欧盟标准，还有地方标准……但是这些标准运用到我们村不一定合适，因为地理环境不一样。
>
> ——王志伟，2021 - 10 - 12

几年的摸索下来，基金会产业发展项目部帮助合作社因地制宜、综合考虑建立了自己的"四级品控"体系，对产品质量进行监督。

在农产品质量控制方面，项目部有一个专门的品控小组，和外部科研院校专家、技术人员一起，给合作社制定生产规程和农产品品质标准，如黄果柑整治的技术标准、普通农产品含糖率、坏果率、果蔬尺寸等，形成规章制度。合作社就以此为标准进行农产品的检测和收购，保证合作社标准的统一。

> 第一级，要找一个专家，来帮我们看一下，从产业大的方向上来讲，有哪些需要注意的地方；第二级，县一级层面我们和政府

---

① 原属宰羊乡，已撤销。1949 年，宰羊乡境域属汉源县美罗乡。2019 年，撤销美罗乡和宰羊乡，设立美罗镇，以原美罗乡和原宰羊乡所属行政区域为美罗镇的行政区域。

谈，政府帮我们委托一个技术特派员，专门来跟进项目的执行和品控，技术特派员更接地气一点；第三级，合作社的生产理事专门来组织下边的农户和合作社来做生产计划；最后一级，是生产小组长。四级下来就保证了在整个过程中标准能够落地。

——坪阳黄果柑专业合作社副理事长徐登汶，2021 - 10 - 13

具体而言，项目部找到了郑州果蔬研究所、陕西西北农林大学的行业专家，根据农户的接受程度和县内的实际生产条件，分品类进行生产质量和标准的制定。根据专家组的评估，石棉县的黄果柑树种植过密，专家说："以前种了 30 年的黄果柑树，它的密度比较大，基本上是一亩 60 ~ 70 棵树，想把它种出好品质的话，我们建议改成 1 亩 57 棵树。"

原来 2×2 种植的黄果柑树要用 4×4 的土地种植，这自然会引来村民特别是老一辈人的反对。"把它砍掉，家里边的大人也好，父母也好，说我们这几个小屁孩折腾，不知道好歹。"王志伟理事长回忆道。针对这一问题，公社提出成立一个"伐树小组"，我砍你家的，你砍他家的，最终完成了黄果柑树种植改善工程。

2. "技术服务"上规模

基金会产业发展项目部与当地政府合作，在石棉县成立了项目管理小组，通过技术特派员进行全县的农技推广和培训。在这个过程中，项目部组织村民进行后续技术培训和持续跟进，定期向县政府进行项目进展的汇报和反馈。

在执行阶段，通过生产理事和生产小组长，合作社能够跟进农户对各项生产标准和制度的落实。

比如督导施肥要怎么施，大家不懂的或者有什么问题会找生产理事或小组长。又比如说一周之内我们要把这个防控药物打完，他们也会看谁家还没打，确保质量控制到位。投放农药之类的监督控制全部由生产理事来完成。

——冯忠德，2022 - 06 - 09

完全不同于东北地区适合集约化操作的水稻种植，在山区，每家农户一个劳动力只能分到几分地，小农户种植的黄果柑特色经济作物，受制于地理条件，无法大规模机械化统一作业。项目部倡导了一个新的模式——半托管模式，即鼓励合作社成立技术服务队来统一开展技术服务。坪阳合作社成立了农业技术服务公司，通过外包为农户提供托管、农业劳作、技术指导等相关的技术服务，提升全村的农业技术水平。

比如说果树修枝，修不到位，等于没修。所以大家不放心外人来干。但合作社都是本村的人，谁家果园管理得好，修整得也好，大家都一目了然，因此都信任他，托管给他效率肯定比自己干要高，而且能达到合作社统防统治的要求。

——冯忠德，2021 - 10 - 13

第一年，技术服务队的人要先打个样，包括实际修整一片果园，修完后在现场给农户做培训，培训完之后再说服务队可以做哪些工作，以及收费标准。项目部给每家补贴 50% 的技术服务费，当年就吸引了 85 户。冯忠德说："农民是很现实的，我们示范了一年之后，他看到这些人种出的果子优果率比较高，卖的钱也比较高，第二年、第三年，慢慢地大家都按照这个办法来了。"

3. "熟人社会"稳信任

农产品持续稳定的质量是关键。在合作社和种植户方面，保证农产品稳定的高质量，就必须设计好利益联结机制和激励机制。首先，从利益联结机制来看，村级合作社一个最大的好处是，小范围内村民相互认识，农产品质量能够通过"熟人社会"的监督机制相互监督，不违规施加农药，从而确保合作社全体社员的总体利益。

> 农村是熟人社会，你不要他的东西，他卖给别人也是一样的。但如果他在人前把"面子"丢了，他就会觉得在当地抬不起头来，这就是熟人内部、村民小组内部的监督。
>
> ——王志伟，2021 - 10 - 13

其次，在激励机制方面，能人的激励机制和贫困户的带动机制，也能够实现村民抱团合作的生产经营，帮助农户更好掌握生产技能。王志伟说："合作社的模式是兼顾公平和效率、优先公平的。"合作社的分配逻辑是，每年合作社利润结算后，60%按照交易额返还，40%按照入股的多少进行利润分红。这就要求社员共同努力，将合作社的"蛋糕"做大以获得更多的利润。徐登汶说："从最开始每户100元到后来的每股2 000元，认购股权越多，分红的越多。"这样，最终形成利益绑定的可持续内部监督机制闭环。

链条共建：产业帮扶的深化

1. 分拣仓库与集散物流

为了保证合作社生产的农产品能够快速、保质保量地送到消费者手中，基金会和善品公社协助当地进行物流建设，打通农产品流通"最初一公里"的通路。在基金会产业发展项目部的协助下，投入了180万元公益资金，合作社自筹（社员筹款）200多万元，共计400多万元，建了一个分拣中心，满足了线上+线下分拣和储存的需要。后期，农业农村局又配套支持建设了一个小型冷库。

坪阳合作社建设的石棉县农产品商品化处理中心（见图 4）目前已建成三条分拣生产线，其中，最好的设备是 2019 年购买的一套江西绿盟智能水果分选设备，总价值 170 万元，不仅能分拣，还能同步检测糖分。这三条生产线不仅能满足合作社自身的需求，还能覆盖到周围 6 个村镇，实现资源的盘活和充分利用。

图 4　石棉县农产品商品化处理中心

"我们现在相当于提供人工组织服务和场地租赁服务，"王志伟理事长介绍说，"有时间有生意的话，把人都组织回来。货通过我们卖出去，就像快递公司组织发货，但货不是快递公司的，就是这个概念。"分拣中心和冷库建成后，合作社可以直接在村里发货，其他大部分的合作社也都实现了在村里一键代发，不再需要转到成都。

2. 管理赋能与市场开拓

基金会与善品公社介入之前，坪阳合作社没有完善和规范的财务制度，财务人员大多是兼职，合作社中甚至存在虚开发票的现象。自2017 年起，善品公社协助合作社，委派会计人员将年底的利润和分红都做成规范、专业的财务报表，并请第三方机构对合作社的合作状况进行审计。

以前我们做的都是流水账，没有规范的财务制度，他们来了以后，从财务制度、理事长签字的报销制度、会议制度等入手，给我们梳理了八项制度。用制度来管人，就不再是靠人情的这种散乱的方式。

——王志伟，2021－10－12

为加强售后管理和消费者数据分析，善品公社设立两个团队：营销团队和售后团队。营销团队基于用户画像，对消费者行为进行分析，冯忠德介绍，"比如到产地的探访和消费者留言的收集回复，收集大家对于善品公社整个品牌，包括我们产品的一些意见反馈"。售后团队会根据用户的反馈及时进行答疑，并跟踪这些用户进行服务；此外，在新品上市之前，两个团队也会进行售前推送和宣传。

由于善品公社目前销售的产品主要以农产品蔬果为主，新鲜蔬果的经销附加值低，且损耗较大。因此，促进产品深加工和产业升级，是善品公社指导合作社尝试和努力的新方向，也是基于消费者数据分析的结果。王志伟说："未来的产品研发和产业升级这一块，对我们是一个考验"。目前，在该村已经有少量项目落地，例如都市白领比较喜欢的健康食材——莲子，还有非油炸薯片等。

此外，善品公社也在探索通过产品组合的方式，对产品进行打包销售。例如，引导合作社通过蜂蜜和茶叶的组合，进行销售市场的扩张，提升产品的吸引力，拓展利润空间。

3. 农户能力与技艺培训

新的技术手段自然需要高素质的农户进行操作。对于农户能力和技艺的培训，中和农道主要分为"引进来"和"走出去"两个方面。"引进来"是指邀请专家到村里进行讲课和培训，同时本土的技术特派员和合作社的生产理事协助组织农户和合作社制订相应计划并督促生产小组长落实。

"走出去"则是指将合作社或者村里的整个团队拉出去，参与各种会议和讨论，这样做是为了使更多的人掌握新技术，团队比一个人强，要相互补短板。根据农事节点，坪阳合作社一年平均会有 4~5 次培训，每场培训 20~30 人，包括生产理事在内，覆盖人员也较为全面。此外，合作社的人走出去，能够学习先进合作社的模式，进而优化和改善目前合作社的各项制度。

> 2015 年在善品公社进来之前，合作社（虽然）干了一些事儿，但是整体上看是非常乱的，管理不规范，团队的能力比较弱。缺乏对农民的有效组织。虽然说开发了一定的市场，但是市场拓展能力还是受地域的影响。基金会不同，它们不仅请老师过来给我们培训，还把我们带出去培训。读万卷书不如行万里路。眼界开阔以后，当合作社遇见问题我们就更有解决办法和思路，措施也更容易落地。
>
> ——王志伟，2021 - 10 - 12

不仅如此，基金会还在全国范围内整合优质师资力量，组建内部培训团队和筹集包括苹果公司的捐赠资金在内的人才培养资金①，并成立四川蒙顶山合作社发展培训学院。其于 2021 年 3 月 31 日获四川省民政厅批复设立，主要培养对象是合作社理事长以及返乡人员、农村基层负责人、涉农（挂职）干部，累计培训近 3 000 人次。2023 年 4 月 13 日上午，国家市场监督管理总局定点帮扶县乡村振兴人才培养项目也在蒙顶山学院正式开班。

未来：同志仍需努力

1. 社会认可结硕果

截至 2021 年底，善品公社已在 19 个省 109 个县 138 家合作社落

---

① 2020 年，苹果公司向中国扶贫基金会捐赠 5 000 万元人民币，用于为那些受疫情影响的地区提供短期救助和长期发展支持，其中包括捐赠支持蒙顶山合作社发展培训学院的建设。资料来源：http://www.cfpa.org.cn/news/news_detail.aspx?articleid=2354.

地，其中 9 家荣获"省级农民合作社示范社"，3 家被评为"国家级农民合作社示范社"，2 家被农业农村部认定为全国典型示范合作社案例。善品公社帮助线上销售农产品 7 700 万元，带动线下销售 1.2 亿元，受益农户 4.5 万户。在 14 个省建设了 35 个仓储中心，品控管理示范基地约 33 万亩。通过整合营销实现网络传播 25 亿次，参与支持的消费者超过 200 万人次。"以合作社为组织基础，善品公社为统一品牌"的产业帮扶模式，走出了一条新路。

从坪阳合作社来看，它不再是单一的以黄果柑为主的合作社，实现了综合性发展并辐射周围村镇的经济发展。

> 中和农道加入后，我们开始做融资，把生产企业化肥融资（赊销）卖给农民；做销售，把合作社的黄果柑卖出去。不光做本土的黄果柑，还跨区跨品种，做猕猴桃、苹果。不光做石棉的，还做县外的。比如说我们做盐源的苹果、攀枝花的石榴。跨县采购他们的东西拉过来，再通过我们的电商卖出去。我们还做树框生产。包装黄果柑需要包装树框，我们从湖北引进一家企业合作，来做树棚，建基地。我们有自己的发展思路。我们不但建种植基地，还建包装基地，包装基地达到 14 亩，拥有一个冷链冷藏库。总之，我们把合作社做成了一个综合性的合作社。
>
> ——王志伟，2021 - 10 - 13

除了共用场地和机械设备，善品公社和坪阳合作社的组织模式、技术手段也能够辐射和影响周边的村镇，推动周边其他合作社的发展。在经济上，合作社的发展壮大能够为当地的经济做出一定的贡献。例如，线上农产品的销售能够带动物流企业在该县设立站点和门店，农产品的深加工也能够带动厂房、设备以及其他基础设施的投资和建设。经过多年的努力，坪阳黄果柑专业合作社在 2020 年获评国家级示范社（见图 5）。

图 5　国家级合作社证书和省级合作社牌匾

在村干部眼中，善品公社的介入还对促进农村的社会治理发挥了重要的作用。在儿童节、重阳节、妇女节、春节等重要节庆活动中，合作社开展全村的庆祝活动，增强当地村庄的凝聚力和烟火气。

> 比如说我们请老年人来跳舞，给他发毛巾、肥皂或洗衣粉，然后请大家吃顿饭。过春节我们摆上水果、瓜子、糖，大家一起聊天、吹牛、表演节目。我们评选好婆婆、好媳妇等奖项，奖品由我们合作社来出，虽然只是一桶油或者一袋米，但大家图个热闹。这也是为什么我们干了五六年以后，最近没有人再骂合作社，觉得合作社还是在干事，也不容易。
>
> ——王志伟，2021 - 10 - 12

这些活动让农户有了更多的归属感和参与感，村里与合作社的关系比以往更加融洽、亲密了。

2. 未来道阻且长

合作社农产品的品质和口碑迅速推广开来，越来越多的人在小程序和公众号上关注"善品公社"这个品牌，"质量瓶颈""信任瓶颈"在基金会和善品公社的扶持下找到了解决办法，但未来道阻且长。

首先，合作社规模偏小，距离激烈的电商市场化竞争所需要的规模经济和规模效益仍有一定差距。目前较为成熟的坪阳黄果柑专业合作社，从 2016 年的 485 户到如今的 700 余户，在中和农道赋能下，通过价格发现、质量控制、制度建设和股份激励等方式，实现年收入 3 200 万元并分红 40 万元，发展成果由村民共享。电商产业虽在不断发展，但仍然存在不小的困难和挑战，目前该合作社只能消化整个黄果柑市场的 1/10，对整体市场的影响力有待提升。

其次，产业链引领尚需努力。基金会将合作社发展分为三个阶段：规范阶段、提升阶段和全产业链发展阶段。目前，善品公社帮扶的合作社中最发达的坪阳合作社属于从第二阶段向第三阶段跨越的阶段。

> 2016 年合作社改革的时候，把坪阳合作社的使命定位成石棉黄果柑产业发展的引跑者和引领者。现在，应该为石棉农业产业发展做一些探索，承担起探路者的角色。
>
> ——冯忠德，2022 - 06 - 09

从善品公社合作的 138 家合作社的情况来看，已经有部分合作社达到第一、第二阶段，但第三阶段还处于探索和筹备过程中。

> 第三阶段我们想的是合作社把村庄集体经济下的经济功能以及生产要素资源进行一个统筹，不只是做农业生产，还要做旅游、做加工。这有点类似于南街村或者华西村，不只做一产，而是把村里所有的资源都盘活，进行更有效的利用。
>
> ——冯忠德，2022 - 06 - 09

再次，目前善品公社作为一个统一的品牌，已经具有一定的知名度，但受限于其售卖的产品数量较少，差异化程度较低，且加工能力和水平也有待提升。产品通过软文和情怀，在善品公社微店体系上有大量的销售，但在公域流量中（如淘宝平台）因为价格问题几乎没有成本竞争优势。其他经销商联合抵制、压低市场价格的情况有可能再次发生。在未来基金会和政策倾斜力度减弱甚至退出的情况下，没有基金会的背书，将影响合作社未来的销量以及产业的可持续发展。

最后，人才短缺一直是制约善品公社发展的重要瓶颈。由于社会企业的性质，员工的工作能力和业绩考核难有客观的标准，且工资和福利待遇没有很大的竞争力，工作和生活压力较大导致人才流失的问题一直存在。在现阶段善品公社的能力和运营水平是足够的，如果合作社再往大做、业务再扩一扩，目前的能力和团队不一定支撑得住。未来善品公社存续的重点在于本土经营团队的建设，基金会与善品公社需要携手合作社共同迈上新的台阶。刘文奎说："希望日后我们的团队不断地引进一些大学生、返乡创业的退伍军人，让组织注入更多的新鲜血液。"

（王强　杜昕然　王建英　徐京悦）

企业资料

1. 善品公社微博：https://weibo.com/n/%E5%96%84%E5%93%81%E5%85%AC%E7%A4%BE.

2. 中国经营报. 善品公社创始人刘文奎：赋能合作社，以产业发展带动乡村振兴. 2024-06-17.

3. 人民政协网. 善品公社的 9 年探索——社会组织如何打通产业帮扶"堵点". （2024-01-23）. https://www.rmzxw.com.cn/c/2024-01-23/3481201.shtml.

附录

雅安市与中国乡村发展基金会签署战略合作协议

2023 年 4 月 20 日，雅安市人民政府与中国乡村发展基金会战略合作协议签约仪式在雅安举行。签约仪式现场照片如图1所示。

图1　签约仪式现场

资料来源：https://www.yaan.gov.cn/xinwen/show/d790f49a-bc8e-4318-9a54-5f3143299ae1.html.

中国乡村发展基金会组织结构（见图2）

理事会
理事长办公室
秘书处

	综合事务部	人力资源部	计划财务部	监测研究部	品牌传播部	信息技术部
资源发展部						
乡村振兴协作部						
移动互联网部						
公众互动部						
月捐发展部						
国际发展部						
项目合作部（活水计划办公室）						
儿童发展项目部						
健康发展项目部						
教育发展项目部						
灾害救援项目部						
百美村宿项目部						
产业发展项目部						
乡村建设项目部						
创建与社会企业促进中心办公室						

图2　中国乡村发展基金会组织结构示意图

资料来源：http://www.cfpa.org.cn/about/structure.aspx.

善品公社——项目县遴选

在脱贫攻坚和乡村振兴工作中，项目县的初步遴选与确认的主要依据是县产业基础、产品市场发展潜力、捐赠方主要意向结合脱贫攻坚/乡村振兴主要区域等基本信息，主要包括两个材料：（1）由资源发展部、脱贫攻坚/乡村振兴协作部等筹资部门提供捐赠方意向性县域清单；（2）市场端（善品公社）推荐目标区域县，产业扶贫/产业发展项目部项目支持小组做资料审核，并根据以下的遴选标准筛选出潜在项目县域清单（见表1）。项目遴选标准主要包括帮扶指标、产品指标和社区指标三个核心指标。

表 1　合作社遴选标准

指标	项目	基本标准	标准说明
帮扶指标	公益属性	项目村选择	全国 832 个国家扶贫开发工作脱贫县、乡村振兴重点帮扶县、特色农产品优势产区县
产品指标	产地环境	农业生产环境质量标准	参考 NY/T391—2013 绿色食品产地环境质量，由意向性县域推荐并提供相应环境评价材料备案
		自然环境	自然条件适合该农业产业发展，并由相关农业部门提供相关评价材料
	产品质量	产品属性及市场潜力	产品外形、口感及储运等自身特性符合市场需求，且产品在当地有良好的生长表现与生产性能
社区指标	合作社基本条件	合作社资质与背景	工商注册，无违法违规行为，认同理念与模式，资质齐全，政府推荐并提供备案材料
		合作社属性	合作社法人必须是本村居民或本村常驻人员，合作社法人原则上不能是公职人员；合作社不得由企业领办，合作社社员中企业股东占比不得超过 10%
		合作社经营及发展意愿	合作社在经营层面，有改善和提升合作社管理、生产管理以及农产品销售现状的需求，并且有充足的人力来执行项目
		合作社覆盖面	覆盖有效社员户不低于 50 户（实际入股户/工商注册登记），可带动社员户不低于 50 户，辐射面积不低于 500 亩（种植类）
		合作社类型	以服务为主要业务的单一合作社、联合社原则上不纳入选择范围。每个县支持的合作社原则上不超过 2 家
	政府关系	政府配合度	认同项目理念，项目/资金配套，成立项目小组，相关部门参与常态项目执行

善品公社——合作社团队培养

合作社团队培养主要是针对合作社以带头人为主的核心团队进行的培训，形式主要包括集中培训与外出交流学习，在两年的项目周期内，设计6场集中培训，1场外出交流学习。具体内容如表2所示。培训重点：项目初期，进行项目模式、项目理念的培训；每年年末，召集合作社带头人进行合作社年度总结计划；在项目执行期间，进行合作社能力建设培训与外出交流学习。

表2　合作社团队培养

序号	主题	讲师	节点	场次	说明
1	理念培训、项目模式TOT培训	项目部	项目启动	1	
2	合作社年度总结计划会	外部专家、项目部	年度总结	2	每年度1场
3	合作社业务拓展能力建设培训	外部专家、项目部	—	3	第一年1次，第二年2次。培训主要包括生产拓展、市场拓展以及产品开发等内容
4	外出交流学习	访问点讲师	第一年	1	

成都天杰：

守护田野的肥料专家

我不是一个创造金钱的机器，我是一个给社会创造价值的人。

——张小川

民以食为天，食以安为先。农产品安全是食品安全的基础。然而，随着农药化肥的误用滥用，农产品的基本安全问题不容乐观。在一些污染严重的地区，农民甚至不愿意吃自己种出来的瓜果蔬菜，又如何能让消费者对"舌尖上的安全"放心呢？农产品污染问题"冰冻三尺，非一日之寒"，农民在施肥打药时缺乏科学专业的技术指导，急于追求短期的产量大幅提升或病虫防治效果，容易被无良商家诱导，过量盲目施肥，甚至使用不合规的"有毒"农药。除直接的农产品污染外，不合理"用药"也对生态环境造成了不可逆的破坏：土壤板结、重金属污染、耕地有机质匮乏……为农业的可持续发展埋下了隐忧。

农业环境的改善无疑是一个艰难、长期的系统工程，然而"志不求易，事不避难"。化工专业出身的张小川，怀揣着保障农产品安全和推动农业可持续发展的满腔热情，带着潜心研发的有机钾肥专利，在有着"天府之国"美誉的重要农业产区成都，创办了成都天杰有机农业发展有限公司（简称成都天杰或天杰）。20多年来，成都天杰努力寻求政府、农民、消费者利益的"最大公约数"。在社会效益最大化的同时，采用市场化的运作方式，积极把握市场机会，不断探索商业模式，为农肥技术抵达"最后一公里"提供社会企业的答案。

入局：从化工到农肥的转型

1. 钾肥的问题

张小川出身于化工专业，拥有扎实专业知识的他最初在中石油从事天然气和石油炼化工作，过着稳定平静的生活。

20世纪90年代，中石油进入下游开发，在邛崃发现了丰富的钾盐矿藏，计划从中开发提炼钾元素。在中石油的钾盐项目中，张小川逐渐了解到，钾是农作物生长所必需的三大营养元素（氮、磷、钾）之一，而中国作为一个农业大国，缺钾耕地面积占耕地总面积的56%，中国农业对钾肥有巨大的需求。但我国水溶性钾盐资源储量相对较少，生产规模与产量也相对较小。因此，我国农业的发展明显受到全球钾盐资源分布、生产与国际市场的制约和影响。当时，中国钾肥几乎完全依赖进口，长期需要与加拿大、俄罗斯等国进行艰苦的谈判。

除了缺钾，我国钾肥利用率也仅为35%~45%，远低于发达国家平均60%~70%的肥料利用率。当时，我国农村的肥料利用率普遍较低，随着化肥投入的不断增加，肥料的有效利用率却出现下降趋势，施用的肥料不能高效地被作物吸收和利用，造成严重的资源浪费。

当时市面上的钾肥主要是氯化钾、硫酸钾等无机钾肥。经过市场调查，张小川发现，传统无机钾肥虽然具有作用效果稳定、价格较低等优点，但长期、过度施用很容易导致土壤恶化，使土壤中盐分升高、有机质含量下降，出现土壤板结、土壤酸化、次生盐渍化等现象，进一步导致农作物减产、病虫害易发、农药使用量增大等问题。这一时期，政府开始重视科学施肥和环保问题，但由于市场上无机肥料供应充足、使用广泛，且无机肥料成本低廉、价格便宜，仅靠政府的力量难以推广有机肥料。无机肥料造成的土壤板结、酸化等问题，需要进行长期且复杂的土壤修复，这不仅涉及技术难题，还需要大量的资金与时间投入。此外，由于农业生产的分散性和复杂性，在指导各地农民科学施肥方面，政府也鞭长莫及。

中国面临的严重缺钾、钾肥有效利用率低下、无机钾肥的不合理使用引发的土壤污染等问题，这一切激发了张小川研究的兴趣。

我们的钾那么缺，我们花了大量的外汇进口（钾）以后，老百姓不知道怎么用，又造成大量的浪费。所以我就自己研究能不能把有限资源的利用率提高，从而少用。

2. 农妇的哭声

20世纪90年代，凉山州经济发展相对滞后，贫困问题较为突出。一次，张小川与农科院专家一同前往凉山州考察，恰逢当地的枇杷即将进入收获季节。然而，天公不作美，突如其来的降温使这片枇杷遭受了严重的冻害，满山枇杷果树全部受冻，颗粒无收。

当张小川来到一片受灾的枇杷果园时，只见果园主人，一位40多岁的农村妇女，面对突如其来的损失，情绪崩溃，蹲在地上失声痛哭。这几亩枇杷本是她精心培育，为女儿出嫁筹备的资金来源，但如今全部化为泡影，整个家庭也因此陷入沉重的经济压力之中。

面对此情此景，张小川深受触动，就此向同行的农科院专家请教。专家惋惜道，由于这片枇杷树缺乏钾元素，且氮元素使用过量，其抗寒能力极弱，无法抵御突如其来的降温。而枇杷树之所以缺乏钾元素，一方面是因为市面上大多数的无机钾肥不能有效地被当地土壤吸收和利用，另一方面则是由于农户在生产过程中缺乏专业种植技术的指导。

由此，张小川深刻认识到钾元素在作物生长中的重要性。他进一步了解到，不仅枇杷树，我国的水稻、玉米和小麦等粮食作物也普遍存在钾元素缺乏的问题，导致水稻低产、玉米和小麦在遭遇大风时易倒伏。农民在生产过程中即使发现了这些问题，往往也无处求助，只能眼看一年甚至几年的劳动成果化为泡影。

凉山州的这次偶然经历，如同一颗种子，深深扎根在张小川的心中，悄然改变了他的人生轨迹。

3. 有机钾的诞生

张小川想：既然目前市面上的无机钾肥有各种问题，能不能研发出对土壤没有副作用、钾的吸收效率高、能够普遍推广的"有机钾"呢？1998年，他以一己之力开始对"有机钾"进行深入研究。当时的研发条件非常简陋，科研工作在中石油一栋筒子楼厕所旁的小房间里进行。2000年，中石油的钾项目因故未能继续推进，张小川毅然决定放弃安逸稳定的职业，踏上了在农业领域的研发与创业之路。

经过无数个日夜的潜心钻研和实验，张小川最终取得了重大突破——成功研发出有机钾，它不含氯离子、硫酸根离子等无机物，不会造成土壤酸化，不仅显著减少了对土壤的破坏，还能高效提升作物品质与产量。相比传统钾化肥每亩10~20千克的平均使用量，每亩地仅需使用100~200克的有机钾便能显著提升作物的品质。

四川省科技厅为此组织了一场有机钾肥新闻发布会（见图1），学术界许多专家纷纷对产品如此低用量却能产生显著效果提出质疑。面对这些质疑，张小川选择与高校和国家烟草局的多个科研所合作，通过权威实验来证明有机钾的效果。最终，有机钾在烟叶、苹果等作物上的成功应用打消了所有人的疑虑，赢得了专家们的认可，有机钾得到了广泛认证。

图1　四川省科技厅组织的有机钾肥新闻发布会

有机钾的成功研发，在行业内掀起了轩然大波。2000 年，《现代农业周刊》以大幅版面报道了这一发明成果（见图 2）。这也是张小川在国内获得的第一个有机钾专利（见图 3），具有里程碑式的意义。

图 2　《现代农业周刊》有机钾报道①

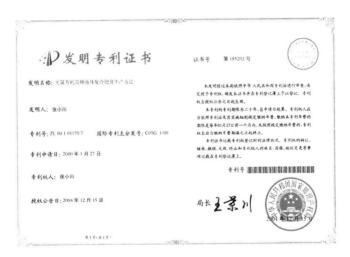

图 3　有机钾专利证书

① 该报道所附图片为联合国粮农组织 12 位官员在陕西宜川苹果示范基地参观。张小川后来从盛祥离职，开始创业，并于 2000 年 11 月创立天杰。

4. 推广的难题

2000 年 11 月，张小川创立成都天杰，着手转化专利，推广其有机钾产品天杰钾。

张小川带领团队革新传统的钾肥制作工艺，将钾元素精炼成液体形态，易于施用。然而，创新总是伴随着困难和挑战，在量产阶段，由于天杰钾的生产工艺前所未有，最初天杰两三个人的小团队只能依靠手工在小作坊进行初步制作，然后不断试错、改进，这个过程既耗时又耗力。如今回忆起最初的天杰，农业厅关心有机钾项目的老领导也打趣道，来天杰指导、检查时，看到当时天杰的艰苦条件，连午饭都不舍得在那里吃。

在定价上，有人建议以高价体现天杰钾的价值，获取更多利润。但张小川认为，如果天杰钾定价过高，农民仍然会选择购买价格看上去更实惠的传统肥料。因此，天杰钾采用了低定价，一大瓶足够用于 50 亩地的液体天杰钾，售价仅为 50 元，相当于每亩地仅需 1 元；而小袋装的天杰钾有机水溶肥料，虽然只能施用 1 亩地，但其售价也仅为 2 元。天杰钾与传统钾肥的主要区别如表 1 所示。然而，张小川没有想到的是，天杰钾却因此在推广中遇到了难题。

表 1　天杰钾与传统钾肥的主要区别

天杰钾	传统钾肥
液体形态	固体形态
有机钾	无机钾
每亩地施用 100~200 克	每亩地施用 10~20 千克

由于天杰钾的用量极小，200 克的天杰钾足够施用 1 亩田，许多经销商企业对其市场前景持怀疑态度。即便是一些有意合作的企业，在了解到其用量小、利润低的情况后，也纷纷选择了放弃。因此，张小川只

得带着团队到各地向农民宣讲、做天杰钾实验田来宣传。

由于天杰钾的形态和使用量与传统肥料大不相同，初期推广时，许多农民对其效果持怀疑态度。张小川无奈道：

> 农民认为这个东西用下去以后可能就是一个补充。天杰钾只有这么一点液体，他的心里不踏实，他还是愿意去用大包的肥料，大包的肥料让他踏实。

随着越来越多的农民开始使用并体验到其带来的实际效果，这种疑虑逐渐消散。如今在水稻等作物的飞防①作业中，天杰钾因其便于无人机施用的特性，得到了广泛的认可和应用。

但是在当时，尽管天杰研发技术不断突破，2003年天杰有机钾被科技部授予国家级星火计划项目（见图4），2006年天杰有机钾的开发和应用获得成都市重大科技计划和科技进步奖（参见图5），在销售推广时，天杰却一次次面临诸多困难。

图4　天杰有机钾国家级星火计划项目证书　　图5　天杰科技进步奖证书

---

① 飞防是一种利用无人机喷洒农药、肥料等农业化学品的新型农业技术。通过无人机的高空飞行，将农业化学品均匀地喷洒在农作物上，以达到防治病虫害、提高产量和质量的目的。相比其他常规措施，飞防具有喷洒精度高、作业效率高等优点。

2005 年，中化化肥看到了天杰钾的优势，慕名而来，成为天杰钾的全国总代理，联合全国许多肥料上市公司共同推广这一创新产品。但是到了 2009 年，由于天杰钾的年销售额太低，全国总代理销售商中化化肥决定将天杰钾下放给下级代理商做推广，而下级代理商也认为销售天杰钾的效益较低，销售的积极性不高。最后，天杰决定全部收回天杰钾的代理销售权，重新建立其在全国的推广销售网络。

如何将这么好的有机肥料推广给农民？这个问题时时萦绕在张小川的心头。

破局：扎根田间的肥料技术专家

1. 向技术服务转型

深入田间地头的实践经历给了张小川启发。在参与凉山州等偏远地区的扶贫工作时，张小川观察到，老百姓难以辨别化肥、农药的优劣，农村缺乏的不仅仅是高质量的化肥产品，还有科学种植技术的指导，他说：

> 本来，需要根据土壤的供应状况和作物的需肥特性来确定是否需要施肥（尤其是氮、磷、钾以外的其他大量和微量元素肥料）、施用哪种肥料，在平衡经济效益和环境保护之后来确定最优的施用量。但在过去，很多肥料的经销商本身在农业知识和技术方面不专业，利用农民急于见效、追求短期高收成的心理，引导农民重复过量施肥，增加农民成本的同时，对土壤和生态也造成了很大的破坏。

2010 年，天杰开启了一场深刻的转型，开始将战略重心从前端的产品研发转向农业技术服务领域。首先为农民免费提供技术服务，农民认可天杰的技术后可自由选择购买，销售完成后天杰也会持续关注农民的种植情况，为其提供覆盖整个作物生长周期的全过程技术指导。为此，天杰构建了三级覆盖的技术团队（见图6），通过提供专业的农业技术服务，打造自主品牌优势，进而推动产品销售。

技术团队三级覆盖保证天杰技术服务的专业化

包含农学、土壤、植物营养、农业资源利用、植保、土地资源管理等专业

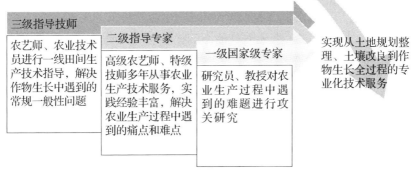

三级指导技师

农艺师、农业技术员进行一线田间生产技术指导，解决作物生长中遇到的常规一般性问题

二级指导专家

高级农艺师、特级技师多年从事农业生产技术服务，实践经验丰富，解决农业生产过程中遇到的痛点和难点

一级国家级专家

研究员、教授对农业生产过程中遇到的难题进行攻关研究

实现从土地规划整理、土壤改良到作物生长全过程的专业化技术服务

图 6　天杰的技术团队体系

在深入田间地头提供技术指导的同时，天杰技术人员及时收集农民在种植过程中遇到的实际问题，一方面，不断积累经验，逐渐形成企业内部的技术指导规范；另一方面，基层技术人员如果遇到无法解决的问题，可以将问题反映给与天杰合作的农业专家，进一步推动新产品的研发，由此形成企业可持续发展的良性循环（见图7）。

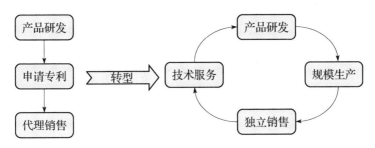

图 7　天杰发展模式的转型

2. 以技术服务带销售

（1）示范田与技术课堂

有了先进的技术和好的产品，如何向农民展示天杰技术与产品的优势呢？天杰采用了一种朴素而实际的推广办法——在当地设立示范田。

例如，在一个以水稻种植为主的村庄，天杰会选择一小块在当地产量中等的土地，采用天杰新的种植方法，与农民的传统方法形成对比，让农民亲眼见证水稻产量与品质的提升。张小川说，示范田的销售转化通常需要三年左右的时间。第一年，农民可能还持怀疑态度，但慢慢做了两三年，当农民看到实际效果后，便会逐渐接受、采用天杰的种植技术，购买天杰的产品。

在选择示范田地点时，除了选择种植规模较大、示范带动效果较强的地区外，天杰也更倾向于选择那些技术落后、生态环境受损严重或产业发展需求迫切的地区作为突破口。虽然示范田的销售转化速度较慢，没有广告推销来得快，但是让农民实实在在看得见，农民的心里踏实，天杰团队也非常有成就感。农民逐渐与天杰建立起信任关系，天杰在当地也逐渐建立良好的口碑。

除示范田之外，天杰还通过免费的技术课堂向农民宣传科学的种植理念，与农民建立起信任关系。政府高度重视关系国计民生的"三农"问题，天杰也经常受当地农业局、村集体的邀请，下乡给农民免费讲课，传达科学的种植理念。课程内容紧扣当地农业发展需求，如茶叶、果蔬和柑橘的种植技术。张小川强调：

> 我们讲课的时候很少做产品展示，因为如果你是去卖产品、做推广的，老百姓就很反感。我们先推广理念，如果老百姓愿意，我们来给他们做一些示范试点，试点下来以后效果好了，他就要问你

这个东西在哪买、怎么用，我们再给他们一些产品，自然就达成销售了。如果他们不买也无所谓，相当于我做公益了。

（2）技术加持的直营与代销

结合当地农村的具体情况，天杰会选择直接向农民销售或通过经销商销售产品。其中，直营模式是天杰的核心销售方式。在这种模式下，天杰直接在目标区域设立服务中心，提供产品和技术支持。这些服务中心不仅是天杰的销售点，更是农户获取专业知识与技术支持的重要平台。天杰通过提供免费技术服务和设置示范试点，有效吸引了农户的注意并赢得了他们的认可。直营模式的优势在于，能够直接与农户建立联系，深入了解他们的需求和痛点，从而为他们量身定制产品和服务。同时，服务中心的建立也进一步增强了农户对天杰品牌的信任感，为农户与天杰的长期合作奠定了基础。

除了直营模式，天杰也与经销商合作推广产品。这些经销商通常在当地拥有较为完善的销售渠道和资源，能够帮助天杰快速拓展市场。曾经是天杰的经销商，如今已加入天杰成为正式员工的李鸿炜说：

> 经销商选择产品，首先就是要有利益。其次，要看到合作公司能给我带来服务，相比别人你能够提供什么不一样的附加值。天杰的附加值就是能够给经销商提供技术服务。天杰愿意跟经销商下乡，经销商肯定愿意选择跟天杰合作。我以前做经销商时也是这种心态，企业有服务、有人员支持，这种我肯定愿意合作。

（3）深入田间的全程指导

相比短期的销售—购买关系，天杰的全过程技术服务模式能够与农户建立长久的绑定和信任关系，尤其对于大规模承包土地、集中种植单一农作物的种植大户而言，田间技术管理是必不可少的，相当于为来年的收益加一份"保险"。

农户老朱就是天杰的新客户之一，他在四川省德阳市中江县承包了近 800 亩土地种植柑橘，从 2022 年初开始，他的果园开始全部使用天杰的肥料产品施肥，由天杰的刘技术员负责提供全程的技术指导。回忆起初次拜访老朱的场景，刘技术员会心一笑：

> 当时老朱听说我们是卖化肥的，压根没打算理我们，因为这个果园规模比较大，用肥量也大，几乎每天都有不同品牌的化肥厂家找他推销。但是后来老朱之所以愿意和我们沟通，还是因为我们在技术方面的专业和真诚。……我是觉得这个果园的田间管理有很多问题，就先到果园去看，帮他看了病虫害风险、营养问题、光照问题、水的问题，跟他说怎么改进，然后慢慢大家就聊得比较投机了，老朱因此决定和我们合作。

老朱也对天杰的技术服务表达了认可：

> 我们自己也要靠技术，他讲的东西有道理我肯定会听。每次要下什么肥打什么药，他都过来帮我看，这一点特别好。

天杰的技术经理左洪菊介绍说：

> 从 2015 年开始，有很多并不了解农业技术的外行进入农业行业，承包了很多土地，但自身的管理水平、技术水平是完全不够的。如果专门聘请一个技术人员负责田间管理的话，一年可能就要七八万、十来万的成本。但如果用我们的产品，技术指导是覆盖整个种植全过程的，并且技术指导是免费的。天杰卖出了产品，赚取了一定的利润，但是天杰给农户提供的技术服务也节约了对方的成本，实现了双赢。

天杰的基层技术人员反映，除了出于节约聘请技术人员成本的考虑，近年来农民的科学种植理念和环境保护意识逐渐建立起来了，不再盲目追求农作物产量，而是慢慢将农产品的安全性和品质提到了更重要的位置。刘技术员说：

　　和老朱交流发现，他竟然宁可多花 10 万块钱雇人工除草，都不愿意用农药除草剂。我们都觉得很震撼。

老朱回应说：

　　我种的柑橘我还要拉回老家浙江去卖。老家的那些客户很多都是我的朋友，我不可能昧着良心去害朋友。所以从去年开始我全部使用天杰的肥料，一是相信他们的技术，我自己以前也在北京做过种植园，听他们说话觉得还是很专业的。二是也比较认可他们的理念，就是要把这个园子往生态方向做，做绿色的高质量的农产品。之前检测结果出来，在中江县里，我的柑橘品质最好。

天杰技术人员在田间为农民提供技术指导如图 8 所示。

图 8　天杰技术人员在田间为农民提供技术指导

3. 初具规模的技术服务网络

　　目前，天杰在四川省的农业服务体系已初步构建完成，在四川省内江、眉山、蒲江、乐山、雅安、凉山州、达州、南充等区域设有 20 多个农业综合服务中心（见图 9），遍布在农户身边，随时为他们提供技术指导和农资配送服务。至今，天杰已为 10 000 多家农业新型经营主体提供了优质服务，服务范围覆盖了川南、川中等大部分区域，涉及的县达 30 多个。不仅如此，天杰的服务触角还延伸到了省外，北方的赤峰、辽西等地，同样活跃着天杰技术人员的身影。

图 9　天杰的农业综合服务中心

在农业综合服务中心的辐射下，天杰还设立了众多贴近农民的农业技术服务中心，它们像毛细血管一样深入到田间地头，确保技术服务直达田地，物资配送直达农户。每个服务中心的核心团队都由一名天杰技术员和两名当地村代组成。技术员凭借专业知识，为农民提供精准的全过程农业技术指导，助力他们提升农作物的产量和质量。而村代则负责产品的配送和农民的召集工作，他们是服务中心与农民之间的桥梁，确保信息的畅通和服务的及时。这种配置既确保了技术的专业性，又充分利用了当地的人力资源，提升了服务的灵活性和效率，同时也为当地农民提供了就业机会，增加了他们的收入。每个技术服务中心覆盖约2 000亩土地，确保服务能够迅速有效地深入每个角落。

4. 从单体到综合服务平台的延伸

除了提供基础的农业技术服务，近年来天杰还积极探索农业综合体建设，致力于在未来提供更全面、更系统的服务。张小川说：

> 原来我们做的很散，到处去做实验、讲课、建技术服务中心，布局很分散。比如这个村需要了，我们就去建个点，派一两个人在那儿，建示范园、给村民讲课。其实，一个综合服务中心能够将我们原来的好多服务中心联动起来，自上而下，以大带小，服务功能就比较强了。

2020 年，天杰深入凉山州盐源县这一贫困腹地，携手村集体经济、专业合作社等经营主体，投入 1 500 万元资金，打造了一座占地面积近万平方米的盐源苹果现代农业产业化综合服务体。这一综合性服务平台依托已有的技术服务体系，在功能上向下游服务进一步延伸，集农业投入品供应、技术培训、优质苹果仓储等功能于一体，为盐源县 40 多万亩的苹果产业提供了全方位的支持与保障。

盐源苹果现代农业产业化综合服务体以苹果产业为核心，致力于实现收购、筛分、加工、冷储、销售等环节的高效运作。目前，综合服务体的一、二期工程盐源苹果现代农业产业联合体服务中心已圆满完工并正式投入使用（见图 10）。未来三至五年内，天杰还计划将该服务体逐步拓展至高山野生菌、花椒、核桃等盐源地方特色农产品的收贮与交易，构建起一个多元化的农产品交易体系。同时，天杰还将逐步完善助农信贷担保、综合技术培训、新品升级引进、农业观摩交流、高校研学合作、产地渠道对接等功能，为盐源地方农业的发展提供全方位、多层次的支持与帮助。

图 10　盐源苹果现代农业产业联合体服务中心

进阶：最懂土壤修复的肥料厂商

1. 土壤污染治理的困境

随着化学农业的发展，农产品安全问题日益凸显，成为牵动国民神经的热点问题。农业生产中的农药和化肥使用不当，导致土壤肥力下降和环境污染，进而影响食物的品质和安全性。由于农民普遍缺乏科学种植的知识和技能，他们往往只追求产量而忽视产品的质量和安全性。土壤污染不仅威胁着消费者"舌尖上的安全"，也严重制约了农村经济的健康发展。

为解决化学农业所带来的环境污染、生态破坏和农产品安全问题，我国政府制定了一系列的政策、法规以规范农业中化学手段的使用，引导绿色农业与可持续农业的发展。但仅仅依靠政府的力量很难彻底解决农业污染问题。一方面，政府在政策制定过程中需要权衡经济增长、粮食安全和环境保护等多重目标，往往难以兼顾。另一方面，地方政府的财政资源也有限，难以满足所有需求，而土壤污染治理、生态修复等需要大量长期的资金投入，在经济发展程度不高的地方，政府在化学农业污染的治理问题上难免力不从心。

同时，市场机制的局限性也导致化学农业问题难以得到有效解决。农民在农业生产中缺乏关于化学农药、化肥的正确使用方法和潜在风险的信息，往往过度使用。农药、化肥的使用具有明显的负外部性①，过度使用会造成环境污染、生态破坏等外部性问题，但这些问题不会直接反映在市场价格中，因此市场价格机制无法自动纠正这些负面影响。此

---

① 负外部性，又称外部不经济，是指一个人或企业的行为影响了其他人或企业，使之支付了额外的成本费用，但后者又无法获得相应补偿的现象。这种外部性未能在价格中得以反映，是对交易双方之外的第三者所带来的成本。

外，环保型农业技术和产品往往需要更高的研发成本、更长的研发周期、更多的市场推广投入，而市场上缺乏足够的激励机制来推动这些技术和产品的普及。

天杰团队发现，由于土壤被污染或破坏，耕地质量严重下降，四川许多地区出现作物急剧减产、病害严重甚至大面积死亡的现象。南方的土壤酸化很严重，北方有些地区的土壤由于自然地理环境、耕作历史等因素，也出现了盐碱化的问题。土壤问题导致的耕地质量下降，已经严重制约我国农业的可持续发展。

2. 天杰理念：土壤优先，合理配肥

天杰关注到在解决土壤污染问题方面存在政府缺位和市场失灵的尴尬局面，于是进一步将"土壤更健康，农产品更安全"确立为自己的使命（见图 11），提出了"土壤优先，合理配肥"的基本理念，从土壤检测做起，将土壤修复作为前提条件，根据土壤特点合理配肥。明确了"品质优先、产量并举"的方针，坚持将保障农产品的安全和品质放在第一位，技术和产品一体化，首先从植物营养和田间管理入手解决作物生长问题，其次才考虑辅助以农药治疗方案（见图 12）。

图 11　天杰的企业文化

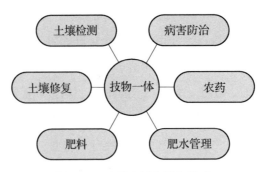

图 12　天杰的产品和服务模式

3. 天杰方案：测土配方，对症下药

什邡市是隶属于四川省德阳市的一个县级市，曾经是一个磷化工基地，土地严重污染成了当地政府非常头疼和棘手的问题。什邡市种植大蒜已经有几十年了，大蒜是当地老百姓几乎全部的经济收入来源，还曾经入选"全国名特优新农产品"，取得了"国字号"的质量认证。但当地乡镇的镇长表示：

> 近年什邡大蒜的产量跟原来相比快降一半了，大蒜种下去之后一段时间内大面积死亡，有些甚至颗粒不收，老百姓十分心痛。

他们了解到天杰公司在做土壤障碍修复研究工作，于是邀请天杰在这里建厂。2020 年，天杰和四川农业大学合作，由天杰提供资金，四川农业大学提供技术支持，在什邡市建立了德阳杰化农业科学技术研究有限公司（简称德阳杰化）作为天杰的控股子公司（见图13），专门针对土壤酸化和重金属污染问题进行深入研究和专业攻克。

实际上，什邡市的问题并非孤例。早在 2017 年，针对土壤酸化问题的治理，天杰在四川省凉山州的西昌市开辟了示范田进行产品试验（见图14）。由于土壤酸化，当地甘蓝根肿病害、大蒜枯萎病害严重。天杰给每茬作物每亩施 80~120 千克天杰酸性土壤调理剂和 300 千克天杰有机肥。经过两年的修复，土壤 pH 值从 5.4 调到 5.9，甘蓝根肿病明显减少了，2019 年甘蓝产量比 2017 年增加了 37%，每亩增收 700 元。这一成功案例，让天杰在解决这些棘手的土壤修复难题时有了更强的信心和坚实的技术基础。

图 13　天杰的控股子公司德阳杰化

常规施肥　　　　　　　　示范区

项目实施　　　　　　　　成果展示

图 14　天杰在西昌市礼州镇开辟示范田治理土壤酸化问题

于是，德阳杰化充分利用天杰积累的技术优势，联合四川农业大学的专家继续埋头攻克，针对广泛采样所检测出的土壤情况，开发出了一系列针对重金属污染和土壤酸化、板结问题的调理产品。2020 年进入

农业农村部"耕地重金属污染联合攻关项目"的两项技术已成功孵化
为"YH 重金属钝化剂""水稻镉叶面阻控剂"两项产品，目前已进入
全国示范应用阶段。

张小川总结说：

> 实际上，放眼全球，土壤的重金属污染都是很大的难题，比如
> 我们经常听到哪个国家的大米有重金属污染，农产品出口也面临壁
> 垒。……虽然很难，但天杰就是为了解决农业的、社会的问题而生
> 的，我们责无旁贷，只能埋头攻克。目前我们取得了很多成果，一
> 系列产品在很多地方用了以后反馈的效果都很好。

目前，除什邡市外，天杰的客户还覆盖到绵竹市、广汉市、甘孜
州、达州市等地，仅仅土壤调理剂（见图 15）这一类产品，在没有一
个专门推广人员的情况下已经卖了 4 000 多吨。在未来，德阳杰化将逐
步承接控股公司成都天杰 20 多年积累的多项发明专利技术，专注于土
壤污染治理修复类产品技术的转化。同时，天杰计划进一步利用自身的
科研优势和什邡多年积淀的土壤肥料方面的配套企业优势，将德阳杰化
逐步打造成 10 亿级以上的专业化土壤治理科技型平台企业。

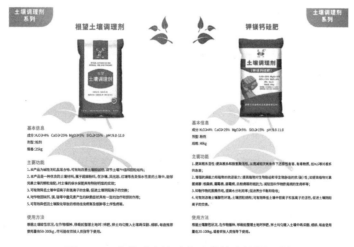

图 15　天杰针对土壤酸化开发的土壤调理剂

深耕：最懂植物营养的作物医生

1. 立足植物营养

> 植物就像人一样，人会生各种各样的病，是因为吃的东西有问题，可能缺钙、锌等元素。植物其实也是这样。植物之所以抵抗能力弱，就是因为缺一些营养元素。那么我们就来研究，怎么有针对性地补上。

正是基于张小川的这一理念，天杰团队又开始深入研究不同植物的营养需求，着力研发不同农作物使用的特种肥料，提高农产品品质和抗灾害能力，为农民提供量身定制的解决方案。

在谈及作为一家肥料企业，在面临如此多困难的条件下，为什么会选择深耕土壤修复和植物营养这两大领域，而不是做拥有更大市场规模的复合肥，张小川说道：

> 有好多人问我，天杰这个企业是不是卖化肥的？我想说实际上我们给自己的定位不是卖化肥的，我们现在是提供技术服务，未来一定会成为"提供中国农业的解决方案"的一家社会企业。那么怎么解决中国农业问题？首先当然是从农业的根本——土壤开始做起，我们给自己的定位是对标医药行业，做最懂植物营养的作物医生。

2. 推广植保技术

为了在实践中更好地推广植保技术和植物营养学知识，天杰招聘和培养更多能够扎根田间、推广植保技术的专业人员，灵活运用技术课堂以及田间指导等多种方式方法，同时在农民培训和技术指导上下功夫，帮助更多农民掌握技术，实现技术应用水平的提升。

　　天杰不仅将销售产品作为突破口，而且紧盯农作物生长的全过程，以优质服务实现产品的有效销售。比如，刘技术员在和老朱的合作中，一直在跟踪果园里柑橘的生长情况，每隔一段时间就会到果园检测土壤健康情况，观察柑橘果型成色，询问近期光照雨水等天气情况，适时提供田间管理的建议，保证植物营养，防控有害生物入侵。除此之外，技术人员还会替农户算一笔账，估计每亩地的农资投入（主要是化肥农药）成本，根据果树挂果情况预计每亩产量，再以市场平均价格为标准计算毛收入，确保化肥减量增效的同时不影响农户的经济效益。

　　天杰负责植保方案的李鸿炜介绍说：

　　　　植保就是对作物进行植物保护，主要是针对作物生病、虫害、病害的维护，这个概念就像医生看病。作物生病了，我们就要找方案解决，大体上跟医生看病一样……我们首先要有很多种药，然后像医生一样对症下药。

　　在产品方面，天杰针对不同作物所需要的营养元素进行精准研发。目前，天杰独立研发生产的植物营养元素类产品近100种（部分产品见图16），涵盖从土壤的改良、作物种植到收获，提供作物整个生长周期

图16　天杰植物营养系列产品

所需的各类营养元素，同时关注土壤酸碱调理与保水保肥，旨在为农业生产提供一套完整而高效的解决方案。

天杰的植保业务范围也覆盖到了中国北方。2021 年，天杰在开拓内蒙古市场时，发现内蒙古玉米和葵花的种植面积虽然极为可观，但因为是盐碱地，作物往往最初几年长得很好，后面就开始发黄，产量骤减。

面对这一问题，天杰团队迅速行动，针对盐碱地特性开发了一系列产品。经过一年的试验与推广，2023 年，天杰收到了来自内蒙古农户的积极反馈。农户们通过拍摄小视频的方式，展示了使用天杰产品后作物生长的显著变化。视频中，原本因盐碱而长势不佳的作物，在使用了天杰产品后，逐渐恢复了生机，产量也有了显著提升。

内修：千锤百炼出优品

1. 从实验室到示范田

（1）着眼市场需求的自主研发

从创立以来，天杰一直坚持以问题为导向的研发。当发现农业实践中有问题存在，并且目前市面上的产品还不能很好解决时，天杰的研发团队就积极查阅资料，不断深入实践，尝试通过产品升级改进或研发新产品来解决问题。

天杰的技术经理左洪菊介绍说：

> 天杰的产品研发可以分为两类。一类是公司自主的产品升级或者开发新的产品，我们的技术人员直接从农民那里收集到问题，比如某个地区的柑橘种植一直面临病虫害问题，如果我们现有的产品不能解决这个问题，我们就做开发，这是属于公司自主的产品开发。还有一类是通过关注市场上别人开发的一些新产品，或者收集

到的高校研发的最新情况或相关资料，我们做一些小产品应用看效果。但无论是哪种，最主要的出发点还是市场需要，或者说农民在种植过程中存在难以解决的棘手问题，我们就会去研发产品。

虽然创立天杰已 20 余年，技术出身的张小川依然热爱研发，一有时间便会花心思研究问题，优化产品配方。天杰的技术总监左洪菊说：

> 张总（张小川）对天杰的产品研发非常重视，也很有热情。他稍微有空，就会去琢磨。我刚入职天杰的时候，主要是张总带着我在做。天杰所有产品的配方到现在我才全部理顺，以前的很多产品都是张总在做，因为他本身很热爱研发，很愿意花心思研发产品，为农民解决问题。

（2）联合高校合作的成果转化

在坚持自主研发的同时，张小川也清醒地意识到，天杰作为一个小企业，没有资金与精力来做长时间大规模的科研活动。他敏锐地捕捉到高校在农业科研领域的显著进展，积极与高校开展合作，着手将高校的科研成果转化为实际的商业价值。当前，天杰已经与四川农业大学、西南科技大学等多所高校确立了稳固的合作关系。特别是在与四川农业大学的合作中，天杰充分利用其在土壤修复方面多年深厚的研究成果，经过后端技术转化，结合天杰的基础条件和生产设备，成功进行了中试①和肥料登记认证，最终实现了科研成果的量产及大面积示范推广。

天杰和高校的合作，实际上是一个双向互动、互惠互利的过程。对天杰而言，借助高校的研究基础和前期成果，可以有效缩短产品的研发周期，及时面向市场需求开发创新的产品，保持竞争优势。对与天杰合作的专家而言，一方面通过天杰能够及时了解农民生产过程中的最新需

---

① 中试就是产品正式投产前的试验，即中间阶段的试验，是产品在大规模量产前的较小规模试验。

求和问题；另一方面，天杰相当于给他们提供了一个免费的科研成果转化场所，实现现有成果的转化（见图17）。

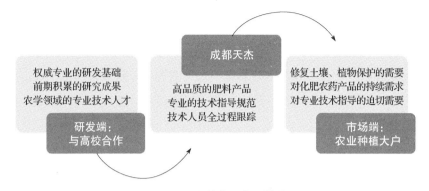

图17　天杰的合作发展模式

目前，天杰在什邡建立了工程中心与博士联合工作站，为具备一定理论研究基础的高校研究人员提供全面支持。天杰提供人工、物资和生产设备等资源，助力他们深入研究，转化科研成果。若研究人员需要进行田间实验，天杰免费提供实验场地，并派遣经验丰富的技术人员全程跟踪记录，确保实验顺利进行。天杰已经成立了四川农业大学、西南科技大学的土壤污染修复、耕地质量提升、中药材产业化等本科专业实习基地、专业硕士联合培养基地、博士联合工作站。目前毕业于浙江大学、北京师范大学、西北大学、四川农业大学、西南科技大学等进站联合攻关的博士共有7人。

（3）注重综合效益的长期实验

虽然转型后的天杰将更多精力投入到给农民做技术服务中，但也依然不忘保持在肥料产品研发方面的优势。为确保肥料的广泛适用与结果的稳固可靠，天杰始终秉持科研实验般的严谨态度，通过长期的标准实验来验证产品效果。张小川说：

> 这个过程很漫长，好多企业不愿意来做这些事情。我们每做一件事情都需要科学依据，产品会不会对土壤造成第二次伤害？会不

会对生态环境造成别的伤害？我们都要做研究。我们要把基础工作扎扎实实做好。

许多产品的研发与质量测试需要持续三年时间。在这三年里，天杰团队会对照不同实验组的数据，从中提炼出具有科学价值的结论。这些实验数据不仅涵盖了农作物的品质、安全性等，还要对肥料施用过程中的土壤情况和其他环境指标进行监测，以确保对产品效果和环境效应的全面评估。

谈及为何需要长达三年的实验周期，张小川解释：

> 三年的数据才有可靠性，一年可能有偶然性，再做第二年、第三年，有些甚至就开始出现一些反弹现象。比如我们现在做土壤重金属修复，前期做完了数据很好，但三年以后发现（重金属含量）反而升高了，我们就要去找原因，去检测是大气沉降问题，还是地下水的问题，或是因为我们的产品不稳定。

同时，天杰也积极与高校和科研所合作，针对天杰产品的效果共同开展实验，以获取更专业的技术支持和更权威的实验报告。

2. 高标准的品控机制

对于天杰的产品质量，天杰副总经理尹邦全非常自豪地说：

> 关于产品质量，第一每个天杰员工心里都有一个底线，就是我们的产品一定是高标准高质量的，养分含量只能高不能低，产品合格率要达到99%，这也是对我们工厂工人和管理人员的要求；第二为了确保产品的质量，任何原料采购都要经过小样抽查检测，合格了才能入库。

（1）高于国家标准的原料选择

优质的原料是制造高品质产品的基础，在原料的选择方面，天杰实施了一系列严格的把控措施。在实验室研发完成的产品不仅包括产品配方，专家们还制定了详细的原料标准，涵盖原料中有效元素的含量、特性、安全性等多个方面。与国家标准相比，天杰对原料的把控有自己更为严格的标准，在质量达到国家标准之外，还一定要对土壤、农作物和外部环境无害。采购部严格按照产品的原料标准进行采购，从源头严格把关。

（2）只多不少的元素含量

无论是知识技能还是收入水平，农民相对来说都是弱势群体，很容易受到虚假宣传的误导，甚至上当受骗。张小川说：

> 正因为面对的是这些弱势群体，我们才更要坚持一个道德底线。我给团队的要求是，我们要用一半的公益心去做农业。我们的核心价值观就是诚信和专业，做人要诚信，做事情要专业，不要随波逐流。

所以，天杰非常重视产品质量这个企业发展的"生命线"，确保农户购买到的产品量足且质优。例如，为了精准把控包装重量，天杰要求机修工要每隔半小时监测一次机器称重，如果发现包装重量少了马上就要进行调整，做到只能多不能少，因此，天杰的产品实际的剂量都会大于包装上标注的重量。不仅如此，天杰的技术研发人员以及合作的高校老师也会不定期到生产现场做指导，以确保产品质量。尹邦全说：

> 很多工人回家会向家人宣传去买天杰的产品，因为他们在这里工作过，知道我们的产品质量是最好的。

（3）情绪优先的生产管理

在生产中，生产工人是实际操作者，企业的生产质量控制要靠生产工人，天杰生产工人的意识能不能跟得上？尹邦全说：

> 生产质量是企业的生命，也是我们工资的来源，我们经常要跟

工人灌输这些东西，要让天杰长久，那么我们就要把自己的工作做好，把产品做好。

为了避免生产事故，天杰还要求工人不要带着情绪进行工作，尹邦全说：

我以前在一个化工企业工作过，工人带着情绪去工作的时候，就容易出安全事故。所以，在天杰我们希望工人以比较愉快的心情投入工作，有情绪的话，我们希望他尽量不要参加生产。

为了确保工人在正常情绪下工作，天杰设置了汇报制度，要求工厂班组与各个职能部门每天在微信群报送工作日报，内容包括今日生产状况、完成了哪些工作、发生了哪些事情、哪些情况需要整改等（见图18）。同时，天杰负责生产车间管理的人员常驻生产现场，生产小组组长也会随时了解工人情况。

图18　微信群中工人汇报工作的截图

　　由于生产工人的知识、素质水平参差不齐，天杰每周二定期组织工人培训，轮流进行安全培训、环保意识培训、技术技能培训与操作培训。同时，天杰也乐于接受工人的反馈与建议，工人随时可以向班组长或尹邦全反馈意见，张小川也会与大家一起商讨解决方案。

　　20多年来，天杰严格控制产品质量，没有出现过一例产品质量纠纷。张小川也自豪地表示，天杰的工厂环境清洁，气味控制得当，得到了行业内的高度认可。许多人在参观天杰的工厂时都惊叹不已，中化化肥的管理人员参观完对张小川说：

　　　　我原来觉得天杰这么小的企业做这么多产品，是不是找别人生产的。但我一走进工厂，就知道你做的是高技术的，车间闻不到一点味道。我到其他的肥料企业去，人都没办法进车间，又脏气味又大。

外联：与中和农信的双向奔赴

1. 中和农信的转型期待

　　2021年，在深圳国际公益学院举办的一次企业家交流活动中，张小川偶然结识了中和农信农业集团有限公司（以下简称中和农信）的董事长刘冬文。两家企业都在农业领域和农村市场深耕多年，在业务发展中也都体现出了强烈的社会责任感和公益精神，这次偶然的相遇让他们有了深入交谈的机会。张小川与刘冬文惊喜地发现，彼此间对于推动农业可持续发展、以技术服务助力乡村振兴的理念高度契合。在活动中，二人如遇知音，交谈甚欢，很快就敲定了后续的合作方案。

　　与天杰一样，中和农信也是专注服务农村市场20余年的"三农钉子"机构，起源于1996年国务院和世界银行在中国合作的小额信贷等多途径扶贫试点项目。中和农信成立之初的目的是解决农村贫困地区金融服务供给不足的问题，主要业务是为农民提供小额信贷服务。然而，随着农村信贷市场的发展变化，"四大行"等大型国有商业银行业务逐渐下沉至乡镇一级，多措并举的扶贫政策也在很大程度上缓解了农村发展融资困难的问题，资金需求不再是农业农村发展最为棘手的问题。中和农信逐渐意识到，需要在"资金支持"之外，将更丰富的服务与农民生产活动进行全方面结合。

依托多年深耕农村市场建立起的服务网络，中和农信尝试拓宽业务领域，其口号也从"服务农村金融最后一百米"改为"服务农村最后一百米"。2019 年，中和农信成立全资子公司中和农服（北京）农业科技有限公司，除了为农户提供金融服务以外，还新增了农资供应、农技培训等服务，而这些刚好是天杰深耕多年的领域。

除了支持乡村振兴战略，两家企业理念契合的另一个重要体现为"农业的绿色发展"。坚持践行绿色发展理念，引导农业生产可持续发展始终是天杰的工作重点之一，而这也与近年来中和农信所强调的 ESG 发展战略①不谋而合。因此，二者首先在绿色农业领域开展了合作的尝试和探索。天杰作为国内土壤污染治理领域最有技术创新能力的企业之一，在四川的中和农信乡助优选示范园中，天杰的技术人员通过土壤监测及配套服务，不但实现了"碳减排"，而且主要农作物产量增长了20%。2021 年，中和农信发起了旨在倡导农户减肥增效的"沃野计划"，天杰作为技术支持方全程参与，为全国 6 个省份 28 块"问题田"进行诊断，其专业性得到了农户的高度认可。

2. 天杰农业的网络需求

在双方逐渐紧密的合作过程中，张小川对中和农信有了更为深入

---

① ESG 发展战略是一种关注企业环境（environmental）、社会（social）和公司治理（governance）三个维度的综合发展战略。

的了解，他意识到，中和农信的相对优势在于其强大的农户联系对接网络，而这正是天杰最为薄弱的"短板"。长期以来，天杰将自身定位为服务农业发展的技术型企业，所以无论是提供农资产品还是技术服务，都十分重视技术人员的选拔和培养，在其团队中，技术人员的比例高达90%，这也是天杰在农业技术生产和服务领域不断取得丰硕成果的原因。但不可否认的是，团队成员结构过于单一也使得天杰在销售方面表现并不突出，客户转化周期较长，发展速度较为缓慢。

　　天杰的优势在于农业技术，中和农信的优势在于对接网络和雄厚的资金实力，二者如果能够达成合作，将是完美的优势互补（见图19）。在想通了这个道理之后，张小川决定带领天杰加入中和农信，希望通过这个更大的服务平台，让天杰的技术服务和优质产品惠及更多有需要的农户。

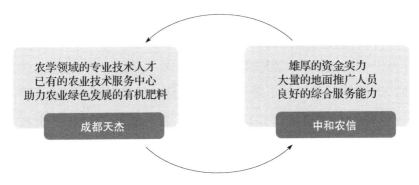

图19　天杰与中和农信合作的优势互补

　　2021年11月，成都天杰与中和农信正式达成协议，中和农信通过其全资子公司中和农服控股成都天杰，成为天杰的第一大控股股东，成都天杰成为中和农信旗下农业技术服务公司。同时，中和农信与成都天杰在四川什邡合作建立中和农服技术服务中心，为农户提供可持续发展的服务规划，助力乡村振兴。

　　中和农信与天杰达成战略合作，依托其技术服务体系，以建立示范园为切入点为农户提供技术服务，探索打通全产业链服务的"最后一百米"。关于这次合作，中和农信董事长刘冬文表示，中和农信一直希望搭建起一个多层次的、能够满足不同规模与类型客户需求的能力建设体系。而与天杰合作成立的中和农服技术服务中心正是这一服务体系中至关重要的支点。同样地，对于天杰而言，如果能够充分利用中和农信覆盖面广阔的服务对接网络，也意味着全新的发展机遇。张小川说：

> 我们很高兴加入中和农信这个大家庭，希望通过这个更大的服务平台，让我们的技术服务惠及更多有需要的农户。

中江县老朱的柑橘园从 2022 年起开始使用天杰的产品，由天杰的刘技术员提供配套服务。刘技术员和中和农信中江分支的许经理是一对"最佳拍档"。许经理说：

> 我跟刘老师是一对拍档，他负责技术，我可以做的是，农民需要申请贷款或发货，或者有什么任何问题我可以马上赶到，我就住在中江县，随时可以开车过来。

像许经理这样的基层地推人员，中和农信已经培养了很多，有很好的市场推广基础，甚至覆盖了全国市场，具备良好的综合服务能力。对于天杰来说，与中和农信的合作为它提供了一个非常广阔的发展平台。

3. 联手合作的战略升级

与中和农信的合作无疑意味着天杰要进行发展战略的调整与升级。原本小而美的发展模式将逐步向规模化、高效化转变，以适应市场需求及控股股东中和农信的期望。创始人张小川虽然曾经一直坚持求稳的发展策略，但面对新的合作机遇，不得不在保持技术领先优势的同时，寻求机会加速拓展市场，实现更多的市场占有。

谈及天杰的未来发展时，张小川直言要将发展的重心从技术研发端转向产品销售端。

天杰今天的这些产品，即使 10 年内不做新的研发，在行业里都是领先的，都足够我们来卖。但我们为什么没有形成一个规模化的发展，最大的问题就是天杰团队不会营销，那么现在我们就转向探索怎么来做营销。

有了中和农信的资金实力和销售网络的支撑，天杰积极探索线上销售模式，以适应中国农业数字化转型的大趋势，借助自媒体平台蓬勃发展的"东风"打开销售市场。2023 年，天杰数字农业终端 DAT 正式上线（见图 20），为农户提供了一个便捷的线上购买平台。同时，天杰还积极拓展抖音、微信公众号等自媒体平台，通过发布农业技术视频等方式，扩大品牌知名度和影响力。"天杰说农"抖音号、"天杰农业技术"微信公众号定期分享农业技术知识，以直观易懂的方式普及农业技术。天杰希望未来能够通过数字终端的小程序和社交媒体平台，面向更多受众普及农业技术，拓展产品销路，把握更多的商业机会。

图 20　天杰数字农业终端 DAT

在接受中和农信支持的同时，天杰也不得不面对发展模式转型所带来的种种不确定性和难题。首先，加入中和农信最直接的问题是，如何在利用好中和农信的营销网络优势的同时，提升天杰的品牌影响力，更大范围地传递天杰自身的企业价值。天杰虽然已经被中和农信绝对控股，但作为一家直接面向广大农民消费者提供产品和技术服务的社会企业，仍然必须保持自身在品牌上的独立性和延续性，在此基础上才能谋求更大的发展。张小川说：

> 现在我们还是要不停地去影响中和农信，因为他们的团队更多的还是追求商业利益。我一再跟他们讲，还是要注重企业的质量问题。人的一生除了追求钱，还有很多值得去追求的东西。但整体而言，我们与中和农信不存在根本的矛盾。因为首先刘总个人的理念或者说他们核心团队的理念跟我们是一致的，就是坚持天杰这种为农业农村服务的理念。

治理与挑战

一直以来，天杰致力于营造正直、务实的工作氛围，强调"诚信做人，专业做事"的理念，鼓励员工以诚信和专业为准则，做好自己的本职工作，不追求虚浮的商业行为。在招聘与日常考核中，天杰非常注重对员工价值观的考察。负责营销的副总经理蔡小扬说：

> 现在新员工进公司要基本上认可天杰的价值观才能跟大家走到一起，不然的话，可能进来后不过试用期就走了。

对于在工作中获得农民认可的精神满足感，大区经理冯驰深有体会：

> 天杰的工作让我受到农民的尊重，他们对我很热情，因为我的

技术和产品真正解决了他们的问题。逢年过节杀猪，他们会给我打电话叫我去吃肉，平时会问我要不要过去玩。在这种情况下，我感觉收获了很多，赢得了他们的尊重，心里有很高的成就感，这是我特别喜欢的方面。这种感觉很好。

但是，企业对价值观的坚持和从技术服务出发的销售模式，让企业的规模发展一直非常缓慢，到 2022 年，企业收入才过 2 000 万元，净利润才过百万元。员工内部产生了不同的声音。有的员工认为天杰的发展过于保守，导致薪资待遇不高，影响了团队士气。有员工提到：

> 现在的难点，在于业务量做不起来。收入上不去，员工待遇很难提升。

从天杰成立之初，张小川就明白，作为一家社会企业，必须要有自我造血的能力，在此基础上才能为解决社会问题贡献力量。

> 我们不能完全陷入公益的这种境地。你带团队出去做了半天公益，没创造企业利润，就没办法养活自己，没办法生存下去，首先还是要能养活自己。

面对员工的坚持和困惑，如何强化市场营销策略与力量，以在竞争激烈的市场中脱颖而出；如何通过构建科学合理的激励机制，深度激发每一位员工的潜能与积极性，共创辉煌；如何有效鼓舞团队士气，稳固团队凝聚力与向心力，确保企业在风雨兼程中稳步前行，这些都成为张小川近年来考虑最多的问题。

随着与中和农信合作的深入，企业数字化转型的推进以及原有技术服务向下游综合服务的扩展，2023 年，天杰收入达到近 4 000 万元，净利润达到 280 万元，实现了翻番；2024 年，天杰借助与中和农信"服务农村最后一百米"的组织结构合作，"技术服务到田间、物质配套到农户"的农业综合技术服务模式进入到内蒙古、辽宁、河北等北方市场，整个服务面积超过 130 万亩，企业营收达到 2.5 亿元；天杰旗下的德阳杰化农业科学技术研究有限公司获得了"国家高新技术企业"称号，获得国家专利 21 项。这些成果让张小川对自己坚持的事业，对团队的发展有了更大的信心。

（仝话　张可心　周华　徐京悦　刘晓梅　王建英）

附录

钾肥及肥料利用率的基本概念

（1）钾肥的应用及其资源分布

钾肥主要应用于农业领域，施用于大田作物和经济作物的种植过程中，主要目的在于提高作物对氮元素、磷元素的吸收量，进而提高作物产量，改善作物品质。

全球范围内，钾肥富国和消费国存在严重错配。加拿大、白俄罗斯和俄罗斯为全球钾储量最高的 3 个国家，储量全球占比分别达到31.3%、21.3%、11.4%，合计约占全球钾肥资源总储量的 64%。我国每年要消耗全球 20% 的钾肥（1 600 万~1 700 万吨），是全球最大的钾肥需求国，但国内储量仅占全球 3%，产量仅有 10% 左右，大量耕地处于"缺钾"状态。因此，我国需大量进口钾肥以保障国内供应，且进口依赖度持续维持较高水平，国内氯化钾的价格也受国际市场影响较大。

（2）肥料利用率的概念

肥料利用率是作物所能吸收肥料养分的比率，反映了肥料的利用程度。一般而言，肥料利用率越高，肥料中有效成分损失越少，肥料的增产效益越大，其经济效益也就越大。提高肥料利用率的主要途径包括：根据土壤各种养分的稀缺状况合理施肥；根据不同作物对养分的不同需要合理施肥；改进施肥技术，使肥料的损失减少到最低程度。

2021 年 8 月，农业农村部等 6 个部门联合印发了《"十四五"全国农业绿色发展规划》。规划要求，"十四五"农业绿色发展主要指标中的产地环境指标要达到：主要农作物化肥利用率从 2020 年的 40.2% 提高到 2025 年的 43%；主要农作物农药利用率从 2020 年的 40.6% 提高到 2025 年的 43%。

资料来源：

1. 何盛明. 1990. 财经大辞典. 北京：中国财政经济出版社.

2. 2023—2029 年中国钾肥行业市场发展现状及投资规划建议报告. 华经产业研究院. https://www.huaon.com/channel/fertilizer/896581.html.

3. "十四五"全国农业绿色发展规划. 农规发〔2021〕8 号. （2021－08－23）. http://www.gov.cn/zhengce/zhengceku/2021－09/07/content-5635867.html.

天杰有机钾肥与传统无机钾肥的区别

无机钾与有机钾的一个最大的区别在于它们合成时的酸根完全不同。无机钾形成时的酸根是无机酸根，如氯根、硫酸根、硝酸根、磷酸根，它们都是无机的。当给根施肥时，这些无机钾盐在土壤中首先要通过水溶解，形成钾离子和无机酸根离子，作物才能通过根部吸收。如果土地干旱或无机钾肥被土壤包裹不能溶解，作物是根本不能吸收的。作物的根吸收钾离子和部分无机酸根离子后，通过体内传导系统向上传输至植物的各个器官。在这一过程中，大量的无机酸根不能被作物吸收，沉积到土壤中，导致土壤酸化、板结。而另一少部分无机酸根被作物吸收后在植物体内沉积，导致植株生长机能衰退或品质退化，进而导致农产品品质下降，储藏期缩短。

天杰有机钾肥是由钾离子和有机酸根离子化合形成，这种有机酸是从作物秸秆和淀粉中发酵提取的，植物在吸收钾离子的同时也吸收了有机酸根离子。这种有机酸根离子是一种小分子的碳水化合物，它也正好是作物需要合成的成分。它进入作物体内后直接可以参与糖类的转化和碳水化合物的合成，对作物是有益的。如果进入土壤，也可以通过微生物分解或自身离解生成二氧化碳和水，不会对土壤造成任何破坏。所以，天杰有机钾肥完全规避了无机钾肥对作物和土壤带来的不利影响，它的广谱性和环境友好性更强、效率更高、适应性更广，可以在任何作物、土壤、气候下使用。

中国农科院、四川大学、西北农林业大学、四川省农业厅、河南省农业厅、云南省烟草研究院等 76 家科研院校及单位大面积推广应用天杰有机钾肥的结果表明：其无毒无害、无残留，不破坏土壤和农业生态环境，能够提高产量并改善农产品品质，且可增强作物抗旱、抗寒、抗倒伏、抗病虫害的能力。

资料来源：

佚名. 2010. 天杰有机钾肥. 农化市场十日讯，（18）：26 - 27.

土壤修复和肥料转型的重要性

（1）化学农业的概念

化学农业是指在农业生产过程中使用化学肥料、化工产品（各种杀虫剂、除草剂等）、激素类、调节类催长剂等来催产、催效，其实质是化学合成手段在农业上的综合应用。总之，"化学农业"一词旨在强调农业对化学品（化肥、农药和除草剂等）的重度依赖。

（2）我国及国际化学农业的发展历程

《中国统计年鉴》显示，1978 年以来，我国农用化肥施用量快速增加，2015 年，农用化肥施用量达到顶峰，年施用量从 884 万吨增加至 6 022.6 万吨。之后农业农村部组织开展化肥使用量零增长行动，化肥使用量逐年下降，2020 年农用化肥施用量减少至 5 250.7 万吨，氮肥、磷肥和钾肥施用量快速下降，而复合型肥料的施用量逐年上升，占比增加。20 世纪，美国、欧洲各国以及日本等发达国家也经历了一个化肥施用量不断增加而后下降的过程。如美国，在 20 世纪 70 年代以前，化肥用量和粮食产量快速增长，环境污染加剧，农村供水硝态氮超标率为 6%，之后采取了精准施肥技术、施肥装备智能化、施肥管理法制化、开发缓控释肥料等一系列措施，实现化肥用量零增长，同时环境污染得到有效改善。

（3）土壤修复和肥料转型的关系

20 世纪以来，粮食单产的 1/2、总产的 1/3 来自肥料的贡献，全球粮食产量与化肥施用量呈现显著的正相关关系。但传统肥料只关注作物所需大量养分（尤其是氮素）的供给，长期大量的传统肥料不合理施用造成了耕地质量退化、土壤污染、农产品品质下降等一系列问题。研究显示，近 30 年来，中国南方部分省份土壤酸化面积增加了 35%，土壤 pH 值降低了 0.85 个单位，耕地质量下降造成农田作物减产 20% 以上。过去 20 多年间，氮肥过量施用导致全球范围内土壤细菌和真菌多样性分别下降了 11% 和 17%。

解决这些问题需要肥料产品的转型和升级，需要肥料在满足作物生长营养需求的基础上，同时具有培肥地力、减少环境污染、保证农产品品质的功效。其核心和实质在于调控产品中养分的去向，使其更多地被作物吸收，留在土壤养分库容中，从而减少向环境的释放。

（4）我国绿色农业的发展

2017 年，中共中央办公厅、国务院办公厅印发了《关于创新体制机制推进农业绿色发展的意见》，把农业绿色发展摆在生态文明建设全局的突出位置；2018 年，中共中央、国务院印发了《乡村振兴战略规划（2018—2022 年)》，在强化资源保护与节约利用、推进农业清洁生产等多方面，进一步细化农业绿色发展的相关政策举措；2021 年，农业农村部等 6 部门发布《"十四五"全国农业绿色发展规划》，要求到 2025 年，农业绿色发展全面推进，制度体系和工作机制基本健全，科技支撑和政策保障更加有力，农村生产生活方式绿色转型取得明显进展。其中，产地环境质量明显好转，化肥、农药使用量持续减少，农业废弃物资源化利用水平明显提高，农业面源污染得到有效遏制，农作物施用农药化肥的利用率显著提高。

资料来源：

1. 武志杰，张丽莉，石元亮，等. 2023. 绿色肥料缘起、现状与发展趋势. 中国农业科学，56（13）：2530-2546.

2. "化学农业"百度百科，https://baike. baidu. com/item/化学农业/50884868.

3. Yang Y, Chen X L, Liu L X, et al. 2022. Nitrogen fertilization weakens the linkage between soil carbon and microbial diversity：A global meta-analysis. Global Change Biology, 28（21）：6446-6461.

企业资料

1. 成都天杰有机农业发展有限公司官网：http://www. ccdtj. com。

2. 微信公众号：天杰农业技术。

3. 搜狐四川资讯. 中和农服技术服务中心在四川什邡正式成立. 2021-11-10.

4. 中国日报中文网. 中和农信旗下中和农服技术服务中心正式成立. 2021-11-12.

七约生态农业：

让人与土地更自然

我们的目标始终是保护土地和自然，我们的使命是让人与土地更加自然。保护农田的耕作，同时我们也希望人们能够在其中获得身心的滋养，更加自然地生活，而不是盲目追逐物质利益。

——许学超

2024 年 6 月 13 日，许学超又一次站到了领奖台上，七约生态农业有限公司（简称七约）有机黑米酒因传承非遗工艺和融合现代酿酒技术创新，荣获 BIOFACH CHINA① 2024 亚洲国际有机产品博览会有机力量"传承力量奖"，这一次是继 2022 年获得国际葡萄酒与烈酒大赛（IWSC）② 金奖之后，七约有机黑米酒获得的又一个国际奖项。面对相继而来的荣誉，许学超和他的团队不禁感慨，十年来对有机农业的潜心探索和对非遗米酒酿造技术的钻研创新，他们默默的努力真的被看见了。七约是许学超返乡后在安徽黄山市黟县南屏村创办的一家探索可持续有机农业运营模式的社会企业。他给公司起名"七约"，谐音"契约"，寓意为"七个约定"，希望传递他对社会的承诺：遵循徽州契约精神、严守有机种植标准、重构社会诚信的企业理念。

　　经过十年不懈的努力，七约以古法有机米酒为引擎，让几乎陷入困境的有机种植得以持续，有机种植面积从最初山脚下的区区 20 亩扩大到目前黟县的 1 000 多亩，带动更多村民愿意投入有机种植，吸引更多的年轻人回到故乡加入七约。

　　两次的获奖，让享誉全球的生活方式零售店无印良品主动将七约米酒的全系列产品上架农场概念店。市集上，年轻人欢快地围着七约摊位

---

　　①　创立于 2007 年的 BIOFACH CHINA 品牌源于全球 15 大展览公司之一的纽伦堡国际博览集团，深耕中国市场 17 年，为亚洲屈指可数的专业化 B2B 国际有机贸易平台。

　　②　IWSC 是世界上最早的葡萄酒与烈酒比赛，由化学家安东·马赛尔（Anton Massel）于 1969 年创立，是含金量最高的酒类评比大赛之一。大赛的宗旨是奖励全球最杰出的酒精饮料，确保最优秀的葡萄酒和烈酒能被人们熟知。在 50 多年的历史中，IWSC 坚持对葡萄酒和烈酒的严格评审，并将结果与全球酒精饮料爱好者分享。IWSC 也一直在寻求改革，新的参赛类别包括 100% 发酵果酒和低酒精度及无酒精度酒。

品尝；采购商在展会上迅速下单；更远处的人们每年涌入南屏村，相约七约插秧节、稻田丰收节，一起探索和见证返乡青年们为乡村振兴付出的努力。所有的一切，让许学超和伙伴们越发坚定相信，他们在创业伊始的梦想——让人和土地更自然，正在他们手中一步步地实现。

土壤健康与有机农业现状

1. 化学农业的外部成本

在健康的土壤结构中，多样复杂组分的有机质能更好地满足多样化生命形态的生存，形成结构稳定、养分高效循环的土壤生态系统，并与农业生态系统以及更大维度的生态系统中的生命体一起形成一个动态且有韧性的食物链循环。[1]

20 世纪 60 年代以机械、化肥、农药的使用为标志的绿色革命开启，作为农业大国的中国空前重视现代化学农业技术的推广。农田中以有机质营养为驱动的、多样且有韧性的复杂生态系统[2]，被简化成用矿质养分为目标作物提供直接营养的刚性的简单生产系统，粮食和农产品产量激增。但大量和不正确地使用化肥对土壤造成严重破坏，进而危害包括粮食在内的食物生产的可持续性，对食物品质和食物安全构成严重的威胁。[3]

2. 有机农业的外部效益

相比化学农业的刚性投入和简单的产品输出，有机农业[4]更强调尊

---

① 李峰、冯旭，和文龙，等. 2024. 国际有机农业运动的发展历程对中国有机产业的启示，中国农业大学学报，29（6）：19-27.
② 同①.
③ 见本案例附录化学农业对土壤的影响。
④ 国际有机农业联盟（IFOAM）关于有机农业的定义为：有机农业是一种能维护土壤、生态系统和人类健康的生产体系，它遵从当地的生态节律、生物多样性和自然循环，而不依赖会带来不利影响的投入物质。它是传统农业、创新思维和科学技术的结合。资料来源：https：//www. ifoam. bio/why-organic/organic-landmarks/definition-organic.

重和学习自然生态中各个要素的联系和循环过程，其目标是整个农业生态系统的健康，包括土壤中的微生物、动物等各种生命，以及土壤本身的结构健康。有机农业能有效增加土壤的有机碳含量，减少二氧化碳的排放，有机肥的施用和管理的优化可以有效提高土壤固碳能力，促进农业产业的可持续发展。[①]

有机农业不仅关系农业生产本身，更关注以可持续食物供给为基础的生态永续和社会和谐，它以有机农作和食物体系为基础，形成一个包含土壤、生态系统、人和社区以及文化的社会体系。[②] 它提供农业本应具有的多样化功能，不仅仅是产品的经济功能，而且包括生态环境功能，农民生活、就业与社会保障功能，国家安全功能，文化教育功能等。[③] 当有机农业不再局限于生产本身，叠加了更广泛的自然和社会生态理念时，成为包括许学超在内的新农人们更愿意使用的一个新概念——社会生态农业[④]。

3. 我国有机农业的困境

一方面，化学农业刚性简单的生产系统只强调农业的经济产业功能，导致市场上只有这部分价值获得支付。相较于工业和服务业，农业处于不公平的竞争地位。[⑤] 另一方面，现代化学农业造成的巨大外部成本并没有得到相应的支付补偿，因此相比有机农产品，化学农产品的价格异常低廉，挤压有机农产品价格的正常回归。在我国目前情况下，有机农业已经产生的巨大的外部效益不仅难被市场发现，而且生产者对土壤和环境健康可持续方面的投入成本几乎全部由生产者自己承担，有机

---

① 王建伟，李东晓，王红光，等. 2024. 中国典型农业生态系统的固碳减排现状、影响因素及减排措施. 中国农学通报，40（6）：67-74.
② 李峰，冯旭，和文龙，等. 2024. 国际有机农业运动的发展历程对中国有机产业的启示. 中国农业大学学报，29（6）：19-27.
③ 周立，等. 2018. 现代农业发展趋势与国际经验. 北京：中国农业出版社：17.
④ 为了方便表达，后文中仍然使用有机农业一词.
⑤ 同③18.

农业的创业者生存艰难，人才匮乏，严重制约了有机农业的发展步伐。①

尽管如此，对于致力于有机农业的许学超来说，这些困难恰恰是他要挑战和参与解决的，他希望自己能够走出一条可持续的有机之路，让土地更自然健康的同时，让工作和生活在土地上的农人以及有机农业的支持者能吃到健康的食物，过上自然的生活。

创建七约：让土地更自然

85 后的许学超出生在安徽铜陵江心小岛上的一个乡村，童年的他有很强的好胜心，是个率领小伙伴下河钓鱼、追跑打架、看不惯田里农药瓶必捡之为快的孩子王。乡村的生活使得许学超从小就对农业感兴趣，一直梦想建一个自己的农场。

考上安徽农业大学时，他希望未来能做对社会有意义的环保类工作，于是选择了植物保护专业。2008 年大学毕业时，他和大多数同学一样，选择了专业对口的农药厂的工作。尽管厂子规模不大，但是许学超见到了农药行业造成的污染和偷排废水的问题。在外吃饭时，他的一个习惯就是询问菜的来源，盘算可能的农药污染情况。

由于农业领域的工作收入有限，许学超辗转换到一家机械企业从事销售工作。出差时他无意中见到一个大规模生产地沟油的村庄窝点，通过过滤和化学方法浸出提炼成各种食用油。此时社会上"地沟油事件"正愈演愈烈。想到自己每天在外吃的很可能就是这种油，许学超扪心自问：作为学习过农业的人，我是否可以建立一个有机农场？

---

① 国家统计局网站及相关资料显示，2022 年中国有机产品销售额为 877.6 亿元，而中国农业产值为 84 438.6 亿元，第一产业总产值为 156 065.9 亿元，有机产品在我国农业中的比重仅有 1%，在第一产业中的比重只有 0.5%。资料来源：https://www.gov.cn/lianbo/bumen/202309/content_6905368.htm。

1. 试水有机农业

创建有机农场的想法一萌生，许学超开始每天在网络上关注和钻研有机农业的相关资讯和技术。从中国人民大学农业与农村发展学院的石嫣博士写的《我在美国当农民》一书中，他了解到一个新的有机农业运营模式，即社区支持农业（community support agriculture，CSA）①。半年后的 2012 年，石嫣在北京创办了 CSA 模式的分享收获农场，采用有机耕作方式生产并直接向会员消费者提供农产品。许学超觉得自己也应该去实践这个模式。

他先到关注过的合肥小团山有机农场实习，学习有机生态理念和技术方法，走访有机农业的先行者。一年间的每个周六，许学超和同伴背着几箱有机菜，坐着绿皮火车到北京的有机农夫市集售卖，菜品很快就被一抢而光，这让许学超对有机种植产生了美好的预期。但是，他忽略了小团山农场的有机菜主要供应自有的有机餐厅，有机餐厅才是这个农场现金流的主要来源。这个误解导致他后来在经营自己的农场时困难重重。

一年后，许学超与蔬菜专业的校友以及一位归国留学生一起在合肥西北郊创办了自己的会员制 CSA 有机农场。许学超负责销售，校友负责蔬菜种植，归国留学生负责农场管理。农场位置极佳，是一级水源保护地，没有任何工业设施，只有大片园林种苗和平整的田地，特别适合有机种植。然而，尽管他们努力种植更多种类的蔬菜，坚持不懈地开发会员客户，但由于缺乏种地经验、配送成本高、缺少资金、拓客艰难，2015 年，三位合伙人出现了意见分歧，最终以许学超退出结束。

尽管如此，许学超还是积累了第一批支持他进行有机种植的会员。

---

① 社区支持农业，即农场直接面向预交菜金的消费者（会员）提供优质土地上的农产品。现在在我国也译为社会生态农业，有了更丰富的内涵。

那时关注有机农业的主要是高校老师，他们被许学超的执着所打动，也为他的二次创业提供了资金支持。许学超相信，如果按照自己的想法去做，一定能做好一个农场。

2. 七约农场诞生

在当地村官朋友张昱的介绍下，许学超带着身上仅剩的 1 万元和原先农场的 50 位会员众筹的十几万元资金，来到黄山市黟县南屏村，一个生态环境良好、自然环境优美的千年古村落，和另外两位校友合伙承包了南屏山山脚下的 20 亩土地继续种菜。

刚到南屏村，许学超和合伙人信心十足。村里的夜晚总是那么安静，三位合伙人农忙完就开始思考农场的未来。首先是给农场起一个名字。徽州是徽商的发源地，讲求契约精神，这也是许学超一直坚持的原则。他最终用谐音"七约"为农场定名，并用一个晚上想出他心中坚持有机理念的七个关键词：真实、自然、专注、合作、分享、感恩、博爱，以丰富七约的含义（见图 1）。

图 1　七个约定

许学超解释道：

第一个是"真实"，不为牟利说谎。为什么人们对有机农业不信任？因为很多人不守信。他们声称是有机的，但实际上并非如此，我们觉得有机农业中最重要的是诚实，这是最基础的一点。

"自然"，按照自然的标准进行种植。"专注"是注重专业化的种植和管理。"合作"是我们需要与当地农户、农人和消费者进行合作，他们都是我们的合作伙伴。"分享"是指无论收成多少，我们都愿意与大家分享，不仅仅是销售的数量，而且是将丰收的果实分享给所有人。"感恩"是感谢那些帮助我们的人，因为他们的参与和宣传才使得品牌得以壮大。最终目标是"博爱"，成为一个充满爱心的人，关爱所有的生命。

七约农场正式诞生。

3. 难以为继，如意来了

七约承包的土地位于南屏山山脚，当初许学超看重的是这里离山上水源最近，灌溉水质不会受其他化学种植农田的污染。但是，没想到的是这里动物多，第一个种植季产出的蔬菜几乎被野生动物啃食殆尽。另外，施有机肥和田间除草等有机种植方式需要大量的人工投入。作为村庄外来人的许学超，一边需要管理种植、卖菜拓客，一边还要耗费大量精力应付村里雇工的各种微妙人际关系，一年下来颇感身单力薄。

年底盘点时，在不计算自己和父母帮忙的人工情况下，农场收支勉强持平。效益低下、村民矛盾两相夹击，许学超非常沮丧，两个伙伴已经准备放弃。坐在南屏村的七约小酒馆，许学超回忆道："那时候如果她（邵如意）不来，我可能也走了。"

邵如意，黟县本地人，大学英语专业毕业后，先在上海一家从事服装出口的电商企业工作。一步一个脚印，邵如意从事过客服、跟单、做业务、开拓国外市场、营销投放等工作，从实习生做到团队负责人，从业务岗跨到营销岗，邵如意在这家企业飞快成长，在 4 年时间里学习了产品思维、C 端客户服务思维和店铺运营思维，迅速积累了从 0 到 1 的创业经验。喜欢挑战的邵如意在这家电商企业感受到职业瓶颈后，跳槽到另一家面向欧美 B 端客户的电商平台，从事数字营销工作。从这两段工作经历中，邵如意分别积累了 C 端和 B 端客户运营管理经验，为后续七约客户的拓展打下扎实的基础。2016 年 6 月，已经成为海外市场部数字营销负责人的邵如意因事回老家远程办公。在合肥定居的大姐对一个安徽农大小伙儿到黟县南屏村种地的事早有耳闻，特地委托邵如意抽空看看。第一次见面时，许学超带着邵如意参观农场，还给她摘了一草帽的番茄。看着眼前这片长满杂草的菜地，又看到许学超讲起有机农业时眼中闪烁的光芒，话语中传递出的坚定利他信念，邵如意觉得这个人与她在上海遇到的或迷茫或功利的年轻人不同。于是，邵如意逐渐参与七约农场的运营管理，两个人的心也慢慢走到了一起。

邵如意在农村长大，深知农业创业成本高、投入大、收益低，本身就是一件很难的事，但许学超对有机农业的执着打动了她，邵如意感觉自己的使命就是帮他将理想落地。2016 年 10 月，不顾家里人的反对，邵如意辞掉上海的工作，全身心投入七约农场。邵如意的到来，给许学超带来了专业的管理经验，也增加了他坚持下去的信心。邵如意说：

> 这个事情为什么能吸引到我？就是觉得他这个人太难得了，像打不死的小强一样，一而再、再而三，战败了又来……他好像有一个信念，就觉得这个事情是他可以去奋斗终生的。学超是我这么多年见到的最有理想的一个人，这点打动了我。

面对七约农场惨淡的发展现状，邵如意加入后第一件事就是与许学超他们一起思考改进方案。不同季节如何服务好会员？如何保证四季都有产品供应？收入来源有哪些？达到多少收入才能覆盖成本？邵如意子弹一样的问题连续抛出后，大家有点懵，感到手足无措，但解决这些问题的确是农场可持续发展的必经之路。凭借之前受过的专业训练，邵如意带着大家梳理核心产品、制定会员管理规则和产品运营方案，将许学超"感性"的想法以"理性"的方式落地，领着七约农场逐步从"野生"向专业化前进。

其他两位创始人终因坚持不住，在一年后离开了七约农场。农场大大小小的事情都落到了许学超和邵如意的肩上。邵如意主要负责产品对外销售，包括售前宣传沟通、客户服务、发货、售后管理、客户维护等各个环节，许学超则将更多精力放到农场规划和农业生产中。

水穷云起：从有机种植到有机米酒的摸索

1. 因地制宜，转向大米

为扩大有机农产品的宣传和销售，许学超和有机圈的朋友发起了"合肥农夫市集"。通过市集和摆摊，七约的会员从最初的 50 人扩展到 100 多人，采用预付菜金方式的会员费为 2 000 元/人。即便如此，农场整体仍处于亏损状态。

邵如意在加入七约时就提出，将来蔬菜不会是主业，一是这边山洪一来菜就淹没了；二是黄山地区生态环境好，鸟多野猪多蔬菜损失大；三是有机种植不提倡反季节种菜，会员得不到持续供应；四是黄山脚下的地形为梯田山地，蔬菜规模不够。只种植有机蔬菜不可行，还是需要寻找适合本地的农作物。

黟县比较适合种植的农作物一是水稻，二是油菜，但考虑到油菜籽需要榨油，目前七约还没加工能力，最终决定第二年以种植水稻为主。春种秋收，经过大半年的劳作，年底算账时，邵如意再次失望地发现，农场仍处于严重的亏损状态。两人不禁反思：为什么全家付出那么多心力，还是没收益，到底是哪里出了问题？经过核算，邵如意发现租田成本和除草人工成本占比高，但是对于有机种植，这些成本都是必要开支。而分析整个农场营利模式，单纯卖水稻附加值太低，仅靠稻米拓展会员也没那么容易。只有做加工品，丰富产品线，提高附加值才是出路。

2017 年，七约开始尝试有机水稻加工品，生产年糕、粽子、徽雕糕等。但是这些加工品都带着季节的烙印，使得销售也存在季节性。而且由于不使用添加剂，产品的保质期较短。加工品的尝试又遇到了和之前种蔬菜同样的困境：无法保证一年四季产品的持续供应。

此时七约水稻种植面积已经扩大到 200 亩，亩产在 500~600 斤，去壳后重量剩七成，按市价最高 25 元/斤，扣除田租（600 元/亩）和用工成本，总收入与成本还是无法持平，更不要说盈利了。

2. 柳暗花明，初探米酒

除去日常劳作、市集摆摊和偶尔组织的自然教育，邵如意和许学超一直在思考如何实现农场的可持续发展。邵如意的直觉告诉她，七约缺少一个代表性产品，必须从这点上进行突破。一个偶然的机会，邵如意看到日本清酒的广告，她猛然想到，南屏村所在的徽州区域有着上千年的米酒酿造传统，五城米酒酿制技艺更是列入安徽省"非物质文化遗产名录"。米酒和清酒一样都是使用大米酿制，如果把自己这么好的大米做成米酒，岂不是提高大米价值的好机会？

邵如意和许学超先在线上调研了解全国米酒市场。电商平台的搜索结果让邵如意惊喜，她发现在水稻主产区，尽管各地都有米酒，但都在初级阶段，缺乏全国性知名品牌。接着，两人专程赶到徽州米酒发源地五城调研酿酒工艺。他们发现五城的酿酒历史虽然悠久，文化底蕴深厚，但是当地的酿酒技术传承人只把酿酒作为兼职，仍旧采用家庭作坊生产模式。生产的米酒包装粗糙，价格低廉，非常可惜。

经过这一轮考察，邵如意和许学超坚定了做米酒的信心。全国米酒市场远未饱和，对于七约而言，有好山好水好米这些先天优势，再加上千年的徽州米酒文化和酿造工艺，做米酒将是一个非常好的机会。

2017 年底，七约收紧大米加工品的探索，确定米酒为后续主要发展方向。当年秋天，丹桂飘香，稻田金黄，一派丰收景象，许学超和邵如意在七约农场的百年桂花树下喜结连理。

3. 遍寻名师，自建酒坊

（1）代工之困

做米酒，许学超和邵如意都是门外汉，为此，许学超到五城拜师学艺，每天住在酿酒师家中学习酿造工艺。同时，七约把米送到当地一个有资质的酿酒师傅家代加工，再将灌装好的米酒卖给会员。但是这个过程问题不断，不符合规定灌装被举报罚款，灭活技术不过关爆瓶等。更有甚者，令邵如意即便现在提起都心痛的是：

> 米拿过去，他们（酿酒师傅）觉得跟市场上的米是一样的，甚至会觉得我们的米不好。因为我们的有机米不打除草剂，可能有一些草籽；不用化学农药的米长得不够完美，他们觉得品相不好，酿出的酒肯定不会好，就不用心对待这个米，也不愿专门用这个米单独酿。我觉得我花了这么大的精力，结果可能还是一场空，我的心血都白费了。

看到自己辛苦种出的有机米得不到应有的珍惜，技术上又出现各种问题，代加工的酿酒师傅年纪偏大，许学超和邵如意的很多创新想法也无法实现，几方面因素叠加，沮丧的同时，许学超和邵如意下决心彻底改变。

（2）选址求贤

2018 年，许学超和邵如意决定寻找合适的酿酒师傅，自建酒坊。当时的他们，完全没经验、没资金、没有相应的资源，建酒坊是一个特别大的挑战，但现实不等人，硬着头皮也得上。经村里协调，他们选中了一个离村口较近、交通较为便利的院子进行改造，然后是申请办理食品生产资质①。他们谢绝了申请相对容易的食品小作坊证的建议，通过各方努力最终拿到了更为严格的食品生产许可证，以便将七约的米酒销往全国市场。同步进行的是寻找酿酒师傅。在五城调研时，许学超和邵如意已经各处拜访名师，经过多方打听，最终找到了酿酒手艺高超的程师傅，他后来成为七约米酒的厂长。找到程师傅时，他正和爱人以做裁缝为主、酿酒为辅，供两个孩子读书和贴补家用。许学超多次登门拜访，极力邀请程师傅加入七约，向他讲述化学种植的危害、做米酒以带动乡村生态发展的意义，并向程师傅许诺他会得到更高的收入。为打消程师傅的疑虑，许学超还邀请程师傅到农场参观。最终，程师傅加入七约，成为酒坊的酿酒生产负责人。

程师傅加入后，酒坊的筹建进入正轨。酿酒工序流程、人员都根据徽州米酒工艺配套安排起来。酒坊里的机器包括清洗、蒸煮、压榨、过滤、灌装、灭菌等设备，按照食品生产许可证标准和米酒工艺流程搭建。

此时，邵如意从上海带回来的积蓄已经花光，银行也贷不到款。为让酒坊顺利建成，许学超和邵如意向朋友借了一大笔钱购买机器。历经种种困难，七约最终以远高于家庭小作坊的标准完成了酒坊的搭建。

（3）打磨精进

2019 年 6 月，七约小酒坊正式投产。在这个刚刚建成的小酒坊里，七约第一款自主研发、自主酿造生产的米酒产品——10 度原味米酒诞生了。

会员带来的一些机构客户看中了七约独特的黑米酒生产技术，更欣赏其用心选择和设计的时尚的玻璃瓶型和精致酒标，委托他们代加工贴

---

① 食品生产资质证书有两类，分别是食品生产许可证和食品小作坊证，但食品小作坊证不允许在省外流通销售。

牌的黑米酒。尽管这些客户提供的原料黑米并非有机，但是邵如意非常珍惜和感谢这些订单，不论是客户帮助他们设计挑选选米设备，或是包容他们每一次在酒品过滤、灭活灌瓶、瓶盖封装中出现小的瑕疵，代工合作给了她打磨小酒坊生产工艺的宝贵机会。在这些代工订单的支撑下，七约产品品质迅速提高并越发稳定，小酒坊初期运营中的富余产能也得到了有效利用。随着七约米酒销售的不断扩张，这类代工订单随之减少。

2019 年底，七约收入从之前的每年 100 万元一路跃升到 500 万元，尽管还是未实现盈亏平衡，但是米酒的收入已迅速超过七约各类农产品的销售收入，这让邵如意和许学超更加坚定了米酒的发展方向。

（4）初见曙光

2020 年，经过专业训练、食品工程专业毕业的程燕加入研发团队。民间经验派的程师傅和科班专业派的程燕相互配合，全力支持和落地邵如意和许学超的产品创新想法，研发出更多米酒产品。以有机大米为核心，七约开发了从 0 度到 12 度各类米酒产品，贴合市场需求，覆盖了从儿童到成年人、从女性到男性多种群体。

随着小酒坊产能的不断提高，销量逐渐增加，七约米酒的盈利已经可以覆盖种植端的亏损，计算有机米酒、大米、蔬菜和土特产的综合收益，七约终于实现了盈利。

孜孜以求：传统米酒的规模突破

七约有机米酒品质好、颜值高，仅靠会员和私域的零售，到 2020 年底，小酒坊的产量已经不能满足市场需求了。小酒坊位于村里，道路狭窄，如果扩大产能，交通不便问题就会非常突出，迁址换大厂房势在必行。

1. 他山之石

许学超和邵如意计划按工业化厂房标准筹建新的米酒生产车间。然而，当时的米酒行业中几乎没有标准化的生产车间可以对标学习，许学超想到了同样以米为原料的黄酒，其行业发展成熟，业内已有多家上市公司。他和程师傅又一次开启了求学之路，到"会稽山""塔牌"黄酒车间调研，到黄酒学院上课，学习和研究黄酒现代化生产设备的设计和安装，由此认识并诚邀原古越龙山技术总工、现绍兴黄酒学院院长胡普信担任工厂顾问。在之前的交流中，胡院长已被许学超对有机种植的坚持打动，对这个85后小伙子印象深刻，所以一接到许学超的邀请就痛快地答应了。

2. 自助天助

许学超和邵如意最初看中的酒厂场地由于产权和建设成本问题只好放弃。正在困难之时，一直默默关注这群返乡创业年轻人的当地政府给予了必要的支持。黄山地区是著名旅游地和新安江水源保护地，绿色、生态、化肥减量、无农残产品生产正是当地政府一直期待的农业发展方向，他们看到七约的稻米种植已经初步形成可持续模式，看到七约米酒呈现出的知名度和良好的发展潜力，于是出面为他们协调出一个闲置的机械厂厂房，并在生产的头两年，按照地方奖励补贴政策为七约提供了奖励补贴，大大减轻了酒厂初期的租金压力。

但是，厂房装修、设备购买和安装等所需总投资达到1 000多万元，其中仅设备投资就需要300万~400万元。好在七约米酒销售拥有了良好的现金流，当地银行二话不说直接提供了可滚动使用的短期低息信用贷款300万元，解决了七约的燃眉之急。

3. 亲绘蓝图

许学超和邵如意一开始就将新厂房的产能定位在原有产能的 10 倍以上，新厂房面积 3 000 平方米，设计产能 5 000 吨，为未来长远的规模化发展留出了足够的空间。相比小酒坊，大厂房需要科学规范的设计方案，尤其是环评中规定的污水处理更是他们前所未闻的巨大复杂系统。

许学超和程师傅先自己画设计草图，在胡院长的指导下结合厂房实际情况几经修改，逐步完善车间的整个生产流程和消防、污水处理设备组合，最终他们成功获得了最有挑战的环评排污许可证；最大的喷淋灭菌设备则是在新冠疫情最紧张的时期经过层层审核、层层报备，得以如期运输和安装。

2021 年深秋，新酒厂的改造全部完工，许学超他们亲手设计的整条现代化米酒酿造生产线也成功投产（见图 2），七约举办了一个盛大的开厂仪式。

图 2　七约米酒工厂车间

4. 成效在望

2021 年底，擅长运营的邵如意着手搭建品牌、营销、销售一体化团队，加大投入建设销售渠道。她希望通过米酒品牌建设，让七约走出有机圈，让更多圈外的人关注到有机种植的概念。

2022 年，在邵如意的经营下，销售团队初见雏形，表现突出的业务骨干可以胜任从开发客户、接待客户、跟单、客户服务到结算的全流程工作。邵如意和许学超从销售转型为商务洽谈，着力解决米酒的市场渠道。

2023 年，品牌部和营销部搭建完成，与销售团队形成合力，以七约农场为基础，完成事件营销、市集营销、节气营销等围绕农业生产活动的营销活动，如开耕节、稻田艺术节、秋收节、冬酿封坛节等，并穿插耕读学堂等自然教育类服务业务，多产业相互融合，推进七约可持续发展。

七约以米酒为载体，传播有机种植的生态发展理念，许学超和邵如意在有机种植上的努力逐渐被外界看见。在有机圈，七约米酒在每年全国 CSA 大会上广受有机农友们的好评，并进驻各家新农人的有机销售平台；无印良品农场店主动选品七约；许学超专注开发的以有机黑米、黄山山泉水、植物酒麹为原料，以徽州非遗古法酿造的代表性产品黑米酒获得 2022 年 IWSC 新品种酒类金奖（见图 3），大大提振了团队对自家米酒品质的信心。

图 3　七约黑米酒的金奖证书

2023 年，七约的收入达到了 2 000 万元，有机种植的成本通过七约米酒的销售实现了覆盖。

如琢如磨：从米到酒的人和事

经过多年的探索，许学超和邵如意对有机农业有太多的感慨。七约只是要卖酒吗？他们为了种好田而酿好酒，为了酿好酒而更好地种田，种更多的田；那么多人因七约米酒而聚拢和停留，因七约米酒来到村庄里，只是要买酒吗？在许学超和邵如意的眼中，这一切的答案，就是有机农业让乡村回归为美好生活的代名词，土地和人变得更自然。

有机农业，不仅需要理想的丰满，更需要运营过程的打磨和专业。许学超和邵如意回顾了整个过程中从米到酒点点滴滴的人和事。

1. 种植：从雇工制到订单制的转变

七约的有机水稻种植需要大量人工，用工管理曾是最牵扯许学超精力的苦恼之处，好在邵如意来了以后，两人一起探索出了能激发动力的办法。

（1）无奈的雇工制

七约农场从种植蔬菜转为种植稻米时，种植主力是许学超、邵如意以及许学超的父母，遇到农忙干不过来时会请周边村民过来帮忙。山脚下的 20 亩地多为坡地，无法机械作业，需用水牛耕地、人工插秧，收获时还得靠手工收割后脱粒，整个过程非常辛苦。随着租种面积扩大，家里人手明显不够，于是七约聘村里人吴巍龙担任七约种植主管，由他负责招工、监工等工作，七约按日与帮工们结算工资。这个模式运行了两年，邵如意发现，原先他们自己每天每人干三亩地的活儿，雇工们竟然只能干八分地，还时不时懈怠罢工，吴巍龙夹在村民和七约之间也非常为难。每年上半年，邵如意和许学超都要处理用工方面的各种琐事，邵如意说："这种模式一是对人的精神消耗太大，二是效率太低，亏损得更多。"

随着新酒厂产能的不断提升，七约终于可以实现持续扩大有机种植规模的初衷（见图 4），然而，雇工种植显然不是好的模式。

图 4　七约水稻种植

（2）进阶的承包制

山脚下的土地坡度起伏，耕种难度大，但是它对于下游整个片区农田的水质有着非常关键的影响。为了维护下游区域农田的水源质量，避免其他机构进入可能导致的污染，七约与村里这片土地的 100 多位小农户逐一签订为期 10 年的租地协议，陆续将山脚下的 400 亩坡地租赁下来自营。邵如意看中村里吃苦耐劳的种田能手丽红叔，她将这部分土地连同原有的 20 亩全部交给丽红叔承包，丽红叔负责包括雇工在内的所有人工劳动，按照七约的有机耕作要求进行耕作。七约自付土地租金，并按照普通稻米市价 3 倍的价格收购丽红叔生产的全部稻米。

尽管这种做法成本高，但邵如意认为这是一种战略性付出。一是只有自持这片土地，才能保证下游土地的健康；二是可以作为七约进行有机种植技术探索和积累的大本营。丽红叔愿意承包种植工作，邵如意和吴巍龙也得以从村民琐事中脱身出来，专注七约种植技术探索和酒厂的运营发展。

（3）扩大的订单制

随着新酒厂的投产，七约需要找到更多愿意按照有机种植要求生产的农人。这次，七约准备采取与种田大户合作的方式。远离山脚的平整土地方便机械化耕作，早已有当地种粮大户承包并进行集约化种植。七约找到他们，与其中的几位种粮大户签约，按照七约的要求生产，并同样按照普通稻米市价 3 倍的价格收购全部稻米。邵如意说：

我们选择合作农户主要考虑他们的人品，以及是否按照我们的标准去做事。最初我们从朋友开始，比如村干部，然后逐渐扩大规模，与一些多年合作的农户合作。我们也会了解村里的口碑，但这个过程仍然存在困难。

最初，七约主要为丽红叔和签约大户提供有机种植的技术支持，但是许学超很快发现种植大户们自己采买的有机农资质量参差不齐，可能危及稻米的有机品质，于是逐步由七约统一购买主要的农资，如有机肥、生物制剂、种子等，年末与丽红叔和种植大户结算时从收购总价中扣除，农户们因此省去了挑选采买的周折和可能的失误造成的损失。

七约签约的这些田地都在七约农场所在的南屏村外，吴巍龙每天上班巡视，许学超和邵如意也经常去查看，保证及时发现和解决耕种中出现的问题。同时，七约规定只有通过有机检测的大米，才会按照合同保证的价格收购。如果送检大米不符合有机标准，七约将拒收该户所有的稻米。这一机制也对种植农户形成强大的制约。不论是丽红叔还是种田大户，他们都知道必须严格按照有机种植标准进行耕种，他们每亩的利润比普通种植要高出一倍，因此更是期待七约米酒能越卖越好。

（4）有序扩展的考量

七约的有机耕作面积随着七约米酒每年的市场销售规模有计划地逐渐扩大。2021 年，南屏村 80% 的稻田由七约实现了有机种植，而且扩大到隔壁村庄。目前，为七约提供有机稻米的土地已经达到 1 000 亩，其中 400 亩为七约自己承租并承包给丽红叔，600 亩为与种田大户的签约订单。七约米酒的销售蒸蒸日上，工厂产能达到 30%，具有非常大的提升空间，有一些外村的种植大户也期望能与七约合作，包括地方政府在内的各方都期待七约能够进一步增加产能，实现更高的销售收入。但是，邵如意有自己的看法：

迅速增大面积，目前我们是应付不了的。比如预估明年米酒的销售可能有 20% 的增长，原料端就要增长，需要扩大种植面积，筛选新的合作伙伴。如果还是靠原来的信任关系寻找伙伴是行不通的，因为不可能认识那么多熟人，认识那么多可靠的人，所以还得靠机制。我们需要设置一个完善的体系和制度去约束合作伙伴，而这个前端机制我们还是比较薄弱的。

保持米酒销售的有序增长，是邵如意冷静思考的结论。研究沉淀有机种植技术、构建一个更为完善的有机种植管理机制，是邵如意列入计划的一项工作。

2. 产品：有机+传承+体贴的品味

（1）有机的内核

产品是链接土地和消费者的媒介，有机产品将引导更多的人关注土地的自然健康发展。七约米酒承载着邵如意和许学超的这个理想，不仅主料是七约的有机稻米，还应用了古法酿酒中的重要辅料——由纯天然植物红蓼花制作的酒麹，加上黄山当地无污染的山泉水，通过了严苛的有机认证。

有机产品也是生产者和终端消费者的价值共创。终端客户有关新产品开发的需求不断通过七约的市集等线下渠道被反馈，被看见。曾有客户提议开发满足女性客户养生需求的有机姜酒，七约首先想到的是身边是否有相关的有机生姜资源。许学超说：

> 我们首先考虑的是有机产品，然后再思考哪些食材可以用来制作。

有机产品还意味着有机同行者们的惺惺相惜。全国 CSA 联盟体系①中有一群与许学超有着相同理念而进行有机种植的新农人，这个群体为

---

① 全国 CSA 联盟，全称"社会生态农业 CSA 联盟"，是全国采用 CSA 模式生产和运营的新农人的自发组织，联盟成员采用生态种植方式和直接链接消费者为主的销售方式，通过参与式保障体系（PGS）考察和检测，保证产品的有机生产过程和品质，倡导消费者通过购买生态种植产品，实现环境生态和社会生态的改变。七约也是这个联盟中的一个成员。

许学超寻找有保障的有机资源提供了强大后盾。同时，新农人种植的作物往往因为销路有限，有机果品季节性集中成熟造成短期积压和损失。许学超和他们一拍即合，有针对性地研发了以有机番石榴、有机柑橘为原料的胭脂红米露和阿柑鲜榨米露，不仅为新农人解困，还丰富了七约季节特供产品线。目前，七约正在与阿拉善地区和新疆地区的 CSA 新农人合作，研发出更多新品——有机蜜瓜米露和有机红枣米露。

（2）传承的味道

现代的标准化设施保证了七约米酒稳定的品质，但是许学超对徽州米酒的青睐更在于那源自传统的非遗工艺——自然的力量和时间的沉淀。当地传统的红蓼花酒麹，经过现代工厂稳定的温湿度控制下的精准投料配比发酵，酒液注入传统储酒的土陶坛子，透过坛子陶土气孔的呼吸慢慢陈化 1~3 年（见图 5），然后再上生产线灭菌灌装出厂。尽管这个入坛和出坛的过程颇费人工、时间和场地，但是它赋予了七约米酒最贴近传统的、更为柔和醇厚的风味。

图 5　陶坛陈养

2021 年，许学超被黟县政府授予非物质文化遗产项目"黟县黑米酒传统制作技艺"县级代表性传承人。2024 年 6 月，因这样不嫌烦琐坚持的传统工艺，七约标志性产品黑米酒荣获 2024 亚洲国际有机产品博览会有机力量"传承力量奖"。

（3）精致周到的创意

七约米酒的初创受到清酒的启发，许学超心中更是默默将七约米酒对标日本清酒。他希望自己的米酒能够有日本清酒那样的高品质，还能够出一款被拥趸和收藏的精品。邵如意则一心希望丰富七约米酒的使用场景，让更多的人从中享受有机米酒带来的愉悦。有程师傅和程燕技术团队的加持，他们的想法——落地。

- 精致的感官体验与品质。中国各地的传统米酒都是浊米酒，沉淀厚、甜度高，粗犷且无法长期保存，为此许学超与程师傅不断调试，通过在米酒中加入过滤流程解决米酒的厚度、口感和保存的问题。黟县的黑糯米是当地特色的种植品类，许学超发现市场上没有黑米酒的先例，了解后得知问题在于黑米酒的色泽不易把控、沉淀物更加明显。许学超决心攻克技术难关，将黑米酒作为七约的标志产品进行研发和推广。他和技术团队几经技术迭代，最终让黑米酒获得与威士忌一样清亮、透明和稳定的色泽，加上优异的口感和独有的风味，黑米酒成为七约的代表性产品，近两年连续获得国际大赛和展会的奖项。

- 更体贴的亲和力。邵如意发现传统米酒度数都在 10~12 度，不太喝酒的自己无法接受。考虑到米酒客群主要是女性，关注健康和养生，邵如意提出研发低度产品。经多次实验，从蒸米、出酒到发酵终止，七约根据发酵程度开发出 0 度酒酿（醪糟）、0.5 度米露和气泡米酒、5~12 度的低度米酒产品，丰富了产品类型。执着酿造最好米酒的许学超，最初对邵如意坚持开发的酒酿并不看好，但是销售团队的统计数据发现，在没有任何营销宣传的情况下，酒酿却是七约天猫渠道产品中复购率最高的品类。最终大家达成一致将酒酿放到主推产品中。

- 更丰富的口味和场景。七约不断在做新的尝试。以 0.5 度米露为主，结合新农人的有机原材料开发出番石榴、桂花、耙耙柑等多种口味的米露；以青年人最喜欢的气泡米酒为主，开发出玫瑰、柠檬、原味、桂花、黑米口味，带给消费者不同的味蕾体验；注重米酒的养生属性，研发出营养价值高、花青素含量高、口感柔和的黑糯米酒和生姜风味的10 度生姜米酒，最大程度发挥米酒的营养价值。"相见欢""喜酒""陪妈妈喝一杯"……一款款提示场景的七约米酒在邵如意的设计下应时而生（见图6）。七约米酒最高度数为12度，大多数产品的度数都在0~5度，对于低度米酒的坚持，许学超有他的思考：

> 我们从事这项工作并不是为了追求酒精度数有多高或者为了喝醉，而是因为我们认为低度的米酒对身体有益，是一种有营养价值的饮品。我们追求的是优质的原材料，只有优质的原材料才有价值。

图6　七约米酒产品

3. 营销：自然品质+乡村诗意美学的传播

（1）自然品质的力量

2015年，许学超带着50户会员众筹的资金建立了七约农场。邵如意到来之后，更是重视会员的拓展和日常周到的维护，利用微店和有赞两个私域渠道，七约集聚了一批认可和支持他们进行有机种植的忠实的种子用户。

2019年，许学超带着他的米酒来到一年一度的CSA大会，自此，各地CSA新农人的会员平台上纷纷出现七约米酒的身影。尽管每个平台提供的品类有限，但是各地支持CSA的会员由此得知了七约的存在，并成为七约在天猫等线上渠道购买的主要力量之一。

2022年，无印良品计划在上海开设全球首家大型农场概念店，提倡环保、有机、生态可持续理念。其采购部负责选品的工作人员在仔细考察后主动联系七约，希望在新店中上架七约米酒系列产品。接到无印良品的联系电话，邵如意一时不敢相信。双方在上海见面确定了与无印良品的合作。经历选品、寄样和投票环节，七约米酒获得全票通过并全品类上架。

无印良品对七约的认可和全线产品上架，加之黑米酒在 IWSC 上获得的金奖，让一直在有机圈里小有知名度的七约树立起破圈的巨大信心。七约开始出现在亚洲国际有机产品博览会、西雅国际食品展览会（SIAL）等国际级别的大展会上，由此成为京东七鲜、盒马、果蔬好等大型超市的供应商，更多有实力的经销商和代理商也找到他们合作，让包括茶饮连锁店在内的行业通过使用七约米酒、酒酿调味，增加了有机健康的传播亮点。

（2）乡村诗意美学的传递与互动

在邵如意的心目中，乡村生活最打动她的是山脚下白鹭翱翔的梯田，田埂上自然生长的野花，落日红霞映照下的乡野长桌，还有桌上待客的美食美酒美器、村庄艺术家的墨迹、戴着草帽在田间锄草的农夫……这场景也是她和许学超创业所期待和实现的生态良好的乡村样貌。借助酒标的设计、线上线下的图文展陈、田间来访的欢聚，她要把她最爱的这一切乡村生活美景藉由七约米酒的传播分享出去，让七约"让人和土地更自然"的理念得到最生动、最现实的诠释。

在所有的渠道中，线下与终端客户面对面的链接是邵如意最钟爱的一种方式。在这里，她可以尽情发挥她的创意，把自己钟爱的乡村诗意美学生活直接传递给每个见到的人，让他们藉由七约，爱上乡村，并把消费者最真实的话语带回七约。

● 精致市集的吸引。许学超最早就是合肥有机农夫市集的发起者。囿于资金和产品力限制，在七约米酒面世后很长时间内，市集是七约链接消费者的首选渠道。许学超说：

慢慢默默耕耘，一点一点地做，每年种田，再酿出酒，不嫌事小，不嫌麻烦，只要有这种市集机会我们都去，不断重复做这个事情。

邵如意细心筛选上海、杭州、苏州、景德镇等地与品质生活、有机生活等契合七约有机可持续和乡村诗意美学生活特质的市集，根据不同主题、不同节令布置出她最擅长的充满美学意境的展台，加上雅致特别的产品包装，年轻人往往一眼就能被吸引，领会到七约米酒的与众不同，面对面坐下来慢慢地听七约的小伙伴分享品牌故事，建立起对七约米酒的有机品质信任。在这里七约得以精准地找到理念一致的终端客户，以非常高的转化率扩大私域的优质会员。

邵如意每次都尽可能多安排销售员工参与市集。他们通过对市集的筛选、布展、与客户交流、向其他摊主学习，迅速获得对产品和客户的第一认知。面对面的传播和销售历练，也让团队在赋能经销商、代理商开拓市场时多了一手经验。同时，在现场品尝和体验的交流中，七约能够直接收集到终端客户的喜好和意见，并获得对试制中的新品的体验反馈。即便现在有了更多资金、更大实力可以参加各大展会，每月1～2次的不同市集依然是邵如意最重视的诠释七约、了解行业动态、精准拓客、获取市场反馈的方式之一（见图7）。

图7　市集上的七约

- 惬意小店的体验。邵如意进一步将这种互动方式复制到更多的线下场所。七约的生产转移到新酒厂后，村里的小酒坊化身小酒馆，成为村庄游人歇脚聊天、免费品尝和购买产品的场所；倡导自然生活的木作家具店"木墨"邀请七约入驻其在杭州和上海的可持续生活社区；京东在上海的七鲜超市同样为七约辟出专区，七约以收入分成的联营方式获得这些线下店面，更稳定和密切地向终端客户呈现七约的生活和美学理念。无印良品全线采购并上架七约的产品后，邵如意仍旧坚持派驻销售专员在店里邀请客人免费品尝，创造客户直观体验和更多了解七约理念的机会。

• 自在稻田的共鸣。邵如意把她钟爱的日常片段一个个推出，希望更多的人能够走进七约农场，了解有机种植，亲身感受到人和土地的亲密。邵如意说：

> 客户来到这里，我要做的第一件事是给他们做客服，让他们知道有机农业到底是怎么样的、有机种植是怎么回事，然后让他们体验整个有机种植，比如我们设计的种菜、插秧、收割环节，以这种形式参与到农耕中去。我们有理论课和实践课，通过理论课客户就知道有机种植到底是怎么一回事。然后通过实践课客户亲自参与把采摘的东西做成食物，品尝过食物，客户就沉浸式地知道了什么食材是好的、食物是怎么实现的。客户懂得这一套理念了，就知道我们七约在做一件什么样的事，从而产生自然的信任。这时客户不仅自己转化了，也成为一个口碑的传播者。

春耕节、插秧节、稻田丰收节、夏日自然研学营……来自远方的人们在虫鸣蛙唱、春翠秋染的生态田野中，在远山环绕的户外长桌宴上（见图8），与自然产生了微妙的共鸣，如诗如画般令人陶醉的乡村生活场景吸引了越来越多外部伙伴的到访。爸爸妈妈带着孩子来了，老狼与河乐队来了，主持人赵普来了，小米集团的"好好吃工社"来了，蚂蚁金服团队来了，亲身感受有机耕作下健康的土地、健康的食物、最美的乡村成为每一个人内心的渴望。

图 8　七约长桌宴

4. 员工：回归自然的工作与成长

七约最早的两位合伙人退出后，只剩下许学超、邵如意以及来帮忙的许学超的父母。随着七约在南屏村的发展，尤其是新酒厂的投产和销售逐渐破圈，吸引了众多返乡年轻人加入七约。种植端有本村年轻人吴巍龙负责管理和技术；酒厂生产端结合传统工艺和现代化设备，原有小酒坊的10 位员工足以胜任；随着七约米酒在各大线上线下渠道的加速拓展，七约的销售团队不断扩大，员工数量已超过 15 人，并且还在不断增加之中。

（1）价值观的吸引力

销售部王少华和生产部程燕加入七约前已在杭州工作多年，在各自的领域小有成就，但由于孩子教育问题只能返乡。当时王少华已经找到一份非常满意的工作，正要入职前，许学超发来邀请。当时七约急需拓展电商，许学超看中了王少华在电商领域的经验和实力。王少华回忆道：

他一出差回来下高速马上就到我家找我，说实话，我挺感动的。对于我来说，在哪个公司上班我感觉其实并不是很重要，都是打工人的身份吧。后来跟许总简单的交流之后，他跟我讲了七约的理念，我感觉这是我从来没有接触过的一种公司，在外面上班见到的公司走的都是商业化的路，只追求销售利润。许总也跟我聊了他们未来产品的规划和发展，他非常诚恳地跟我说，他要坚决做有机，要为大家的食品安全考虑，我觉得这是一个很崇高的愿景。

在许学超的盛情邀请下，王少华和程燕加入七约，迅速成长成为业务骨干，带领队伍，发挥承上启下的中坚作用。回乡后，两人的职业有了更大的发展空间，也有更多时间陪伴家人，找寻到了真正意义上的"生活"。

（2）读书会的收获

许学超有每天早晨读书的习惯。随着员工的增加，许学超开始思考："我觉得两条腿走路很重要，一条腿是开拓客户，另一条腿是员工的成长。"

他要把读书制度化。从 2022 年开始，许学超创办了内部读书会，要求所有员工都需要在早上上班的前半个小时一起读书，阅读内容从德鲁克、稻盛和夫的著作以及经典的管理学书籍开始。许学超回忆道：

> 大家每人读一段，读一段之后再花十几、二十分钟分享感受，然后周六周日来总结一周读书遇到的问题或者感悟，以及能如何用在工作中。最初他们是抵触的，我就给他们发钱，只要参加读书会，一个月能领到 200 块。

一起读《胖东来，你要怎么学》时，员工们读到胖东来老板给员工直接涨 30% 工资的理念和实践，一致认为七约也应该这样做，许学超马上采纳，给七约员工们集体涨了 30% 的工资。许学超希望员工能像他一样，通过读书而改变。

> 我希望每个员工都能成为各自岗位的管理者，这样即使我们不在场，公司也能正常运转。所以他们需要了解公司运营的方方面面，包括财务等各个层面的事务。我们将所有的生产人员都加入销售群组，他们也要了解如何指导销售工作，同时销售人员也要轮岗

到生产部门。我们通过这种方式让员工了解各个岗位的运作方式，成为管理者。他们也要对结果负责，所以我们进行绩效考核和价值观评估。① 很多书与我们的价值观相符合，它们通过专业的方法给出了许多解决问题的思路。

未来畅想

经过多年的发展，七约以有机米酒为载体，向外界传递有机种植理念。企业盈利并保持每年10%～20%的持续增长，有机水稻种植面积不断扩大，形成可持续商业闭环，打破了外界对有机农业发展不可持续、不可复制的认知。回顾过去，畅想未来，邵如意说：

> 以前我们在定位的时候，没有想过做二产、做有机米酒，就是想种田，种点健康好吃的食材。后来发现只种田不行，没法养活自己，就开始想要先活下来。生存下来之后，就想要精益求精，想让这个链条更加良性。第一轮我们在产品端已完成改善，但是种植端我们现在还是比较初级、粗放，第二轮我们需要在种植技术端投入更多的精力、资金和人力。

此外，邵如意对目前夫妻管理企业的决策模式进行了反思。2024年初，她提出了决策委员会的概念并开始落实，目前生产部的厂长和副厂长已经加入该委员会。今后，工作三年以上、高度认同企业的理念和核心价值观、经大家一致认可对企业贡献巨大的员工也将进入决策委员会，参与企业的重大决策。同时，员工持股平台也在紧锣密鼓地筹划中。邵如意说：

> 我们更想把这个企业做成一个好的平台，真正吸引到优秀的人

_____

① 见本案例附录。

进来。优秀的人是需要存在感、价值感和归属感的，他在这个平台上能够实现自己的价值，同时同事之间也能互相成就，这是我们想做的事情。

同属黄山市的南屏村与旅游热点宏村只有 20 公里的车程，但是，南屏的发展一直远落后于周围的宏村、西递等古村。2023 年 4 月，小米党工委深入南屏村，联合村镇政府、乡村创业者成立了南屏村临时党支部，打造"影像南屏"村庄品牌，推出"影像南屏·南山悠游""影像南屏·南山集"等项目，聚集各方力量探索南屏村乡村振兴的新模式，邵如意成为其中的骨干成员之一，七约的米酒和稻田作为村庄品牌和标志的重要组成部分加入行动，"让人和土地更自然"的梦想也成为整个村庄和更多人的梦想。

当乡村振兴的大幕徐徐拉开之时，七约和南屏村的创业者共同期待一个更新的未来。

（王建英　潘璇　徐京悦　王强）

附录

化学农业对土壤的影响

根据第一次全国污染源普查的数据①，农业源是我国水体污染的首要因素，中央政府高度重视农业绿色生态化发展。经过十年加快转变农业发展方式，攻坚农业面源污染防治，第二次普查中，污染状况有所好转，但形势依然不容乐观。②

---

① 中华人民共和国环境保护部，中华人民共和国国家统计局，中华人民共和国农业部，第一次全国污染源普查公报.（2010－02－11）. https://www.stats.gov.cn/sj/tjgb/qttjgb/qgqttjgb/202302/t20230218_1913282.html.

② 中华人民共和国生态环境部，国家统计局，中华人民共和国农业农村部，第二次全国污染源普查公报.（2020－06－10）. https://www.gov.cn/xinwen/2020－06/10/content_5518391.htm.

几十年的化学农业导致土壤严重退化、土壤快速酸化、土壤板结、土壤中的微生物大量减少甚至消失，作物无法有效吸收必要的营养元素，致使农产品中严重缺乏本应含有的营养元素和抗氧化物质，失去食物应有的价值[①]；作物无法形成抵御病虫害侵袭的天然抵抗力。农民使用更多的化肥和农药，导致农药残留超标，更是直接影响人类的健康，农业陷入恶性循环。2014 年，农业部发布的《关于全国耕地质量等级情况的公报》显示，我国评价为 1～3 等的优良耕地仅占总面积的 27%，而评价为 4～10 等的中等及劣质耕地占比超过 72%，其中的污染以农药与化肥为主。[②] 在农业部门推广落实化肥农药减量增效、果菜茶有机肥替代化肥等措施的努力下，2019 年我国 1～3 等的耕地比重略有提高，达到 31%。[③]

七约绩效考核内容实例

七约销售部部分绩效考核见表 1。

表 1　七约销售部绩效考核表（部分）

职位	考核模块	考核明细	分值（分）	综合分数	自我打分	直属领导打分
电商运营	文化理念考核	真实：诚实正直，表里如一，我们在公司的行为，是否可以拿到公司外公开说	20			
		自然：尽量吃健康食材，过自然简单的生活，能控制自己的情绪、怒火，承受压力和挫折。卫生管理：做好个人卫生、办公环境卫生、公用洗手间卫生，保持整洁干净，呈现良好面貌	15			

---

① 梁鸣早. 2022. 上台农业优质高产"四位一体"种植技术手册. 北京：中国农业科学技术出版社：3.

② 赵其国. 2016. 珍惜和保护土壤资源：我们义不容辞的责任. 科技导报，34（20）：66-73.

③ 2019 年全国耕地质量等级情况公报发布.（2020-05-13）. https://www.gov.cn/xinwen/2020-05/13/content_5511129.htm.

续表

职位	考核模块	考核明细	分值（分）	综合分数	自我打分	直属领导打分
电商运营	文化理念考核	专注：专注自己的专业和岗位，制订自己的学习计划，努力成为该岗位上的专家。参加读书会，完成公司指定专业书的学习和自我培训。读书会参与天数，每个月不低于60%	20			
		合作：互帮互助，配合团队完成工作，共同维护和谐工作氛围	15			
		分享：愿意分享经验给其他同事，物质上也愿意分享	10			
		感恩：时刻感恩同事，感恩帮助我们的人，包括客户、合作伙伴、政府人员、同事，以及为这个团队做出任何贡献的人	10			
		博爱：爱人和动植物	10			
	专业知识技能	销售月度任务目标完成率	50			
		售后处理响应度>90%	10			
		电商客服响应及时率>70%	10			
		店铺基础分≥90分，天猫 DSR 考核分≥4.7	10			
		更新季度 OKR、月计划和月总结表，填写周计划和周总结，参加早晚会，填写客户进度	20			
	日常管理考核	自我工作管理，电商平台的日常工作安排、跨部门友善协作	50			
		降本增效，具有成本控制意识，杜绝浪费，控制无效推广营销费用，提高个人产出能效	50			

分数说明：1. 个人绩效（文化理念考核、专业知识技能）和管理绩效（日常管理考核）总分均为100分。基层月度考核分数 90~100 分（含 90 分）为优秀；总分 80~90 分（含 80 分）为良好；总分 70~80 分（含 70 分）为中等；总分 60~70 分（含 60 分）为及格。基层伙伴总分 60 分以下，中层个人绩效和管理绩效分别在 70 分以下，高层 80 分以下为不合格。每月考核一次，连续 3 次考核不合格的，公司有权做出调整岗位或者辞退的决定。

2. 打分细则见附属表格：《生产员工绩效考核表》、《绩效考核自检表》和《七约价值观考核表》。

以上认同后签字：

企业资料

1. 微信公众号：七约农场。

2. 黄山广电台融媒体中心. 黄山新农人丨许学超：执着"七约"赋能乡村. 2023－12－17.

3. 澎湃新闻·澎湃号·政务. 【致敬了不起的她】省妇女创业项目"七约米酒"荣获国际金奖. 2022－08－10.

集善乐业：
用公益联合体打造
助残乐业新模式

我们希望打造公益联合体，带动各个地方的残联、残疾人福利基金会、社会服务机构、残障人士、爱心企业自发参与，推动助残乐业模式在全国复制和推广，以帮扶更多的残障人士。

——刘亚衡

"集善乐业"是中国残疾人福利基金会（以下简称中国残基会）在2017年发起的一个创新型公益项目，旨在落实国务院"打赢脱贫攻坚战"的重要指示，以数字化技术赋能的方式，推动残障人士实现真实就业，切实解决残障人士就业这一社会难题。在具体运营中，为了改变传统公益项目依赖公益组织输血的模式，推动"集善乐业"这一公益项目更好落地并实现可持续发展，中国残基会以公益创投的方式，设立了一家社会企业——集善乐业（北京）信息技术服务有限公司（以下简称集善乐业），负责对项目进行运营和管理。

公司自2017年成立以来，在中国残基会的大力支持下，以自身为核心，联动各类基金会、社会机构等，通过组建公益联合体，集聚各种善的力量，积极帮助残障群体就业，推动社会融合发展，为解决残障人士就业提供了可借鉴的经验和思路。一方面，公司顺应数字经济发展的时代大趋势，用数字技术手段为残障人士赋能，通过基地就业、乐业小站等多种方式，为残障人士提供话务客服、在线客服、大数据标注、数字人直播、数字动漫等多样化的就业机会。另一方面，公司关心残障人士的身心健康，让残障人士体会工作带来的成就感，并以各种方式推进残障人士的社会融合。

在成立之后短短七年的时间里，公司克服新冠疫情的影响，建立了八家就业基地，帮助几千名残障人士实现就业、乐业的愿望。2020年，因为在帮助残障人士就业方面的突出贡献，公司荣获北京市三星级社会企业的称号，这也是北京市社会企业的最高荣誉。回顾公司艰辛的创业路程，公司负责人刘亚衡感慨万千。

挑战：残障人士的就业难题

1. 残障人士就业——世界性难题

在相当长的时期里，残障人士一直是弱者，无知、迷信和恐惧等社会因素使得残障人士经常处于被忽视遗忘、孤立无援的境地。由于生理、法律和社会方面的障碍，残障人士往往不能和正常人一样平等地享受政治、社会和文化等权利，这种现象一直未能得到社会的足够重视。1976年，为唤起社会对残障人士的关注，联合国大会宣布1981年为"国际残疾人年"，并确定了"全面参与和平等"的主题。1992年10月，联合国大会举行了自联合国成立以来首次关于残障人士问题的特别会议。大会通过决议，将每年的12月3日定为"国际残疾人日"，并要求所有会员国和有关组织加强努力，为改善残障人士的状况采取持续而有效的措施。2006年12月，联合国通过了《残疾人权利公约》（CRPD），该公约涵盖了残障人士应享有的各项权利，如享有平等、不受歧视和在法律面前平等的权利；享有健康、就业、受教育和无障碍环境的权利；享有参与政治和文化生活的权利等。这一公约标志着人们对待残障人士的态度和方法发生了根本性转变。

按照联合国《残疾人权利公约》的规定，"残疾人"指肢体、语言、听力、精神、智力或多重存在长期缺损的人，这些缺损与各种障碍相互作用，会阻碍残疾人像健全人一样在平等的基础上充分和切实地参与社会生活。"障碍"是指机会的丧失或受到限制，强调社会环境中如设施、交流、教育等有形、无形的欠缺，使残障人士无法在平等基础上参与社会生活。因此，从医学和社会两方面综合考虑，把"残疾"和"障碍"结合起来，称"残疾人"为"残障人士"，反映了社会对待

"残疾人"的新认识、新理念，是更为准确、人道的称谓。

根据联合国开发计划署的统计数据，目前全球共有 6.5 亿残障人士，约占全世界总人口的 10%，其中 80% 分布在发展中国家。多年来，在国际社会的努力下，世界各地在保障残障人士权利和建立无障碍社会方面取得了一定的进展。但由于造成残障人士边缘化的环境、社会和法律障碍依然存在，残障人士在教育、医疗和就业等方面的权利依然受到不同程度的限制，特别是在就业方面，残障人士依然面临着不少问题和挑战。

2. 中国残障人士的就业难题

近年来，中国残障人士的基本权利越来越受到社会关注，并得到法律保护。

1982 年，我国颁布的《中华人民共和国宪法》首次规定：国家和社会帮助安排盲、聋、哑和其他有残疾的公民的劳动、生活和教育。2007 年 3 月 30 日，在联合国总部，中国常驻联合国代表王光亚在《残疾人权利公约》上签字，标志着我国关爱残疾人事业转变到以"平等、参与"为宗旨的理念和政策上来。在残障人士的权利中，有一项极为重要，那就是就业权利。对于那些有就业能力、有就业愿望的残障人士来说，就业不仅有助于他们摆脱经济困境，而且能使他们更好地融入社会，获得自我认同和社会认同，提升生活质量和自信心。

在西方，残障人士的就业主要由社会组织承担，就业类型包括庇护性就业①、支持性就业②、竞争性就业和自主就业。在我国，自新中国成立以后，政府是帮扶残障人士就业的重要承担者，主要通过福利企业

---

① 庇护性就业主要针对心智障碍者和一些有特殊需求的残障人士，为他们的就业提供相应的支持与帮助。

② 支持性就业指利用一切活动，包括长期督导、训练和交通协助来帮助残障人士维持有薪水的工作。

集中就业①的方式保障残障人士就业。改革开放后，随着市场经济体制日益完善，政府逐渐弱化集中就业在残障人士就业保障中的作用，积极促进按比例安排②和自主就业两种就业方式的发展。然而，在实践中，由于残障人士自身的身体条件和技能水平有限，就业技能欠缺，就业机会不均等，相关配套设施缺乏，加上社会对残障人士的歧视和排斥，绝大多数残障人士并不能像健全人一样在劳动市场上自主择业、就业。

根据中国残疾人联合会的估算，目前我国残障人士总数为 8 591 万人，分布在 7 000 多万个家庭中，劳动力年龄人口约 3 200 万人，但城乡就业年龄段持证残障人士的就业率仅为 43%，乡村残障人士的就业率更低。如何帮助残障人士就业，成为政府、社会、企业等共同面临的一个重要议题。

萌发：为助残乐业而生

1. 中国残基会涉足助残就业的初衷

早在 30 年前，中国残基会会长邓朴方就提出要发展劳动福利型

---

① 集中就业是以福利企业为依托，以减免相关税收为基础的残障人士就业安置方式，类似于国外的支持性就业。作为最早提出的残障人士就业渠道，集中就业在保障残障人士就业权方面起到了基础性作用，是我国整个计划经济时期甚至市场经济初期残障人士最主要的就业方式。但是，在市场经济条件下，激烈的市场竞争使福利企业可吸纳的残障人士数量有限。2016 年，民政部提出取消福利企业资格认定事项，并推进残障人士集中就业单位改革，这意味着集中就业不再是残障人士就业保障的主要方式。

② 按比例安排是按照 1991 年颁布的《中华人民共和国残疾人保障法》的规定，国家机关、社会团体、企事业单位、民办非企业单位应当按照规定的比例安排残障人士就业，并为其选择适当的工种和岗位。国家以法律的形式来保障残障人士的就业权利，为解决残障人士的生活和工作问题奠定了坚实的基础。但在实践中存在政策落实困难、用人单位缺乏主动性等问题。2013 年，中共中央组织部等 7 个部门提出用人单位预留岗位安排残障人士就业并给予奖励，有效推动了残障人士按比例就业。2012—2015 年，新增按比例安排的残障人士就业人数占新增残障人士就业总人数的比例呈现持续上升趋势。由于残障人士按比例安排就业发展趋于良好态势，近年来，政府更多地致力于完善和拓宽按比例安排的残障人士就业渠道。

残障人士事业的理念。在邓朴方和中国残基会看来，就业是民生之本。帮助残障人士及其家庭就业增收，对于残障人士个体、家庭而言，是改善自身生活状况，提高社会地位，促进身心康复与融合发展的根本途径。

在集善乐业成立之前，中国残基会作为一家传统型基金会，主要通过单纯的资助对残障人士进行帮扶。在帮扶过程中，中国残基会发现，随着社会经济的发展，残障人士的生存、生活状况得到了极大的改善，他们希望获得的救助，已经从最初的解决温饱等方面的需求，转向满足康复、教育、就业、文体等更高层次的需求，特别是在就业方面，呼声很高。对于就业类项目，传统的技能培训、物质资助等输血式帮扶效果不理想，亟须对就业类的公益项目进行创新探索。

2016年，国务院印发的《"十三五"加快残疾人小康进程规划纲要》指出，要把残障人士支持性就业纳入制度培育，大力促进城乡残障人士及其家庭就业增收。同年，中国残基会由两位主管副理事长亲自挂帅，委派项目监管办公室主任兼秘书长助理刘亚衡作为负责人，为推动解决残障人士就业这一社会难题进行道路探索。

2. 早期的尝试

早在2015年，刘亚衡在负责中国残基会公益项目的监管工作时，就接触过很多由各类基金会以及各地残联资助的残障人士就业服务项目，如电商类、艺术类、文创类、手工类等，大家都想帮扶残障人士就业，但效果却不尽如人意。

经过认真分析后，刘亚衡团队发现，现有残障人士培训项目中隐藏着一些问题。一是基金会通过公益项目扶助残障人士就业属于输血式的帮扶模式，这些公益就业项目在设计时，不太注重投入产出比，导致有限的资源不能发挥更大的作用，因此在财务上不可持续。二是这些公益项目忽视了残障人士的能力，导致残障人士从事的项目与他们的能力和技能不匹配，残障人士无法完成，从而使扶助项目无法真实落地。比如，电商类创业项目强调创业赋能，但创业对于任何人来说，都是非常困难的事情，对于残障人士更是难上加难。三是有些公益就业项目的设计不符合市场规律，这些助残就业项目提供的产品或服务，与市场需求差异很大，或者产品质量在市场上不具有竞争力，从而导致产品滞销。如何解决帮扶残障人士就业中面临的这些难题，成为摆在中国残基会面前的一个重要问题。

为此，刘亚衡团队进行了更加细致的调研工作。刘亚衡团队先后接触到德国以及中国香港、上海等地的一些社会企业，这些社会企业通过创新型的商业化手段解决残障人士就业问题，让刘亚衡团队颇感兴趣。在刘亚衡看来，一方面，社会企业通过社会企业家精神，调动公益慈善与市场资源共同解决社会问题，是一个完整的闭环，可以实现公益项目的自我造血、发展壮大，从而形成规模化、长期化的运营，解决通过公益项目扶助残障人士就业的资源短缺问题；另一方面，社会企业使用市场化机制，经过严谨的运营模式设计，能够使残障人士的能力和所提供的产品、服务相匹配，从而保证产品、服务的质量。

2017年，经过前期的精心调研，刘亚衡团队将调研结果上报中国残基会理事会，中国残基会决定以公益创投的形式，对符合要求的社会企业进行资本投入，以带动更多的社会企业参与到扶助残障人士就业这一事业中来。但在对合作企业进行尽职调查时，中国残基会发现很多问题，如社会企业的使命飘移、财务报表不透明等。因此，项目刚一启动就被紧急叫停。

3. 创办集善乐业

因为一直未找到合适的投资对象，中国残基会决定自己投资成立一家社会企业，利用市场化机制，打造示范性的助残就业项目，并在全国范围内推广，以实现推动残障人士真实就业的目标。

2017 年 6 月，中国残基会组织西部八个省的残疾人福利基金会，商谈合作创办社会企业事宜。这次会议将中国残基会与全国各地方残基会串联在一起，达成共识：上下联动，共同努力创造一个可持续、影响广的就业品牌，希望这个品牌能带动全社会关注残障人士就业这一社会难题，并使这一难题真正得到解决。

2017 年 9 月，中国残基会正式发起"集善乐业"公益项目，并作为主要投资方，以公益创投的形式，设立了集善乐业（北京）信息技术服务有限公司，对项目进行运营和管理，刘亚衡担任执行董事。"集善"就是集聚社会各界的力量，汇集各方爱心，整合优质资源；"乐业"就是为残障人士创造适合的就业环境，使他们可以真正体会到工作的快乐，实现社会融合。"集善乐业"也是公司的愿景和使命（见图 1）。

图 1　集善乐业公司 logo 及其内涵

成长：就业基地的探索

1. 帮扶哪类群体——就业困难地区的残障人士

公司成立后，面临的第一个问题就是确定帮扶对象。为此，公司进行了实地调研，发现地域对残障人士就业意愿有显著影响。经济发达地区的残障人士，因为受到的社会保障比较完善，他们的就业意愿相对较弱。相对而言，农村贫困地区的残障人士出于生存和减轻家庭经济负担的考虑，就业意愿特别强烈。

公司最终将帮扶人群定位为：以就业困难地区的残障人士为主，帮助那些有就业意愿、初高中学历的残障人士就业。

2. 以何种手段帮扶——用互联网技术赋能

社会企业首先是一家企业，企业需要有核心竞争力。残障人士就业的核心竞争力在哪里？在我国8 591万残障人士中，肢体残障人士有1 736万，所占比例达到20.21%；听力残障人士有2 173万，所占比例达25.29%。在刘亚衡团队看来，肢体残疾、听力残疾的残障人士，脑力与普通人是一样的，完全能够胜任大部分工作。如何开发残障人士的智力资源，把这部分残障人士有效地组织起来，是公司管理团队解决问题的切入点。

公司成立之时，正是"互联网+"飞速发展的时代。有IT技术背景的刘亚衡敏锐地意识到，互联网为社会提供了全新的就业形式，所有工作任务都可以通过网络传递，并在网络上完成。用互联网技术给残障人士赋能，可以消除因肢体缺陷给他们带来的种种工作限制，让他们像健康人一样就业，同时减轻工作对残障人士身体的压力。

秉持这一理念，公司决定通过更好的技术体系设计，提供数字化就业岗位的方式，让残障人士相对轻松地就业。

3. 以何种模式帮扶——就业基地

刘亚衡团队还发现，现实中妨碍残障人士就业的原因主要有两个，一是很多传统企业没有雇佣残障人士、开展残健融合就业的积极性和主动性；二是传统企业里没有适合残障人士进行无障碍工作的硬件环境，软性管理环境也不完善。这种状况造成残障人士出不了家门，进不了企业。残障人士即使侥幸进入企业，在企业文化上、工作环境中也无法真正融合进去。

因此，帮扶残障人士就业，有两种模式可以选择：一是居家模式，让残障人士居家就业；二是就业基地模式，让残障人士走出家门，到残障人士就业基地工作。其中，居家模式是一种轻资产模式，不需要太多的投入，管理也相对简单，但帮扶效果和范围有限，也不能实现残障人士与社会的真正融合。

与居家就业相比，就业基地是一种重资产模式，前期需要投入更多的资源，后期也面临着基地管理等复杂问题。但是，就业基地模式也有许多优点。比如，可以把残障人士有效组织起来，让他们走出家门，更多地接触和融入社会；可以使残障人士在获得经济收入的同时，身心也获得健康发展；有助于对残障人士提供持续支持、培养和管理；在设计就业基地时，可以吸收部分健全人，实现"残健共融"的理念，使残障人士拥有更健康的心态，真正实现就业、乐业。

显然，就业基地模式更适合公司的使命。2017 年 10 月，公司在地处河西走廊西头的农业县张掖建立了第一家残疾人网络就业示范基地（见图 2）。公司第一个基地建设选择在甘肃张掖，是因为那里经济落后，残障人士就业需求急切，他们愿意通过就业减轻家庭负担。

图 2　张掖基地外景

4. 通过何种业务帮扶——互联网就业项目

建立就业基地之后，更为重要的是寻找客户。公司的客户在哪里？就业基地的残障人士能提供何种服务？公司进行了艰辛的探索。

2017年，随着我国《劳动法》等各项法规逐步完善，北上广深等地的许多大型企业都面临着人力成本高、人手短缺等问题。一方面，大城市经济发展导致用人成本不断提高，竞争日趋激烈，企业利润率不断下降，急需降本增效。另一方面，有些企业虽然规模很大，除高技术岗位外，仍然需要大量劳动密集型的岗位，在大城市，这些岗位员工流失率高，经常面临招不到人的困难。

针对大企业运营中的这些痛点，结合对残障人士核心竞争力的分析，公司决定将客户定位为东部经济发达地区以及北上广深等一线城市的大中型企业。通过互联网技术将这些大中型企业的劳动密集型工作，以数字化方式转移到集善乐业就业基地。

2018年，在中国快递协会的支持下，公司将一家快递企业的话务客服业务引入张掖基地，负责快递货件查询（见图3）。这家快递企业刚开始并不愿意与公司合作，当得知集善乐业是一家专门为残障人士提

图3 张掖基地的残障人士话务员正在紧张工作

供就业服务的社会企业后，才同意试试。就这样，公司拿到成立后的第一笔订单。之后，凭借优异的服务质量，公司的业务范围从话务客服扩充到在线客服、大数据标注等多种类型，并与申通、中通、京东、阿里巴巴蚂蚁集团、微软亚洲研究院等数十家大中型企业达成合作关系。

实践表明，话务客服、在线客服、大数据标注这些数字化的劳动密集型工作，完全适合残障人士的身体状况，肢体残疾、听力残疾、脑瘫等各种残障人士，都可以通过这些"互联网+"项目实现就业，肢体残疾者可以从事用语言沟通交流的话务客服，脑瘫、听力语言障碍者可以用打字方式与客户交流。相对于健全人，残障人士坐得住，在这些工作领域具有一定的比较优势。

5. 如何保障服务质量——培训和管理

公司管理团队深知，就业绝非仅仅关乎情怀。集善乐业作为一家社会企业，要想参与市场竞争，实现自我造血的可持续发展，就必须为用户提供高质量的产品和服务。如何保证残障人士为客户提供高质量的服务和产品，是公司能否生存下去的关键因素。为此，公司采取了以下策略。

第一，提供即时的专业技能培训。为了使残障人士在就业基地能高质量地完成客户提供的服务工作，公司在每个就业基地都配置了专门的培训教室、设备等，通过对残障人士定期进行有针对性的技术培训，提高他们的专业技能。例如，在获得京东的大数据标注业务后，银川基地立刻根据业务要求，开发专门的课件，聘请专业的教师，对基地的残障人士进行有针对性的技能培训，提高他们的标注技能。

第二，进行规范化管理。在就业基地，针对残障人士，公司采取了规范化的管理模式。例如，就业基地按照一般企业的管理模式，制定了基本的工作规范，如上下班时间和工作要求，但与一般企业不同的是，残障人士可以根据自身情况灵活休息；采用计件制的薪酬方式，以体现多劳多得的公平理念；将工作细分为不同的类型，每个残障人士可以根据自身的能力与兴趣选择适合自己的工作；设立质检岗位，以保障所提供服务和产品的质量。通过这些规范化的管理，公司希望把残障人士从一个个职场小白，培养成能为企业提供高质量产品和服务的合格劳动者。

实践证明，这些措施是有成效的。以客服话务为例，2020 年末，庆阳基地根据公司部署承接申通的话务客服外包业务。刚开展这一业务时，庆阳基地业务团队在申通九支外包团队的考核中排在最后一名。当熟悉业务后，很快跃升为第一名。凭借出色的服务质量，集善乐业获得快递公司的信任，同时也改变了外界对残障人士就业的偏见，间接促成圆通集团跟中国残联签约，协助解决残障人士就业问题。公司在申通诸多外包团队业务排名中，屡次获得第一名；在众多申通合作伙伴中脱颖而出，被申通快递授予"2022—2023 年度最佳服务奖"。2021 年，公司获得蚂蚁集团的业务支持，在宁夏银川基地开启"AI 豆计划"，进行人工智能数据标注职业培训业务。

创新：业务版图的拓展

1. 搭建乐业云工平台

2020 年初爆发的新冠疫情，对集善乐业的影响非常大，甚至可以说是毁灭性打击。疫情期间，就业基地不得不停止运作，新建就业基地的任务也被搁浅下来。为了应对疫情影响，公司在业务方面进行了创新，其中之一就是搭建乐业云工平台。

与就业基地相比，乐业云工平台有所不同。就业基地主要是集善乐业与大中型企业合作，由大中型企业提供大量的数字化就业岗位，而乐业云工平台针对的是一些企业提供的小范围、个性化的岗位，如平面设计、三维设计、文字工作等，这是集人力资源服务、灵活用工服务于一体的零工众包线上平台。企业可以通过平台发布岗位信息，在招募到合适的残障人士后，企业还可以委托集善乐业，将录用的员工放在集善乐业就业基地进行离岸就业，由基地代为管理，从而减轻录用企业的管理成本和负担。平台将用工企业、就业基地、残障人士三方连接在一起，适岗培训、灵活就业、人力资源服务、在线工作等，都可以通过这个平台得到一站式解决。

2022 年 5 月，乐业云工平台正式上线（见图 4）。到目前为止，已有近千名残障人士在平台实名注册。为了满足残障人士多样化的就业需求，目前乐业云工平台也在尝试线下业务拓展。

图 4　乐业云工平台界面

2. 开发数字化新业务

除话务客服、在线客服、大数据标注等相对传统的数字化业务外，是否可以为残障人士开发出更加多元化、高质量的数字化业务呢？新冠疫情期间，公司管理团队通过前期走访、行业调研后，选择从产业发展整体趋势向好的动漫产业入手。

2022 年 3 月，公司在西安基地与西安鸿鹰学校合作，开启首次动漫制作培训。经过层层选拔，共有 13 名来自全国各地的残障人士参加，课程内容涵盖"三维动画制作"中常见的场景建模、角色建模、材质和灯光渲染等六大主题的职业技能。经过六个月的培训，学员全部通过考核并结业。这个培训项目也为公司开拓动漫制作相关工作岗位进行了探索。2024 年，公司和一个"残健融合"的动漫团队合作，准备拍摄一部动漫作品，用动漫的方式让普通大众更好地了解残障人士，更好地促进社会残健融合。

公司也开始关注数字化就业的新风口——直播行业。管理团队发现，不少残障人士拥有有趣的灵魂、有深度的思想，也有非常棒的才艺，能够给用户带来愉快的体验，但因外形上的限制无法实现直播。公司正在尝试利用数字技术，为残障人士的有趣灵魂套上漂亮的数字化外衣，如卡通形象或漂亮的数字人后进行隐身直播。通过数字人直播，可以让残障人士进行直播带货，做知识主播、聊天主播或娱乐主播等，这是公司未来重点拓展的业务领域。

3. 创建乐业小站

经过几年的发展，集善乐业的品牌慢慢得到社会认可。经常有北京、上海等经济发达城市的残障人士找到公司管理团队，希望为他们创造就业机会。2022 年，公司启动了"乐业小站"计划，为残障人士搭建身边的远程就业职场。

所谓乐业小站，就是利用社区资源，对现有的温馨家园或职康站进行无障碍、自动化改造，建设服务于社区残障人士的迷你就业共享空间，满足小规模、近距离、高灵活度的残障人士就业需求，帮助残障人士实现足不出区就能就业的梦想。

以北京为例，目前大概有六七百个温馨家园或职康站，这些都是

2008 年北京残奥会期间建设的，是社区的残障人士活动空间。公司希望找到资金后，把这些活动空间改造成融合就业职场，让社区里的残障人士和健全人都可以在这种共享空间里办公。这个共享空间一方面为居家的健全人提供一个付费的办公空间，并提供打印机、茶水等必要的办公条件；另一方面为残障人士提供免费的办公场所，以及在线的工作岗位。这样，对于一些残障人士而言，就可以每日在小区内工作，定期去公司汇报，免除每日路途中的奔波，而且可以与健全人在一个空间办公，更好地实现"残健共融"的理念。目前，公司正在北京推动乐业小站的落地。

4. 构建 OMO 模式的业务结构

到目前为止，公司整合不同的业务类型，形成了"线上+线下"的平台业务结构，也称为 OMO（online-merge-offline）模式（见图 5）。

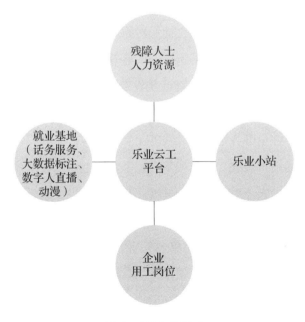

图 5　OMO 新模式

OMO 模式将乐业云工平台视为连接网，一方面，通过它可以帮助公司触及外界的用工企业和残障人士，为外界企业提供残障员工的人力资源管理服务，为残障人士提供个性化就业内容；另一方面，以就业基地和乐业小站为落脚地，实现残障人士线下就业，同时通过项目串联各地的残联、基金会、公益组织、爱心企业等各利益相关方，搭建残障人士与企业、社会间有效的对接通道。

公司希望通过 OMO 模式，探索出助残乐业的新路径并推广到全国各地，用市场力量解决残障人士的就业问题。

平衡：实现社会价值的内外保障

1. 打造公益联合体，共建就业基地

资源匮乏是社会企业普遍面临的难题，集善乐业同样面临着这一难题。由于残障人士身体的影响，他们对职场的无障碍设施和安全生产环境有特殊要求。除了常规职场所需的设备外，就业基地还需要为他们配备无障碍设施、康复器材等，营造兼具专业性和人文关怀的职业环境。因此，建立残障人士就业基地的投入成本非常高。加上中国残基会本身资源有限，要在全国各地建设助残就业示范基地，面临的资金压力非常大。如何调动地方残联、地方残基会、企业等组织，甚至地方残障人士自身的积极性一起分摊成本，推进就业基地的建设，成为管理团队面临的一项重要任务。

设立之初，公司命名为"集善乐业"，一方面，希望各界群策群力，集中善的力量，集合善的资源来共同推进残障人士就业这项事业；另一方面，希望残障人士能够在基地就业，并在工作中获得欢乐，实现乐业的美好愿望。因此，管理团队积极争取各地政府、残联、基金会、爱心企业的支持，通过打造公益联合体，鼓励参与各方通过配比方式投

入资源，共建就业基地。具体而言，中国残基会通过募捐筹得款项，为每个就业基地资助电脑等设备，而就业基地的场地、装修、家具等，原则上由当地的合作方解决，这些合作方包括地方残联、地方残基会、当地政府以及当地的一些爱心企业。比如，宁夏银川的就业基地，就是由中国残基会出资购买电脑设备等，宁夏残基会免费提供房屋，进行装修，负责水电费、网络费等。另外，公司还想办法利用中国残基会的资源，去争取地方相关方如电信公司的支持，尽量让他们给就业基地提供优惠，想办法降低成本。

2. 孵化基地带头人，共管就业基地

在共建就业基地后，当地的就业基地由谁来负责具体运营的问题也需要得到解决。集善乐业有业务能力，可以对外沟通客户，承接业务。但是，由于人手限制，以及对当地各方面情况不熟悉，公司并不具备管理当地基地具体运行的能力。为此，公司管理团队采用了先在当地寻找社会服务机构或者一些互助组织进行合作，然后孵化基地负责人进行运作的方式。公司希望通过这种方式实现就业基地自主管理，进而快速复制就业基地。

在选择最初的合作组织和进一步筛选基地带头人时，管理团队制定了相应的标准。首先，这些组织本身要有一定的基础，是残障人士社会服务领域的一些民办非企业组织，或者是一些自发成立但还没有注册的小团体。其次，公司通过对这些团体进行考察，从中挑选就业基地在当地的带头人。在挑选带头人时，公司既要考察这个人的能力、价值观，也要考察他之前做过的事情。当从地方社会服务机构挑选到合适的带头人后，集善乐业与带头人组成共管团队，由集善乐业管理业务，基地带头人则与集善乐业派驻的辅导员配合，共同负责就业基地的人员管理。

甘肃庆阳基地负责人李含林和辅导员李华宁，就是集善乐业着力培养出来的。李含林和李华宁是一对父子，家里原本有 4 个残障人士（爷

爷、奶奶和两个姑姑），都要依靠父亲李含林照顾。李华宁中专毕业后，为了减轻父母的负担，放弃继续深造的机会，选择在家乡打工，补贴家用。眼看着日子一天天好起来，李华宁对未来的生活充满了希望。未曾想到，2015 年 9 月，灾难再一次降临这个不幸的家庭。李华宁在打工时不幸从高处跌落，导致高位截瘫。一次偶然的机会，李华宁从新闻中看到许多和自己一样的残障人士因为没有稳定工作而导致生活极度贫困，因此萌生了要带动和自己有同样经历的残障人士共同走出一条创业之路的想法。2018 年，李华宁注册成立了西峰区华宁涌泉职业培训学校，带领一些残障人士共同就业，共安置就业残障人士 27 人、居家就业残障人士 23 人。2020 年初，新冠疫情席卷全国各地，昔日热闹的工作区没有几个工人了。偏偏在这困难的时候，学校合伙人又骗走了 25 万元生产资金，产品积压，员工工资发不出去。

就在李华宁绝望之时，当地残联伸出帮扶之手，和集善乐业取得联系。公司管理团队在了解情况后，紧急协调京东客服中心与李华宁的培训学校共同举办"集善乐业——包容美力京东话务"（庆阳）培训班。几个月的项目运营，成效显著。经过公司的考察和统筹安排，李华宁的职业培训学校转型为集善乐业的网络就业基地，李含林担任基地负责人，负责基地的管理工作；李华宁担任辅导员，负责基地的指导工作。

在集善乐业的帮助下，庆阳基地现在已经成长为当地助残就业示范基地，并被中国残联认定为国家级残疾人就业培训基地。现在，庆阳基地的主要业务包括申通话务、申通在线、虚拟直播和定岗式网络就业培训，共安置残障人士及家属 80 人，其中残障人士 42 人，包括重度残障人士 19 人，员工平均月工资超过 3 800 元，最高月收入达到 8 650 元。自基地创办以来，累计培训残障人士及家属 300 多人，带动 200 多人从事数字化工作。李含林和李华宁在这个过程中也迅速成长，对基地管理到位，极大提升了基地效率。

刘亚衡说：

> 我们把它定位成基地，帮它成长起来，让它变成一个可以独立运营的实体，变成我们的网络成员，而不是我们的下属成员。到成熟以后，基地就可以自己承接业务，不需要接受我们的管理，我们只需要共用一个品牌。这也是赋能的一种方式。

3. 打造混合型组织，实现三足并行

残障人士就业并不单纯是就业，还涉及心理、康复、社交等方方面面的事情。为了在日常运作中更好地协调公司的商业运营和社会目标，2020年10月，中国残基会作为投资方新设了一家社会服务机构——深圳市集善乐业残疾人就业创业支持中心（以下简称就业创业支持中心），注册为民办非企业组织，打造了由中国残基会、集善乐业北京公司、就业创业支持中心的混合型组织结构，共同负责集善乐业项目的运作（见图6）。

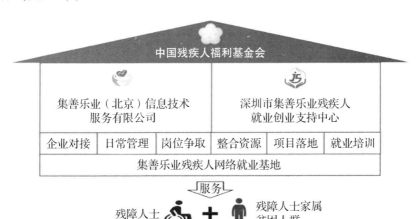

图6　集善乐业的混合型组织结构

在混合型组织结构中，中国残基会主要负责为项目提供各种支持，包括项目筹款、基地建设和公益支持等。如为上线项目进行公众筹款，

共建基地，资助基地电脑设备，为项目开展提供公益资源的支持等。这条线属于公益性质，起着推进项目的支撑作用。集善乐业北京公司主要负责业务方向，包括企业对接、日常管理、岗位争取等事宜。此外，还负责建立工作体系，提供外包服务、给基地员工发放工资。这条线是商业属性，主要解决残障人士实际就业和挣钱的问题。就业创业支持中心主要负责公益类项目，包括整合资源、项目落地、就业培训等。例如，筹款支持就业基地的改造，负责设备、设施的更新，以及残障人士的一些救助事宜等。因此，就业创业支持中心这条线是公益属性，承担基地一系列公益项目的任务，为在基地就业的残障人士提供身心支持。

就业创业支持中心创建以来，在服务残障人士方面发挥了重要作用。例如，甘肃张掖基地的赵天元患有海绵状淋巴管瘤。2012 年，他因病情复发，左腿被截肢。在基地工作后，他的病情复发，项目团队帮他联系到北京的一家专科医院，还为他提前办好医保等相关手续。经过积极治疗，赵天元的病情得到有效控制，免除了手臂截肢的痛苦。

就业创业支持中心也为基地残障人士提供多元化的公益项目支持，如 "LG 爱的滋润" "集善情暖三八节" "衣路有爱" "家庭卫浴无障碍改造" 等公益项目。这些公益项目让基地的残障人士除了获得工作之外，还能感受到更多物质和精神上的支持与关怀。

4. 打造组织文化，塑造共同价值观

公司发现，很多残障人士在成长过程中都遭遇过不少不良事件的困扰，形成对外界的不信任和防御机制，甚至在某些时候会展现出一些恶意。因此，基地文化建设不可或缺。公司管理团队思考良久，提出 "与人为善、知恩感恩、团结互助、共同成长" 的文化理念。

这些文化理念体现在公司制定的日常工作和生活原则中。第一，做

人必须要善良。善良是一个人的底线，健康人如此，残障人士也是如此。第二，做人要知恩感恩。残障人士作为弱势群体得到社会的关怀和帮助，应该知恩、感恩。第三，要团结互助。基地的残障人士有各种各样的缺陷，彼此之间应该"我做你的眼，你做我的腿"，团结互助，而不是各自为政，相互拆台。第四，要共同成长。在基地，残障人士不仅仅是获得一份工作，用收入改变自己和家庭的经济状况，更应该将基地作为个人精神成长的地方，相互扶持，共同成长。

公司采取两个具体办法将组织文化落实在日常工作中。第一，入耳。要求基地员工把文化当作口号喊出来，将文化内化于心。要承认自己内心的善良；要怀感恩之心，知道自己的工作来之不易，感谢这个世界上所有帮助自己的人；要知恩感恩，不要认为所有得到的帮助是应该的；要团结互助，彼此扶持；要共同成长，不断提升自己。第二，张贴。通过海报的形式，把组织文化公之于众，用它来规范基地员工的行为。基地管理人员在批评员工时，可以依照组织文化，查看员工不符合哪一条规则。如果都符合的话，基地管理人员就没有资格批评员工。通过这种方式，公司建立了合理的行为规范，使管理人员和员工在日常行为中都有章可循。

组织文化的落地，让基地员工之间的关系更为和谐。以共同成长为例，2019 年，一家就业基地培训了一批残障人士，其中一位员工表现优异，被深圳一家销售手机的公司挖走了。当时基地的管理者想不通，大家都觉得被挖走的残疾员工是"叛徒"，对他心生怨恨。公司管理层专门开会，用组织文化中的"共同成长"理念开导大家。经过讨论，大家一致认为，残障人士经过在基地培训和就业，能找到更好的工作，体现的就是共同成长的理念，因为这不仅是员工的个人成长，也是集善乐业的成长和工作成绩。只要企业、个人都成长，就是双赢。公司管理层基于组织文化的开导和共同讨论，让大家释然，心胸陡然开阔。

硕果：看得见的成就

1. 摸索出可行的帮扶模式

作为中国残基会下属的一家社会企业，集善乐业在"助残乐业"方面已经摸索出一条可行的道路。成立七年来，公司先后在甘肃张掖、甘肃庆阳、宁夏银川、广西桂林、江西萍乡、黑龙江齐齐哈尔、山东淄博、陕西西安建设了八家就业基地，孵化了六家地方社会服务机构成为基地专业管理团队。其中，张掖、萍乡、桂林基地被中国残联认定为全国残疾人就业培训基地，张掖基地被国务院残疾人工作委员会授予"全国残疾人之家"荣誉称号。

几年的尝试证明，中国残基会和管理团队摸索的残障人士就业帮扶模式是可行的：一方面，依托从经济发达城市拿到数字化的就业机会，通过集善乐业"扶上马、送一程"的方式，在就业基地里，把原来没有工作经验的残障人士培训成合格的职场人士，让他们能通过自己的辛勤劳动获得收入，实现自己的人生价值；另一方面，集善乐业保留一定的利润，以维持自我造血，不断复制就业基地模式，帮助更多的残障人士实现就业的梦想。截至 2023 年 10 月，项目已为 4 500 多名残障人士及家属提供岗前职业技能培训，创造了上千个集中或居家的就业岗位，累计创造收入 1 980 多万元。

2. 让残障人士"乐在业中"

集善乐业帮助越来越多的残障人士走向新的生活，让生命绽放新的光彩。比如，宁夏银川基地的马花花，小时候一场手术导致高位截瘫，只能凭借轮椅活动，常年待在家中，依靠父母照顾、抚养。2021年 7 月，20 多岁的马花花得知基地在挑选从事大数据标注业务的员工时，赶来报名参加培训。没有任何计算机基础的马花花，凭借自己的兴趣和毅力顺利完成培训，并留在基地从事大数据标注工作，每月有4 000~5 000元的收入。由于工作出色，仅两年的时间，她从最初的数据标注员，被提升为质检员，2023年还被评为基地优秀员工，获得5 000元奖励。马花花双眼闪烁着自豪的光芒对采访者说：

> 通过自己的努力，我获得了满意的经济收入，不仅让自己过上想过的生活，还可以帮助正在读书的两个妹妹，减轻了父母的经济负担，这让我体会到自身存在的价值。

庆阳基地的在线组组长赵文静、轮椅妈妈贾秀红等，以前都是靠家人照顾、政府救济才能勉强维持生活。自从来到基地，她们不但依靠自己的努力有了一份不错的收入，还学会了自己照顾自己。虽然离开家人，她们的生活却变得更精彩，从一个被照顾对象转变成合格的劳动者，获得经济独立，收获了自信和自尊。

此外，集善乐业还积极帮助残障人士在工作中融入社会。比如，庆阳基地的郝兴权，因为一场意外车祸只能终生以轮椅代步。来基地之前，他沉默寡言，很少与人交流。自从加入集善乐业大家庭，郝兴权的脸上慢慢有了笑容，也愿意和别人交流了。后来，郝兴权自愿担任基地质检员，每天都热心帮助其他员工纠正工作中出现的问题，赢得了大家的尊重。

集善乐业各个基地除了就业区，还设置了培训区、康复训练区、心理咨询室等，基地还为有需求的员工争取到低价的餐饮、住宿，并提供营养加餐。此外，公司还联系当地开放大学，让有需求的残障人士有了上大学拿文凭的机会。除了残障人士，基地也会有意识地吸纳一些健全人士加入，让他们成为残障人士的工作伙伴、朋友。以张掖基地为例，目前基地已经成为一个集工作、医疗保健、康复护理、文体娱乐于一体的综合性残障人士网络就业环境，可以为100位残障人士提供服务。残障人士在这里不仅可以工作，还收获了友情，甚至还有人找到了爱情。

3. 发挥示范引领作用

公司在引导社会组织帮助残障人士就业方面也摸索出一条示范、引领的道路。集善乐业基地承接客服业务、大数据标注业务后，在社会上起到了良好的带头和示范作用。之后，社会上残障人士做客服、大数据标注的团队越来越多。在中国残基会及公司管理团队成员看来，这种现象的出现，说明集善乐业初步实现了设立时的初衷：打造帮助残障人士就业的范本，带动更多组织、个人发挥各自作用，关注和参与残障人士就业问题的解决。

展望：设想与挑战

1. 未来设想

展望未来，集善乐业管理团队对未来之路也有一些新的思考。

一是全国布局，重点深耕融合就业示范基地。集善乐业一直按照全国布局、区域聚焦、示范打造的方式开展就业基地的建设，计划在每个省级行政区域都建设至少一个融合就业示范基地，一方面，整合更多资源，为更多地方的残障人士提供更多就业机会；另一方面，也为在全国范围内推动残障人士的社会融合发展提供土壤和空间。

二是以省级基地为中心，辐射周边地区，打造地方残障人士就业生态。集善乐业将以每个省级融合就业示范基地为落脚点，对它们进行孵化赋能，一方面，协助地方团队打通横向链条，即辐射周边地区，以基地方式向市级、县级拓展，进行模式输出、复制；另一方面，协助地方团队打通纵向链条，即自主开拓地方业务，实现自我造血，在此基础上构建起地方残障人士的就业生态。

三是线上就业平台迭代升级，提升公司服务质量和范围。公司将加大对线上就业平台的开发，搭建线上云就业基地，全面覆盖各地残障劳动力资源，帮助那些无法集中就业的残障人士有效对接工作机会，帮助他们通过灵活就业方式实现就业增收。

四是完善残障人士储备，打通残障人才输送链条。通过基地集中就业培训，建设残障人才储备库。一方面，按照残障人士能力和意愿进行筛选标记，从就近集中、灵活居家、异地输送三个维度助力残障人士精准就业、乐业；另一方面，通过挖掘长三角、珠三角、环渤海三大经济圈适残就业机会，打通残障人才输送链条，让产业特色成为助残就业亮点。

2. 面临的挑战

当然，集善乐业的未来之路也面临一些挑战。

一是专业人才短缺。与很多社会企业一样，公司也面临着专业人才短缺的问题。这是公司现在面临的最现实的困难。如何找到既有专业技术又有情怀的人才，是公司亟待解决的难题之一。

二是缺乏善资本。集善乐业希望得到一些善资本或者耐心资本的支持。当然，集善乐业要的不仅仅是钱，更需要有社会资源的股东，能够把其资源用到集善乐业各个项目中去。

三是人工智能带来的冲击。人工智能的出现和成熟，无疑会对公司依托于互联网的客服、大数据标注等数字化业务带来较大冲击。未来，公司如何依托数字化技术，开发更有竞争力、更适合残障人士的工作类型，也是需要进一步思考的问题。

集善乐业的未来之路，有梦想也有挑战。未来，公司还将继续深耕残障人士就业领域，以数字化技术赋能的方式，助力残障群体通过就业实现乐业，找到属于自己的人生之路。

展望未来，刘亚衡说：

公司会以市场化的方式运作，不求利润有多高，希望可以靠规模效应求发展，成为一家以服务残障人士互联网就业为使命的社会企业。我们选择了一条艰难的道路，但要锚定使命，不忘初心，方得始终。

（许艳芳　付彦　李晓光　朱春玲）

企业资料

1. 集善乐业官网：https://www.cfdp-leye.com.cn/。

2. 探访"集善乐业"：甘肃张掖基地被评为"残疾人之家". (2019-08-12). 公益中国网. http://gongyi.china.com.cn/2019-08/12/content_40860827.htm.

3. 探访张掖残疾人就业基地：迈过就业"坎"登上乐业"山". (2019-08-20). 中国新闻网. https://www.chinanews.com.cn/gn/2019/08-20/8931665.shtml.

4. 落实国家就业行动方案，促进集善乐业项目开展——写在第32个全国助残日. (2022-05-16). 中国日报中文网. http://cn.chinadaily.com.cn/a/202205/16/WS62821a80a3101c3ee7ad5877.html.

5. "集善乐业"的创新探索：让残疾人从就业到"乐业". (2022-12-02). 人民政协网. https://www.rmzxb.com.cn/c/2022-12-02/3251438.shtml.

十方缘:

铺就爱与陪伴的老人心灵
呵护之路

　　每一个生命都需要被看见,每一个生命都需要
被尊重,每一个生命都需要被呵护,所以我们不分
析、不评判、不下定义,就是爱与陪伴。愿天下每
一个生命在爱中行走,在爱中回家……

——方树功

2023 年末，我国 60 岁及以上人口为 29 697 万人，占总人口的 21.1%①，其中，失能失智和罹患晚期癌症、阿尔兹海默症（老年痴呆症）等疾病的重症、临终老人有 4 000 多万②，这些老人更现实地面临死亡的问题，恐惧和无助等负面情绪更容易侵扰他们，并影响其在生命最后阶段的生命质量和身心健康。国际上有关于"全球死亡质量排名"的研究，旨在评估生命末期照护的质量，通过计算"死亡质量指数"（包括善终及医疗保健环境、人力资源、人们对服务的负担力、服务的质量、社会参与等因素）对国家层面的临终关怀的质量进行排名。据该研究，2010 年、2015 年、2021 年，我国的排名分别是 40 个国家中第 37 位，80 个国家中第 71 位，81 个国家中第 53 位③，排名有所上升，但仍有较大提升空间。

　　如何解决重症、临终老人惧怕死亡、需要精神慰藉这一社会问题？如何为这些老人提供专业的心灵呵护服务，让老人在宁静祥和中走完人生的最后路程？十方缘创始人方树功及其伙伴们以亲身实践踏上了老人心灵呵护事业的征途（见图 1）。从最初 2010 年方树功以个人形式去养老院陪伴老人，到 2012 年以组织形式成立北京十方缘老人心灵呵护中心，如今的十方缘已经形成了一个生态系统，包含了全国各地十方缘老

---

① 民政部，全国老龄办. 2023 年度国家老龄事业发展公报. （2024－10－12）. https://www. gov. cn/lianbo/bumen/202410/P020241012307602653540. pdf.

② 宋承翰. 老年健康报告：全国失能老人超四千万，农村失能率远高于城市. 南方都市报，2024－04－08.

③ 纪光伟. 2022. 最新全球死亡质量专家评估出炉：评价临终关怀质量，纳入更全指标与因素. 医师在线，12（2）：45－47.

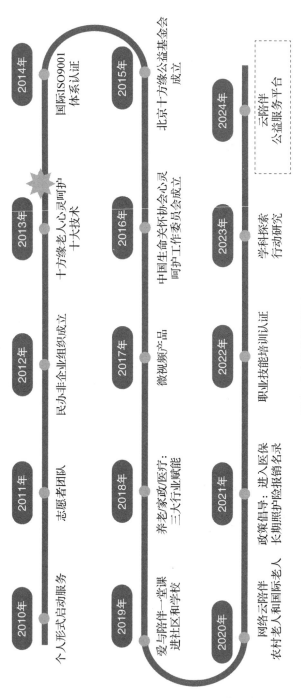

图1 十方缘的发展历史

人心灵呵护中心、小组、项目及其相关支持系统，以及支持上述组织和项目的中国生命关怀协会心灵呵护工作委员会、中国公益研究院生命关怀研究中心、北京十方缘公益基金会和以探索老人心灵呵护事业发展为目的的创新型组织和项目。

点燃初心：陪伴老人　喜悦成长

出生于 20 世纪 60 年代的方树功从哈尔滨工业大学毕业后分配在航天部运载火箭研究院工作，偶然的机会转行做起了养老院规划设计。2010 年，在一次与养老院院长朋友聊天时得知，中国每年总体自杀率连年下降，但老人自杀率却有所上升。在迈入老龄化社会的过程中，老人们虽很少受冻挨饿，但在身患绝症或患病后不知如何疗愈时通常会处于精神崩溃的边缘，导致自杀等极端情况发生。这背后其实是一种对死亡的恐惧，是一份孤独，也是一份对爱的渴望。当得不到爱的时候，他们会绝望，会脾气暴躁，甚至选择自我了结。此时的方树功作为一名理工男，对人文方面的关注并不多，但养老院的这些现象引起了他的思考。在无意中遇到的这些事和与老人的接触中，方树功感受到了非常强烈的生命启迪，他的人生轨迹也自此转变。

1. 感受陪伴老人的力量

2010 年，方树功去养老院看望院长朋友，看到护理人员都围着一位刘老太劝她吃饭。这位老人 94 岁，患有绝症，四天前她最小的儿子去世了，刘老太伤心难过，绝食不吃饭。大家劝说无果，无奈渐渐散去，而方树功一直默默地站在门口，没有离去，看着老人在夕阳西下的窗口，特别安详，头发梳得整整齐齐，衣服也特别干净，坐在椅子上静静等待生命的流逝。他不知如何开口劝说，心想：此刻听到太多劝慰话语的老人家，可能不希望我再说什么开导的话了吧。半小时过去了，老人见他还站在门外，就对他招手说："小伙子，坐到我对面来吧！"过了一会儿，她问："小伙子，有《渔光曲》吗？"当方树功从手机上把《渔光曲》搜索出来播放时，老人突然流下了眼泪。跟着《渔光曲》的旋律，她一遍遍地唱。唱到最后，她说，当年没吃没喝走投无路的时候，想参加革命又找不到组织的时候，听到《渔光曲》中"就是有一张破渔网也要过一冬"，就能感受到无穷的力量，这种精神让她度过了生命中最艰难的岁月。她谈起她的老伴，说起经历的苦和甜，当提到最小的儿子离世时，她停住了，过了许久才说："你给我要碗粥喝吧，我虽然没有了儿子，没有了亲人，但是我还有退休金，还有大家的关怀，我相信我能过好生命中最后的冬天。"方树功特别激动。

这次经历，让方树功第一次看到一个生命如何在面对苦难时自我超越的过程。事后想来，仅仅一个人和一首歌，就改变了一位老人的想法，这是为什么呢？也许只是因为陪伴，因为他的默默陪伴，因为一首歌的陪伴，如此简单的陪伴，就能让老人感觉到生命的温暖，唤起她对生活的留恋。这启发了方树功在后来编写出《爱与陪伴：老人心灵呵护歌本》（见图2）。这也让他悟到：道理在很多时候是没有力量的。陪伴的爱可以让老人重新反思自己的生命，使她有了生命的力量而走出困境。

图2 十方缘《爱与陪伴：老人心灵呵护歌本》

2. 分享陪伴老人的喜悦

2010 年，方树功受朋友请托去陪伴其好友朱大姐，她得了绝症住在护理院。见到朱大姐时，她的身体已经特别虚弱，全身僵硬，仅头和脖子能动。但她满头银发，面容特别祥和。一见面朱大姐就直接问他的姓名、身份证号和学历等。方树功当时感觉不太舒服，但也没计较，陪老人聊了半个多小时就告辞了。半年后，方树功再次去时，朱大姐马上就叫出了方树功的名字，还报出了他的身份证号和手机号，他当时惊呆了，朱大姐却乐了。她说她的智商是 147，外号是"爱因斯坦的表妹"，高考前复习一个月就考上了清华，毕业分配工作时，政府机构和自然科学研究机构都要她，因父母觉得女孩子从政比较稳妥，她就去了政府机构，十年精通六门外语，工作干得很出色，丈夫和孩子在大使馆工作，在外人看来，她的人生堪称范本。她还说："大家都说我特别幸运，长得漂亮，智商高，情商也高，婚姻美满，有老公有孩子，没受过什么打击，一生特别圆满。但我要离开这个世界的时候，我突然发现，我这一辈子很不甘。如果有来生，我一定从事自然科学，我相信我一定会为人类做出更大的贡献……人这一生，最关键的是能做你喜欢做的事，到临终时，不后悔！"

听到此，方树功的头"嗡"地一下。那天他都不知道自己是怎么从护理院出来的，地铁在眼前驶过好几趟都没上去。他不停地问自己：我这一生最喜欢干的是什么？当我临终的时候，我如何才能不后悔？他突然发现：以前搞科研、做管理、喝点小酒……所有这些虽然都喜欢，但更喜欢陪伴生命中的喜悦。那天，他确定了自己最想做的事：用爱和陪伴为生命服务。

他辞了工作，做起了他热爱的临终老人陪伴事业（见图 3），希望今后回顾一生时没有遗憾和后悔。十多年来，经常有人问他是不是很辛苦，是不是特艰难。他说：

的确会遇到很多困难，但在我内心深处，我觉得这是我喜欢做的事，不为别的，就像年轻的时候遇到初恋一样，陪伴老人本身就很快乐。陪伴临终者仿佛自己也到了临终状态，很容易理解人的生命本源。我认为是老天爷给予了我一种机缘，通过陪伴这些老人让我理解自己的生命。当你陪伴他们并理解透彻之后，还有几十年可以重新活过，这绝非是单纯在做好事，而是一种生命的教育或者生命的交互。

图 3　方树功在陪伴老人

遏制不住陪伴生命中一次次彼此唤醒的喜悦，方树功经常和朋友们分享这些喜悦和感恩。于是，有近十位朋友加入进来，2011 年 2 月 28 日，由方树功、刘丰、秦立、谢慧淦、刘莲玉、王桂芹等 10 名义工一起发起了老人心灵呵护的志愿服务活动（见图 4），本打算一年服务 100 人次老人，结果三个月就完成了。每次服务后，大家都会把对生命的体验和成长的喜悦分享给家人和朋友，于是越来越多的人加入进来。到 2011 年底，已经有 300 多名义工加入到老人心灵呵护服务中来，共同在养老机构完成了 1 000 多人次对老人的服务。

图 4　志愿者在交流

老人心灵呵护行动的从零探索

1. 十方缘的创立和使命定位

2011 年，300 多名义工参与老人心灵呵护志愿服务活动，每次活动后，大家都会开会总结经验教训。同时大家一直在思考一个问题：感恩老人用生命教育了我们，我们又该如何报答老人带来的生命教育呢？

（1）创立组织

面对临终老人惧怕死亡、需要心灵慰藉这一社会问题，大家共同决定要成立一个专业的公益组织，通过社会组织的形式链接更多社会资源，动员更多的人为老人服务，让全国 4 000 多万重症、临终老人在宁静祥和中走完生命最后的旅程。

但创立正式组织的想法并非没有争议。当时，志愿者们服务老人的热情较高，有时养老院无法一次性接纳很多人，面对众多的参与者和组织志愿服务中的混乱，大家有两种意见：一种是将大家分成人数合适的小组，各组自由去服务老人。另一种是，有人认为自己能有如此多的喜悦和成长是源于老人给予这种机缘，应该要感恩老人，而全国有4 000多万重症、临终老人，能否让所有老人都享受到这样的陪伴，也让更多的人通过陪伴老人去感受到这份喜悦？如果按此逻辑，就应该成立组织，聚集更多人一起服务老人。

反对成立组织的人认为，成立组织需要费用、办公室，成本很高，还要受政府管束，就不自由了。针对成立组织的利弊和是否要成立组织，大家讨论了很久，最后决定，想要自由发展的就自由发展，想成立组织的就去成立组织。

2012年，方树功等300多名志愿者共同创建了北京十方缘老人心灵呵护中心。但在注册时遇到了困难，因为当时中国还没有主管临终关怀心灵呵护的单位。后来，北京市民政局领导去现场考察后说："家家有老人，人人都会老，十方缘做的老人心灵呵护服务是社会刚需。"于是，北京市民政局成为其业务主管单位，并于2012年1月10日批准成立了中国第一家为重症、临终老人提供心灵呵护服务的民办非企业公益组织（社会服务机构）——北京十方缘老人心灵呵护中心（见图5）。

图5   北京十方缘老人心灵呵护中心注册成立

（2）确定使命

在成立初期，十方缘就明确了自己所专注的事业，志在为全国重症、临终老人提供专业的心灵呵护服务，使老人在宁静祥和中走完人生的最后旅程。心灵呵护是临终关怀的一部分（见表1）。临终关怀，又称安宁疗护，是指以临终患者及其家属为中心，为患者提供医疗护理、生活护理、心理支持、社会支持和人文关怀等服务，协助患者舒适、安详、有尊严地离世。

表1　临终关怀的五个方面

医疗护理 （姑息治疗）	生活护理 （生活舒适照护）	心理支持 （含心理治疗）	社会支持 （社会关系的支持）	人文关怀 （心灵呵护等）

临终关怀领域有五个方面：第一是医疗护理，即姑息治疗，是一种专注于改善病人的症状和减轻痛苦的综合治疗方式；第二是生活护理，专注于通过照护让人生活更舒适；第三是心理支持，这方面由心理咨询师、心理医生、成熟的医疗系统和商业系统来提供支持；第四是社会支持，例如临终前的遗嘱和财产安排等，通常由社会工作者、政府和商业系统来提供支持；第五是人文关怀，包括心灵呵护等。对大多数老人来说，人文关怀尤其缺失，如何开展老人心灵呵护、帮助其面对死亡的恐惧就成为十方缘的使命。

十方缘专注于临终关怀中的心灵呵护部分，其使命定位的主要内容如表2所示。

表2　十方缘的使命定位

要解决的 社会问题	为了解决重症、临终老人惧怕死亡、需要精神慰藉的问题，十方缘志在为全国4 000万重症、临终老人提供专业的心灵呵护服务，使老人在宁静祥和中走完人生的最后旅程
使命	用爱与陪伴为生命服务
愿景	陪伴生命，喜悦成长

续表

价值观	每一个生命都是需要被呵护的，所以我们不分析、不评判、不下定义，就是爱与陪伴
战略	与十方缘建立爱的连接
战略目标	1. 为全国4 000万重症、临终老人提供专业的心灵呵护服务； 2. 让老人心灵呵护成为一种职业； 3. 每一个十方缘人都是弘扬生命关怀系统的引擎，持续践行孝道文化，把爱与陪伴带回家

具体来说，北京十方缘老人心灵呵护中心的主要工作包括：1）服务老人：组织义工、社工为养老机构、临终关怀医院和社区里的重症、临终老人提供专业的心灵呵护服务。2）培训义工员工：为义工、社工、员工和社会提供心灵呵护培训。3）社区推动：协助有需求的社区组建老人心灵呵护小组，践行孝道，让"爱与陪伴"成为社区文化。4）文化传播：组织各种文化活动传播"爱与陪伴"文化，让"爱与陪伴"成为家庭文化。5）员工成长：追求全体员工精神和物质两方面幸福的同时，每个员工都感受到生命成长的喜悦。

（3）设计标识

十方缘还设计了标识（见图6），以"十方缘"为主体，以"方"形印章为底，以"十"字连接中国篆体的"缘"字，既体现包容，说明十方缘是十方缘分和大爱力量的汇聚；又体现向外的延伸，象征社会各界有缘人关心支持老人心灵呵护公益事业，并传达义工服务理念，搭建为老人服务的平台。红色是中国传统印章印泥的颜色，同时也是国旗的主色，既包含了"夕阳红"的意思，又隐含着中国人"百善孝为先"的传统理念；红色也是血液的颜色，蕴含着十方缘将陪伴呵护老人到生命的终点。标识以印章形式出现代表着义工们以心印心地为老人服务，在心心相印中了悟真诚、承诺、担当，实现生命的教育；更代

图6　十方缘标识

表着十方缘义工的承诺和信守，既是对老人心灵慰藉的承诺，也是对自己心灵成长的承诺，一印在心，心守诺言。

2. 打造义工星级体系，确保服务水准

北京十方缘老人心灵呵护中心成立后，遇到的第一个挑战和困惑是：死亡是什么？生命是什么？重症、临终老人到底需要什么？十方缘义工是利用业余时间参与老人心灵呵护工作的，他们如何能更好地陪伴和服务重症、临终老人？大家在陪伴老人的行动中不断探索，逐步构建出十方缘的五星级义工体系，打造出义工星级文化，以确保老人心灵呵护的服务水准。

（1）初期模式

想要让义工更好地陪伴和服务重症、临终老人，就需要对义工进行培训。最初，十方缘按照正规的培训模式开展，搜索、整理了义工需要学习的内容，为义工提供了比较全面的培训，总共有 120 门功课，需要学习三年，甚至还包括社会学、心理学、生命学等诸多理论性较强的课程。然而，在实践中发现，这些课程虽然看起来"高大上"，但并不实用。培训的关键是要明白，义工并非为了考证来学习，而是想要尽快学会技术，能够体验陪伴老人的喜悦。

（2）探索新模式

认识到最初这种培训模式存在问题，十方缘的理事们计划开会讨论如何改进。由于北京开会场地较贵，方树功偶然在路边看到广告说去延安的飞机票和住宿很便宜，于是，理事们决定乘飞机去延安。大家刚好住在中国人民抗日红军大学旧址旁边，到学校参观后颇为震撼。抗战时期，国民党军官有不少是从德国和美国系统培养出来的，但到前线打仗时却效果不佳。而共产党的队伍中，尽管有不少文化程度不高的农民，但他们边打仗边学习，打完仗后向战友尤其是新兵进行讲解，讲完后总结理论，然后大家接着去打仗，就像学开车一样，师傅带徒弟，非常扎实。

这给大家带来了很大启发，在当时的发展阶段，培养义工似乎也比较适合师傅带徒弟模式。从那时起，十方缘就明确了方向：义工培训永远不会放到"高大上"的地方，就在养老院和医院里开展，边实践边学习。因为老人中午休息时间特别长，通常要休息三个小时，所以，十方缘义工一般早上去陪伴老人，中午吃完午饭，趁老人午休时开展两小时的理论学习和复盘，下午继续陪伴老人，再复盘，晚上回家还可以陪伴父母。就像打仗一样，边战斗，边复盘，边学习。一天三次陪伴老人，两次复盘，最后在群里分享。如此实行下来效果很好。

同时，十方缘将第二稿培训内容简化，按模块化安排。到第三稿时进一步精简，将起初的 120 门功课减到了最核心的 10 门课程（见表 3）。

表3 老人心灵呵护义工培训十大经典课程

序号	星级培训	课程名称	时长
1	一星培训	走近老人，在公益活动中成长	8 小时
2	二星培训	共修老人心灵呵护十大技术	8 小时
3	三星培训	在爱与陪伴中与死亡和解	8 小时
4	四星培训	服务领队共修营	24 小时
5		培训讲师共修营	24 小时
6		执行团队一堂课	24 小时
7		生命觉察	24 小时
8		生命觉醒	24 小时
9	五星培训	生命觉悟	24 小时
10		理事长一堂课	24 小时

（3）五星义工体系

十方缘根据义工服务情况及生命成长的不同阶段将义工分成五个星级（见图7），用星级考核来评估义工所达到的状态。从一星级到五星级是义工成长的路径，每个星级都有对应的基本要求和星级文化。每一级进阶需要理论学习和实践考试，通过率约 10%。

一星义工
1.参加过十方缘一星义工培训
2.参加1次十方缘组织的服务与陪伴的活动
了解、学习、体验爱与陪伴的
定义及心法
不分析、不评判、不下定义

二星义工
1.是一星义工
2.完成12次服务
3.签订二星义工协议书
学习、体验爱与陪伴十大技术及心法
做就好、在就好、爱就好

三星义工
1.是二星义工
2.参加过至少24次以上养老机构或社区服务活动
3.能分享十大技术案例
4.能分享十方缘简介和文化
5.能解读义工服务行为规范
6.通过三星义工评定
7.签订三星义工协议书
践行、印证、诠释"用爱与陪伴为生命服务"

四星义工
1.是三星义工
2.通过十方缘领队认证
3.通过十方缘一星讲师认证
4.书写四星义工成长报告
5.签订四星义工协议书
践行、印证、诠释"生命"
呵护生命是一种生活方式

五星义工
1.是四星义工
2.是十方缘四星讲师（通过十方缘四星讲师认证）
3.书写五星义工成长报告
4.签订五星义工协议书
践行、传播、传承爱与陪伴的文化
让我们一起在爱中行走，在爱中回家
I'm here for you

图7　十方缘五星义工成长路径图

一星义工主要学习一门 8 小时的功课，学习爱与陪伴的理念，要参加 1 次十方缘组织的服务老人活动，现场观摩学习，还可将所学内容用来照顾家里的老人。二星义工需要学习老人心灵呵护十大技术，作为辅助义工，参加 12 次服务老人活动。三星义工可以独立服务老人，需要对服务老人的工作有更全面的了解，能分享和解读十大技术、十方缘简介、文化及义工服务行为规范，至少参加 24 次服务老人活动。四星义工可以独立领导一个团队，需要学会如何做领队、讲师，学会技术背后的底层逻辑，学习如何管理和运营一个团队；要求具备讲师授课、服务领队督导的能力，需要通过领队认证和一星讲师认证。五星义工需要把所有技术融会贯通，可以在全国范围讲授十方缘所有的课程；要通过十方缘四星讲师认证，了解建立社会公益组织的技术，学习十方缘中心如何运作、如何做理事长等。这套五星义工体系从 2012 年的雏形开始，经过 5 年左右的不断迭代优化，逐渐成熟完善。

十方缘为一到五星义工分别赠予蓝、绿、红、黄、白不同颜色的手环（见图 8），手环上印着每个星级义工的核心价值观（见表 4）。

图 8　十方缘各星级义工手环

表 4　十方缘义工星级文化

一星义工	每一个生命都是需要被呵护的，所以我们不分析、不评判、不下定义，就是爱与陪伴（三不）
二星义工	做就好、在就好、爱就好（三好）

续表

三星义工	用爱与陪伴为生命服务（爱与陪伴）
四星义工	生命呵护生命是一种生活方式（生命呵护生命）
五星义工	I am here for you

在呵护好老人的同时，十方缘义工每天也要用"三不"思想呵护自己及身边的亲朋好友，让爱与陪伴成为一种生活方式。具体来说，十方缘义工须遵守《十方缘义工基本要求》：1）呵护好自己的身心；2）呵护好自己丈夫（妻子）和孩子的身心；3）呵护好双方父母的身心；4）呵护好义工伙伴及亲朋好友的身心；5）呵护好需要服务老人的心灵。

3. 开发老人心灵呵护技术，确保服务专业性

2013 年，十方缘遇到了新的挑战，以组织的形式去养老院为老人提供服务，即便是义务服务，养老院也会对组织的服务提出要求，会提出如"你每个星期都组织那么多人来，技术到底行不行"之类的疑问。而让更多义工参与所面临的最大挑战也是如何让老人心灵呵护技术专业化。这一挑战带来了十方缘的技术突破，形成了十方缘老人心灵呵护的三种方法和十大技术。

（1）"笨办法"

当时，十方缘采用了一种看似很笨的办法：收集整理出全球 480 多种与心灵呵护相关的技术，进行对比试验。那时奥运会冠军经常会用一个心理测试仪器，叫"快乐心"，把它夹在耳朵上，通过传感器传输到电脑上，每分钟能测试出每个人的几十组生命体征指数，再用数据大模型来计算被测试者是否心情愉快。有企业捐赠了两三台"快乐心"仪器，十方缘在征得同意后用这些仪器来监测老人和义工的心情，对服务前后进行对比试验，最终从 480 多种技术里筛选出 108 种比

较有效的技术。

（2）三种方法，十大技术

早期，方树功通常在车的后备箱中装一堆工具，作为服务老人的辅助工具。后来，为了更好地传播普及和家庭使用，按照简单有效的原则，以"不用任何辅助器材就可以完成服务"为标准，又从108种技术中总结出10种，即十方缘老人心灵呵护十大技术，通过目光、呼吸、五官等就能与老人进行交流，实现生命与生命的沟通。

这是一个不断迭代的过程，每次服务老人完成后，大家都会进行分享和反馈，以此为基础不断对服务老人的技术进行优化，经过了三四年才逐渐成形。2020年，十方缘还出版了《流动的生命：爱与陪伴的故事》（见图9）一书，一个个爱与陪伴的故事经由亲历陪伴的几十位志愿者编写出来，集结成册出版。通过这些故事，可以更鲜活地了解到十方缘的十大技术的现实运用。

真正完善的标志是2023年《老人心灵呵护理论与实务》一书的出版（见图10）。

图9　《流动的生命：爱与陪伴的故事》　　图10　《老人心灵呵护理论与实务》

书中对老人心灵呵护的三种方法（见表5）和十大技术（见表6）进行了详细的介绍，并为每项技术配上了案例及分析，有助于义工和志愿者更深入地理解十大技术并在实践中加以运用。

表 5　老人心灵呵护的三种方法

生命陪伴生命	通过陪伴者的眼、耳、鼻、口、身体与老人通过目光、音乐、呼吸、声音和抚触进行交流
生命影响生命	陪伴者处在宁静祥和状态，一种全然接纳和爱的状态，同频共振，给老人慢慢进入宁静祥和状态提供可能性
生命唤醒生命	老人有自我超越的需求和能力，陪伴者通过关注、接纳、理解老人，让自己处在"三不"无念状态，同频共振，协助老人完成自我的超越

资料来源：方树功 . 2023. 老人心灵呵护理论与实务 . 北京：学苑出版社 .

老人心灵呵护十大技术分别是依据人体感官"眼、耳、鼻、口、身、意"等功能、特点，划分为：眼——祥和注视；耳——用心倾听、音乐沟通；鼻——同频呼吸；口——经典诵读；身——抚触沟通、动态沟通；意——"三不"（不分析、不评判、不下定义）技术、零极限技术（对不起、请原谅、谢谢你、我爱你）、同频共振技术。在运用十大技术时通常可采用五步法：1）觉察老人的心灵状态；2）觉察陪伴者自己的状态；3）认可老人的心灵状态；4）自己达到宁静祥和的状态；5）陪伴者与老人同频共振。

表 6　老人心灵呵护十大技术

祥和注视	用自己的目光祥和地注视对方，通过目光的交流，彼此达到祥和的状态
用心倾听	让自己做一个真诚的倾听者，不管对方说什么、说几遍，每一次倾听都是"第一次"听到，倾听对方的故事和情感，让对方在诉说和倾听中感受到爱与陪伴
同频呼吸	调整呼吸至同频，感受并接纳对方的生命状态，在深长舒缓的呼吸中，与对方共同达到内在的宁静
经典诵读	通过诵读经典作品，感受经典作品内在的能量和声音振动的能量，启动对方内在正向能量的振动，穿越时空，超越有限的生命

续表

音乐沟通	一起聆听音乐、合唱或演奏，借助音乐本身的能量，在节奏和旋律中感受音乐的美妙氛围，启动对方内在正向能量的振动，穿越时空，超越生命的局限性
抚触沟通	通过合宜的肌肤接触的方式，来建立与对方心灵相通、喜乐祥和的情感通道
动态沟通	通过简单舞蹈、肢体活动、小游戏等动态方式达成双方内在互动同频
不分析、不评判、不下定义	当面对每一个生命时，放下所有的分析、评判、定义，全然接受自己、对方和外在世界的一切现状，喜乐祥和地陪伴对方
零极限	"对不起、请原谅、谢谢你、我爱你"，通过默念和表达出这几句话，感受纯粹的爱、包容、平静，达成陪伴者和对方内心的喜乐祥和
同频共振	每一个生命都有不同的频率，当不断靠近和彼此调谐到更加接近甚至完全一致时，同频共振就产生了，通过陪伴最终达成与喜乐祥和的高频能量共振

资料来源：方树功. 2023. 老人心灵呵护理论与实务. 北京：学苑出版社.

（3）底层逻辑

方树功梳理这些技术方法背后最核心的底层逻辑如下：

首先，这涉及人们对生命和死亡的看法。有的人会笑着离开世界，有的人会痛苦地离开。其底层逻辑是：如果一个人对生命的认知和他最后对死亡的体验是自洽的，就会比较开心；如果不自洽，就会痛苦纠结。按此逻辑，十方缘要做的是帮助每个临终老人找到自洽的理由。

其次，根据同频共振原理，陪伴者自己要学会放松。就如人们喜欢撸猫撸狗来帮助自己放松下来，原因是猫狗处于放松的高频能量状态，而人们在一天的忙碌焦虑后常处于低频能量状态，当低频和高频在一起时，就会慢慢进入高频状态，逐渐放松下来，趋向宁静祥和，这就是"同频共振"现象。依据此原理，处于宁静祥和状态的陪伴者，通常也能给被陪伴的老人带来宁静祥和。陪伴焦虑和恐惧的老人时，最关键的是陪伴者自己要放松，要处于宁静祥和的状态，才能给老人进入宁静祥和状态带来可能性。

所以，十方缘的 10 种心灵呵护技术不是训练老人的，而是训练陪伴者自己的。大家去陪伴老人，不是老人有病，大家去帮助他，给他解药，而是在训练自己进入放松的状态。老人只是一面镜子，让大家看到自己是否放松。

再次，真正以老人为中心的"爱与陪伴"。什么是爱？爱不仅是完全给予，更是全然的接纳，是让生命成为彼此本来的样子。什么是本来的样子？就是宁静祥和、不分析、不评判、不下定义的无念状态。如何成为无念状态？就是陪伴。

最后，"每一个生命都需要被看见，每一个生命都需要被尊重，每一个生命都需要被呵护"。如何做到呢？核心要点是放下头脑，去爱与陪伴每一个生命，"不分析、不评判、不下定义"，就是爱与陪伴，这也是十方缘义工每天的必修课。不仅是对被陪伴的老人要做到"三不"，更是要对陪伴过程中自己冒出的念头、想法、情绪做到"三不"，最后还要把"三不"概念本身彻底放下。

4. 通过国际质量认证，确保服务品质

2014 年，十方缘迎来了新的挑战：随着越来越多的义工加入，服务的老人越来越多，一些养老机构对十方缘如何管理和确保服务老人的品质提出了疑问，即便是义务服务，它们也有很高的要求，不仅要有技术，还要证明服务品质好。1 个人去陪伴 100 个老人，有 1 次没陪伴好，失误率是 1%；但是对老人来说，也许是他人生最后一次，失误率就是100%。如何确保每一次服务的品质，真正服务好老人？这一巨大的挑战摆在了十方缘的面前。

通常来说，服务品质好坏取决于客户满意度，而十方缘的服务对象是重症、临终老人，老人的体力、智力不方便做服务前后的测量。受到航天部推行全面质量管理和摩托罗拉推行六西格玛等理念的启发，十方缘团队决定开展国际 ISO 9001 质量体系认证。但是，说起来容易，做起来难！拿到第一个 ISO 9001 认证的证书，对十方缘来说，难度特别大，面临很多挑战，需要进行很多创新。

（1）应对理念冲击

首先需要说服义工和员工，让大家对为什么要做好服务品质管控达成共识。不同于商业企业保证质量是为了赢得市场，十方缘从事的是公益活动，不缺服务需求，缺的是义工，是去服务老人的人。而义工本身就是免费献爱心，若还要对他的服务质量进行测量，对他有各种严格要求，有些义工心里无法接受。但在方树功内心深处，特别想做好服务品质管控这件事。因为他在思考：我们做这件事的初心到底是为什么？是为了能陪伴好老人。而要实现这一点，服务品质的管控是肯定要过的关。

经过多次的讨论和解释说服，并考察了诸多品质管控的方法之后，大家最终达成共识，选择做国际 ISO 9001 质量体系认证。但真正推行起来，要求义工和员工全按 ISO 9001 的标准来做时，还是有人不乐意，方树功等人几乎花了一年时间在不停地做义工和员工的思想工作，不断跟大家去分享做这事的初心，反复解释这是为了更好地服务老人，而不是为了管控大家。

（2）全面梳理流程，首家通过认证

由于没有行业先例可循，需要从零探索如何测量服务品质，完成质量认证工作。因为老人心灵呵护尚未形成一个行业，没人知道该怎么做。当时压力特别大，面临很多要解决的新问题。一来，认证公司不给认证。因为一般都是商业公司去做认证，它们没给公益性服务做过认证，没法做；经过四处打听和争取，终于有认证公司愿意尝试来做认证。二来，服务品质难以测量。由于重症、临终老人大多不能自理，无法对老人进行正规心理咨询或心灵呵护服务前后对比测试，有的老人连话都说不出来了，不可能让他来做测评；此外，对老人的心理测评也不现实，不可能让重症老人去做一个耗费两小时的量表；"快乐心"之类的仪器夹在老人耳朵上，边跟老人交流还边监控服务活动，会让老人感觉不舒服，这样做对老人也不够尊重，何况一个测量仪需要一个工程师和一台电脑来配合，测量成本太高，浪费人力物力。

面对诸多难点，十方缘找到了一个新的方法，团队经过探索发现，每一个生命是有频率的，当一个人开心的时候是高频，悲伤的时候是低频，如果高频和低频在一起，会有同频共振现象，低频很快成为高频。虽然不方便测试老人，但可以测试陪伴者服务前后的频率，通过管理陪伴者服务前后的心理状态和培训来确保每一次服务老人的品质。此外，运用全面质量管理的理念，通过把服务老人流程中的 100 多个环节控制好，来确保服务老人的最终结果是好的，再加上基于同频共振原理的义工陪伴者的测评等，这样大概率能确保每次服务的品质可以控制在一定的水平。

基于这一新的认识，十方缘团队认真梳理和制定了服务、培训和财务等全套标准操作规程（SOP）质量管理体系，包括十方缘老人心灵呵护服务仪轨（见图 11）、十方缘服务工作流程（见表 7）、十方缘服务领队工作流程（见表 8）、十方缘义工培训工作流程、十方缘义工服务行为规范等诸多内容。2014 年，北京十方缘老人心灵呵护中心第一次通过了国际 ISO 9001：2008 认证，成为国内心灵呵护公益服务领域第一家通过 ISO 9001 认证的组织，2018 年再次通过国际 ISO 9001：2015 认证（见图 12）。

十方缘老人心灵呵护服务仪轨（线下）

集合30分钟

1. 服务领队、助理提前30分钟达到服务机构。

2. 服务助理布置圆形会场，服务领队在指定集合地等待义工伙伴，对每一位义工拥抱或用手印表示欢迎，微笑引导融入十方缘文化。

3. 服务助理组织签到，双手递上义工服，同时鞠躬。

4. 服务领队组织已到伙伴参与集体早餐、唱歌、话题分享等活动。

预备会30分钟

1. 服务领队组织召开服务预备会；服务助理准备相应资料并在场域外守护大家。

2. 自我介绍，介绍场地及饮水、卫生间等情况，解读行为规范，分组，其间领队表达对服务助理的感恩；服务助理同步开始进行影像记录。

3. 每组小合一，由组长带领，与组员融合，或领队引领团队大合一：同在静心，联结彼此（根据当天情况可选择动态静心或者静态静心，通过静心，感受"在"和"爱"）。

4. 统一时间，做好服务前准备工作。

服务60分钟

1. 服务按《十方缘义工行为规范》进行。

2. 主动与所遇老人、养老院工作人员、家属打招呼，微笑呼应，传递爱与喜乐。

3. 服务助理巡场呵护每一组伙伴并记录影像资料，收集经典照片与案例。

分享会60分钟

1. 服务助理发放服务记录表，并回收分组表，记录完善相关资料。

2. 领队组织分享会并进行督导；服务助理记录影像资料并在场外呵护义工伙伴。

3. 分享结束后，祝福合一，感恩老人和义工3~5分钟。

4. 服务助理组织拍摄当天的集体合影。

5. 服务助理双手收回义工服、服务资料，并鞠躬致谢，让伙伴注意安全。

说明：

开展养老院一天的服务，午间可举办沙龙，学习十大技术其中之一。服务前一天，服务领队和助理沟通午间沙龙相关事宜，确定讲师和培训内容，讲师需做培训的相关准备。

午间分享，领队或助理可以给这个环节做主持，与讲师完美衔接，表达对讲师分享的感恩，邀请参加服务的义工在陪伴中运用今日所学的陪伴技术。

下午服务仪轨与上午相同。

完整完成服务预备会、服务、服务后分享评估，统计为1次。一整天完整服务，统计为2次。

图11　十方缘老人心灵呵护服务仪轨（线下）

表7　十方缘服务工作流程（线下）

序号	工作流程		工作内容	完成时间	负责部门/人
1	前期准备		义工招募——服务活动宣传（短信、对应的微信群）	$T-3$	服务部
2			义工招募——确认单个服务机构服务义工名单，报给服务助理	$T-1$	服务部
3			前期沟通——服务助理和服务领队沟通服务机构、义工、上次服务的评估信息，完成义工分组和老人分配		服务领队、服务助理
4			助理准备——助理工作流程表、十方缘服务助理工作包等相关资料		服务助理
5			领队准备——领队工作流程表、服务仪轨		服务领队
6	服务时间	服务前	与服务机构沟通，确认服务老人信息，收集反馈，组织义工集合	T	服务助理
7			服务预备会，呵护义工		服务领队
8		服务中	拍照、摄像，控制服务时间，处理突发事件		
9			指导新义工观摩、体验，督导老义工做主沟通，协助处理突发事件		
10		服务后	服务分享会		
11			感恩庆祝仪式		
12			合一感恩		
13			拍集体照		
14	服务结束		服务后评估会	T	服务领队
15			向服务机构递交《十方缘服务机构服务活动记录表》		服务助理

续表

序号	工作流程	工作内容	完成时间	负责部门/人
16	后期整理	在全国老人心灵呵护"一站式综合信息管理云平台"录入义工服务记录、服务 B 表，更新老人档案、星级义工晋级资料，部分资料上传到网盘备份；反馈义工疑问，归档服务资料、备份照片、视频到网盘	T+3	服务助理
17		整理和发布服务现场报道和经典案例（新系统新闻动态、微信群）；将上次服务的评估信息反馈给下周服务领队和助理	T+5	服务领队、服务部
18	月末工作	整理汇总当月服务经典案例；当月服务活动总结和评估；检查当月服务相关资料备份（电子、纸质等）；当月服务资料归档并复印装订成册；下月服务活动计划；一季度整理报道一次季度明星义工	月底	服务部
19		服务机构评估十方缘服务并填写《十方缘服务后评估（服务机构专用)》	定期	服务部

拟制：　　日期：　　审核：　　日期：　　批准：　　日期：

表 8　十方缘服务领队工作流程

养老机构名称：　　　　服务领队：　　　　服务时间：

序号	工作流程	工作内容	完成时间	完成情况
1	前期准备	服务前期沟通——与服务助理沟通养老机构、回访老人、义工基本情况及午间沙龙相关事宜（完成义工分组和老人分配）	18:00 T-1	
2		培训准备或沟通——如是本人做培训，需做培训的相关准备；如是其他讲师，需与服务助理沟通培训内容		

续表

序号	工作流程		工作内容	完成时间	完成情况
3	服务期间	上午 服务前	呵护已到服务现场的义工	9:00—9:30	
4			服务预备会——致欢迎辞，融入十方缘核心文化	9:30—10:00	
5			服务预备会——义工自我介绍（姓名、服务目标）		
6			服务预备会——说明全天时间安排，说明饮水、卫生间地点		
7			服务预备会——解读《十方缘义工服务行为规范》（需逐一签字同意）		
8			服务预备会——协助助理分组		
9			服务预备会——每组之间相互认识，合一静心		
10		服务中	指导新义工观摩、体验或督导老义工做主沟通，协助助理处理突发事件	10:00—11:00	
11		服务后	拍摄集体照，合一感恩	11:30前	
12		午间	呵护一星义工，询问是否愿意继续在十方缘成长，指导填写《十方缘义工基础信息登记表》	13:00—13:40	
13			指导填写《十方缘义工服务记录表》	13:00前	
14			服务分享会——组织分享，督导成长，收集服务经典案例	13:00—13:40	
15			午间培训——负责或协助讲师完成二星义工培训相关工作	13:50—14:30	
16		下午 服务前	服务预备会——每组之间相互认识，合一静心	14:30—14:40	
17		服务中	指导新义工观摩、体验或督导老义工做主沟通，协助处理突发事件	14:50—15:50	
18		服务后	服务分享会——指导填写《十方缘义工服务记录表》，组织分享，督导成长，收集服务经典案例	16:00—16:40	
19			庆祝——庆祝义工晋级和明星义工（按相应仪轨进行）	16:40—16:50	
20			感恩——合一感恩	17:00结束	

图 12　北京十方缘老人心灵呵护中心通过 ISO 9001 认证

（3）遵循服务流程

十方缘明确了陪伴老人的服务流程（见图13），在服务老人的前一天启动流程，所有的流程在服务当天要求全部完成，从而确保每次服务的品质。

1. 老人或家属求助。老人或家属面对死亡的恐惧有心理问题或情绪困扰且渴望得到帮助是进行心灵呵护服务的前提。
2. 陪伴者组织与老人或家属及老人所属的养老机构、临终关怀医院或社区居委会签订服务协议，明确陪伴工作中各方的责权利。
3. 陪伴者向老人说明陪伴方法，告诉老人咨询只是提供一个场所或一种气氛，不提供解决问题的答案，但陪伴者会帮助老人自己解决问题或找到答案。
4. 陪伴者通过真诚地理解和关怀老人，鼓励老人自由地表达情感。
5. 陪伴者要接受、认识老人的消极感情，并协助老人对自己有清楚的认识。
6. 老人充分地暴露出消极的情感后，积极的情感开始出现。
7. 陪伴者要对老人积极的情感接受和认识，但不给予任何评价。
8. 老人开始接受真实的自我。由于陪伴者给予老人一种理解与关怀的氛围，使老人有机会重新考虑自己并达到接受真实的自我。
9. 协助老人认清要采取的新的行为和新的决定。
10. 老人对自己的问题有了新的认识和新的决定，就会有变化。
11. 当老人行动不便，无法用语言交流时，陪伴者可以用十大技术中非语言交流方式与老人交流。
12. 当老人没有感觉和意识时，陪伴者可用十大技术中非意识交流方式交流。
13. 根据老人身体和心理状态不同，建议每次交流时间以 30~60 分钟为宜。
14. 在陪伴结束前 5 分钟做预告，给老人留有适应的时间。
15. 交流结束后，陪伴者记录服务中的感悟和老人的变化，提出改善建议。
16. 把相关记录交付陪伴的组织或养老机构、临终关怀医院和社区居委会，为临终呵护其他工作提供共享的信息。
17. 请与此服务相关联的组织和个人填写客户满意度调查表，为下一步服务提供指导。
18. 汇总所有资料，电子化后上传系统中备案，本次服务结束。

图 13　老人心灵呵护服务流程

　　每次服务老人时，服务领队、服务助理等相关责任人员根据相关流程开展工作。为了更好地服务老人，每次通常会安排 2~3 名义工组成小组去陪伴一位老人，不同经验和星级的义工相互配合，由三星义工主沟通，二星义工辅助沟通，一星义工观摩学习，在保证服务质量的同时实现新老义工传帮带。表 9 展现了"养老院服务的一天"。当天服务老人前，先要开服务预备会，组织义工自我介绍并帮助义工静下心来，然后是 40 分钟左右陪伴老人，陪伴时长也是经过精心设计的，既要有足够时间陪伴好老人，又要避免对老人的过度打扰，陪伴完后由领队带领义工们进行复盘、分享、点评、现场培训，形成一个完整的循环（见图 14）。

表 9　养老院服务的一天

时间	服务环节	内容细项
9:30—10:00	服务预备会议	自我介绍、义工服务行为规范、融合静心
10:00—11:00	上午服务	三星义工带领
		一位老人服务 40 分钟左右
		运用十方缘心法和十大技术
11:00—13:00	午休时间	
13:00—13:40	服务分享	服务记录、小组分享陪伴过程和感悟
13:50—14:30	午间培训	学习十大技术中的一个技术
14:30—15:30	下午服务	内容同上午服务
15:30—17:00	服务分享	服务记录、小组分享陪伴过程和感悟
17:00	结束	

图 14　服务老人后的分享环节

老人心灵呵护事业的规模发展

1. 设立基金会聚合资源

2015 年，十方缘迎来了新的挑战：如何从一个北京中心发展为全国更多中心，从而实现规模化发展，为全国更多老人服务呢？随着规模不断扩大，又该如何解决全国各地十方缘机构发展所需资金问题呢？

在中国，临终关怀心灵呵护尚属空白，十方缘是此领域的早期探索者。随着北京十方缘中心的发展和更多义工的加入，其在全国的影响力也逐渐提升，很多北京以外的个人和组织，通过朋友介绍来到北京中心学习，然后回到自己的家乡组建老人心灵呵护组织，全国各地的老人心灵呵护中心纷纷成立。

方树功对"规模化"最初的理解就是免费分享自己的技术，与南都公益基金会资助官员的一次关于"规模化"的对话，帮助他突破了认知上的局限。当时，十方缘服务的老人只有 4 000 万的万分之一，也就是 4 000 人左右。在对话中方树功意识到，至少要达到总规模的 1%，才能谈得上对社会问题的解决做出了贡献。因此，回到创建十方缘的初心上，如何联合更多的力量去服务更多的老人，需要打开思路。

2015 年，全国已经有三家十方缘中心，因为中国人传统观念中对死亡有所忌讳，各地在募集捐款方面遇到了困难，中国也没有支持重症、临终老人心灵呵护的公益基金会。根据各地义工要求，十方缘团队经过商议，决定成立基金会来解决募集资金的问题。

同年，十方缘发起了众筹公益基金会活动，212 位爱心人士参与众筹，成为了十方缘基金会的创始人。2015 年 6 月 5 日，北京十方缘公益基金会（简称基金会）在北京市民政局注册成为非公募公益基金会，专注于老人心灵呵护事业，是临终老人心灵呵护事业的捐赠平台及为老服务个人和组织的资助平台。其使命定位见表 10。

表 10　北京十方缘公益基金会的使命定位

使命	聚合资源支持老人心灵呵护事业
愿景	陪伴生命，喜悦成长
宗旨	在爱与陪伴中共同成长
价值观	每一个生命都需要被呵护，所以我们不分析、不评判、不下定义，就是爱与陪伴

基金会自成立以来，逐步制定和完善了管理制度，并将管理文件集结成册（见图 15）。

基金会主要提供两方面支持。第一，提供了一个公共募款平台，开展联合劝募。迄今为止，十方缘在全国有 400 多家机构，其中真正有募款资质的只有一两家，绝大部分都没有，它们通过基金会提供的联合劝募平台来为其项目募款，募到的款项由各项目自己使用。第二，为一些项目提供专项资助，基本上每年都有资助项目。此外，基金会还会与其他机构合作开展心灵呵护相关的各类活动。2019 年，北京十方缘公益基金会获评北京市民政局 4A 级社会组织（见图 16），2023 年再次获评。

图 15　北京十方缘公益基金会管理文件

图 16　北京十方缘公益基金会
获评 4A 级社会组织

2. 心工委制定团标促行业发展

2016 年，十方缘面临的新挑战是，培养一个一星或二星义工至少要半年，培养一个三星义工一般要 3～5 年，这需要巨大的培训工作量，而且并非每个地方的组织都有能力做到，传统的师傅带徒弟模式面临很大压力。那么，该如何更有效地开展义工培训呢？又该如何让心灵呵护成为一个行业、一个专业和一门学科以更大范围地、更好地去解决相关社会问题呢？心灵呵护工作委员会应运而生。

（1）心工委成立与使命定位

2016 年 10 月 28 日，经卫生健康委主管的中国生命关怀协会的批准，36 个城市的老人心灵呵护组织联合成立了中国生命关怀协会心灵呵护工作委员会（简称心工委）（见图 17）。心工委成为会员学习、分享、交流的平台，旨在联合心灵呵护相关的组织，链接社会各界资

图 17　中国生命关怀协会心灵呵护工作委员会成立

源，支持会员单位发展，推动心灵呵护事业，促进心灵呵护行业规模化、规范化和可持续发展。

心工委的使命定位见表11，其主要工作包括：1）开展心灵呵护行业系统化研究，制定行业标准，开展相关认证，推动行业发展；2）为会员提供服务，增进政府与会员、会员之间及会员与外界的交流合作；3）培训心灵呵护专业人员。

表 11　中国生命关怀协会心灵呵护工作委员会的使命定位

使命	链接资源推动心灵呵护行业发展
愿景	陪伴生命，喜悦成长
价值观	每一个生命都需要被呵护，所以我们不分析、不评判、不下定义，就是爱与陪伴
战略目标	制定心灵呵护行业规范，促进心灵呵护行业发展，建立全国心灵呵护行业协会

（2）制定团队标准

制定老人心灵呵护服务的团队标准是心工委成立后首要的工作。

十方缘虽然通过了国际 ISO 9001 质量体系认证，也借此全方位提升了自身能力，但系统而复杂的质量管理体系要求很高，看似很好，却并不普适，不是所有组织都有能力执行到位。除了北京中心可以很好地使用，全国各地中心在执行中都存在困难。如何教会各地组织迅速做好老人心灵呵护的组织、管理和运营？这需要在 ISO 9001 质量体系基础上，形成一套更契合各地组织的水平和能力的团队标准，既要确保各地组织做好服务老人的核心业务，又能简化流程，避免过多烦琐事务给各地工作带来的干扰。

为此，十方缘依托心工委制定了团队标准，将老人心灵呵护团队服务标准、组织管理标准、培训和考核标准等制作成管理手册和工作手册，以确保各地所有组织都能参照执行。在各地组织的执行和反馈下，经过不断简化和多轮迭代优化，2023 年 3 月，心工委内部制作了《十方缘老人心灵呵护团队标准》（见图18），主要包括：《十方缘老人心灵呵护组织运营管理手册》《十方缘老人心灵呵护工作指导手册》《十方缘三星义工认证工作指导手册》《十方缘领队认证工作指导手册》《十方缘讲师认证工作指导手册》《十方缘服务质量认证工作指导手册》等。

（3）技术助力团队管理

与此同时，十方缘还以技术助力团队管理，将所制定的老人心灵呵护团队标准和各类管理工作，优化成手机 App 和微信小程序（见图 19），以方便各地组织通过手机 App 或小程序完成所有的管理工作。可以说，十方缘早期几年摸索走过的路，如今对十方缘的各地组织来说，只需要靠一个小程序就能实现，大家可以把行政事务全部交给小程序，而把更多的精力放在服务老人上。

图 18　《十方缘老人心灵呵护团队标准》

图 19　"陪伴生命"小程序首页

（4）多管齐下促行业发展

基于团队标准的指导，心工委成立以后，就与基金会联合发起了"老人心灵呵护服务网络"项目，全国各地越来越多的组织加入进来成为会员，服务老人的队伍也日益壮大。同时，心工委开始着手建立一套完整的培训体系，围绕此开展了诸多工作，包括出版了专业的义工教科书和义工使用的手册、画册（见图 20）；每年定期召开行业的研究会，把理论研究的内容汇总起来，以指导和推动整个行业的发展；组建全国的培训认证讲师团队等。全国 400 多家心灵呵护组织共同参与此项工作，用统一的标准来培训义工和服务老人。

图 20　十方缘的各类出版物

3. 会员制服务网络蓬勃发展

针对愿意陪伴老人的志愿者，2016 年，心工委和基金会联合发起"老人心灵呵护服务网络"项目，任何组织或个人如果想组建老人心灵呵护中心、小组或开展相关项目，承诺免费服务当地老人、培训义工，都可以免费成为服务网络的会员单位，该项目提供免费的专业培训、服务老人的管理系统以及为老人服务募款的支持。在此支持下，各地老人心灵呵护组织取得了快速发展。截至 2024 年 6 月 30 日，全国 26 个省（自治区）4 个直辖市 403 家老人心灵呵护组织、项目、小组共同构建了全国老人心灵呵护服务网络，20 多万名义工用爱与陪伴的理念和方法义务为重症、临终老人提供心灵呵护服务。

（1）服务网络中的组织类型

服务网络中的 400 多家老人心灵呵护组织、项目和小组，主要包括三种组织形式：第一类是以"十方缘"命名，由各地人员自己注册成立的组织，可以免费使用"十方缘"品牌名称，如上海十方缘老人心灵呵护中心。第二类是不采用"十方缘"的品牌名称，由各地人员自己注册成立的各类组织，如濮阳爱与陪伴老人心灵呵护中心，虽然不采用十方缘的名称，也不一定是公益组织，但这类组织也需要在服务老人时遵守十方缘的统一规则和流程。如今，十方缘开发的"陪伴生命"小程序十分便捷，各地组织义工在服务老人完成后全部按统一的标准上传相关信息到网络上，以接受公众监督。第三类是小组或项目形式，通常是大机构旗下专门负责老人心灵呵护工作的项目或小组，如兰州十方缘小组。

（2）服务网络的会员分级模式

任何组织、小组或项目只要满足如下条件，均可免费加入服务网络成为会员单位：认同服务网络核心价值观，愿意推动老人心灵呵护行业的发展，签署并遵守《中国生命关怀协会心灵呵护工作委员会会员自律行为规范》，愿意以团队形式按照《老人心灵呵护服务标准》持续开展老人心灵呵护服务。

十方缘还将服务网络中的会员单位分为三级：一级会员，要承诺认同十方缘的价值观，认同十方缘服务老人的技术和方法，愿意用这种方法去服务老人；二级会员，除了要认同十方缘的价值观、技术和方法，要完全按这些方法来服务老人，还要在服务完后将服务老人的数据全部上传到十方缘的网络系统上，以接受公众监督；三级会员，其所有管理都要完全按照十方缘的团队标准执行。

具体加入哪级会员，完全由会员自愿选择，十方缘会定期考评，并进行年检。会员等级与经济利益无关。目前，一级会员占一半以上；二级会员大约占1/3；三级会员是完全正规的组织运作，大约占10%。

（3）去中心化的价值观连锁特色模式

各地组织因共同的价值观而非经济利益联结在一起，形成了十方缘服务网络的特色模式：去中心化的价值观连锁模式。其特点在于，一是去中心化，各地组织独立，不交叉任职。凡是加入服务网络里的每个组织，其人事、财务、行政全是独立的。二是价值观连锁，各组织认同相同价值观并做出"双免承诺"。在价值观上，大家都认可，老人需要陪伴，且陪伴者自己也能收获成长，陪伴老人并非单向的付出。"双免承诺"，即承诺免费服务老人、免费培训义工。基金会承诺会免费提供资金募款和资金支持，心工委承诺免费提供培训，如此形成了价值观连锁式的合作关系。三是平等，各组织之间地位平等，无隶属关系，且获得同等支持。尽管北京中心最早成立，但它和全国 400 多家中心完全是平等的，没有领导与被领导的关系，同等享有心工委提供的免费培训支持和基金会提供的资金支持。

老人心灵呵护领域的新尝试

1. 研发心灵呵护产品，便利大众传播

2017 年以来，十方缘着手研发了三个心灵呵护产品，希望通过项目产品和产品的迭代更新让更多人能更便捷地学到十方缘的老人心灵呵护技术和方法，影响对象从公益领域的义工扩大到社会大众和商业领域，以推动大规模复制和传播，让更多人参与到服务老人的队伍中来，并能学会更好地陪伴和服务老人，呵护好自己及身边的亲朋好友。

（1）微纪录片

2017 年，十方缘发现年轻人想去陪伴自己的爷爷奶奶，但是不喜欢现有的培训模式。于是，十方缘联合志愿者在基金会平台上众筹了拍摄资金，找了一个摄影团队跟踪拍摄 10 位老人，为老人心灵呵护十大技术的每种技术分别拍摄了一部纪录片，把每部纪录片剪成 8 分钟的短视频（见图 21），年轻人能够在短时间内学到核心方法。

图 21　老人心灵呵护十大技术微纪录片之音乐沟通

（2）"爱与陪伴一堂课"

该项目由十方缘基金会于 2017 年发起，在近三年半的时间内培养了 100 多名三星义工讲师，在全国讲授"爱与陪伴一堂课"，用 3 小时教会一个核心技术，向社会大众传播爱与陪伴的文化理念和技术，分享了 3 000 多堂课，培训了 8 万多人。2019 年，"爱与陪伴一堂课"进一步开放和优化迭代，开发成通俗易懂的课程向社会推广。

"爱与陪伴一堂课"走进学校、社区和企事业单位，让更多年轻人了解到爱与陪伴的真谛，懂得如何陪伴爷爷奶奶、陪伴父母、陪伴家人。

（3）优化的服务网络和技术支持

十方缘对服务网络及其技术手段进行了优化，任何想要加入服务网络的组织，都可以通过扫描二维码的便捷方式随时加入服务网络。在扫码加入后，有详细的说明引导各地组织一步步地走向专业化，且能随时获得专业支持。

这三种产品，在不同层面推动着十方缘的老人心灵呵护理念和爱与陪伴文化的传播。

2. 开辟心灵呵护线上方式，拓展服务范围

2020 年新冠疫情袭来，养老院等机构的老人们作为易感染人群，不再方便接受外来义工的现场服务，心灵呵护的线下服务无法开展。而这时老人们对心灵呵护的需求愈发强烈，在此特殊时期，如何更好地为老人服务成为十方缘的新课题。

方树功想到了做线上服务，但是大家都表示反对，认为线上陪伴不如线下陪伴效果好，还会毁了十方缘的专业化服务的招牌。经过反复思考，方树功想清楚了：我们创立这个组织的初衷，不是为了组织千秋万代存续下去，而是为了服务老人，也许线上服务不如线下，但在老人最需要的时候有陪伴总比没有强。想到此，方树功决定说服团队，咬紧牙关开启了新的尝试，开始探索线上心灵呵护服务，没想到打开了新世

界，取得了三大突破。

从线下转到线上，将线上线下融合方式延续至今。与最初的担忧不同，团队发现，线上的效果并不比线下差，多数技术在线上使用时仍有不错的效果，有些技术甚至更有效。比如祥和注视，人们常因害羞不习惯面对面，而线上服务时，义工和老人在屏幕上都不会太害羞，眼神不好的老人也可以放大图像，反而更容易进入祥和注视状态。

通过线上服务，将服务范围扩大到了农村地区。之前由于农村地区范围较广，有些地区较为偏远，十方缘义工和志愿者尚无法线下接触到这些地区的老人，而线上服务为这些地区的老人打开了一扇窗，让他们也能够在需要时得到十方缘的陪伴。

通过线上服务，将服务范围扩大到了国外地区。疫情期间，一些在国外工作的子女不方便回国看望年迈的父母，为此，十方缘义工和志愿者为这些国内居家的老人开启了线上心灵呵护服务，让国内的老人心灵得到呵护，国外的子女也更加安心。这一模式进一步演化，无论是子女在国外，还是父母在国外，都可以得到服务，他们也可以加入义工的队伍得到更多培训，学会如何陪伴老人。如此，十方缘的影响从国内扩展到了国际。

2021 年，十方缘通过网络服务的老人达到了 4 万人次，实现了 10 倍的增长。疫情之后，虽然线下服务回归主导，但线上服务仍有 1/10 左右。方树功感慨，农村和国外的老人心灵呵护问题原本以为十年后才能解决，现在通过网络就解决了，只要突破思想的局限，就能实现超越。

3. 开展心灵呵护职业技能培训，赋能从业人员

2018 年，十方缘团队发现，虽然每年服务老人的规模在翻番，但与 4 000 万重症、临终老人的人数相比，还是杯水车薪，于是开始研究"什么人天天和老人在一起"，发现是养老院、家政业、医院这三大行业的为老服务从业人员。如何把十方缘的技术与这些人相关联呢？

（1）多次尝试

方树功最初的想法是通过心灵呵护培训培养一批职业人士，他们拿到证书后可以收费为老人提供专业服务。但尝试了三年，这种模式没有走通。

疫情期间，看到通过政府的力量确实能够做大事，于是十方缘团队萌生了一个新的想法：为什么不通过政府力量来做大事呢？为什么不能把老人心灵呵护纳入医保报销，来彻底解决问题呢？

于是，十方缘与中国公益研究院联合成立研究项目，联合开展政策倡导，研究能否让临终关怀进入医保长期照护险报销名录。经过一年的研究，将研究报告提交到政府相关部门，得到的反馈是：建议非常好，但是临终关怀进长期照护险，要有医生做支撑，如果没有提供服务的职业人员，没有相关的职业培训和标准，行业和职业都不存在，政府又该如何给予支持？

（2）开发职业技能培训体系

2022年中国公益研究院生命关怀研究中心正式成立，方树功任中心主任。研究中心系统地进行理论、行动、学科和课程研究，很快推出了职业技能培训（见表12）。

表12　十方缘老人心灵呵护职业技能培训体系

课程体系	课程名称	课程内容	课程目标	时长
老人心灵呵护师（初级）	临终关怀概述	临终关怀知识简介	学习生命陪伴生命的方法和老人心灵呵护十大技术，能为需要陪伴的老人提供心灵呵护服务	6小时
	老人心灵呵护理论	老人心灵呵护理论、方法、技术概述		6小时
	老人心灵呵护技术	老人心灵呵护十大技术		12小时
老人心灵呵护师（中级）	生命影响生命原理	生命影响生命原理	学习生命影响生命的方法，能为面对死亡恐惧的老人提供心灵呵护服务	6小时
	生命影响生命方法	生命影响生命方法		6小时
	生命影响生命技术	生命影响生命技术		12小时
老人心灵呵护师（高级）	生命唤醒生命原理	生命唤醒生命原理	学习生命唤醒生命的方法，协助老人面对死亡的纠结	6小时
	生命唤醒生命方法	生命唤醒生命方法		6小时
	生命唤醒生命技术	生命唤醒生命技术		12小时

同年，十方缘开始尝试将心灵呵护技能赋能于其他职业，在全国范围内家政、医疗、养老等各类为老服务相关行业的不同场景中进行试验。方树功发现，如果将心灵呵护技术叠加到为老服务各个行业的从业人员技能中，给他们赋能，既能为老人带来心灵呵护，又能为从业者带来收入提升。一个月嫂如果有催乳师证就可以增加收入，一位为老服务行业的人员如果有一个心灵呵护师证呢？

（3）推出职业技能培训证书

十方缘将心灵呵护培训内容全部制作成网上课程，学生可以随时免费学习，只需少量付费考证。在参加完十方缘的培训并通过考试后可以获得两个证书：一个是由中国生命关怀协会发放的生命关怀指导师证，另一个是由十方缘公益基金会发放的老人心灵呵护师培训证。发放两个证书的原因在于：一是很多人潜意识里更认可带"中国"标志的证书；二是十方缘基金会也希望树立自身独特的品牌，打造出社会认可的精品形象。迄今为止，已有近1 000人获得了培训证书。

4. 挑战心灵呵护居家服务难题

十方缘目前主要为在养老院、医院等机构的老人提供服务，但还有97%的老人在家中，如何为占绝大多数的居家的重症、临终老人服务，成为十方缘亟需突破的难点。

（1）居家服务难点

十方缘早在2015年就开始探索，每年都在尝试，却年年失败。其难点在于：由义工上门服务居家老人，很难解决安全和隐私问题。老人有时容易脾气暴躁，甚至殴打义工；而义工情绪不好，也可能存在暴力行为；还有老人隐私等问题。要规范这些事情，就需要做尽职调查，与家属和社区签协议，与政府相关部门协商。服务一次，附加的烦琐流程和行政成本很高，因此推行非常艰难。

（2）居家服务突破

方树功说，拼多多的市值超过了京东，京东受到很大冲击，其中最关键的是，大企业之前的成功阻碍了之后的创新。十方缘也是如此，虽然以前有所成就，但旧有的模式无法服务于居家老人，所以，必须以创新的方式来重新思考和解决这一问题。他说：

> 我们的目标不是让十方缘基业长青，而是为了解决社会问题，要满足老人的诉求。因此，我们要不昧商业、不昧公益、不昧政府，建立生态系统，联结各方力量，让大家可以用不同的方式满足老人的需求，实现百花齐放的发展。

于是，十方缘依托中国公益研究院开展了一个研究项目，吸引更多社会力量研究如何为居家老人提供服务。经过多方的研究探索，方树功终于看到了服务居家老人的曙光。

一是突破了认知盲区，将老人家属纳入服务对象。通过创新性地引入 AI 机器人帮助对老人以及与老人相关的人进行扫描和梳理，结果发现，老人的子女很关键，而之前十方缘一直将老人视为客户，即心灵呵护的对象，而忽略了老人家属也可能是重要的客户。

二是找到新的突破点，重点关注患有阿尔茨海默病的老人，为其家属提供"三陪"服务。研究发现，重症、临终老人有九大病种，阿尔茨海默病占比最高，家属也最痛苦，面临身体劳累、心理崩溃等状况。通过拆解这些老人和家属的诉求，十方缘重新锁定客户，由义工通过网络为家属提供"三陪"服务：第一，陪聊，即两个义工去陪伴家属聊天，让家属放松；第二，陪学，当家属想要了解一些技术时，陪家属学习；第三，陪服务，就是教家属如何陪伴自家的老人，陪着家属实际给老人做几次服务。通过义工陪伴家属，家属再去陪伴自家的老人，有望解决居家服务难点。

目前，MVP（最小化可行产品）已经在现实中取得了初步成功，下一步准备全国试点。如果试点成功，就可以全国推广；如果全国推广成功了，当任何家庭有需要时，就可以随时通过网络组织义工提供服务。

未来之路

2024 年，在回顾了十方缘的十多年历程后，方树功兴奋地谈及未来规划：

> 十方缘系统同时有五个战略方向在进行：第一，始终坚持公益，线上线下服务老人同步开展；第二，政策研究；第三，职业化，探索职业培训如何实现职业化；第四，社会倡导，让爱与陪伴走入千家万户；第五，最关键的是生命教育。怎么去做？一是开论坛，通过研讨会，大家一起讨论分享，分享的过程就是教育的过程；此外，通过 VR（虚拟现实）形式让人们去体验生命最后两分钟的感受；还有，我们正在制作多部电影，希望将对生命的看见、思考分享给社会，今年正在宣发的电影《最后的，最初的》（见图 22）真实记录了广州十方缘志愿者的故事，帮助人们走进安宁疗护，懂得爱与陪伴，学会面对死亡。我们也正在制作一部名为《死亡喜剧》的电影，通过喜剧的方式探讨这个主题。这些底层逻辑是什么？艺术是一道光，能引发人们对生命的思考，并引领人们自我超越。

图 22　《最后的，最初的》宣传海报

当被问及面对失败和艰难的时刻，他为何能不断超越，方树功回答道：

> 自我不断超越的底层动力，首先是因为喜欢；其次是为了服务好这些老人，我天天都会查看我们每天、每年服务了多少老人，是否完成了指标。如果没有完成，就说明我们还有很多可以优化的东西，需要不断迭代向前走。这期间确实会遇到不少困难和失败，但阻碍组织前进的最大制约，并非资源、能力等外在因素，而在于自我的认知。任何外在困难，都可以想办法解决，但认知是阻碍创新的最大制约。当你不执着于任何认知，认识到任何认知都只是局部的认知时，你才有可能不断超越自己。

方树功对未来有很多的畅想，十方缘也一直在迭代创新的路上！

（付彦 王建英 徐京悦 骆南峰）

参考文献

1. 方树功. 2023. 老人心灵呵护理论与实务. 北京：学苑出版社.

2. 好公益平台. 十方缘：放下规模化，才能更好地规模化. 2022–11–29.

3. 十方缘. 2020. 流动的生命：爱与陪伴的故事. 北京：学苑出版社.

4. 王瑶. 生命尽头的陪伴——作为心灵呵护事业先驱的十方缘，（2021–03–06）. https://www.sohu.com/a/454421411_669645.

5. 好公益平台十方缘方树功：陪伴生命喜悦成长. 2023–12–06.

企业资料

1. 北京十方缘公益基金会网站：http://www.sfyfoundation.com。

2. 微信公众号：北京十方缘公益基金会。

3. 微信公众号：心灵呵护服务网络。

4. 微信公众号：北京十方缘老人心灵呵护中心。

5. 微信公众号：爱与陪伴 001。

6. 微信小程序：陪伴生命。

大米和小米：
为孤独症儿童点亮康复之光

让孩子与世界自由沟通，是我们的使命；做中国最科学、全面的儿童康复平台，服务千万家庭，是我们的愿景。使命和愿景将催化大米和小米，以社会公益之心，以科学的方法、专业的知识，惠及成千上万的家庭和儿童。

——姜英爽

近年来，孤独症谱系障碍（简称孤独症）儿童（患者）的生活状态日益成为社会关注的焦点。[①] 患病儿童的行为表现不仅严重影响着个人发展，也给家庭带来了沉重的负担。国内外经验都表明，早筛早诊、及时发现、科学干预，将会大幅提升孤独症儿童的能力，改善他们和家庭的生活状态。[②] 但是，由于缺乏对孤独症科学干预知识和实践的了解以及干预市场不规范等众多原因，很多儿童和家庭错过了干预的最佳时机。[③]

曾经担任《南方都市报》首席记者的姜英爽，为了被诊断为疑似孤独症的女儿寻医问诊，深入孤独症世界。在深刻体会到孤独症家庭求医困难和心理上的压力及痛苦后，她积极投身于孤独症干预事业，与曾经在《南方都市报》工作过的几位同事一起，从进行专题新闻报道，联合发起成立家长互助非政府组织（NGO），开设"大米和小米"公众号宣传国内外现状、普及专业知识和科学干预的观念，到2016年9月起开设线下康复中心，通过专业人员对孤独症儿童进行科学干预，走向社会创业之路。

大米和小米汇聚了孤独症儿童诊断与干预领域的顶尖专家，并获得了资本市场的强劲支持，短短十年迅速崛起为行业领军者。迄今为止，

---

① 贾美香. 2023. 提升对我国孤独症谱系障碍儿童发病状况及早期干预的关注. 中国妇幼健康研究，（1）：1-4.

② 刘艳虹，董鸣利，胡晓毅，唐小小. 2015. 国外孤独症谱系障碍研究前沿探测. 中国特殊教育，（12）：51-57+89；钱乐琼，杨娜，肖晓，周世杰. 2013. 孤独症谱系障碍儿童的早期干预方法综述. 中国临床心理学杂志，（5）：856-862.

③ 静进. 2023. 孤独症谱系障碍的治疗干预现状与建议. 中国儿童保健杂志，（9）：939-944.

大米和小米已在北京、上海、广州、深圳等国内 20 多个主要城市开设了 50 余家 RICE 康复中心，年服务上万名孤独症儿童。现拥有自主培养的康复师超过千人，并拥有同行中最多的博士级行为分析师（BCBA-D）、行为分析师（BCBA）、副行为分析师（BCaBA）和持证言语治疗师及职能治疗师。令人鼓舞的是，经过接受大米和小米的干预，已有上万名孤独症儿童获得了进入普通学校的机会，大大减轻了家庭的负担。

时至今日，大米和小米已经取得了不错的成绩，创始者们依然感觉如履薄冰，充满了对公司当下及未来面临的问题和挑战的思考。回忆一路走来的历程，姜英爽沉思着自己的使命，对过去的历程充满感慨，同时也期待着未来的机遇。

创业缘起：感同身受　不负信任

1. 孤独症：一个严重的社会问题

孤独症，又称自闭症，是一种严重危害儿童身心健康的先天性神经发育障碍，以三大类核心症状为主要临床表现，包括社会交往以及交流障碍、兴趣局限狭窄、行为刻板重复。[①] 致病原因至今未明，且缺乏有效的治疗药物，已经是当今世界严重的公共卫生挑战。[②] 联合国数据显示，目前全球有超 7 000 万人正遭受孤独症的困扰。孤独症会对患者的身心产生严重的不良影响，如果未能及时发现和进行早期科学干预，中重度孤独症可以致残，轻度孤独症也会出现严重和复杂的社交、情绪和

---

① 陈顺森，白学军，张日昇. 2011. 自闭症谱系障碍的症状、诊断与干预. 心理科学进展，（1）：60-72；Lord C, Cook E H, Leventhal B L, Amaral D G. 2000. Autism spectrum disorders. Neuron, 28（2）：355-363.

② 郭兰婷，李元媛. 2011. 我国儿童孤独症临床研究的发展与展望（述评）. 中国心理卫生杂志，（6）：460-463.

行为问题，患者的家庭常常面临沉重的精神和经济压力。

2023 年 4 月发布的《2022 年度儿童发展障碍康复行业蓝皮书》指出，中国孤独症人群超过 1 000 万人。其中，0~14 岁儿童有 300 万~500 万人，孤独症已经成为儿童精神疾病中最主要的一种。① 2024 年发布的《中国孤独症教育康复行业发展状况报告》估计，全国 6~12 岁儿童中出现孤独症的比率为 0.7%，保守估计全国 0~14 岁孤独症儿童约 200 万人，且每年新增约 16 万人。②

2016 年以来，中国残联组织实施"精准康复"贫困孤独症儿童康复救助项目，并开展实名制孤独症康复人才培养项目，积极改善孤独症儿童康复状况，累计有 27.7 万人次孤独症儿童获得救助。虽然国家对孤独症群体的关注和扶持力度不断增强，但我国孤独症康复行业仍然面临比较严峻的问题。我国目前从事孤独症儿童康复的教师约有 10 万人，其中残联在册的康复教师有 2.3 万人，与患病儿童的比例约为 1∶130，而其中能提供高质量服务即持有国际认证干预资格证书的专业人员，目前仅有 1 000 人左右。③

显然，孤独症儿童科学干预这个领域的需求是巨大且不断增长的，迫切呼唤社会通过商业运作来满足这个领域的需求，填补这个领域的缺口。遗憾的是，由于缺少科学干预的手段④，或者不能很好地处理盈利和解决社会问题之间的平衡等诸多原因，许多机构没有得到市场认可，更没有得到资本的支持。⑤

---

① 央视网. 关爱孤独症特殊群体，看到世界本来的样子. (2023 - 07 - 28). http://news. cctv. com/2023/07/28/ARTI55ZlFvUmowVY9DgOHUw5230728. shtml.

② 心理中国. 中国孤独症教育康复行业发展状况报告（Ⅴ）. (2024 - 04 - 03). http://psy. china. com. cn/2024 - 04/03/content_42746620. htm. 2024 - 04 - 03.

③ 同①.

④ 卫生健康委办公厅. 国家卫生健康委办公厅关于印发 0~6 岁儿童孤独症筛查干预服务规范（试行）的通知. (2022 - 08 - 23). https://www. gov. cn/zhengce/zhengceku/2022 - 09/23/content_5711379. htm.

⑤ 温洪. 2014. 民办孤独症服务机构研究. 残疾人研究，（2）：29 - 32.

2. 噩耗袭来：小米被诊断为疑似孤独症

2000 年，姜英爽毕业于复旦大学新闻学院新闻学专业，是当年的学霸和才女，毕业之后曾经在山东济南和北京的媒体工作，2002 年到广州进入当时最有活力的《南方都市报》做新闻调查和人物对话记者，用笔和镜头捕捉社会的各种面貌。高度的敬业精神、出色的业务能力和业绩，使得她仅仅用了四年时间，就成了《南方都市报》历史上首位报社首席记者。

这份工作虽然很辛苦，但是收入还可以，并且工作成果所产生的社会影响给姜英爽带来了很大的成就感。然而，天有不测风云，在事业蒸蒸日上的时候，2009 年，她的女儿小米被全国著名的儿童行为发育医生诊断为疑似孤独症。她自此开始疯狂搜集与孤独症相关的资料，包括治疗和科学干预、国内外顶级专家等，并利用自己职业的优势，报道对孤独症儿童的科学干预，面向潜在的受众（家长）进行科普。

与此同时，她接触并采访了很多孤独症儿童的家长，真正地走进这个群体，发现了孤独症儿童家庭更深的苦痛。家长们为了孩子的康复四处奔波，却往往因为缺乏相关知识和资源而陷入绝望。[①] 虽然也目睹过一些孤独症儿童和家庭的日常生活，但是当自己的女儿被诊断为疑似孤独症之后，她才真正对这些家长的痛苦感同身受。正如早期就追随姜英爽创业的老员工徐婧回忆的那样，孤独症儿童家长曾经跟她讲过一句话："你没有一个这样子的孩子，你永远不可能了解我们的这种感受，你永远做不到。"

姜英爽和徐婧在采访过程中了解到的一些孤独症儿童和家庭的故事也深深地触动了她们。当孩子被诊断为孤独症时，即使是精英家庭

---

① 黄辛隐，张锐，邢延清. 2009. 71 例自闭症儿童的家庭需求及发展支持调查. 中国特殊教育，(11)：43 - 47.

也曾陷入深深的绝望，甚至考虑过极端的选择。田慧萍（中国第一个孤独症干预机构的创始人）曾留学德国，是国内第一批满载荣归的海归精英。坚韧如她，面对自己孩子的诊断书时，竟也萌生过与孩子共同结束生命的念头。幸而，在生死一线间，母爱的本能与对生命的敬畏让她悬崖勒马。《海洋天堂》这部电影的原型就是她和她的儿子。姜英爽意识到，这一系列悲剧与挣扎的背后，折射出的是社会对孤独症认知的匮乏、支持体系的薄弱以及家庭面对巨大压力时的孤立无援。

作为一个记者，姜英爽如实记录了这些孩子和家庭的故事，让社会了解孤独症儿童及其家庭的困境。但她始终感觉有些隔靴搔痒，特别是自己作为疑似孤独症孩子的母亲，她还能为他们提供什么切切实实的帮助呢，这个问题一直萦绕在姜英爽的心头。

3. 四叶草诞生：成立孤独症 NGO 组织

在女儿被诊断为疑似孤独症之后，姜英爽加入壹基金的海洋天堂计划，充分发挥做记者的优势，策划了不少家长活动。在这个过程中，源于她的号召力和凝聚力，这些活动吸引了一大批家长参与。2011 年，姜英爽和几位家长联合发起成立了叫作"四叶草"的孤独症儿童家长支持中心，这个中心获得了中山大学第三医院邹小兵教授亲自命名，成为华南地区最有影响力的孤独症儿童家长社群之一。

十多年前，家长们想要在网上找到与孤独症干预相关的知识是很难的，网上的信息鱼龙混杂且细碎，有些甚至是错误的、缺乏循证医学证据的，以致对孩子有伤害性的治疗或干预实践。当时提供干预服务的机构也不多，多数是家庭作坊式的。① 因此，针对家长进行科学干预的科普讲座类活动特别受欢迎。姜英爽为多数讲座请到了专家。这些讲座之

---

① 温洪. 2014. 民办孤独症服务机构研究. 残疾人研究，（02）：29–32.

所以能够成功举办并产生广泛影响，很大程度上得益于姜英爽作为资深记者所积累的业界影响力、广泛的人脉资源。受邀的专家中，不乏来自香港、台湾地区的知名学者，同时也包括中山大学第三医院备受尊敬的邹小兵教授。

徐婧回忆说：

> 我清楚记得，当时"四叶草"的家长组织要邀请一个国内知名治疗孤独症的医生来深圳做讲座，场地、住宿等费用都是家长自己掏钱众筹的，到场听讲座的有四五百人。

令姜英爽和团队十分触动的是，来参加讲座的家长来自全国各地，有青海的、内蒙古的、黑龙江的，等等。因为共同的痛苦、共同的迷茫，大家不远千里来深圳聚在一起，去听这些讲座，去学习到底什么才是对的、什么是不对的以及应该怎样做等。

"四叶草"还借鉴晚会的形式，在活动间隙请家长上台分享自己的故事。出于记者的基因，姜英爽团队还采访了这些家长，拍摄了一些家庭的纪录片。比如，他们拍过一个来自安徽的单亲妈妈，在街头卖麻辣串，养活两个患孤独症的孩子。也有处于癌症晚期，继续和孩子一起加油的家长。不少的励志故事，在孤独症儿童的家长之间广为传颂，鼓励着彼此，产生了积极影响。

围绕孤独症儿童开展的这些丰富多彩的活动，进一步扩大了"四叶草"这个孤独症儿童家长社群的影响。"四叶草"不仅给家长们掌握科学干预知识提供了通道，更是构建了一个可以互相鼓励、抱团取暖的精神家园。

不过，"四叶草"只有几个家长帮忙组织运行，活动基本上收支相抵，没有多少盈余，难以维持日常运转，不可持续，更无法扩大。

4. "大米和小米"公众号：扫清伪科学干预的骗局

随着对孤独症儿童和家庭的需求和困境了解的深入，姜英爽愈发感到责任重大，还有很多投路无门以及被错误信息误导的孩子和家庭，因此需要把更科学、系统、先进的知识带给广大的孤独症儿童家庭。她决定，她不能只做一个旁观者，不能只在小范围的家长社群里开展活动，她要做更多的事情。2014 年，姜英爽离开了熟悉的新闻界，放弃了稳定的工作，投身到一个全新的领域——孤独症儿童康复。

2014 年 9 月，她开办了名为"大米和小米"的公众号，再次拿起她的笔——她成名的武器。她不断阅读文献，采访专家，以敏锐的视角撰写了一篇又一篇的孤独症科普文章，旨在为中国孤独症人群家庭科普干预知识、发起公共倡导行为。

徐婧是大米和小米的第一位员工，主要负责采访，姜英爽进行编辑并把握大的选题方向。这个公众号每天更新孤独症相关文章，同时也会邀请专家学者撰稿并追踪最新的政策法规、新闻动态。家长们如饥似渴地阅读公众号上的文章，在公众号上留言，分享他们的喜怒哀乐，交流困惑，也传递希望。这个平台促进了家长们之间的交流，他们分享各类的诊断和干预信息，互相支持和鼓励。公众号不仅仅是一个信息传递的媒介，更是一个团结和互助的社区。

坚持了一年多，文章被越来越多的家长传播和转发，吸引了一大批家长的关注。与动辄过十万阅读量的热点或娱乐新闻相比，针对特殊群体的公众号文章往往阅读量不大，少则几十，多的不过几千。然而"大米和小米"这个针对孤独症人群的公众号却是异军突起，每篇文章的阅读量都以万计。面对后台不断增长的用户关注量，两人激动不已，增强了把这个事情做下去的信心和勇气。

在采访和报道的过程中，有一件事情对姜英爽创办社会企业产生了深远的影响。[①] 2016 年，"大米和小米"独家报道了一则新闻，题

---

① 厉杰，孙瑞杰. 2020. 社会企业创立过程影响因素探究. 科学学研究，38（9）：1647 - 1653.

为"一个自闭症孩子在训练机构的死亡"。家住沈阳的一位妈妈把不到 4 岁的孩子送到广州一家宣称可以提供"第三种康复方法治愈孤独症"的康复基地，不到 1 个月，再见到的却是孩子布满抓痕的尸体。所谓的"全新的、封闭式的"康复训练，实则是让不到 4 岁的孩子在夏日穿棉衣拉练行走 19 公里。这篇报道一经发出，引起全社会的广泛关注。类似的事件还有很多，"神经营养药物""经颅磁""干细胞移植""针麻技术"等缺乏循证医学验证的疗法，每一天都在诱惑无数孤独症家庭入套。

我国孤独症人群数量较大，但与之对应的，是起步较晚、尚未被广泛接受的教育康复市场。受传统生物医学模式的影响，在我国医疗系统中，除了少数几家大学附属医院发育行为儿科和儿童精神专科能够艰苦地保持初心，实施科学干预外，多数医院也只以诊断、评估为主，在孤独症的干预方面还在沿用各种缺乏循证医学证据的药物治疗、器械治疗、简单感统训练等模式。[①] 国内民办的康复训练服务机构也逐渐兴起，这些机构中大部分是孤独症儿童的父母筹办的，90%的机构专业度低，所使用的干预方法也尚未得到科学的验证。[②]

目睹一个个悲剧的发生，姜英爽心中很是沉重。家长们缺少对科学有效的孤独症干预措施的认识，很容易落入病急乱投医的骗局。市场上良莠不齐的干预机构，对于家长而言就似救命稻草。她意识到，为家长们提供科学且切实可行的干预服务迫在眉睫，建立规范化的干预机构对于家长和患儿来说才是真正的良药，这一信念在姜英爽的心底深深扎下了根。

---

① 邹小兵. 2008. 孤独症谱系障碍干预的现状与发展. 中国儿童保健杂志，（2）：126-128.

② 中国市场监管报. 自闭症康复市场有多乱？2022-04-23.

前期探索：稳扎稳打　积蓄力量

1. 线上课程：运营模式的初步尝试

姜英爽明白，仅仅靠公众号上的科普和宣传是不够的。治疗孤独症的黄金阶段是 6 岁之前，错过了这个阶段，改善的难度就很大，这个阶段的诊断和干预非常重要，每一分钟都是在和时间赛跑，每一天都非常关键。[1]

真正科学的干预一定要有完善的专业人员的评估，和家庭一起制订训练计划，在专业人员指导下每日不间断地训练。带领家庭做计划和计划协调的必须是专业人员。在意识到这点后，姜英爽认为，大米和小米可以在专业人员的帮助和指导下，尝试推出一些切实可行的线上居家干预课程，帮助孤独症儿童的家长对孩子进行科学的干预，抓住最佳干预期。

面对师资短缺的挑战，特别是专业人才的匮乏，姜英爽等人积极寻求外部合作，从台湾和香港引进先进的教学经验。姜英爽登门拜访在台湾大名鼎鼎的袁巧玲博士，积极劝说她与大米和小米合作。袁巧玲是哥伦比亚大学应用行为分析博士，持有博士级应用行为分析师证书，回台湾之后也开过线下的机构。袁博士性格谨慎，不太了解祖国大陆的情况，她不想轻易合作。但从姜英爽身上，袁博士看到了一颗真诚的心。在孤独症康复领域，很多机构都以盈利为导向，只想招生赚钱，很难保持品质。但大米和小米更在乎好的老师，在乎老师的专业程度。作为专业人员，袁博士最在乎的就是所做的事对特殊需求孩子有没有意义，能不能真正帮助这些家庭。这一点，姜英爽与她的理念十分接近。终于，袁博士被姜英爽热忱的心打动，成为大米和小米

---

[1]　朱燕. 6 岁前是孤独症治疗关键期. 中国家庭报，2023－03－30.

第一位正式的合作方。

最初，姜英爽的一位朋友在深圳龙华区的城中村提供了一个非常简陋的场地，供袁博士以及其他两位专家录制线上课程使用。因预算有限，姜英爽与徐婧自己承担了录课房间的布置、清洁工作，亲力亲为，每每直至深夜方得休憩，虽疲惫不堪，却满怀热忱。

当时线上课程主要采用提前录制好的视频课程结合在线讲座的形式。她们同专家精心规划了三套针对不同学习需求的课程体系，涵盖了语言学习、社交技能、游戏互动及感知觉训练等多个方面。每套课程包含 12 节课，每节课均包含半小时录播的实操示范，并辅以一小时的在线实时互动课程，以确保教学质量与效果。这一线上教学模式在孤独症干预领域实属创新之举，那时网络上的相关资源大多以模糊不清的幻灯片形式存在，难以满足实际需求。

2016 年 6 月，姜英爽团队在腾讯课堂平台上成功推出了线上课程，三天内即实现了超过百万的销售额，并受到许多家长的好评。其中，由袁博士主讲的课程以 1 100 多元的价格成为最畅销产品，其余两套课程也分别以 700 多元和 500 多元的价格受到欢迎。

此次成功不仅为姜英爽团队带来了创业以来的第一笔可观收入，更重要的是，它验证了项目的可行性与市场潜力，增强了她们自我维持并持续发展的信心。至此，团队已历经一年半的创业历程，从初期的持续投入逐渐步入了自我造血的新阶段。

2. 线下机构：干预方案的真正落地

不少家长反映，现在市场上线下机构干预质量和效果不佳，姜英爽团队的课程联系了那么多专家，课程也很专业，如果能建一个线下机构（公司），家长们会大力支持。

姜英爽也在想，线上课程虽能够给更多的家长提供支持（铺开量），但是这种支持还比较单薄，解决不了实质的干预方案落地的问题。线上课程存在一些弊端，专业人员无法对孩子的状况作出评估，家长们也无法保证能准确执行规定的干预操作。并且每个孩子的情况各有不同，一个科学、完整、个性化的家庭康复计划是极其重要的。

姜英爽团队的愿景很美好，就是要推行科学的干预方法。但现实是许多家长还在送孩子去各类线下机构接受各种非科学、不规范的干预。姜英爽想，如果运用商业模式把自己的愿景落地到线下，就可能实现科学干预的理想。既然已认识到这一点，为什么不去尝试一下呢？

2016 年 9 月，大米和小米走到线下，第一家线下康复训练机构在深圳龙岗开业，第一批孩子进入大米和小米接受康复治疗。

随着线下机构的建立，师资培训成为关键一环。公司定期邀请专家莅临，对团队进行专业培训，旨在提升孤独症儿童干预的专业水平。然而，面对国内特殊教育领域专业人才稀缺的现状，招聘成为一大挑战。公司不得不将招聘范围扩大至心理学、幼儿教育、学前教育等相关专业背景的毕业生，即便如此，符合条件的应聘者依然稀缺。尽管行业薪酬水平相对有限，大米和小米仍成功吸引并组建了一支二三十人的团队。值得一提的是，团队中不乏关注"大米和小米"公众号的忠实用户，他们因对公众号内容的认同与共鸣，而选择加入这一充满挑战与意义的事业之中，共同为孤独症儿童的干预与成长贡献力量。

2017 年是大米和小米飞速发展的一年。姜英爽越来越坚定自己要追寻的方向是什么。她离开了一手创办 6 年的 NGO "四叶草"，不是因为不爱它，而是因为自己有了更重要的使命，就是做社会企业大米和小米，直接通过服务和政策倡导，改变这一群人的命运。

大米和小米陆续在深圳坂田、上海、广州、北京设立了属于自己的直营线下康复中心，从线上科普走向线下干预之路。姜英爽说：

> 这些家长，这些粉丝，还有这些合作方，每一个人都是我内心
> 最温暖的财富。谢谢你们和我在一起，谢谢你们选择了我。我要做
> 的，就是不负你们的期望。

3. 团队组建：汲取经验、聚集人才

（1）构建国际专家库

虽然之前国内不乏怀有热情和爱心的机构创办者，但他们还是以单点机构干预为主，方法上也不统一，缺少标准化程序，缺乏行业规范，这也是很多机构没有做起来的原因。姜英爽深切认识到国内孤独症康复领域需要更多的专业知识和先进方法，急需吸取先进经验。

2017 年，姜英爽专门去美国学习，了解各种康复方法和治疗技术的应用，目睹国外的孤独症康复模式是如何运作的，家庭和社会支持体系是如何建立的。美国孤独症干预机构（The Center for Autism and Related Disorders，CARD）是目前世界上最大的孤独症干预服务提供者，拥有全美范围的诊所，每天通过 236 个校区，6 500 位专业人士为孤独症群体提供干预服务。应用行为分析疗法（applied behavior analyses，ABA）是国外众多孤独症儿童康复机构常用的方法之一，已有 30 多年研究历史。许多研究单位都认为 ABA 是目前应用于孤独症儿童干预康复的最有效的方法之一，接受长期且密集的 ABA 训练后，孩子的发展会有全方位的提升，逐步走向"普通、一般化"。[①]

这些从国外带来的宝贵经验让姜英爽充满信心，她希望将这些经验复制到国内，为孤独症儿童提供更好的康复机会，减少他们的痛苦。并

---

① Gitimoghaddam M, Chichkine N, McArthur L, Sangha S S, Symington V. 2022. Applied behavior analysis in children and youth with autism spectrum disorders: a scoping review. Perspectives on Behavior Science, 45（3）：521 - 557.

且，借鉴国外成功的商业模式，也可以减少试错，少走弯路。姜英爽相信，未来中国的特教康复事业一定会越办越好，也一定会产生像 CARD 这样的龙头专业组织，推动更多的人才培养和专业规范，为广大的特殊儿童群体提供教育、医疗服务。

与 ABA 对应，BCBA–D、BCBA、BCaBA 则是指熟练运用 ABA 技术，通过国际行为分析师认证委员会认证，服务于孤独症儿童康复教育的重要专业人员。姜英爽意识到，仅有 ABA 理论知识是不够的，还需招贤纳士，吸引更多专业力量加入大米和小米。在当时（包括现在），国内拥有 BCBA–D、BCBA 和 BCaBA 证书的专家非常缺乏。姜英爽求贤若渴，火速奔赴美国等地，广泛寻找理论和实务俱佳的华人专家，请他们到中心当督导、做培训，提升中心的专业能力。

姜英爽还奔赴香港，与叶晓欣（BCBA）团队和香港中文大学李月裳教授团队分别取得合作。当得知在华盛顿大学念特殊教育专业且拥有 BCBA 证书的曾松添博士正回国探亲，姜英爽又赶过去和曾博士见面并寻求未来合作……更多的专家陆续加入到团队中来，他们都认同大米和小米的理念，也希望能帮助更多的孩子和家庭。

（2）管理层的诞生

在大米和小米成立初期，并未有完善的组织结构和决策体系。姜英爽意识到，随着企业越做越大，管理问题逐渐凸显，理想情怀与商业现实不断碰撞。除了同理心以外，也需要具有商业思维的人在市场运营方面更好地推动。公司发展特别需要有一个高效的、有共同理想的管理团队。[①]

姜英爽的理想主义信念、敢打敢拼的精神，以及致力于孤独症儿童解决之道的热情和坚持，深深打动并感召了曾经跟她一起在《南方都市报》共事的同事喻尘。

---

① 李健，徐彩云. 2023. 社会企业何以行稳致远？——基于解释结构模型的社会企业关键成功因素研究. 软科学，（10）：84–91.

喻尘曾是姜英爽在《南方都市报》的领导，在媒体行业多年共事的经历使他们建立了相互之间的信任，两人都同样关怀弱势群体，希望能够改善弱势群体的生存环境，提高他们的生活质量。离开《南方都市报》后，喻尘曾在滴滴出行任职，他更能以商业的视角看待大米和小米未来的发展。

2017 年，喻尘加入大米和小米担任总裁。姜英爽负责专业和产品，紧盯企业社会价值，喻尘负责市场和运营，实现商业利润。在工作中，两人不可避免地会产生冲突，经常为了一件小事唇枪舌剑，但很快又握手言和。姜英爽说：

> 我们彼此让创始人这个身份更完美，我们两个的意见都能集合到员工身上。

在大米和小米，来自不同地方、各有所长的专业人员汇聚在一个团队中，大家心在一起，目标一致，遇到困难一起想办法解决，每个人都有自己的优势。姜英爽说：

> 我有我的想法，喻尘有喻尘的想法，专业人员有专业人员的想法，但正是因为每个人思考的维度不一样，大家各自贡献自己的智慧，方能碰撞出更多新的想法，然后一步步朝着更好的方向发展。

4. 资本投入：正式走向商业运营

随着最初几家线下干预中心的成功运营，家长对线下机构的需求增长很快，要大米和小米开办更多线下干预机构的呼声愈加强烈。在这种情况下，大米和小米公司的成长迫切需要资金的注入。一方面，大米和小米倡导社会功能，盈利本来就很有限；另一方面，公司前期投入很大，从门店到日常的运营，特别是在北上广深这些大城市，仅房租一项就是一笔不小的支出。并且，获得优秀的人才和引进先进技术同样需要大量资金投入。姜英爽通过观察认为，过去一些小型机构由于资金和技术等限制，提供的服务难以实现专业化、标准化，这也是它们最终走向失败的原因。

近年来，我国经济快速发展，投融资环境逐渐成熟，吸引了大量国内外的投资者和企业。国内繁荣的投融资环境允许创业企业去尝试、去试错，从而将实现个人理想与社会理想结合在一起。姜英爽对大米和小米充满信心，她认为只要道路是正确的，只要发展是顺利的，自然能受到投资者的青睐。

大米和小米的第一个线下机构主要依靠个人融资和天使投资。2018 年，在大米和小米开设第三、第四家线下机构时，开始逐渐有投资人加入。借鉴国外成功案例，投资者们看重的并不是短期收益，而是将目光放在我国目前刚性而空白的儿童孤独症干预训练行业这一市场，相信长期的回报，也看好大米和小米未来的无限潜力。2018 年 4 月，大米和小米获得达晨创投 4 000 万元投资（A 轮）。达晨项目团队表示：

> 在对这个行业深入研究后，我们选择了大米和小米，一方面是认可企业的方向、模式和实现路径；另一方面是认可大米（姜英爽）这个灵魂人物和她带领的团队。从一个有温度的公众号，到一个有情怀的落地连锁实体机构，大米和小米实现了快速的成长和蜕变。我们期待能够通过此次投资，为大米和小米在特殊儿童康复领域的探索助力，让更多的社会资源向这个领域汇集，让更多的特殊儿童得到融入社会平等生活的机会。

资金的注入使大米和小米得以快速扩展线下机构，并开展更深层次的孤独症干预相关的研究与创新。2018 年 8 月，大米和小米研究所成立。2019 年 6 月，大米和小米与昆山杜克大学联合实验室启动。同年 10 月，大米和小米发布孤独症干预康复体系——RICE。经过不懈努力，大米和小米表现出在这一领域强大的自主研发及创新能力，在市场上呈现出势不可挡的优势，吸引了更多资本的关注。

在融资市场上，大米和小米并不是完全处于被选择方，他们对投资者也有着自己的评判标准。大米和小米会评估投资者的品牌以及能否为企业发展带来一些资源，如医疗健康、互联网流量、保险产品、科技支持等。另外，大米和小米还会考虑投资人的资源协同能力，即他们过去投资的企业能否与自己形成协同效应，并提供相关资源支持。这样一来，投资者不仅是财务上的支持者，更是企业发展中的重要合作伙伴，其资源和网络助力大米和小米在市场上建立起更强大的竞争优势。最重要的是，大米和小米寻求的是赞同并支持企业价值观和发展理念的投资方，他们往往对公司的运营、战略更有耐心，也更尊重管理团队。

幸运的是，大米和小米在融资市场上遇到了"双向奔赴"的投资者。2019 年，公司继续扩张，并在当年年底吸引了国内顶尖的资本机构元生创投的 B 轮投资，融资 1 亿元。这些投资使得大米和小米能够在 2020 年新冠疫情第一年仍然保持相对快速的发展。2020 年 11 月，大米和小米接受了数千万美元的 C 轮融资，这轮融资由奥博资本（OrbiMed，一家世界上规模较大的生物医药投资公司）领投，前轮投资方万物资本、浅石创投等机构跟投。2022 年 7 月，大米和小米宣布完成 D 轮数千万美元融资，由 ABC Impact Fund 领投，远翼投资等知名投资机构和老股东奥博资本跟投。

姜英爽表示：

在面临新冠疫情冲击的艰难环境下，大米和小米保持了稳定的发展和实现更远大目标的能力，也非常感谢新老股东的大力支持。新的融资将用于提高儿童的康复干预水平、提升服务体系、新产品研发等方向。

　　这些资本与大米和小米之间形成了深度协作的伙伴关系，双方在相互推动中实现共赢。资本不仅为大米和小米提供了资金支持，还通过战略资源、品牌影响力和行业网络的整合，为企业在孤独症干预领域的创新和扩展提供了重要的动力。与此同时，这些投资者并不直接参与企业经营和管理，而是通过定期的财务报告和股东会议了解企业发展状况，给予管理层充分的自主决策权。作为财务投资者，他们追求合理的回报，但更注重长期增长而非短期利润。大米和小米深知这一点，致力于通过稳健的市场增长和长期的资本增值来回报投资者。这种基于双方共同价值观的战略合作关系，使得大米和小米能够专心致志地提高孤独症儿童的干预水平和质量，始终坚守缓解患儿症状的使命和追求。投资方也展现出了足够的耐心和信心，愿意陪伴大米和小米共同成长，共同迎接未来的挑战。

　　此外，大米和小米的成功不仅为自身创造了价值，也带动了整个孤独症干预行业的关注度和发展水平的提升。随着更多资本进入这一领域，整个行业的干预水平和社会影响力得到了显著提升，也为更多的孤独症儿童带来了希望和福祉。

厚积而薄发：历经沉淀　硕果累累

　　在资本的助力下，大米和小米经历了显著的发展加速期。这一过程伴随着投资方对企业盈利能力的合理期待，促使其转向更为商业化的运作模式。管理层明确指出，对于一个社会企业而言，企业首先应当保证自己在激烈的市场竞争中得以生存，才能够谈及对社会价值的创造。①

　　为此，大米和小米积极转变运营策略，超越了初期的小规模运作模

　　① 李健，徐彩云. 2023. 社会企业何以行稳致远？——基于解释结构模型的社会企业关键成功因素研究. 软科学，（10）：84-91.

式，转而构建系统化、标准化的运营体系，以期实现模式的复制和保证干预的效果，进而获得盈利，在市场竞争中维持生存和发展。

经过前期探索，大米和小米现已建立起标准化的操作程序，打造出多阶段、多层次的服务产品，前期积累的良好口碑和紧密的社群纽带使大米和小米有着稳定的获客来源，实现了在竞争激烈的干预市场中的稳固立足与财务收入的稳步增长。

1. RICE 体系：自主研发的干预模式

早期，大米和小米线下机构使用的干预方法依赖于与外部专家的合作，虽然这些专家都以 ABA 理念为主导，但不同专家的具体疗法却并不相同。在不同外部督导的培训下，机构老师的干预方法、职级体系和考核都有所不同，会出现内部不统一的情况，冲突和争执经常发生。姜英爽意识到，没有独特的理念，缺少标准化的干预流程、制度，门店难以复制。

一个线下中心只能实施一位专家的干预方法，长此以往，尽管积累了很多个案，也难以对不同干预模式的效果进行比较分析，无法形成不断优化的干预模式。另外，由于被外部兼职专家把控着内部技术的升级、产品的研发，不仅专家薪酬支出巨大且失去了很多话语权。

多年的观察和思考让创始团队意识到，如果大米和小米要长久走下去，既不能简单照搬美国的模式，也不能依赖于外部专家的技术支持，而是一定要结合中国的实际需要创新模式，脱离外部专家的控制。随着时间推移，公司一边在慢慢地复制，一边也培养起一批自己的专家及康复师，积累了海量个案和干预经验。管理层意识到，是时候打造属于大米和小米自己的体系及干预模式了。

2019 年 10 月，由大米和小米发起，广东省中山大学第三医院儿童发育行为中心主任邹小兵领衔，北京大学第六医院儿童心理卫生中心主任医师郭延庆教授、香港中文大学医学院言语治疗科主管李月裳教授、台湾义守大学职能治疗学系张韶霞教授、哥伦比亚大学应用行为分析专业袁巧玲博士、华盛顿大学特殊教育专业曾松添博士以及众多学者专家组成学术委员会，在海量个案的基础上，以广泛循证实践证明有效的ABA、PRT（关键反应训练）、ESDM（早期丹佛）干预模式为基础，融合言语治疗、职能治疗（即对儿童语言发展和运动协调的专业治疗），打造出了专为中国孤独症儿童以及家庭研发的阶梯式评估和干预体系RICE，这是以改善患儿核心障碍——社交能力为中心的，拥有自有知识产权，也是中国首个自主研发的孤独症干预康复体系。RICE评估和干预体系（见图1）以社交（R，relationship-based intervention）为核心，进行个性化（I，individualized intervention）、全面化（C，comprehensive intervention）干预，康复师和家长全情投入（E，engagement），共同致力于患儿的康复。

RICE社交阶梯

第五阶梯
社交礼仪
听从/给予同伴指令
参与他人有兴趣的活动
合作游戏
处理情绪
自我保护
独立工作
接受延宕增强
遵从教室规则
跟随团体行动
……

第四阶梯
听理解
命名延伸
主题对话
事件排序
识别情绪原因
理解游戏规则
换位思考
问题解决
同理心
观察性学习
……

第三阶梯
动词
形容词命名
短句命名
提问
一来一往对话
识别情绪
轮流
社会性游戏
假想游戏
模仿同伴
……

第二阶梯
注视教学者
解读肢体语言
获取他人注意
表达要或不要
命名常见物
互动式语言
分享式注意力
平行游戏
一来一往游戏
观察同伴
……

第一阶梯
声源反应
视觉专注
呼名反应
大动作模仿
仿说
提要求手指
提要求口语
提要求图卡
听从指令
扩充增强物玩具
游戏反应
同侪配对
……

图1　RICE以社交为核心的评估和干预体系

RICE 评估和干预体系的形成不仅为公司业务的复制、发展和壮大奠定了基础，也增强了投资人的信心。

2. 机构干预连通家长培训：搭建完善的服务产品和体系

在 RICE 的体系化理念指导下，大米和小米经过多年的探索，目前已形成比较完备且丰富的服务体系和产品类型。为助力不同阶段、地域、需求和经济条件的家庭，以 RICE 体系为指引，大米和小米开发了多种不同层次、不同阶段的产品（见图 2）。

（1）机构干预方案的内容

大米和小米为保证干预效果，以线下机构干预为主。

在社交干预方面，提供"发展行为定制干预""发展行为全景干预"方案进行一对一个性化干预。

在语言康复方面，以社交沟通（含语言技能、游戏技能）、语言能力（含语言理解、语言表达）、言语能力（含构音、嗓音、口吃）、吞咽与喂养（含咀嚼、挑食、口腔肌肉锻炼）四大领域的干预目标为导向，让孩子在游戏及活动情景治疗中提高整体的沟通和言语能力。

在专注力提升/感知觉改善方面，提供以兴趣为导向的密集干预，让孩子在游戏互动中改善感知觉障碍，提升专注力和精细操作等能力，最终提升生活和学习质量。

在融合支持方面，为中高功能的孤独症儿童提供自然康复场景，有效提升儿童社会融合、学校生活适应等方面的能力，便于后期更好地融入学校生活和学习。

（2）家庭干预方案的成熟

对于孤独症儿童来说，家庭自然情境下的干预是非常重要的。[①] 针对孩子的干预和康复，家长一定要学会一些东西，不能一无所知，这也

---

① 赵艺宇，王滔. 2023. 孤独症谱系障碍儿童家长的同伴支持研究进展. 中国特殊教育，（12）：71－78.

图2 大米和小米干预服务体系和产品

是公司一直倡导的理念。孤独症的干预是一个长期的过程，短则半年一年，多则三年到五年，甚至更长时间，在这样长期的生活中，家长如果能掌握孤独症家庭干预的技能，对孩子的发展是有很大帮助的。

为了实现机构干预与家长干预的良性互动，早在 2018 年，公司就构建了"父母成长学院"，为家长提供一些干预技巧的讲座与科普视频。2020 年，面对疫情的冲击，公司加速了家长板块的构建。在疫情的阻碍下，孩子们只能待在家里，不能像往常一样每天来门店进行一对一的干预。患病的孩子一定要每天进行干预，如果干预中断一段时间，效果往往就会倒退。面对这种情况，家长非常焦灼。

考虑到之前的一对多在线讲座的方式不足以满足个性化的需求，公司上下紧急商议，决定把线下干预模式搬到线上，对家长进行一对一的线上培训。之所以必须对家长进行一对一的线上辅导，是因为每个孩子都是独特的，两个看起来能力好像差不多的孩子，干预目标可能根本不一样，从而在干预的手段和进度上有显著差别。在确定了这一基本思想后，公司开启了一系列系统的应对流程。

● 孤独症儿童的针对性评估。只有针对具体孩子进行评估，才能进行有效的一对一个性化的家长培训。公司采取了两种方式，一种是交给家长一份公司研制的孤独症儿童自评表，涉及儿童的社交能力、沟通能力等，填好表之后反馈给公司；另一种是要求家长提供一个孩子在家里表现的视频，然后公司据此对儿童的各项能力进行评估。无论哪一种评估方式，公司会按照各种能力的不同等级提供相应的培训课程。

● 开启云学堂实现远程指导。公司此前在线下培训了众多师资，线上家长课堂由此有了强大的支撑。公司的线上课程通过一对一辅导家长开展，康复老师一对一告诉家长孩子今天应该做些什么活动以及怎么做，然后家长在家里教孩子。康复老师辅导家长的同时要求家长上传孩子的视频到后台，比如说，教孩子打招呼，家长是怎么教的，用了什么样的策略，效果怎么样，是否达成了目标等。这样一来，很多家长在家里教学的过程和结果（孩子的反应）的相关资料就积累下来了，为之后公司建立一个中国本土干预的数据库打下了很好的基础。

● 家长成长学院的发展。疫情过去后，家长培训这个模块也被保留下来。并且，为了满足不同家长的需求，"父母成长学院"针对父母培训也发展出线上和线下两种途径。大米和小米为家长提供了专家网课、一对一线上指导和线下家长训练营服务。一对一线上指导收费相对便宜，一节课300元左右。线下会不定期在深圳或其他城市举办为期半天到7天的家长训练营，每期训练营规模约60人，培训内容比较泛化，整期课程价格为99元至四五千元。

同时，家长的线上和线下培训也实现了有效的协同。比如，有的家参加了线上课程并且感觉不错，但当地没有大米和小米的线下机构，希望去就近的其他城市的线下机构看看（自己去参加线下的家长训练营或者带孩子去做康复），公司就会把需求转发给线下机构。还有一些家长去深圳或者上海的康复中心参加线下培训，因为有急事回家了，希望能通过线上的方式继续完成课程。公司的业务流程支持这种线上和线下协同的情况，会指定专门的客服人员，持续跟进这些家长的需求。

另外，家长也可在大米和小米的玩具商城购买图书、教具等辅助工具，多方面护航孩子成长。

3. 社群联系：稳定的获客来源

从公众号发展而来的大米和小米，一直坚持根植于家长，服务于家长，为孤独症儿童发声。从解决社会问题出发，从关怀孤独症群体出发，与家长建立起浓厚的情感联系。大米和小米在平台上分享自己的理念，解读最新的国家政策，科普最新的理论知识和干预方法，即使是没有在大米和小米接受过患儿干预治疗的家长也能畅所欲言，共同讨论，互相取暖。大米和小米与家长的心紧紧地贴在一起，让家长们找到归属感，也为自己赢得了良好的口碑与用户黏性。

姜英爽及其团队表示，相比于行业内其他机构，大米和小米的市场费用是比较低的，并没有面临获客的难题。即便是创业前期，大米和小米提供的服务也是处于供不应求的局面。当时，每当要开一个新的线下机构时，仅需在公众号上提前发一篇文章，便能轻松实现满员招生。当团队打算在北京开设第一家线下干预机构时，刚在公众号上发布这个消息，就引起了家长们的激烈讨论。徐婧回忆说，当时是在公众号上发起的投票，告知家长北京的第一家店要来了，询问大家希望店开在哪里。头一天就有3 000多名家长投票。在门店选址这一关键决策上，公司创新性地引入家长投票机制，通过公众号平台广泛征集家长意见，最终选定了既符合家长期望又兼顾实际运营需求的地点——双桥区域。这一举措不仅体现了对家长需求的尊重，也极大地提升了家长对机构的认同感和归属感。

除了前期积累的良好口碑，大米和小米还充分利用抖音和小红书等新媒体渠道，把机构老师、康复师、专家科普的内容以及孩子成长的励志故事做成视频发布。另外，抖音和视频号还有直播课程，每天都有上万人观看。这些新媒体内容又为大米和小米带来了新的流量和潜在用户。经过近十年的发展，大米和小米在微信、抖音、小红书等媒体平台聚集了数百万粉丝，成为中国孤独症及广泛性发育障碍领域的头部自媒体，也为自己积攒下稳定的客户。

固本强基：夯实师资　辅以监督

"我们要知道为何出发，因何出发。"作为大米和小米的创始人，姜英爽在业务不断拓展的过程中反复向员工强调这一句话，明确保持质量才是企业生存的长久之道。她不希望在商业版图拓展的过程中跑偏了方向，不断强调销售，关注拓展的销售额、门店数，最终可能迷失在所谓的业绩里面。只有更专注地培训专业、负责的师资团队，实现干预效果的质量保障，才能保证社会价值的实现并创造经济价值。

1. 师资培训：搭建人才体系

与课程体系相对应，大米和小米建立了完善和专业的师资梯队（见图3），确保干预操作的专业度和质量。

顶层是学术委员会，包括医疗、教育、人工智能等多个领域的专家，重点任务是评估干预体系的设计和人才培养；第二层既承接顶层设计又指导下层执行的内部核心骨干，包括有多年一线经验的高级督导；第三层对应经过培训和考核的资深老师，监督和指导康复师的干预操作；最基层则为一线康复师团队。

督导会定期给康复师开小组会，讲个案的情况，也要负责对个案进行策略调整。有专业的督导与康复师沟通，帮助他们解决技术上的疑问。另外，督导也会去听课、看课，组织培训，从而提升康复师的专业性，进行质量监控。

作为干预的最终执行者，康复师的培训与专业度的保持非常重要。大米和小米建立了督导与康复师的分级制度，从初级的康复师到督导共计15个级别，每个等级都有考核，通过内部认证考试后才能进入下一级别。这个"超级督导系统"帮助一线康复师针对每个孩子的情况不断规范和优化干预行为和策略，推动新产品研发以及师资培养体系搭建和高端人才培养。

现在，大米和小米康复师总人数约1 500人，督导、高级督导近200人，其中近100人持有BCBA/BCaBA证书或语言、职能康复相关证书，在行业内处于领先水平。对于每一位孩子，大米和小米通过四级巡查机制（见图4），综合协调并合理分配各种资源，以达到干预的最优化。

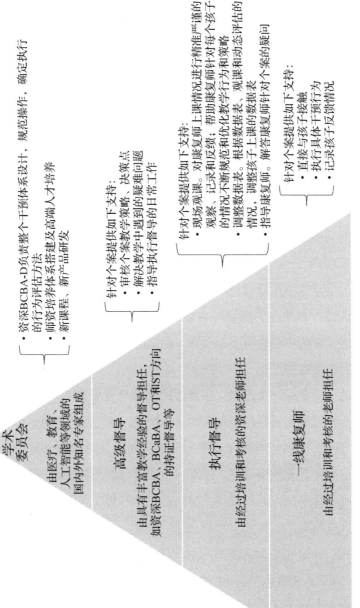

学术
委员会

由医疗、教育、
人工智能等领域的
国内外知名专家组成

- 资深BCBA-D负责整个干预体系设计、规范操作、确定执行
  的行为评估方法
- 师资培养体系搭建及高端人才培养
- 新课程、新产品研发

高级督导

由具有丰富教学经验的督导担任，
如资深BCBA、BCaBA、OT和IST方向
的持证督导等

针对个案提供如下支持：
- 审核个案教学策略、决策
- 解决教学中遇到的疑难问题
- 指导执行督导的日常工作

执行督导

由经过培训和考核的资深老师担任

针对个案提供如下支持：
- 现场观课。对康复师上课情况进行精准严谨的
  观察，记录和反馈；帮助康复师针对每个孩子
  的情况不断规范教学行为和策略
- 调整数据表。根据孩子上课的数据、观课和动态评估的
  情况，调整康复师
- 指导康复师。解答康复师针对个案的疑问

一线康复师

由经过培训和考核的老师担任

针对个案提供如下支持：
- 直接与孩子接触
- 执行具体干预行为
- 记录孩子反馈情况

图3　大米和小米的师资梯队

四级巡查

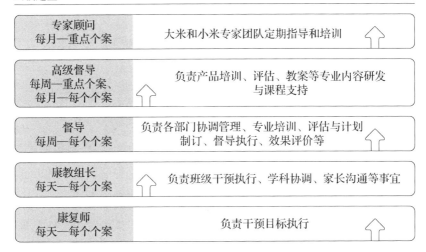

图4　四级巡查机制

但是，由于需要日常面对孤独症儿童，这种工作性质也使康复师承受着很大的压力。很多康复师承受不住工作压力，转而寻求别的职业发展，公司康复师流失率一直处于不低的水平。另外，线下机构的不断扩张也对获取足够数量的一线康复师提出了挑战，管理团队面临着如何吸引和培养专业人才的问题。

公司管理层的思路是，一方面为现有员工提供持续的职业发展机会并提供一些福利及工作保障，留住公司现有的人才；另一方面建立与高校的合作关系，通过实习、培训和研究项目，吸引有潜力的学生加入孤独症康复领域。

公司与多所高校建立了合作关系，开展了一系列的培训和研究项目。公司还设立了奖学金和实习机会，吸引了一批有志于孤独症康复事业的年轻人。通过与高校的合作，大米和小米成功地吸引了一批优秀的专业人才，为公司的长远发展提供了人才保障。同时，也提高了团队的专业水平，为客户提供了更高质量的服务。

2. 部门监督：避免机构偏离初心

为了避免机构强调销售额而忽略干预效果，偏离提高孤独症儿童社交能力的初衷，大米和小米加强了对质量的监控。

大米和小米单独设立康复教育管理中心（康教中心）负责课程研发、教学和康教运营。所有的康复师、督导都归康教中心统一协调，康教运营对康复师和督导进行行为监控和技术支持，负责对质量的把控。中心主任负责康教中心的全面管理和运营，中心副主任负责康教方面的具体工作。督导及康复师团队汇报工作给中心主任和副主任。中心副主任汇报给主任，同时汇报给康教管理中心做备案。这种双线工作汇报机制确保了机构干预效果的有效落实。

另外，大米和小米又单独设立稽核部，在稽核部可以看到16块大屏幕一直轮播各个中心的实时教室监控。稽核部有专人负责审查监控内容，还会到中心定期访谈沟通，目的就是从质量方面去严管，贯彻"零容忍"的理念。

3. 系统支持：科技创新赋能干预质量

药物的质量可以从生产线上严控把关，疗效可以通过临床实验进行检验。而孤独症干预治疗的处方是人，是受过专业培训的康复师、督导、家长，以及各种情景生动的互动机会，效果则是通过孤独症儿童的行为表现进行衡量，并没有客观的评判标准。因此，需要通过大量个案干预效果的可复制性来确保操作的可行性，从而保证每个环节都有可以参考的标准，这些必须通过系统搭建积累起来。

（1）社交阶梯评估系统

2020年4月，大米和小米发布RICE社交阶梯评估系统（RSSS）。RSSS基于超千万条项目数据，结合人工智能技术，针对中国儿童社交特点研发而成，测量儿童当前的社交能力水平，包含社交动机、自我意识、社交互动、社交情感、社交关系、游戏、心智解读、友谊八大领域，智能输出个性化评估报告，并据以提供个性化干预建议。

线上评估完成后，系统将输出个性化评估报告。评估报告中会呈现孩子的评估结果——在八个社交领域的能力状况，既会突出孩子需要加强的地方，也会指出孩子值得肯定的地方。通过有规律的持续评估，评估报告可以清楚反映孩子的进步状态。同时评估报告中还附有个性化、综合性的干预建议，指明孩子接下来的干预方向和干预重点，并针对孩子尚未表现出的能力和需要加强的能力提供具体的解决方案。

以前传统机构更多依赖人工观察和判断，但数字化方法可以提供更客观、准确的数据分析。截至 2024 年 12 月，大米和小米在 20 余个城市的 40 余家康复中心，从孤独症孩子的评估到干预康复都是以 RICE 体系为指导。每一个来到大米和小米的孩子，在进行 RICE 社交阶梯评估之后，都将由康复师根据评估结果量身定制个性化服务方案。

（2）孤独症康复系统模型

2022 年 7 月，大米和小米正式发布了基于中国儿童特征的孤独症康复系统模型。这个系统积累了 13 000 多个个案的干预数据和成功案例总结，5 000 多万条康复干预数据，上万条示范视频、培训视频等，形成了一个支持 RICE 体系的数据仓库。利用该模型去挖掘和分析历史数据，康复机构专业人员可以为孤独症儿童更快匹配干预目标，推送成功概率更高的干预策略，并对异常进展数据即时预警，以更好地辅助干预的执行。

该系统可以将孩子的个性化目标和恰当的干预方案通过数据比对更高效地匹配起来；通过系统监控，确保孩子的干预进展不偏航、不走形；将孩子的干预效率与大数据建立的标杆进行比较，做到有据可依。该模型的搭建是为了将有效的循证干预方法和成功的临床经验进行沉淀和智能输出，从而提升干预的效率和效果，让成功的经验得以留存和复制。

（3）电子化数据积累

不像以前或者其他机构的有纸化操作，现在大米和小米所有康复师都是用平板来上课，通过系统记录课程相关的所有数据，记录所有干预操作和反馈，记录孩子点点滴滴的进步。在大米和小米，每个孩子都有专属的成长档案，里面保存着孩子的评估表，个性化干预计划，每一天、每个阶段的干预目标、干预数据等。通过这些数据的记录，系统经过整合分析得到可视化的进步图，还会进一步自动推送策略，最终变成一个"超级督导"。

系统的支持一方面通过规范操作保证疗效，以实现社会价值；另一方面又能通过标准化获取商业价值。基于大数据的标准化管理系统，对康复师起到监督和指导的作用，同时也提高了效率并降低了对个体的依赖程度，减少人力成本并实现规模化。

（4）家庭干预 App

大米和小米推出了"大米和小米"App，该 App 以大米和小米的RICE 评估和干预体系为指引，将数字化评估和家长自评反馈、获得在线指导相结合，帮助家长找到居家干预目标，并提供远程居家干预和一对一在线实操指导，通过数字化的手段，帮助孩子获得更好的康复效果。

现在，大米和小米与昆山杜克大学启动联合实验室，正开展对 AI在孤独症初步诊断、智能化评估上的应用研究，打造集多样信息刺激和完整信息分析的智能空间。在 AI 的助力下，孤独症的评估和干预将逐步告别手工作坊时代，走向更标准、更高效、更个性化。[①]

挑战和展望

在提到公司未来面临的困难时，姜英爽表示，目前大米和小米仍有

---

① 谢超香，姚宇航，杜燕凡. 2024. 人工智能辅助孤独症早期诊断和干预的技术路径与未来图景. 中国特殊教育，（3）：81-88.

超过 90% 的收入来自线下干预中心的一对一产品。一对一意味着成本较高，并不是所有孤独症家庭都能负担得起。并且，由于成本问题，大米和小米目前只在一些一二线城市开设了干预机构，很多孤独症家庭由于地域问题无法接受治疗。如果只提供高价的产品，不能做到普惠，那就不符合社会企业的初衷。

为了满足消费能力相对较弱以及三四线城市的家庭，大米和小米正积极拓展其他业务领域，探索一对多或多对多的形式。

小镇模式是大米和小米准备向三四线城市进一步拓展的新业务模式。基于 ABA 的理念考虑行为、言语、职能等治疗体系多个方面的内容开发综合性的课程，以集体、小组为主，以个别培训为辅，希望能够在一定程度上满足其他家庭的干预需求。姜英爽说：

> 我只需要确认，中国 1 000 万谱系家庭，能因为一个叫姜英爽的人，一个叫"大米和小米"的团队，而感受到多一点的温暖和善意，每天都能进步一点点，我就会全力以赴，一次次痛苦地蜕变出更皮糙肉厚的自己。

不惧未来的挑战，为了孤独症儿童的未来，为了孤独症康复领域的未来，大米和小米一直在路上。

（王刊良　刘露　徐京悦　付彦　李东贤　许艳芳　张恩忠）

企业资料

1. 大米和小米官方网站：https://www.dmhxm.com。
2. 大米和小米. 大米：9 年，我为一个故事竭尽全力. 2023－07－13.

3. 大米和小米. 自闭症领域，两位华人博士的新 Title. 2020－08－22.

4. 亚马逊云科技加码医疗领域，赋能大米和小米推出特需儿童 AI 解决方案.（2024－11－23）. https：//www. toutiao. com/article/7440410722540028450/？upstream_biz＝doubao&source＝m_redirect.

5. 展现向善力量！大米和小米被评为年度社会企业 TOP10.（2024－12－03）. https：//www. toutiao. com/article/7444062959434793512/？upstream_biz＝doubao&source＝m_redirect&wid＝1735374820420.

成都童萌：

社区普惠早教社会企业的
萌芽生长

　　比起纯公益，我更愿意做一些更创新、更可持续的事；比起纯商业，我更希望我个人的社会价值可以（在追求事业的过程中）得到满足。当你剥开来看的时候会发现，童萌底层的东西，恰恰跟我的性格是高度匹配的。

——毛磊

早教不仅仅是为了提高儿童的智力水平，更是一种对人的成长和社会发展具有深远影响的社会化服务。《国家中长期教育改革和发展规划纲要（2010—2020年）》指出，"学前教育对幼儿身心健康、习惯养成、智力发展具有重要意义"，并特别强调要"重视0至3岁婴幼儿教育"。① 各类亲子早教和社会化服务也已经证明了其对个人、家庭和社会的重要作用。参与早教活动能帮助孩子在关键的成长阶段获得必要的语言、自理和认知能力的培养，同时亲子的共同参与还为父母的高质量陪伴提供了合适的空间。②

相比其他商业需求，早教服务具有明显的公益属性，要求更高的普惠性和可持续性。然而，2023年发布的一项早教行业研究报告显示，我国的早教市场渗透率较低，平均低于20%，这一数字远远低于欧美、日韩等国家60%~80%的渗透率③；在市场上开展早教的商业机构，目前仍然以中高端服务为主，价格不菲。从国家宏观政策发展角度看，国家对0至3岁儿童的培育投入主要集中在托育方面，对于亲子早教并没有太多直接资金的投入和大的政策支持。而不少家长所渴求的是一种既能满足孩子健康成长的基本需要，又不过分昂贵的早教服务。

---

① 国家中长期教育改革和发展规划纲要（2010—2020年）.（2010-07-29）. https://www.gov.cn/jrzg/2010-07/29/content_1667143.htm.

② 史瑾，薛海平，方晨晨. 2022. 超前"抢跑"能够为学前儿童持续赋能吗？——早教班对儿童学习与发展影响的追踪调查. 当代教育论坛，（3）：64-72.

③ 智研咨询. 2023年中国早教行业全景速览：早教需求愈发旺盛，市场前景广阔.（2023-11-08）. https://www.chyxx.com/industry/1162828.html.

在这样的社会背景下，瞄准中高端商业早教和政府托底的基础托育之间的空白，成都童萌的创始人毛磊发现了一个可以通过社会企业的形式来发挥作用的巨大潜在市场，专注于 0 至 3 岁社区普惠亲子早教的童萌亲子园应运而生，它将市场化运作与社会使命相结合，创新地回应了这一社会需求，让更多的家庭能够负担得起优质的早教服务。

萌发：童萌创立的背景与初心

1. 初遇早教

毛磊是物理学专业出身，研究生期间因为机缘巧合参与了一些非政府组织（NGO）的工作。在此期间他参与了一些文化保护和发展教育相关项目。2012 年，毛磊加入成都恩派从事社区服务，此后加入国际NGO 爱达迅，第一次真正涉足儿童早期发展领域的项目，工作内容主要是在少数民族偏远地区捐建幼儿园。

NGO 的工作经历，让毛磊第一次真切地感受到了社会责任和社会公益的重要性。在成为父亲后，毛磊比以往任何时候都更加关心幼儿早期教育，也因此洞察到现有商业早教行业的不足。

作为一个儿童相关产业的"重度用户"，身为父亲的毛磊更清楚地体会到当时国内的儿童早教产业的各种问题，产品覆盖率、性价比、服务内容和质量等方面都无法满足城市社区居民家庭对普惠、专业的幼儿教育的强烈需求。他看到许多家长被高昂的早教费用所困扰，同时还要担心早教课程的质量无法得到保证，这让他萌生了创办一个不同于传统商业模式，能为社区孩子和家长真正提供帮助的带有公益性质的早教中心的想法。

他花了很多时间与社区的家长交流，了解他们的真实需求和期望，同时也不断学习和研究早教领域的知识和实践。毛磊认为，早教不应是家庭的负担，而应是家长陪伴孩子共同快乐成长的助力。同时，作为一名具有丰富经验的社会工作者，毛磊也洞察到社区普惠早教这一细分品类与传统商业早教相比具有低投入、低风险、低收益的特点，因此传统商业机构的介入动机较弱，这为社区普惠亲子早教提供了潜在的生存空间。

带着为社区的孩子和家长提供一个愉快、有益的学习环境的初心，以及对市场空白敏锐的嗅探，毛磊在尝试、失败和不断反思后，于探索中开启了童萌的亲子早教事业。

2. 自建公益早教园

在NGO工作数年之后，毛磊意识到，在机构中从事社会工作往往会受到组织统一计划与安排的制约，无法完全实现自己对于儿童早教的所有想法和期待。正当毛磊打算离开爱达迅，而且已经找到一份扶贫基金会的新工作之时，毛磊的人生轨迹因为两件事出现了转折。

一件事是毛磊刚刚成为父亲，而扶贫基金会的工作需要长期待在乡村，工作家庭难以兼顾。另一件事是爱达迅的负责人向毛磊提出了建议，询问他是否愿意带领团队从爱达迅独立出来，继续把儿童早期教育的事业做下去。2016年，毛磊的团队与爱达迅签署了知识产权切割的协议，正式独立出来，成立了民办非企业形式的成都童萌社会工作服务中心（简称童萌），专注于0至3岁儿童的早教服务。

不同于其他商业早教机构，童萌公益亲子早教服务更加注重融入社区的经营模式，并强调家庭成员共同参与儿童成长。同时，在运营上，童萌不以利润为唯一的考量因素，还要追求在机构运营之外，比其他商业机构更懂社区和社会。毛磊要求童萌本着公益的心态来开展事业，而不能用简单粗暴的传统商业方式与利益相关方进行谈判，更不能一心逐利。毛磊表示：

　　我是一个不喜欢平淡的人，喜欢有趣的人。然后我们自己作为用户也非常深刻地感受到了痛点，所以后来才有了观点和想法。很多优秀的社会企业家往往都是从解决自己或者身边的人的痛点开始的。所以我们设计的产品和我们这一类人的气质相似。

　　毛磊坚持让童萌呈现出最亲和的姿态。例如，毛磊要求童萌的所有服务都不进行二次销售，在童萌亲子园内也不设置开放的柜台。毛磊希望通过这些经营上的细节考量和取舍，将团队对社会责任的理解和承担体现在童萌的每一步发展细节之中，让童萌不偏离自身的定位和社会公益的初心。

　　在毛磊看来，童萌亲子园不仅是一个早教中心，更是自己多年社会工作经验和对社会责任感理解的具体体现，即用纯粹的服务来惠及更多的人，回应他们的切身需要和情感诉求。谈到童萌亲子园课程体验的期望，毛磊说道：

　　如果我的父母带小孩去上课，我希望他们是开心的，只是去上课就好，接受老师全身心的服务。所以现在任何想跟我们联合做商业变现的，我们都拒绝了，很明确，这个不是我们期待的。

　　毛磊觉得，童萌能够做到的最重要的事，就是为家长和孩子提供一个温暖、有爱的活动环境，让每一个孩子在这里快乐成长，让每一个家庭在这里感受到关怀和支持。

初探与蜕变：从公益到社会企业的转型

1. 公益早教园的艰难

　　在毛磊和他的团队从爱达迅独立出来的初期，他们的童萌亲子早教项目沿用了爱达迅的纯公益模式，其运营和生存主要依靠公益资金和社会捐赠。在这一阶段，他们全心投入于为社区的孩子和家长提供免费或低成本的早教服务，希望中低收入的家庭也能享受到优质的早教资源。除此之外，他们为有意愿的早教机构提供技术培训和顾问服务，期望在纯粹公益的道路上谋求一条生存之道。

但随着时间的推移，毛磊和他的团队很快面临运营资金短缺和服务难以持续的严峻挑战。一方面，随着童萌业务的扩张和社区需求的增加，依靠社会捐赠和公益基金的资金来源过于单一和固定，难以满足规模扩张之后快速发展的资金链需求。另一方面，童萌社会工作服务中心这种低成本、低回报的公益模式也让捐赠者和资金提供方对童萌的持续发展和自给自足产生了疑虑。有的公益基金提供者就曾表示，如果童萌继续坚持这种纯公益的运作模式，而不去寻求发展更有保障的自我造血功能，可能难以继续对童萌提供资金上的支持。

毛磊和他的团队逐渐认识到，如果想要童萌的普惠早教事业长期可持续发展，必须探索新的财务和运营路径。他们用无数个夜晚的复盘和反思看清了未来的方向：纯公益模式难以长期维持，需要以合理的商业运营支持其实现更广泛的社会影响。

在童萌开启这一转变的过程中，毛磊的团队所对接的社区和资助方甚至客户家长也对他们开展收费服务的尝试表示支持和欢迎。于是在 2017 年前后，童萌开始正式引入一些轻度的商业元素，如开始尝试性地向家庭收取每月 199 元的课程费用，以保证项目的可持续稳定运营。

2. 借助政策东风：转向社会企业的契机和努力

近年来，国家在社会企业领域的政策支持和激励措施不断出台，社会企业逐渐成为连接社会责任和商业运营的重要桥梁。成都对于社会企业尤为宽松友善的态度为童萌提供了转向社会企业的重要契机。2018 年，成都市在推动社会企业发展方面出台了一系列政策，逐步完善了对社会企业的支持和管理。这为毛磊和他的团队在探索实现社会价值与确保商业可持续的道路上指明了方向，他们开始向社会企业转型。

童萌需要重新思考普惠目标下的市场收费水平和资金的分配方式，这是毛磊和他的团队必须面对和解决的企业化的核心问题。通过多年不断的调整尝试，童萌逐渐明晰了亲子园的单店模型。

在客户端，童萌提升了月课程收费，定价在户均 300 ~ 500 元，尽管仍旧大大低于市场上的价格，但是能保证一家社区内的童萌亲子园门店一年的收入在 10 万 ~ 30 万元之间；在供应端，童萌不收加盟费，而是直接将 70% 的收入分配给各个社区门店的妈妈合伙人老师，5% ~ 10%的收益预留给童萌在部分社区的共建机构；尽管剩余的 10% ~ 20% 才是童萌的收入，但凭借这一模式，童萌每年从每个门店平均可获得 2 万 ~ 3 万元的收入用于自身发展。

与此同时，童萌的团队本身对于早教行业的商业运营实际上是"生手"，因此只能采取"快速试错、快速迭代"的方式前进。幸运的是，转型之后的用户付费服务，使得来自家长、社区、共建机构和合作伙伴的反馈更为直接，也为这种快速迭代提供了可能性。毛磊说：

> 我们从公益项目到社会企业，最大的感受就是当用户付费以后，我们迭代的速度快很多，因为用户的反馈是非常直接的，无论是来自家长、社区的，还是来自共建机构和合作伙伴的。我觉得团队就是需要快速从错误和失败中学习，所以我们鼓励失败，因为失败太有价值，没有经历过失败，就没有深刻的反思。

转型之后，童萌希望通过更为正式和全面的商业运营，更好地保障亲子园项目的可持续发展。社会企业模式让童萌亲子园有了更为明确的市场定位。在收费服务的过程中，童萌与家长和社区建立了更为紧密的合作关系，同时不断优化课程和服务，以满足家长的育儿需求。商业化的运营也使得童萌在组织创新的沉淀和积累上更为得心应手。通过设立早教学院和交流会，童萌的老师能够掌握一份知识和技巧的"目录"，快速查找隐性知识和操作技巧。通过流程记录和固定存储，童萌的团队也能更快更好地形成内部经验，应对各种突发情况。

当然，新模式也存在一些困难。如何在保持合理的收费标准的同时保证早教服务的质量，如何评估和衡量童萌作为社会企业的社会影响，这些都是毛磊和他的团队在转型后必须面对的问题。他们不断与家长和社区沟通来了解各方需求和期望，在市场运营和社会影响评估方面寻找新的方法和思路。

3. 三层组织架构：童萌平稳发展的组织基础

转型为社会企业之后，为了应对充满竞争和挑战的商业市场环境，童萌构建起了一套独特的三层组织架构，童萌内部称之为区域、大区和大童萌"三层协作网络"。童萌希望通过在明确内部人员角色分工的同时，突出强调各层角色之间的紧密协作，为童萌灵活应变的发展模式提供强有力的组织支持。

在童萌的组织架构中，教研主管、区域经理和大区经理是内嵌于"三层协作网络"之中的核心角色。

其中，教研主管是连接童萌各门店活动的基层角色，由优秀的门店合伙人兼职担任。作为童萌各区域内部的核心角色，他们是保证各个门店教学质量和教学创新的关键角色，需要不断地研发和优化课程，提升教学质量，同时为教师提供必要的培训和支持。

区域经理负责管理整个区域协作网络，并在其中起到带领各教研主管的关键作用，统一负责某一特定区域内的业务运营和发展。他们需要密切关注本区域的市场动态和家长需求，并制定和执行相应的业务策略。同时，区域经理还需要与大区经理紧密协作，确保本区域的

运营与童萌的总体战略和目标保持一致。最后，区域经理还是门店合
伙人的重要监督者和合作者，他们为各个合伙人提供了从门店创立时
的社区沟通到运营之后的培训指导等全方位的服务，并实时掌握统筹
合伙人门店的经营情况，以提供及时的支持。童萌的核心价值网如
图 1 所示。

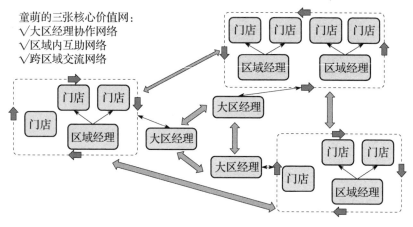

图 1　三层组织架构中的核心价值网

为了进一步对同一城市内的童萌亲子园进行质量把控和技术支持，
在区域的划分之上，童萌还设立了数个大区（如在成都分为南、北两个
大区），由大区经理负责多个区域的整体运营和协调（部分门店由大区
经理直接管理）。他们需要确保各区域的业务发展与童萌亲子园的总体
战略和目标保持一致，同时也需要解决跨区域的合作和协调问题。大区
经理的角色对于童萌在不同区域的扩张和发展至关重要，他们是连接总
部和各区域、协调内外部资源的重要桥梁。

最后，童萌自身作为各个城市、地区的童萌亲子园的汇聚点和联结
点，在全国童萌的协作网络中起到了关键角色的作用，并完善了从区
域、大区到大童萌的三层协作网络。通过这个三层协作网络的组织架
构，童萌亲子园能够更有效地在不同区域拓展业务。

大区经理、区域经理和教研主管之间的紧密协作，保证了童萌亲子

园在不断扩张的过程中，既能保持清晰的组织结构，又能确保服务质量和教学质量。这种三层组织架构也为童萌亲子园的发展提供了强有力的组织支持。通过明确的角色分工和紧密的协作，童萌亲子园能够更为迅速和有效地应对市场变化和家长需求，实现在成都及其周边区域的持续发展和扩张。在这个过程中，大区经理、区域经理和教研主管不仅是执行者，更是童萌亲子园发展的重要推动者和守护者。

事实证明，这一架构为童萌的区域扩张和运营提供了助力，并在童萌发展的过程中沉淀出一套有效的管理和协作机制。从 2019 年至 2021 年，采取了三层组织架构的童萌作为社会企业进入了快速发展期，三年间亲子园数量突破了 100 家。在此期间，童萌内部管理团队的稳定率超过 95%，门店合伙人的稳定率也在 90% 以上，其中有 20% 的合伙人是由童萌曾经的客户转化而来。许多家长在参加过童萌的课程之后，逐渐认可童萌亲近社区、普惠家庭的理念，并亲身加入童萌早教。

4. 内部能力建设：知识沉淀与共享

从 2019 年开始，童萌亲子园逐渐转向以聘用家庭主妇担任老师为主，甚至发展她们成为门店的合伙人。为了让这些非专业出身的老师能够更好地胜任亲子园的教学、管理和运营工作，童萌在每周五下午召开跨门店的交流会，不仅是为了总结、安排亲子园每周的工作内容，还能为老师提供一个可以互相交流分享的平台。毛磊觉得，童萌亲子园的老师最急需的并不是书本上的固有知识，因此居高临下的灌输并不奏效。与之相反，老师最需要的是能够自发地产生和分享关于亲子园教学和运营经验的能力。

童萌每周的交流会由老师主导，她们分享各类经验和案例。对于偏向于隐性、技巧类的知识，由兼管早教学院和内部能力建设工作的大区经理牵头，形成一份童萌内部的知识网络目录，当老师遇到问题时，可以迅速地根据目录查找到具有相关经验的同事并向其咨询解决方案和经验。

对于具体流程类的知识，童萌则将其存储固定，形成一份十分详细且可操作的内部手册（见图2），为老师们的行为提供基本准则。比如在危机处理方面，童萌的手册中详细规定了如果亲子园的孩子遭遇划伤，需要到美容医院缝美容针而不是去普通医院缝针。

图2　童萌内部的工作手册

对于来自老师的内部经验，童萌的团队按照规范的格式和体例进行持续的梳理，并在每周的例会上与大家进行讨论，然后印刷成册，发放到各个区域经理和门店老师的手中，实现知识在童萌内部的良性循环。

随着内部交流会的规模越办越大，童萌逐渐认识到内部知识的沉淀与分享需要一个更为规范和正式的平台。于是2020年3月，童萌在培训与研发工作的基础上，正式推出了社区早教学院，并将其视为童萌规模化战略的核心要件。起初，早教学院作为一个实体部门存在，但在摸索过程中，童萌发现早教学院的工作较为零散，因此将其转变为一个虚拟部门，并委任大区经理兼管早教学院，组织童萌的老师开展培训和教案编写等工作。

在产品开发和教师培训中，童萌充分利用了早教学院的优势。通过迁移处理流程类经验的方法论，童萌将部分教案编写的工作分散到基层教师，由一线老师来编写教案的主要内容，并为这些老师提供每一课程100~200元的额外报酬和教案的署名。收集到来自老师的教案材料之后，早教学院的同事会根据统一的修改框架对教案进行编辑，并和童萌总体的课程教学目标相匹配，然后将编辑完成的教案发给老师进行试讲。最后，如果教案在课堂上呈现出好的效果，童萌会将反馈修订后的教案作为方案推给童萌的其他老师来使用。

运营突破：用合作共享打动社区

1. 商业合作开发碰壁

对童萌亲子园而言，运营成本中的一个主要部分，是打造并维护一个安全便捷、供亲子使用的活动场所的费用支出。为了寻找到合适的场地，童萌曾尝试租赁商业场地和合作培训机构，但最终发现这些途径并不适合他们。即使在转型后，低价普惠的经营策略也使得租赁商业场地的费用超出了童萌的承受能力。

此外，童萌亲子园所提供的服务内容并不具有稀缺性，并非不可替代的商业产品，商业地产更为关注的是童萌能否通过创造独特的品牌效应带来更多的效益。因此，租用商业场地往往意味着区位上的更多限制，这使得亲子园与家庭的距离增加，更难触及童萌真正希望服务的对象。

2. 深入社区的首次成功合作

在多次碰壁和"花钱买教训"之后，毛磊逐渐坚定了自己的想法，童萌的优势并不来源于极为专业的教育水平、高端昂贵的教学环境等传

统商业模式的护城河，而在于深入
广大社区，直接服务于社区居民。
这一认识促使童萌决心专注于自己
最擅长的社区服务，主动寻找有合
作意愿和闲置空间的社区开展合作
（见图3）。

在童萌亲子园运营的初期，郭
丹，作为童萌团队的核心成员，曾
一度承担起了靠"刷脸"和实地拜
访来赢得社区信任，获取社区对童
萌入驻许可的工作。但是在郭丹成
为大区经理后，她逐渐注意到在社
区关系建设中，早期靠自己"刷
脸"拓展新社区门店的做法无论是

**图3　童萌亲子园在社区内的
　　　活动空间**

从效率上还是有效性上都不再适用，与社区合作更为关键的突破点在于
找到社区核心决策者并与之建立信任，通过回应社区决策者的核心诉
求，培育童萌与社区之间的合作关系。

2018年，童萌刚刚转型成为社会企业，正在尝试与一个有闲置空
间的社区合作。在实地拜访之后，童萌发现有一个社区非常符合自身
服务社区和家庭的目标。于是童萌的团队联系到该社区的雷书记，介
绍了他们的亲子早教项目。雷书记一开始和许多其他社区书记一样，
对与童萌的合作顾虑重重。但在童萌团队一次又一次的实地拜访以及
不断向雷书记解释童萌究竟是一家什么样的企业之后，雷书记被童萌
团队的真诚和坚持所打动。

此时，长期负责社区工作的雷书记恰好也在寻找除政府投入和上级
部门拨款之外，在社区发展治理过程中能够自我造血、服务老百姓、低
价优质的发展方式。童萌的到来为苦苦思考的雷书记带来了希望之光。

她认同童萌所介绍的社区家庭的早教需求切实存在，并且童萌正是能够为自己社区的居民提供方便实惠的早教服务的合适选择，便同意了童萌进驻自己所负责的社区。

在童萌进驻的过程中，雷书记持续观察着毛磊团队的所作所为，发现他们是真的对早教亲子园的事业充满热情，便打消了所有顾虑。后来，由于社区需要调整和重新装修，童萌从该社区搬离。大约一年后，雷书记退休，童萌随后邀请雷书记作为志愿者加入团队。

雷书记加入童萌后，童萌与社区的沟通和对社区政策的把控取得了明显的进展。雷书记专注于她最擅长的两个领域：一是社区关系的维护和拓展，包括教授童萌员工与社区书记沟通的方法，学会发现社区亮点；二是对门店进行督查，包括财务监督和检查门店的日常运营是否符合标准。凭借着在社区工作多年的丰富经验和前社区书记的独特身份，雷书记很好地胜任了这些既需要提供服务又要实施监督的工作。

3. 回应社区需求的爱与难

（1）相得益彰回应社区需求

在与数不清的社区书记和联络人交流、对接之后，童萌深切地体会到，社区真正关心的，是如何充分利用社区居委会和党支部的资源为居民提供更好的服务，同时又要响应政府的相关政策要求和号召。雷书记加入之后，童萌获得了更多的社区经验，能够从多方面一一回应社区的这一核心诉求。

首先，童萌为社区带来的亲子早教项目，能够盘活社区公共空间中的闲置资产，增加社区资金。在盘活社区空间的内在逻辑上，毛磊有着一套完整严谨的见解。他说：

> 很多社区都有建设和翻新的资金，但是很少有维系它运营的资

金……也就是钱不能持续地去购买常态化的服务。社区空间需要填满，但是它又不能以商业的形式出租出去，这个空间盘活是一个诉求。

其次，童萌进驻社区解决了社区内家庭的亲子早教的难题，帮助社区落实国家的儿童教育鼓励政策，能够帮助社区更好地为家庭提供配套服务。

再次，童萌每年可以给社区基金捐几千到一两万元资金，满足社区基金的募集需求。

最后，童萌的许多老师是来自社区的全职妈妈，童萌的进驻为一些社区居民提供了一个离家近、任务轻、工作时间宽松的就业机会，帮助社区落实了支持妇女就业、再就业的政策。这不仅受到社区的欢迎，也得到了妇联等上级机构的认可。

通过在"游说"过程中不断地向社区宣传童萌与社区之间价值共享的联结点，童萌成功打动了许多社区的负责人，得到了进入社区的机会。但即便如此，童萌与社区的合作仍然面临着挑战。这种挑战来自童萌和社区关注点的分歧。

（2）强势社区的挑战

对童萌来说，想要做好的最核心的事业就是普惠的亲子早期教育。而对社区来说，有更多的考虑：一方面，早教服务与其他便民、惠民服务之间并无明显的独特之处，社区的资源没有理由只向童萌倾斜。另一方面，虽然成都市政府为社会企业参与社区治理提供了高规格的支持，但落实到具体措施上，政府的早教政策更偏向鼓励性，具体的落地项目还较少，社区可能认可早教服务的好处，却没有足够的兴趣。同时由于童萌一年中在社区组织的活动数量可能远超社区的标准需求，这些标准之外的活动会让社区承担额外的支出和管理风险，难免会让社区认为在某种程度上造成了资源的浪费，制造了管理上不必要的难题。

　　此外，宏观的社区治理和发展政策也对社会服务机构的运作产生了直接影响。例如，成都的社区治理深化和社工部的成立为社区服务机构提供了新的机遇，但也对这些机构提出了更多的挑战。在这样的背景下，社区在社会企业等社会机构参与社区服务的过程中拥有更多的主导权和话语权。

　　童萌不仅要持续关注政策的变化，还需要更加注重与当地社区建立紧密的合作关系，在提供社区所需的服务的同时，证明自己能够为社区的发展贡献自己独特的力量。

4. 凝聚社区与家庭

　　通过提供早教服务，童萌不仅为孩子提供学习的机会，更是在努力打造一个能够促进邻里关系和社区凝聚力的平台。童萌进入社区，为社区增添了不少人气和活力。比如，在常州的一个社区场地，童萌入驻之前，每年的人流量可能就一百多人，而在童萌入驻以后的第一年，人流量就过万了，社区变得非常热闹。此外，外界对童萌所在社区的关注度也慢慢提升，各个社区、街道甚至外市来参访的人逐渐增多，由童萌接待的参访量平均1~2周一次，而由社区接待的参访，基本也都会到童萌去看一看。

　　童萌招募妈妈作为早教老师，通过系统培训使她们迅速上岗，这不仅解决了她们的就业问题，还使她们成为社区活动的积极参与者。此外，童萌亲子园也成了社区内家长互动的重要平台。除了课程内的家庭活动和交流之外，在亲子园课程开始前和结束后，许多家长们也会自发围在一起交流培养孩子的心得。不定期举办的社区亲子活动，如育儿讲座和亲子运动会，也促进了家长们交流经验、邻里和谐互动。通过童萌这个媒介，家长们增加了相互之间的交流，也逐渐认识到自身与社区的联系，更加了解社区，他们热心地参与社区治理和社区活动。一些童萌的家长成了所在社区的网格员和楼长，居民有什么事情都会通过他们和社区沟通。社区工作人员也会加入童萌的家长微信群，在群里发布社区信息。

家庭认可：以质优价廉的服务赢得客户

1. 以普惠定位指导定价策略

家庭是童萌亲子早教项目的直接受益者，也一直是童萌关注和服务的核心。童萌发现，对于学龄前儿童，尤其是 0 至 3 岁的幼儿，目前国内市场上的商业早教服务主要面向收入较高的 20% 的家庭客户群，而政府的公益项目主要关注收入最低的 20% 的家庭。在这之间，广大的中等收入家庭往往被忽视。然而，随着居民生活水平的提升与中国家庭对早教的日益重视，无力接受商业服务和未被政府兜底覆盖的中等收入家庭的早教需求正变得更加紧迫。

多年的社会公益和儿童早期教育工作经验让毛磊深入理解并切身体会到 0 至 3 岁这一年龄段的儿童及其家庭的需求。他意识到很多幼儿的家长所要的不仅是一个能够教育孩子的场所，更是一个家门口的休闲空间，一个能让他们在"带娃"的同时与邻居建立联系的地方。因此，童萌采取了一种创新的经营策略，他们所提供的早教服务直击价格、距离和信任三大痛点，用远低于传统商业早教机构的价格、直接驻扎在小区楼下"近水楼台"的区位、社区官方的强势背书三大优势吸引社区内的中等收入家庭，为他们提供既经济实惠又靠近居所的优质亲子早教服务。

在定价的过程中，童萌一方面参考了全国妇联的相关报告，发现国内的家长们普遍愿意为类似的早教服务所支付的价格区间为每节课 20~30 元。另一方面，童萌也在保证收入与支出能够平衡的前提下，尽可能地从家长的角度设身处地思考怎样的价格才是家长们愿意接受的。对于中等收入家庭而言，虽然随着生活水平的提升和收入的增加，大家对于早教服务的需求总体上在不断增加，但双职工家庭、隔代抚养家庭往往面临较为沉重的育儿压力，很多人无法承担商业早教的高昂费用，因此这一客户群体对于该类服务的价格敏感性仍旧很高。毛磊说：

> 家长为教育付费，占整个家庭月收入的 1/20～1/30 是一个比较合适的水平。在成都，一个家庭的收入，爸爸加妈妈可能 1 万元或 1 万元多一点，1/20～1/30 的话大概一个月可能 300～500 块钱。我们也发现一个我们可以生存，同时也能在能力边界下覆盖到尽量多的人群的方式。比如说 60 个人每人收 300 块钱和 30 个人每人收 600 块钱，我肯定愿意 60 个人每人收 300 块钱。

毛磊真诚地透露了童萌在定价时的考量，他们希望通过设定一个合理且具有吸引力的价格点，确保服务能在保证覆盖童萌持续经营成本的基础上，尽可能多地为更多家庭提供高性价比的服务。

童萌的策略取得了显著的成效。家长们亲眼见到童萌真正切实投入到社区的早教服务设施建设以及诸多亲子活动的组织中，也看到了孩子在童萌的早教课程中的进步和变化，从而相信了这家连社区管理者都愿意为其背书的社会机构。有家长直言道，自己带孩子在社区里乘凉时，偶然看到亲子园在上课，了解后得知童萌的课程每节仅收费 30 元，远低于社区外商业机构的费用，加之在社区内上课省去了时间和交通成本，于是便选择加入童萌亲子园。

2. 重情感的氛围目标

毛磊对亲子早教的理解是：

> 教育服务分两类，一类帮人消磨时间，一类帮人节约时间。我很明确我们是帮人消磨时间，就是因为家长真的也有情绪崩溃的时

候。如果能够创造这么一个场域，孩子能够玩起来，家长能够有个喘息，回到家之后，家长能够不断地有新的刺激给孩子，这就是我们期待的事情。

所以，童萌始终强调早教更重要的是营造快乐的亲子氛围。童萌的课程更注重温馨的学习氛围的建立而非具体知识的学习，不断调整课程内容，保持课程内容贴合家庭当下的需要和喜好。童萌的亲子约定如图4所示。

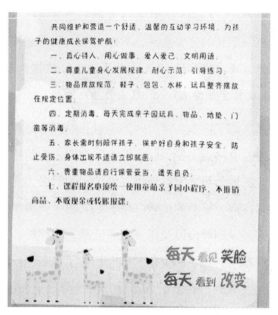

图4　童萌亲子园亲子约定

成都某社区的一位家长表示，童萌的课程精致而多样，孩子每天参与的课程内容都是新鲜而不重复的。并且，童萌永远将孩子放在第一位，上课的老师既耐心又负责。老师们首先考虑的永远是孩子的安全和情绪。例如，在消防体验课上，面对模拟火灾的烟雾，有些孩子会害怕，这时老师会首先安抚孩子的情绪，甚至暂停活动，在保证孩子的安全和情绪稳定之后再继续上课。老师们并不是一味地要求孩子达到某些目标，而是循序渐进地对每一个孩子进行细致的引导。

　　童萌的服务不仅仅局限于教育孩子，更鼓励家长亲自参与培养孩子良好习惯的过程，努力推动亲子关系、家庭关系的发展，因此吸引了越来越多的家庭加入。一位家长反映：

> 我们一开始上的是童童班，家长也要进教室，课上的游戏大人小孩要一起做。我们大人也学了很多儿歌。大人小孩同时做游戏会有互动，促进亲子关系的机会有很多。

　　有一位奶奶非常希望孙女到童萌上课，奶奶觉得孙女不去上课就是不听话，因为孙女在家里总是玩手机，所以，一开始这位奶奶每天藏一个衣架在衣服里，孙女一不听话就拿出来当着童萌工作人员的面打孙女。经过一段时间在童萌隔代教育活动中的学习，奶奶慢慢地改变了，她会用更恰当的语言、表达爱的方式去和孩子互动沟通，孩子的妈妈也很开心看到奶奶的这种转变。还有一位外地的老太太来帮女儿带孩子，一开始因为隔代教育的问题，她和女儿天天吵得不可开交，后来，通过参加童萌开展的隔代教育活动，老人和女儿的关系慢慢地缓和了很多。

　　童萌的亲子课程的退课率极低，除少部分家庭因搬家、工作变动等个人原因选择退出以及疫情的冲击外，绝大部分家庭在报名后都完整参加了童萌亲子园的课程。

教师定位：从聘用制到"妈妈合伙人"

1. 普惠定位与聘用专业教师的矛盾

　　在童萌的早教事业中，教师扮演了举足轻重的角色。

　　起初，童萌主要以聘用专业的社会工作者和商业早教老师为主。但随着业务的扩张，童萌发现自身的普惠定位和聘用制教师的诉求存在着天然的分歧。相对较低的薪水和雇佣式的劳动关系可能难以激发老师的内在动力，老师们也较难对童萌形成强烈的归属感。

更为重要的是，对童萌而言，教师归属感低带来的教师队伍不稳定极大地影响了亲子园的课程体验，孩子们刚刚和亲子园老师熟悉起来，开始期待亲子园的课程，老师却离开了门店，不免给孩子和家长留下遗憾。

为此，童萌在刚刚转型为社会企业时就因人员积极性和稳定性差而交了许多"学费"。

2. 从社区妈妈中发掘教师

在 2016 年到 2018 年一次次社区调研和走访之中，毛磊与社区里的全职妈妈们进行了深入的交谈。在表现出对儿童教育的浓厚兴趣之余，许多妈妈都表达了对灵活工作时间和补充家庭收入的强烈需求。毛磊意识到，全职妈妈可能是解决童萌教师队伍不稳定问题的关键。也是从这时起，童萌开始着眼于一群特别的人才——全职妈妈。

在交谈的过程中，毛磊发现，全职妈妈们不仅对孩子的教育有饱满的热情，而且更理解与自己相似的其他家庭的育儿需求，具备了与童萌价值观相契合的潜力。因此，毛磊和团队开始在童萌亲子园进驻的各个社区中寻找那些愿意在家门口工作、对经济回报的期望不太高、追求工作家庭平衡的妈妈们，聘用这些全职妈妈担任教师。按照童萌亲子园的教师工作安排，这些本社区及周边的妈妈老师上班非常方便，工作时间也很灵活。她们可以在早上送完孩子，9:00 到亲子园上班，9:30 开课，中午 12:00 下班，中午可以休息两个小时，下午 2:00 再来上班，4:30就能下班，然后可以回去接自己的孩子。对于不追求高额经济回报的全职妈妈们而言，在童萌的教师工作既可以满足她们照顾家庭和孩子的需求，也可以给她们一定的经济报酬，同时还能收获自我价值感。

起初，童萌通过社区宣传和口碑相传，招募了一批愿意尝试新角色的全职妈妈。她们接受了基本的早教培训后，开始在亲子园中授课。尽管如此，找到真正符合童萌价值观和愿景的妈妈老师并不容易。在聘用制的合作模式下，即使是妈妈们亲自来做亲子园的老师，仍然出现了课程时间安排过于随意、课程质量难以把控等问题。并且老师们的工作热情仍然没能达到童萌所期望的标准，在完成了合同约定的工作内容之后，很难对亲子园的工作有更多的热情投入。有的妈妈老师甚至出现了连续数天未安排亲子园课程的情况。教师积极性的缺失并不符合童萌所追求的普惠早教事业的初衷，也无法使童萌在经营上走出困境。

直接聘用教师意味着童萌要承担高额的人力成本，这一度使童萌面临资金链断裂的危机。据毛磊回忆，到 2019 年春节时，童萌的账户上仅剩几万元。这让他几近绝望，似乎马上就不得不关门大吉。童萌迫切需要一种更为高效且经济的运营方式。

在长达数月的思考与交流之中，童萌的团队成员意识到，要激发妈妈老师的潜能，必须改变现有的激励机制，为此必须从根本上改变童萌与教师之间的合作关系。

3. 合伙人制度带来新的活力

就在这时，毛磊受邀参加了一次与社会创业有关的论坛。在论坛上，他接触到了一些通过合伙人制度成功运作的案例，这些案例激发了他的灵感。他意识到，要真正激发妈妈老师的潜能，必须改变现有的激励机制，赋予她们更多的自主权和责任感。

回到成都后，毛磊与郭丹一起，开始设计合伙人制度的具体方案。他们决定将一些表现优秀、有管理潜力的妈妈老师转变为合伙人，让她们不仅仅是员工，更是童萌的经营者。于是，从 2019 年开始，童萌开始尝试创立妈妈合伙人制度，每个门店发展 1 至 2 名主要合伙人作为主教和副教，让妈妈老师不再是童萌聘用的员工，而是成为亲自打理门店的"店长"、合伙人。

通过这种模式，毛磊希望让妈妈老师在对待亲子园工作的态度上，从一线教师的雇员成长为童萌的管理者和主人翁。通过赋予老师们一定的经营自主权，与童萌共同承担经营风险，并共同分享收益，门店的妈妈老师们能够更好地将童萌亲子园当作自己的事业，更有干劲上好每一堂课，做好每一次知识积累和经验的传递。

（1）合伙模式的慎重推广

如何发展合适的亲子园门店和妈妈老师转型为合伙人，是推行新的制度首先需要考虑的重要问题。童萌的团队并没有简单地将责任推给门店老师，而是对每一位潜在合伙人进行了慎重的筛选和审查。

在推进一家亲子园门店的合伙制转型之前，童萌首先通过门店规模来判断待转型门店是否足够成熟和稳定，如客户数量需要能够长期保持在 20 个家庭以上。即使在新冠疫情期间，当面临资金即将断流的困难时，童萌也没有急于将门店转成合伙模式，而是等到门店的线下运营稳定恢复后，再进行转型。

（2）妈妈合伙人的谨慎筛选

在招募新的老师或发展原有老师为妈妈合伙人时，童萌也采取了细致的筛选过程，比如使用冰山理论来建立胜任力模型，评估现有妈妈老师以及潜在的新老师的稳定性和性格特质，找到那些具备基本学历技能资质、有教育孩子的耐心、家中有一定的其他经济来源、自身有就业补贴家用动机、有充足空闲时间的全职妈妈们。童萌最关注的首要特质并非妈妈老师们在幼教上的专业性，而是妈妈们和孩子互动的方式，她们在家庭中的角色，以及家庭总体的经济状况。

（3）帮扶式的合伙制转型指导

在推进合伙制转型时，童萌充分考虑了改革的困难性与妈妈老师们的适应能力。最初的合伙人转型谈话往往在每周的童萌内部交流学习会后进行。在与门店的老师们进行谈话时，童萌会首先询问妈妈们的合伙意愿，让妈妈老师们认识到合伙制转型后能帮助她们增加收入，掌握门店经营的关键管理权。

在开始实施转型的过程中，童萌的区域经理全力为妈妈们提供培训和辅导，在门店选址、装修、课程设置、宣传、教材编写、教具采购等方面提供贴心的支持，并用童萌自己摸索出的内部知识网络帮助妈妈老师们更好地相互学习和分享经营门店及上课的经验。

亲子园老师转型成为合伙人之后，需要承担场馆运营、物资采购、招生宣传等更多工作，为了尽可能减小合伙人启动门店的经济压力，童萌将合伙制门店的启动押金由最初的一万元降低至五千元，直至后来完全取消向合伙人收取押金；进一步地，将与合伙人约定每月分两次将课程预收款的 60%～70% 直接返还给老师，很好地打消了妈妈合伙人在经济上的顾虑，也让她们真正感受到自己是亲子园的主人，是童萌的一员，全身心地以门店主理人的身份投入到亲子园的工作中。毛磊说：

> 妈妈合伙人一直能够把这件事做下去，很大程度上就是因为她们把这件事当成自己的事干，同时我们又给了足够的分成和足够的善意。我们在过程中从来不用惩罚的方式，我们的老师和我们的区域经理会花很多时间去处理老师的情绪问题。妈妈合伙人其实是职业化不是很高的人。商业机构里面的人干不好你就走，而有的时候妈妈门店没干好，我们的区域经理会帮她分析原因，让她成长是我们的主基调。

在合作的过程中，有些妈妈最终选择自立门户，童萌将其视为成功的标志，因为这表明她们在童萌的平台上获得了足够的成长和自信。

合伙人模式帮助童萌成功度过了财务危机和人员管理危机，提高了教师队伍的稳定性和服务质量。妈妈合伙人作为社区居民和孩子家长的多重身份也增强了童萌在社区的融入度以及家长对童萌的信任，让童萌能够更好地吸纳社区资源促进亲子园业务的进一步发展。

项目裂变：与第三方机构的合作共赢

在明确与社区深度合作的定位后，童萌将作为主场的成都区域的工作基本收回到自己控制之下。但是当童萌试图向成都之外的省市拓展亲子园的业务时，仍然需要找到当地的合作伙伴来负责社区关系的建立和亲子园运营管理等工作。这些合作机构是多元化的，包括专注于综合社区服务、残障儿童关怀、社区治理等领域的组织，分布在广东、江苏、湖北、重庆、云南、陕西、宁夏等各个省份以及四川的其他城市。

1. 寻求共同价值观的最大子集

虽然可能的合作伙伴构成了一个广泛的圈子，但真正与童萌志同道合、价值观完全一致的伙伴只占一部分。童萌在初创阶段对合作伙伴进行筛选时非常重视价值观的共享。他们认为，只有当合作伙伴的价值观与童萌高度一致时，才能确保合作的顺畅和有效。但这种过分追求价值观完全共享的合作理念也使得童萌极难寻找到真正愿意合作的伙伴，合作的广度和深度上都非常受限，并且一旦在合作过程中与伙伴产生理念上的分歧，合作便难以为继。

随着时间的推移，童萌意识到，在实际合作中，寻求一个价值观的共同子集更为实际和高效。为此，童萌将最初的第三方加盟模式转变为共建共享的合作方式，充分尊重合作机构差异化的自身诉求。两种模式的区别如表1所示。共建共享模式不仅扩大了童萌的合作伙伴范围，也使得合作更加灵活和多元。让擅长的人做擅长的事，能最大化发挥各自优势。童萌开始与各种不同背景但有共同目标的机构建立合作，包括社区服务机构、残障儿童服务机构等。

表1　童萌对加盟与共建共享模式区别的思考

项目	加盟	共建共享
社区场地资源链接和关系管理	需要	需要
加盟费	需要	不需要 （零加盟费，按效果付费）
场地设施和设备购买	需要	不需要 （童萌补贴+创业者投入）
服务人员聘用	需要	不需要 （变员工为创业者）
服务人员管理	需要	不需要 （童萌直管，伙伴提供支持和监督）
门店收益	享受盈利的同时承担亏损风险	按服务收入的一定比例分配 （无亏损风险）

2. 共建共享模式

与外地第三方的共建共享合作伙伴建立的合作中，由共建共享合作伙伴负责外地的社区拓展和门店管理工作，童萌则通过技术支持和总体上的运营管理来保证亲子园的发展符合童萌的要求。

首先，童萌为负责当地经营的合作伙伴提供技术、信息系统、课程、教材、培训和知识分享等多方面支持，以确保合作的稳定性和长期性。按照常州童萌的乔总的说法："童萌给我的支持就是全方位赋能，覆盖教学、管理、运营，以及如何与社区对接。"

在运营过程中，童萌总部提供长期的免费培训。如果合作伙伴认为某一个岗位做得不够好，也可以重新回到成都去接受培训，童萌总部会安排一对一教练，手把手地教。

为了事业的发展，童萌主动适应不同伙伴的需求和特点，不强求伙伴只专注于亲子早教，而是在建立共识的基础上寻求合作交集最大化。

　　童萌持续改进招募合适合作伙伴的策略，从早期的区域独家协议到现在的单店合作，力求更全面地考察合作伙伴的管理能力、治理结构以及与社区的关系等多个维度。

　　与原先的加盟模式相比，童萌开始更多地参与外地亲子园的关键管理决策，如课程设计和教师选拔等，以确保品牌和服务质量的一致性。

　　在具体操作上，共建共享合作模式的管理和分成方式在不同地区的实施情况也不尽相同，根据合作方资源投入的比重，童萌的收入分成比例通常在 5% ~ 10%，个别地区达到 20%。比如在常州，作为共建共享合作伙伴的机构有一个独立的小团队，承担了很多当地的管理工作，童萌的分成比例就只有 5%。如果是典型的共建共享模式，童萌就占 20% 的比例。不过，也有可能出现第三方合作伙伴在运营初期不能实现盈利的情况，童萌总部也没有强制要求进行相应的收入分配。

　　经过不懈的努力，目前童萌已经与 20 余家机构建立了共建共享的合作伙伴关系。

展望：童萌的持续发展和新挑战

　　从 2016 年成立至今，童萌已经在成都市及其他省市百余个社区成功运营亲子园，惠及数千个家庭，帮助孩子和家长找到了度过温馨而有意义的亲子时光的场所。童萌也通过不断创业和创新，将普惠早教的理念传播到了更多的社区家庭。

　　童萌在社区普惠亲子早教领域取得了显著的成果，也得到了大量的社会认可。因为在亲子早教和妇女就业方面的成果，童萌获得了四川省妇女儿童公益项目大赛的社会企业示范奖、2020 年公益慈善大赛银奖、2022 年成都市第七届公益慈善交流会公益慈善项目大赛一等奖、2022

年成都社区生活服务"好项目"评选商业服务奖等荣誉。除此之外，四川卫视、新华网等媒体也对童萌进行过专题报道。

在稳步前进的同时，童萌也积极应对外部环境的变化。面对未来的市场挑战，特别是人口出生率下降和公立机构的介入，童萌的客户空间面临着难以避免的缩减。一方面，2023 年全国人口出生率仅为 6.39‰。[①] 另一方面，在国家卫生健康委的主导下，国家正在实施托育建设重大专项，支持托育综合服务中心、公办托育机构和普惠托位建设。[②] 这些宏观环境的变化和政策的新变化在为童萌的亲子早教业务提供支持的同时，也带来了更激烈的来自公立机构的竞争。

毛磊时常想，童萌的意义从来不是大而全的儿童教育培训，童萌也没有资源和禀赋与政府竞争托幼的市场空间。毛磊感慨道，作为和政策强相关的民生事业，政府每年在托幼上的投入都十分充足。地方上妇幼保健系统打造托幼中心的成本高达数千万甚至上亿元，根本不是童萌能够与之竞争的。毛磊希望亲子园首先是帮助家长和孩子享有一段美好的陪伴时光。对此，毛磊的态度谨慎而又充满乐观：

> 在童萌内部其实讨论过我们要不要转型为托幼，后来我们讨论得出，童萌还是希望引导家长更好地陪伴孩子，早教是让家长和孩子有更好的更愉悦的共享的时光。

童萌总部的办公室位于成都一家社区活动中心的二楼，在这间不大的办公室中，毛磊时常在思考，当下的童萌依然处于一个相对细分且竞争不充分的行业之中，即使部分客户因为外部环境的变化而流失，也是不可避免的事情。而眼前童萌能做的，除了开发更多专业性较强的、针对 0 至 1 岁的更早期亲子早教课程，或是进一步拓展童萌在各个城市的

---

① 国家统计局. 中华人民共和国 2023 年国民经济和社会发展统计公报.（2024 - 02 - 29）. https：//www. gov. cn/lianbo/bumen/202402/content_6934935. htm.

② 新华社. 促进"幼有善育"我国大力推进托育服务多元发展.（2024 - 07 - 11）. https：//www. gov. cn/yaowen/liebiao/202407/content_6962619. htm.

版图之外，也许更重要的还是坚守住童萌独一无二的优势，用在多年经营和试错之中建立起来的社区开发能力体系，探寻一条不受限的社区融合发展之路。

（骆南峰　李统鉴　陈雯　付彦　刘彧彧）

企业资料：

1. "童萌亲子园"官方网站：https://www.tongmeng03.com/。

2. 四川电视台第 7 频道搜狐号. 巾帼四川：童萌亲子园——助力全职妈妈们的蜕变与成长，2021－01－01.

3. 童萌社工. 从关注事，到看见人——童萌在知识管理的实践和探索，2021－07－20.

4. 童萌社工. 童萌亲子园 2022 年发展报告暨 2023 年共建共享伙伴招募开启，2023－01－13.

5. 童萌社区早教学苑. 启动资金低至 0 元！童萌亲子园区域共建共享合作伙伴招募，2024－02－23.

6. 童萌社区早教学苑. 童萌亲子园区域共建共享合作伙伴招募常见 Q&A，2024－02－23.

7. 新华网. 赋能全职妈妈　创新服务模式："童萌"开启儿童早期发展服务的普惠探索，2021－07－09.

是光：

用诗歌实现乡村儿童
自由的情感表达

教乡村孩子写诗不是为了培养诗人，而是想告诉这些孩子：要在这唯一一次的成长中，拥有探索的热爱、保持感受的敏锐。即使是愤怒，也可以用一首诗慢慢舒展。我们相信，一个孩子的内在视角发生改变，未来才会有更大的力量改变外部的世界。

——康瑜

2023 年 7 月 3 日，适逢机构成立五周年，昆明市呈贡区是光四季诗歌青少年服务中心（以下简称是光）创始人康瑜写下这样的话："小草在发芽，孩子会长大。幸好光从没有落下每一个人，它会平等地照耀在每一个孩子扬起的脸上。童年里每个清晨读起的小诗，夜里落在笔下的每一个心事，都会汇入山间的小溪和他们的生命里。"

从 2016 年 10 月开始对乡村儿童的诗歌教育和情感表达进行早期探索，到 2018 年 7 月 3 日正式注册为国内首家乡村诗歌公益组织，如今康瑜带领是光已经走过了近十个年头。从最初的"一个人举着火把"，发展到拥有 9 名全职人员、4 名兼职人员、150 余名核心志愿者、400 余名二级志愿者和 2 300 余名三级志愿者的团队，是光队伍在壮大的同时，服务的范围、规模和影响力也在快速提升，截至 2024 年 9 月，是光已服务全国 27 个省份 2 740 余所中小学，让 195 000 余名乡村学生有了人生的第一节诗歌课。

然而，这一路走下来并非一帆风顺，迷茫、痛苦、挫折、落寞，甚至疾病一直困扰着以康瑜为首的团队，但是坚守、快乐、成就、荣耀却始终是是光成长道路上的主旋律。为此，康瑜从未对自己 22 岁时做出的决定感到后悔。

中国乡村留守儿童的现状及挑战

儿童是一个国家的未来和希望，儿童的健康成长离不开父母的养育和陪伴，儿童和父母在一起居住和生活，是父母能够亲自养育和陪伴的基础。随着现代社会经济的发展与城乡结构的变迁，农村留守儿童已成为一个不容忽视的社会群体。

2016年3月，民政部、教育部、公安部联合在全国范围内开展了一次农村留守儿童摸底排查工作。此次摸底排查对象为父母双方外出务工或一方外出务工另一方无监护能力、不满十六周岁的农村户籍未成年人。排查结果显示，截至2016年，我国农村留守儿童数量为902万人。近年来，城乡人口流动呈现家庭化趋势，年轻一代的流动人口更倾向于将子女带在身边。但全国农村留守儿童和困境儿童信息管理系统显示，截至2018年9月，全国仍有农村留守儿童697万。[①]

心理健康的儿童能拥有并保持良好的心理和社会功能，但对中国农村的留守儿童来说，家庭经济条件、与父母的长期分离状态以及祖辈的照料方式等因素，并不利于其保持良好的心理健康状况。2018年，国家卫生健康委在全国12个省（区、市）的27个县（区）开展了一项贫困地区农村留守儿童健康服务需求评估。调查发现，与农村非留守儿童相比，心理健康问题是当前农村留守儿童面临的突出问题，并随着其年龄的增长而日益凸显。[②]

研究表明，农村留守儿童在成长过程中，由于长期缺乏父母的陪伴和直接教育，面临着诸多心理挑战。失衡的亲子教育、青春期的自我认知障碍以及代际教育问题等多重因素，共同构成了农村留守儿童心理问题的复杂背景。需要指出的是，农村留守儿童的心理问题并非孤立存在，而是与社会、家庭、学校等多个层面紧密相连。这些问题不仅影响

---

①　郭申阳，孙晓冬，彭瑾，方奕华. 2019. 留守儿童的社会心理健康：来自陕西省泾阳县一个随机大样本调查的发现. 人口研究，43（6）：33 - 48.

②　刘昱君，陆林，冉茂盛. 2021. 中国农村留守儿童的心理健康：现状、影响因素及干预策略. 科技导报，18（39）：50 - 56.

农村留守儿童的日常生活和学业表现，更可能对其未来的社会适应能力和人格发展产生深远影响。①

创业历程

1. 康瑜的选择

2014 年，在中国人民大学经济学院就读大学三年级的康瑜获得了宝贵的保研资格，命运的齿轮似乎在此刻开始了转动。但是，2015 年 6 月，在毕业前夕，康瑜决定放弃就读研究生，而是用两年的时间去做全职的支教志愿者。这个看似一时冲动的决定，实际上是经过认真考虑的结果。对此，康瑜说：

> 从大一开始我每周三下午的实践活动时间都会去做公益志愿者，那是我最开心的时刻，所以持续做了三年。保送研究生之后，需要以准研究生身份参加一些科研活动，无法周中去做志愿者，周末也时常加班，我开始变得不快乐，脑子里一直在问自己：我最喜欢的是什么？我可以不要什么，但一定要追求什么？我的人生答案为什么要跟别人的一样？我为什么一定要选择一个很好的学历？一个稳定的、有保障的未来对我来说是不是特别重要？有一天，脑子里的一团麻一下子豁然开朗了，当天下午我决定回家当面跟父母说这件事情，说我一年以来所有的思考和规划。

康瑜准备用两年的时间做全职的公益志愿者，但是做什么项目、服务什么样的人群、当前的情况如何、未来的挑战在哪里，她心里并不明晰。但有一点她是非常清楚的：如果不在本科毕业这个阶段拿出大块的时间全职做公益，未来她将不会有这样的时间和机会。基于这样的认

---

① 张婷皮美，石智雷. 2021. 父母外出务工对农村留守儿童心理健康的影响研究. 西北人口，42（4）：31–43.

识，康瑜的立场非常坚定，开明的父母虽然对她的决定抱有不小的疑虑，但是仍然选择相信女儿并愿意给予她尝试的空间。在经过一番调研之后，康瑜决定参加支教形式的公益项目，到云南省保山市昌宁县漭水镇去担任一名志愿者教师。

2. 漭水镇的"初尝试"

2015 年 9 月，23 岁的康瑜来到漭水镇唯一的中学——漭水中学任教。漭水镇地处昌宁县东北部，地势西北高、东南低，北临澜沧江，西部为松籽山坡头。漭水镇东与耇街彝族苗族乡隔江相望，南与临沧市凤庆县接壤，西与田园镇毗邻，北与大田坝镇交界，行政区域面积为 311 平方千米。截至 2019 年末，漭水镇户籍人口为 27 468 人。

从经济发展水平上看，根据昌宁县政府公布的数据，到 2024 年，漭水镇在全国防返贫监测信息系统中仍有 1 615 户 6 028 人。从历史上看，作为劳务输出大市——保山市的组成部分，漭水镇的劳务输出一直是支柱产业之一，据不完全统计，漭水镇的外出务工人数有 4 500 多人。基于这种情况，漭水镇留守儿童一直是突出的社会问题。

和许多支教大学生一样，康瑜也是抱着一种使命感而来，即"帮助孩子走出大山，通过读书改变命运"。为此，康瑜经常徒步二三十公里去家访，每天拿出额外的时间为基础薄弱的学生补课，她还发起了"百团大战""十佳校园歌手大赛"等活动，鼓励孩子们培养多方面兴趣爱好。在康瑜的努力下，她带的全校最头痛的"问题班级"创造了奇迹：成绩第一次超过了尖子班。

直到有一天，漭水中学于春云校长的一番话，让康瑜认识到之前的努力方向需要纠正。于校长说："你知道这个小镇最后的主人是谁吗？就是这些考不出去、最终留在山里的孩子。他们现在怎么样，未来的小镇就是怎么样的。"这番话让康瑜认识到一个不得不承认的现实——优等生只是少数，更多孩子是普通人，甚至厌学、逃课、打架、早恋。家长们远在外地打工管不了，老师们也大多无可奈何。所以，让少数孩子考上大学并不能从根本上解决乡村儿童的问题。但是，怎样做才能让这些孩子更好一点儿，让小镇的未来更好一点儿呢？康瑜没有答案。

3. 与诗歌的"偶遇"

答案似乎在不经意间不请自来。康瑜支教第二年秋天的一天，她正在给孩子们上书法课，外面突然下起雨来，雨点滴滴嗒嗒地敲打着玻璃，孩子们都忍不住往窗外看。康瑜灵机一动："既然大家都喜欢下雨，那咱们索性不写字了，听听雨声，看看雨花儿，给它们写一首小诗吧！"孩子们感觉到既有趣又新鲜，开始尝试在纸上写下自己人生中的第一首诗，教室里安静下来，只有窗外淅淅沥沥的雨声。这时，康瑜发现一个坐在角落的女生忽然哭了，吧嗒吧嗒掉眼泪。康瑜走过去，看到她写在纸上的一首诗："我是一个自私的孩子，我希望雨后的太阳只照在我一个人身上，温暖我；我是一个自私的孩子，我希望世界上有个角落能在我伤心时空着；我是一个自私的孩子，我希望妈妈的爱只属于我……"这个女孩的妈妈在她5岁那年去世了。看着她，康瑜感到很心疼，但也突然明白了一件事：这些乡村里的孩子们，从小经历了很多的贫穷、苦难、分离，或许他们需要的是表达、被倾听、被关注，写诗不就是一种最好的方式吗？

从那以后，每逢下雨天，康瑜就会暂停讲课，和孩子们一起听雨、写诗。一个学期后，她在校长和其他当地老师的支持下，开起了固定的"四季诗歌课"（见图1），分别叫春光、夏影、秋日、冬阳。诗歌课开了一年后，老师们发现这些孩子写的作文越来越有诗意，也变得更有自信心，打架、逃学、违纪等现象大幅减少，行为举止也更加规矩。

图1　浕水中学的四季诗歌课

于校长说："开设诗歌课后，砸玻璃的行为少了许多，现在此类行为更多会被一首首愤怒的小诗所替代。"① 2017 年，这场"四季诗歌行动"获得了首届哈佛 SEED 社会创新挑战赛银奖。随着诗歌课越来越受欢迎，康老师的人气也越来越高，连学校里一贯调皮捣蛋的"问题少年"都对她敞开了心扉，尊称她为"康老大"。

4. 重回大山

2017 年夏天，康瑜结束了两年支教工作，回到了山西太原的家中，准备申请去国外攻读硕士学位。然而，教师节当日收到的意外礼物，让

---

① 这句话后来演变成了是光的口号："会写诗的孩子不砸玻璃。"英文版或许更好地表达了其中的意义：They used to break，now they create.（他们曾经破坏一切，现在则开始创造世界。）

康瑜再次做出了不同寻常的决定。康瑜说：

> 我离开之后，很多项目都停掉了，但是只有诗歌课还保留着。孩子们仍然会按照我们之前的约定，每周五晚上把诗写好，然后塞到我之前住的房间的门框下面，就这样积累了一箱子诗和信件，学校就寄给我了。

箱子里有一封厚厚的信，是一个 13 岁的女孩写的。她在信里写道："老师，其实我不是没有爸爸的孩子，我爸爸在我很小的时候就住进监狱了。当别人骂我是没有爸爸的孩子，是阴沟里捡来的，我从来不敢反抗。但是老师你知道吗？当去年的诗歌大赛，我把我得了二等奖的诗拿给大家看，他们又说我是抄的时候，我说这个诗是我写的！康老师，你知道吗？那是我人生的第一次反抗。"她还在信里说："老师，我想许一个愿望，我希望有更多像我这样的孩子，能够在诗歌里面，找到自己。"

"找到自己"这四个字，一下子击中了康瑜的心。她第一次如此强烈地感受到：原来诗歌课可以带给孩子们如此真实的心灵力量。她一直执着的"未来小镇主人"的模样，在孩子们的诗歌里看到了。

2017 年 11 月，康瑜带着一套"四季诗歌课程"重新回到漭水中学，这套课程是她和第一位加入的志愿者王庆[①]、同在漭水中学支教过的浙江大学毕业生章玲琍[②]，以及其他重要的支教志愿者们共同研发出来的。这一次，她不再是支教老师，而是要着力打造一个用诗歌课程帮助乡村留守儿童进行自由情感表达的公益项目。漭水中学是"四季诗歌行动"的发源地，也是康瑜力量的源泉。康瑜决定回到云南，以漭水中学为基地探索诗歌课程推广的可行路径。但是，由于项目处于初始阶

---

① 王庆是康瑜大学的同班同学，一直以志愿者身份担任是光课程研发中心的负责人。
② 章玲琍也担任过漭水中学的支教志愿者，并一直以志愿者身份担任是光品牌维护中心的负责人。

段，课程设计、教师力量、资金支持、商业模式等都处于不明确的状态。凭借着和志愿者们开发出来的早期课程包，康瑜开始了一个人拖着箱子在云南大山的学校间行走推广的旅程。康瑜说，那时的感觉是"一个人举着火把在黑暗中行走"。

5. 天降田田

联合创始人张田田的到来给是光注入了宝贵的力量，直接推进了是光从一个项目到一家独立机构的转换进程，也使是光的运营走上了规范化的轨道。加入是光之前，张田田已有丰富的项目管理经验，她负责原就职机构在全国范围内开展的项目运营，包括对内协调各地区办公室的业务开展，对外定期与来自国外知名企业的资助方沟通项目情况。同时，她还在教师培训、课程研发等方面有不少的实践经验，尤其擅长通过建立行之有效的制度的方式，让机构运营变得更加高效。

在一次公益活动上，田田被康瑜讲述的是光故事打动，被孩子们写的诗歌震撼，在康瑜的极力邀请下开始作为志愿者参与是光的活动，她完整策划了溧水中学学生前往南京参加先锋书店跨年音乐会的活动。活动很成功，田田也得到很多正向的反馈。田田说：

> 康瑜当时天天问我要不要一起来做。她很直接，她说你能力这么强，要不要来创业一起做这个事情。虽然我对整个项目还不是很了解，但我对康瑜这个人有认同感。我提了一些关键的问题，她的回答逻辑清晰，给人的感觉是经过仔细思考的，不像是为了做项目而做项目，而是基于真实需求和问题。

当时恰逢机构转型，田田的工作面临巨大挑战，精神压力很大，甚至身体都出现了一些状况。但是参加是光的活动让田田获得了新的动力和生机，与孩子们的接触也使她感到焕发活力。经过一段时间的考虑，2018 年 3 月，田田决定以合伙人的身份正式加入是光。

6. 机构诞生

田田加入后，开始和康瑜一起为机构注册事宜奔波，先后在北京和上海做了很多尝试，没有成功，后转战云南。由于康瑜在云南支教成绩优异，得到了政府相关部门的认可，是光得以在短时间内成功注册。2018 年 7 月 3 日，公益组织"是光诗歌"正式诞生，康瑜和田田一起举着那张宝贵的证书（见图 2），记录下了这个对是光来说具有历史意义的时刻。

图 2　是光诗歌的民办非企业登记证书

虽然只有康瑜和田田两名全职员工，但是她们并不感到孤独，因为背后还有很多专业的老师、志愿者以及前期通过公众号积累的众多粉丝在关注和支持着她们。康瑜说：

> 2018 年 7 月 3 日，我和田田一起举着'是光'的公益组织证书，那个时候我们有了正式的身份。虽然不知道前路有多少困难在等着我们，但幸运的是，开始出发的那一刻，就有一群人说，要一起。

机构正式注册后，康瑜和田田开始积极申请项目，很快获得了西部阳光桥畔计划8万元的资助。有了这笔资金，机构开始正常运转，但是实际的情况却相当艰难。康瑜说：

> 我记得有很长一段时间，全职只有我和田田两个人，我在外面比赛，田田在大理打包寄送给老师们的课程包。那个时候没有钱开发网站，每一份不同季节和年级的课程，都需要一点点儿挑拣、核对、打包、打单号，再带去邮局。我时常在凌晨三四点收到田田和志愿者们在群里发的"收工"的消息。

对于最早的这批志愿者，他们的付出和坚持让康瑜一直很感慨。他们不仅从一开始就与是光紧密地团结在一起。时至今日，这批志愿者几乎一直都在为机构的建设努力。田田回忆起那一段的时光，对志愿者的无私奉献精神也尤为感叹，她说：

> 开始的时候我们只有两个全职，很多事情做不到也不一定能做好，但得益于我们强大的志愿者团队的帮助，他们无论本职工作多忙、做到多晚，都会在第一时间完成在是光的工作。如果没有这一群可爱、有才华、有责任感的志愿者伙伴们的参与，是光很难发展到现在的状态。

经过六年的探索，截至2024年，是光诗歌已经服务了包括云南、贵州、湖南、广西、山东、河南等27个省份2 740余所偏远地区中小学，让195 000余名孩子有了人生的第一堂诗歌课，并在云南省保山市昌宁县漭水镇与当地政府一起建设了全国首个诗歌小镇。是光诗歌也获得了很多的社会认可，包括2018年中国公益慈善项目大赛金奖、2019年社创之星全国总冠军、2020年行动者联盟公益盛典"年度十大公益创意"、2021年南方周末筑梦者公益大会年度创新案例、2022年行动者联盟公益盛典特别贡献奖、2023年南风窗社会创新大会中国社会创新榜样等奖项（见图3）。康瑜和田田也分别于2019年和2020年入选"福布斯中国30位30岁以下精英榜"。

图 3　是光诗歌获得的部分奖项

从内部管理来看，是光的组织架构也逐渐完善起来（见图 4）。目前机构由九个部门构成，分别是项目部、品牌筹款部、研发部、评估部、法务部、志愿者管理部、发展部、财务部和行政部。各部门各司其职，覆盖了机构运营管理的方方面面。比如，研发部负责课程研发和培训研发；品牌筹款部负责品牌维护、品牌拓展和筹款；项目部负责项目管理、数据管理和对外合作；志愿者管理部负责日常运营和志愿者活动等。九个部门中，除了项目部、财务部和品牌筹款部由全职人员担任负责人外，其他的部门负责人都是由核心志愿者担任。所有部门的负责人均向由康瑜担任总干事的总干事办公室汇报。

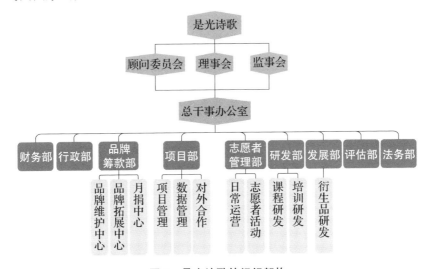

图 4　是光诗歌的组织架构

从诗歌课程的效果看，在三一公益基金会的资助下，以北京师范大学师生为主的七悦团队对是光项目学校的1 923名学生评估后发现：经过一学期的诗歌课程，学生在陪伴感、感受力、想象力、表达力、自信心和师生关系方面均有显著提升（见图5），其中陪伴感、想象力、表达力、感受力方面尤其明显，分别提升了7.6%、5.0%、3.9%和3.8%。评估还发现，乡村教师们的教学方式也发生了明显的变化，不再倾向于控制课堂或灌输知识，而是以学生参与为中心，为学生提供表达和对话的机会。在互动方式上也由批评和指责向肯定和鼓励转变，师生关系发生了显著的变化（见图6）。同时，乡村教师们在参与过程中由于被看到、被关注、被赋能，也获得了自信与成长。①

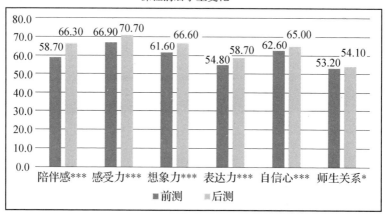

课程前后学生变化

P值<0.05*，P值<0.01**，P值<0.001***

课程前后六大维度得分情况（百分制）

通过对课程干预前后的学生表现做均值T检验得出：经过一学期的诗歌课，学生陪伴感、感受力、想象力、表达力的变化尤为明显，均有较大幅度提升。

图5 是光诗歌课程效果评价——学生的变化

---

① 北京七悦社会公益服务中心．昆明市呈贡区是光四季诗歌青少年服务中心诗歌项目评估报告，2022.

教师对学生看法的变化

	前测	后测	*P*值
内外向情况	1.41	1.72	0.000 0
性格与问题行为	−0.60	−0.77	0.016 9
认真努力情况	−0.50	−0.41	0.173 1
情绪稳定情况	1.50	1.72	0.001 3
好奇与创造力	0.46	0.23	0.002 7

"学生们变得更爱表达了"
"敢于和别人相处和交流了"
"自习和学习的时候更能静下心来了"
"学校学生行为问题减少很多了"
"学生变得爱思考了，写出来的东西也变得更生动形象了"

图 6　是光诗歌课程效果评价——教师对学生看法的变化

项目构架

是光的快速发展得益于其在探索过程中不断发展出来的较为规范的项目构架，包括上游的诗歌课程开发、中游的课程落地和拓展，以及下游的诗歌产出（见图 7）。

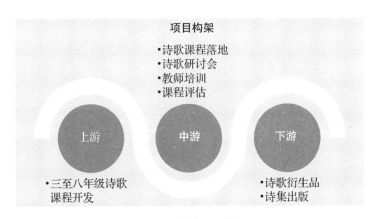

图 7　是光的项目构架

1. 上游：诗歌课程开发

对于那些在乡村留守的孩子来说，希望爸妈回来，或者老师额外多花心思关照，客观上都很难实现。因此，康瑜希望孩子们自己能从日常生活和大自然中发现宝藏，保持对生活探索的热情。即使考不上大学，留在家乡务农，仍然能够在日常生活中感受自然和周围事物的美好，从而保有幸福感。

但是，在机构创办初期，康瑜发现市面上基于这个理念研发的诗歌课程很少，只能依靠自己开发。为此，康瑜找了专业的诗人朵渔老师和蓝蓝老师、一线诗歌教育者，以及优秀的语文老师等组建团队，经过近四年的打磨，设计出三至八年级的系列诗歌课程。以一年为一个周期，每年分设"春光课""夏影课""秋日课""冬阳课"四期，每期课程共三个必修课时，将诗歌、戏剧、绘画以及音乐进行多元结合。康瑜说：

> 我们结合了现代诗歌发展、儿童心理学以及语文课标来研发课程内容。比如，三、四年级小孩会更喜欢具象的事物，我们会安排他们进入"不可思议的王国"，观察自己的脚印、云、西瓜等，充分开发他们的想象力、感知力。而七、八年级的学生更关注抽象的东西，我们会和青春期的孩子一起讨论爱，讲世界上最酷的孤独，我们还会设计一些与情绪、情感、自身力量相关的主题，让孩子一起来探索。

目前，是光诗歌采用分年级、分季度的原则，已经设计出一整套以四季为主题的课程体系（见图8），课程内容将家乡、生活、气候、情感、自我认知探索等多样化元素与诗歌相融合，从而借助诗歌让乡村儿童产生与世界万物的感知和联结，学习表达和思考，从而促进其人生观、世界观和自我人格的发展。

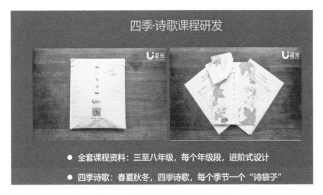

图8　是光诗歌的课程体系

是光诗歌的课程体系由针对三至八年级开发的 24 个课程包组成，每个年级四个课程包，分别对应四个季节，每个季节的课程包里有三节课，这就构成了是光的基础课程体系中的 72 节课。是光诗歌的每个课程包里都有逐字教案、诗歌读本和课件 PPT。逐字教案（见图 9）是由研发部精心设计，为教师提供的标准化的"行动指南"，教师可以在是光教师课程网站下载，为教师节省了大量的时间。诗歌读本共有小低（3~4 年级）、小高（5~6 年级）、初中三个版本。针对不同年龄特点，每个版本各辑录 100 余首诗，并邀请国内优秀诗人与诗歌爱好者进行逐一鉴赏。是光希望孩子们通过好诗的滋养，在成长的道路上学会正确地

图9　是光诗歌的逐字教案

认识自己、认识社会，进而认识世界。课件 PPT 由专业志愿者设计，与逐字教案配合使用，设计美观、内容丰富，可以在是光教师课程网站下载。

是光诗歌的课程包中还包括很多课程物料（见图 10），包括诗歌本子、诗歌卡片、诗歌阅读栏、荣誉证书、小贴纸等，有助于教师自主设计班级诗歌文化营造的方式并开设诗歌课堂。此外，教师在是光小程序上的打卡记录可用于兑换文具、文创或周边产品，以作为奖励学生的礼物。

图 10　是光诗歌的课程物料

新冠疫情期间，为了适应各地教学由传统线下授课快速转为线上授课的形式，也为了保持项目服务稳定的推进，田田提出应该快速研发更适合线上授课的、更轻量的新课程。因此，是光特别发起了每周"星星口袋"诗歌系列课程，让孩子们在那些必须待在家的特别日子里，写出过去的快乐、自由、真实，感受现在的害怕、勇气，然后把这些像星星一样的诗句装到口袋里，等以后遇到艰难的日子，可以拿出来看。超出是光团队预料的是，课程一经推出便受到了比以往更多的老师和学生的欢迎。每期课程推出，是光的课程后台总能收到数以千计的小诗。这些诗歌来自是光全国各个项目地，孩子们借助这个机会在诗歌里诉说自己没有被认真倾听的想法。疫情结束后，由于孩子们的喜爱，是光将"星星口袋"保留下来作为拓展课程并不断丰富内容。此外，由于诗歌的素养需要积累，是光在 2 000 多名志愿者的大力支持下，每个季节为"诗歌晨读"课程录制音频，即将诗歌以及自己对诗歌的理解录制成 5 分钟左右的音频，供乡村教师在每天早读时播放。到目前为止，是光已开发出 1 000 多节诗歌晨读课。

是光的课程研发团队包括三个主要群体：其一是课程研发志愿者和兼职团队，由王庆博士带领，主要负责课程研发，其后田田邀请作家吴莹加入，在为课程注入新力量的同时保证了研发团队稳定、高质量的产出；其二是诗人团队，由朵渔老师带领，主要负责诗歌的审核、诗歌专业度的把关；其三是教师团队，包括正在授课的一线乡村教师，多为已经教授是光诗歌课程三至四年的乡村教师，他们在课程落地阶段提供丰富的经验和宝贵的反馈。三个群体通力合作，每年持续对是光的诗歌课程体系进行修订和优化。

2. 中游：课程落地

田田作为是光的联合创始人，负责的工作中最重要的部分是课程落地和乡村诗歌教师管理。基于之前的工作经验，田田深刻地认识到标准化的重要性，也意识到为了推动是光的规模化发展，必须采用标准化的方式提升机构的运营能力。为此，田田加盟是光后，给自己布置的第一个任务就是"将整个流程清晰地梳理出来"，包括课程产品的标准化形态、教师招募及后续管理、教师培训产品的梳理与执行流程等。田田说：

> 首先，我建立了一套管理流程，确保一切有条不紊。然后，我考虑了如何激励老师、给他们赋能。在第一年，我主要致力于建立这些基础流程，然后在此基础上逐步进行迭代。我们的目标是通过标准化的产品提升我们的运营能力。后来，我们推出了不同的标准

化产品，如诗歌教室、诗歌校园等，这都是在老师管理的基础上进行的升级。

梳理了流程之后，田田开始着手招募教师的工作。实际上在机构注册之前，2018 年 3 月，是光曾经通过公众号开展过一次公开招募，共有来自云南、山东等地的 97 位老师报名参加，其中 20% 左右为乡村教师，大部分是"美丽中国"的支教老师。

但是，在诗歌课程的目标服务对象上，康瑜和田田有不同的看法。康瑜认为应该以乡村教师为主体，同时包含在乡村长期支教的教师，也就是持续支教至少一年的教师。而田田则认为应该集中服务于乡村教师。田田说：

> 我认为是光的使命不仅仅是教孩子写诗，更是要给乡村教育赋能。我向康瑜提出，是光将来真正要服务的对象应该是乡村的老师，而不是支教志愿者。支教老师成果固然很好，但他们无法提供长期的陪伴，而我们强调的是陪伴。康瑜一开始难以接受这个改变，因为她本身是支教老师（出身），但我向她强调，乡村老师的认同是我们项目可持续和成功的关键。

这是一个关于是否一刀切的重大决定，康瑜和田田甚至还为此事吵了一架。虽然心理上很难接受，康瑜经过慎重考虑之后，还是很快接受了田田的方案。回忆起当时的情形，康瑜说：

> 当时这个决定看起来是很果决的，但对我来说难的是：要拒绝掉同样为乡村孩子授课的支教老师，我曾经和他们一样，在那两年里也渴望过有这样一套诗歌课程。但现在回头看，这个决定是对的，它让项目更能集中服务乡村教师，完全围绕这一固定群体开展。如果再来一次的话，我可能还是会争取我的想法，但最后结果应该还是会接受田田的方案。

这一决定实际上会反向影响到课程设计的思路，要求在课程设计上充分考虑乡村教师的特点。田田说：

> 给乡村教师用的课程，一定要做到老师看完我们给的逐字教案、课程 PPT 之后，大概在半小时内就能备完课，不需要用过多的教材，就可以完成基本授课。此外，是光在逐字教案里并不会写上标准答案或固定一个模块，而是会给很多的方案和建议，老师们可以根据自己班上学生的情况来挑选不同方案上课，另外还有可以修改的 PPT。

目前，是光每个学期都会开展一次全国性的教师招募，并且用非常严谨的态度和方式来选择教师。之所以用严格的标准进行筛选，是因为是光很早就认识到优秀的师资队伍的重要性。田田说：

> 当时我们有一个想法，如果用免费的方式吸引老师来，无偿把课程给他们用，其实会造成很多的浪费。因为我们不清楚他们是因为课好能使孩子们受益来的，还是因为免费来的。如果我们不经严格筛选，无差别地让他们进来，后期管理成本就特别高。我们希望每一个来申请我们课程的老师都能够很好地去利用它，所以决定一定要设置审核机制，老师来申请，我们加以审核，其实也是在筛选我们的种子用户。

为了筛选到合适的教师，是光对于教师、课程以及学校都提出了明确的要求。首先是对教师的要求：必须是三至八年级的乡村教师，有至少一年的教学经验，有强烈的诗歌授课意愿，可持续授课一年以上，保证参加每次的线上教师培训，接受以学生为主的新式课堂。此外，是光还要考察教师对诗歌的理解，是否关注学生的心灵成长，是否关心学生的情绪情感，是否只看成绩等。其次是对课程的要求：包括至少保证一个季度三节诗歌课，每天早上 5~10 分钟诗歌诵读，申请通过后按项目要求定期反馈授课情况。对学校的要求包括：校长愿意支持诗歌课程在校内的开展，学校至少要有多媒体等硬性条件。这就意味着，乡村教师在申请成为是光诗歌教师时，就需要获得校长认可。康瑜说：

> 我们没办法做到与每一位老师所在学校的校长联系，我们发布招募，在申请表中明确告知老师们："您需要提前得到校长的支持，是光没有办法来负责说服校长。如果您通过筛选获得了是光诗歌教师的资格，您要拿着它来和校长商量未来的诗歌排课。"还有很重要的是我们会跟学校签协议，需要老师协助和校长沟通，校长作为法人来签协议。

康瑜知道这是很重要的一步。曾经做过乡村支教教师的她深知校长是否支持和校长实际的态度太重要了。是光希望通过比较正式的审核和签约的过程，帮助乡村教师用主动的方式，让校长看到他们在积极地为学生发展努力。康瑜认为，这会进一步影响到校长，甚至会影响整个学校。

诗歌教师招募完成后，是光和学校签订课程落地合作协议。协议规定由是光免费、持续供给一年的课程和培训，学校则需要负责安排相关课时。在具体的课程安排上，是光并不对学校做过多要求，只需要教师在一个季节里上满三节课即可。在实际操作上，有的语文教师会将诗歌课程放在阅读课、作文课或者语文课上，有的教师则会放在拓展课，也有的学校会借助课程办兴趣班、社团，针对全校学生授课。

在课堂上，是光要求教师把握三个原则，分别是："个性比黄金更宝贵""没有标准答案""每个孩子都是最特别的"。这是康瑜给教师们培训的第一节课的内容。她希望这些原则能指导教师与学生进行更融洽的互动，看到学生身上更多的闪光点；而学生也可以在课上更轻松、更自由地想象和表达。

3. 下游：诗歌产出

除了课程研发和项目落地，康瑜深知还需要进行外部拓展，而这部分更多地承担着品牌推广和筹款的任务。品牌推广的内核，几乎只围绕一个简单而执着的愿望：被看到。康瑜希望通过外部拓展让小诗人能够被看到，让他们的诗能够被听到，让乡村诗歌教师的努力和贡献能够被看到。为此，康瑜开始尝试谋求与企业、平台甚至政府部门合作，拓展展示的渠道。

2017年12月31日，在于校长的支持和带领下，康瑜带着18名云南的孩子去南京先锋书店参加了跨年诗歌音乐会（见图11）。那是一场全国性的诗歌音乐会，线上线下同步直播，线下有2 000多人参加，线上有200多万人观看，影响力很大。孩子们和众多著名诗人一起读诗跨年。看着孩子们勇敢地将自己写的诗歌诵读、演唱出来时，康瑜一瞬间泪流满面，她在心里说："孩子们，你们可能不知道，给你们找个大的舞台，让这些赞赏的目光投向你们，从2016年带你们写诗的第一天开始，就成为了老师的梦想。"会后，康瑜和志愿者们又带着孩子们参观了南京博物馆、中山陵、南京大学等地。南京之行开阔了孩子们的眼界，树立了他们的信心。

图11　小诗人在南京诗歌音乐会上的开场表演

从那以后，是光每年都争取和大型公共平台合作，努力为小诗人打造展示的舞台，同时也为小诗人和指导教师组织诗歌游学。2019年1月，康瑜带着来自全国6个省份的19名师生来到北京参加第三届界面臻善年会并进行游学。2020 年 10 月，是光团队带着 7 名云南大山里的小诗人到北京中山音乐堂参加了"叶嘉莹文学纪录片《掬水月在手》诗词诵读暨电影鉴赏会"并开展游学活动。2023 年 5 月，是光项目部成员带领来自漭水的 7 位小诗人和 2 位诗歌教师前往北京参加节目《经典咏流传》的录制并参观天安门和故宫等。这些活动的开展，让更多的小诗人和乡村诗歌教师被外人所知，也让更多的社会人士认识了是光及其所作的努力。

除了年度的诗歌展演和游学活动之外，是光也在致力打造诗歌的公共展示平台（见图 12）。一方面，借助与《诗刊》《儿童文学》《读者》《青年文摘》等国家级、地方级杂志刊物合作的方式，分享和展示各学校被评选为"是光小诗人"的学生的诗歌作品。另一方面，为了让更多学生的作品能够获得被展示、被认可的机会，上诗歌课的学生可随时把诗歌交给任课教师，让任课教师用小程序打卡的方式发给是光项目管理部。经过评选后，优秀的作品会被发表在是光公众号的"诗光"板块上。获得发表机会的小诗人不仅能够收获荣誉，也能够获得相应的稿酬。康瑜希望孩子们获得"自己能够赚钱"的自豪感和"有用"的价值感。

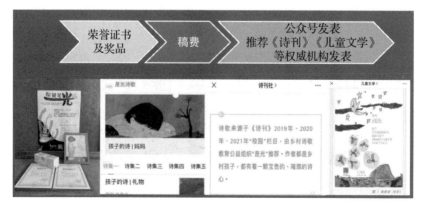

图 12   是光给予学生的认可和支持方式

2020 年 5 月，经过长时间的筹备，是光联合"果麦文化"出版了第一本诗集——《大山里的小诗人》（见图 13），全书采用全彩印刷，收录了 120 首孩子们的小诗。除了诗歌之外，这本诗集中还配了73 幅插画，是从"果麦文化"全网招募的 500 多位画家、艺术家、插画师提供的作品中选出来的。这本诗集一经出版就受到了广泛的关注，获得了"学习强国"的报道，并入选了当年"豆瓣年度中国文学榜单"。

图 13　是光出版的第一本诗集

除了发表，是光也在为小诗人寻找更大的展示机会。2020 年 4月，在《赢在中国》总策划、中国人民大学校友高强老师的帮助下，一首是光的诗歌展现在纽约时代广场的大屏幕上。这首由 14 岁小诗人李玲撰写、全网征集最佳翻译、由漫画家阮筠庭老师配画的小诗——《黑夜》就这样亮闪闪地呈现在国际舞台上（见图 14）。康瑜说：

　　有意义的事情是会有价值的，我们要做的是让这部分价值被更多人看到。这个信念一直贯穿"是光"的品牌从零开始搭建到现在的全过程。目前是光在公益和商业领域都有了不小的知名度。

图14 《黑夜》中英文诗配画

乡村诗歌教师赋能

1. 小程序开发助力社群发展

在是光正式注册之前，四季诗歌项目已在云南地区推广，与13所乡村学校开展了诗歌课程合作。2018年，项目面向全国乡村中小学开始第一次公开招募，97名来自62所乡村学校的支教志愿者和乡村教师加入是光诗歌的教师队伍。2018年9月，完成机构注册的是光进行了第二次公开招募，与全国297所乡村学校签订诗歌课程合作协议。到2019年春季，招募到的诗歌教师累计覆盖609所乡村中小学和53 600余名学生，机构进入了快速发展阶段。

在这样的背景下，为了保证课程质量和授课效果，为乡村诗歌教师赋能成为项目成功落地的关键。很显然，之前主要依靠的线下拜访和课堂辅导的方式不可持续，必须发展出新的模式。2019年8月，在经过多次试错迭代之后，是光独立研发出"诗歌课程和教师管理"小程序，项目实现了全面升级。

在这个小程序上，乡村诗歌教师可以下载课件，也可以对课程进行反馈。田田认为，是光和教师之间的互动，特别是和教师建立起情感链接非常重要。为此，是光鼓励教师在小程序上打卡、反馈，发布上课的精彩瞬间等。田田说：

> 老师有任何对我们课程的反馈，或者是上课的精彩瞬间，他们都可以在小程序中发表、打卡，就像发朋友圈一样。我们项目部的工作人员每天非常重要的工作就是去刷小程序，跟老师们互动、给老师们点赞。即使老师们发的朋友圈消息跟我们项目没有关系，比如有什么开心的事，或者是在教学上有什么成果，我们也会主动去跟进。

康瑜对于"情感链接"的重要性也非常认同，她认为是光所做的每一个项目都不是为了项目本身，而是为了看到人的存在。小程序的开发也同样是为了更好地看到人，而不是作为项目的工具。康瑜认为一个项目是否成功，不应当用服务多少人群、产生多少收益等指标来测量，而是应当用与人建立的链接来测量，包括和孩子们的链接、和教师们的链接以及教师与教师之间的链接等。由于乡村诗歌教师是项目落地的重要力量，与他们建立起情感链接，让他们和是光一起成长、一起共创就成为是光价值创造的重要一环。康瑜说：

> 乡村教师需要作为生命个体被看到、被支持，他们以前是很难被看到的。我们的老师都是那种内心有一团火的人，他们是真的很热爱教育，但是跟孩子们一样，没有渠道被看到。在是光项目落地的过程中，有非常多乡村教师被改变的例子，他们每次见到我们，就会拉着我们的手，哭着讲他们的心路历程。

为了鼓励教师在小程序上打卡和分享，小程序上设有积分商城，给予教师打卡、分享等行为发放积分，来增加他们反馈的积极性。康瑜和田田认为，通过打卡和分享（部分课程反馈见图15），至少可以知道教师有没有上课，然后还可以通过打卡的内容大概判定他们的上课质量。打卡的要求是硬性的，如果教师无法在规定时间内打卡，可以在一周内补打卡。对于无法保障教学质量的教师，是光会取消其申请资格，且会影响到所在学校其他教师的后续申请。

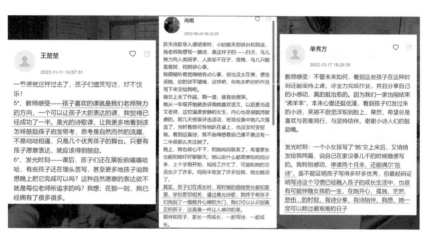

图15　诗歌教师在小程序上的课程反馈

为了鼓励教师更积极地分享和反馈，是光也对教师们采取了一些激励措施（见图16），比如，教师在小程序上的每一个行为都会得到积分，积分可以免费兑换是光的小礼物，如教材、诗歌书籍，以及一些好玩又实用的衍生品等。此外每个学期末，是光会进行星级教师的评选，并给予获奖者奖品、奖牌等激励。

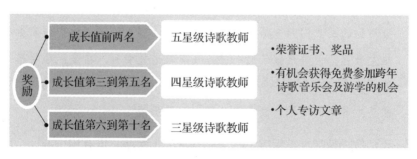

图16　星级诗歌教师评选与激励

　　康瑜认为，小程序的打卡、反馈、分享方式以及相应激励机制的设置，可以实现是光项目管理的闭环。一方面，是光可以通过小程序积分和反馈了解教师上课的情况，把控课程的质量；另一方面，是光可以通过反馈了解教师上课过程中的困难和挑战，作为优化课程体系的重要输入。更重要的是，小程序也扮演了教师授课经验分享的平台。在这个平台上，乡村诗歌教师成为一个紧密的社群，相互借鉴、相互学习、共同成长，也能够与王庆博士带领的课程研发团队一起优化课程体系，每个人都可以在其间扮演积极的角色，这样的共创平台是轻松有趣、富有生命力的。

　　随着乡村诗歌教师人数的持续增长，为了更有效地管理，田田尝试按照地域将教师划分为不同的小组，建立微信群，选拔积极的教师担任小组长，由其负责收集信息反馈、督促打卡等。为了激发小组长的积极性，是光制定了《小组长管理手册》，其中包括积分、线下培训等激励措施。这种教师小组半自主管理的方式不仅可以大大减轻项目组的工作量，也有助于提升教师自主管理的能力，促进社群的成长。

2. 线上+线下培训赋能教师成长

　　是光通过不断优化的课程包为诗歌教师赋能，包括逐字教案、课程PPT，还配有好玩的诗歌卡片、诗歌读本等物料，确保教师只用半小时备课，就可以完成基本授课。除此之外，教师还可以在小程序上反馈问题和学习别人的成功做法。但这并不意味着，每一个乡村教师只要具备以上的条件就一定能够上好课，他们既需要增强信心，也需要提升能力。田田说：

　　　　部分老师年龄比较大，有的老师没有读过大学，没有接触过现代诗歌，他们自己往往没有太多信心可以教好。而当地老师又无法取代。权衡再三，团队决定走培训乡村一线老师的路子。一旦可以突破，诗歌就可以在当地扎根了，这些乡村的一线老师可以用诗歌长期陪伴乡村的孩子们。

为了提升乡村诗歌教师的能力，从而提振他们的信心，是光采用线上和线下相结合的培训方式。线上培训通常安排在周五或周六晚上，每次培训前，"是光小助手"会在微信群中提醒培训时间。线上培训主要在"是光"培训钉钉群或"是光诗歌"微信视频号进行。培训主体内容包括摆课①、对话团、大师课、通识教学+诗歌专业组合培训课程，每学期会根据实际情况进行调整。

摆课即把课程——呈现，有次序、有条理地陈述出来。摆课由是光经过培训后认证的种子教师主讲，旨在向新教师传递诗歌课堂一手的经验、技巧，并提供情绪支持。这样的培训相当于"师傅带徒弟"式的"手把手"教，对于新加入的教师顺利开课尤其有帮助。

对话团将集中解答教师在授课中遇到的共性问题。是光通常会邀请经验丰富的老教师担任智囊团成员，就这些问题进行分析与讨论，碰撞思想的火花，提供一些已经落地并经过检验的解决方案，最后通过公开课的形式给予诗歌教师们智力支持。

大师课是指邀请专业诗人、作家为诗歌教师进行分享，提供文学方面的专业指导，通常以视频号直播的形式进行。比如，是光每学期都会开设"诗人来了"系列讲座，为教师提供诗歌专业知识的培训，为他们最急需解决的问题提供"锦囊妙计"。

通识教学+诗歌专业组合培训课程注重于夯实教师们的通识教学技能，在此基础上深化诗歌专业教学，有助于教师开设一门专业的诗歌课程。

---

① 在西南方言里，"说"称之为"摆"，"摆龙门阵"的意思就是聚在一起聊天说事，"好好摆一下"，意思为仔细地说清楚、讲明白。

　　需要特别指出的是，这些在线课程都会被录制下来，保存在是光诗歌公众号和网站上，供教师们随时登录、多次学习（见图 17）。此外，为了确保诗歌教师随时能够得到项目的支持，是光项目部会安排 24 小时在线的小助手答疑。

图 17　是光线上培训课程

　　线下培训也包括两种方式：一是邀请著名诗人和专业培训师到是光的合作学校开展线下的教师集中培训；二是举办种子教师成长营。作为是光教师赋能的重要举措，种子教师成长营可以加深是光与乡村教师的链接、回应并与他们一同探讨在授课过程中遇到的问题，完整地进行"是光诗歌"课程理念的传递。成长营通常在暑假期间举办，包括初阶（种子）、中阶和高阶三个成长营，三个营是进阶式的，也就是说只有参加了初阶成长营后才有机会参与中阶成长营。成长营会根据不同级别营员的需求设计营会内容，从课程理念到课程内容再到教学设计，从认识诗歌到通过诗歌读懂孩子内心再到诗歌的跨学科融合，可以全方位提升乡村教师执教能力，让诗歌课堂"有用"又"有趣"。

一开始，是光初阶成长营采用邀请制的方式，目前，是光的初阶成长营已经转向采用开放报名申请的方式。2024 年，是光共收到来自全国的 120 份报名表，其中有已经坚持教授诗歌 5 年的老教师，也有刚刚加入半年的春季补录教师。但授课时间并不是选拔的唯一标准，是光更关心的是教师能否真正理解是光的理念，更期待看到他们对于诗歌课的独特见解和思考，以及如何通过诗歌课搭建起沟通桥梁，与学生共同成长，发现自己的更多闪光点和可能性。

通过初阶成长营培训的教师，在未来的一年中将作为培训者通过"摆课"的方式培训、支持其他乡村教师，然后才能进入中阶成长营。同样，通过中阶成长营培训的教师，在进入高阶成长营培训之前，也需要参与一些重要的培训活动。田田说：

> 首先，他们成为种子老师，为更广泛的教师群体提供服务。然后，当他们升级后，他们就需要服务新的种子老师。而种子老师之间会进行对课程的打磨、理念的传递，并进行对话，讨论如何在校园里更好地教授诗歌课。目前，中阶老师已经成为我们的智囊团，他们对课程进行改进，相当于成为课程研发部门的外部成员。

2024 年参加中阶成长营的教师，是 2023 年初阶成长营的那一批是光教师。据统计，在过去的一学年，他们共为是光呈现了 72 节内容丰富、逻辑清晰的"摆课"。而参加高阶成长营的教师，正是 2023 年中阶成长营的是光教师，他们在过去的一学年为是光带来了 4 场"对话团"练习以及 3 场精彩的"对话团"直播。

是光希望经过教师成长营的陪伴，支持乡村诗歌教师在自我丰盈的同时，将是光的价值观和理念传递到更多地区和课堂中，从而让诗歌打开更多乡村儿童的内心。

3. 从"诗歌教室"到"诗歌校园"

为了给乡村诗歌教师营造更好的氛围，是光尝试了"点—线—面"的发展模式。具体来说，就是以乡村一线教师为原点和撬动点，通过个体开展项目产生效果带动周围的人参与，继而撬动学校、片区甚至教育部门的参与。为了让是光诗歌课堂有更高的显现度，是光首先从打造"诗歌教室"开始尝试。

"诗歌教室"是指除了完成诗歌课程之外，在是光的协助下，老师通过举办诗歌活动、建立班级诗歌角等各种形式的活动打造具有诗歌文化氛围、师生关系良好的班级。是光在每年的寒暑假过后都在内部社群发布招募推文，重点介绍"诗歌教室"的概念，并在推文中提供招募链接，乡村诗歌教师可以通过链接提出申请。是光从申请书中挑选出更认同是光诗歌课程理念、更有责任心、更有教学想法和热情的教师和学校并给予相应的支持，包括发放诗歌课程资源包、提供活动支持，以及提供班级诗歌氛围营造的物料等。

是光鼓励教师主动在自己的"诗歌教室"举办与诗歌相关的活动，如诗歌朗读活动、班级诗歌展、期末小诗人表彰等。是光也鼓励"诗歌教室"一部分的建设工作由班级内的学生参与完成，形成"诗歌教室"的学生自组织，如成立诗社。是光还鼓励老师在诗歌课授课期间，利用是光发放的"是光诗歌"班级自选集，收集本班学生的诗歌、师生诗歌故事、诗歌活动剪影等内容，制作本班的诗集和诗歌故事册，并将"诗歌教室"中发生的小故事打卡到小程序上。每学期末，是光会用"诗歌教室"的打分表对各项目进行记分，公布"诗歌教室"总分及排名，并根据得分情况评选"优秀诗歌教室"并颁发奖牌、证书和奖品。

"诗歌校园"是指使用是光诗歌课程进行授课，全校推广诗歌文化、营造诗歌氛围并正式与是光签订协议的项目校园。是光建设"诗歌校园"的目的是增加诗歌教学的持续性，在全校范围内更好地营造诗歌学习的氛围。康瑜认为"诗歌校园"的提出是四方诉求共同指向的成果：一是乡村儿童具有持续、高质量地在诗歌课上受益，并进行自由情感表达的诉求；二是很多乡村中小学的校长非常关注诗歌教育，积极参与诗歌课程，也渴望为学校打造对外展示的特色诗歌校园名片；三是诗歌教师希望在进行诗歌课及诗歌活动时能够获得来自校方更多的支持；四是是光本身希望以诗歌校园作为支点带动整个片区的诗歌课程开设，使更多乡村儿童受益。

2019 年 3 月 28 日，是光为云南省小官市小学、九条沟小学、永保小学举行了"诗歌校园"的授牌活动；2019 年 4 月及 5 月，是光为湖南省小天鹅学校、坪石完小及四都中学举行了"诗歌校园"的授牌活动；2021 年 6 月 23 日，云南省昌宁县漭水镇全镇 12 所学校皆被授予"诗歌校园"称号。截至 2023 年底，是光已为全国 70 余所中小学授予了"诗歌校园"称号。

"诗歌校园"这一概念是田田在是光成立初期提出的，随后她积极促进其在项目学校内的推广，后期经过调整升级，2024 年，新的"诗歌校园共建计划"在是光服务过的学校中进行招募。田田说：

> "诗歌校园共建计划"与之前的"诗歌校园"有较大差别。"诗歌校园"是最开始进行"点—线—面"推广时推出的概念，它更关注诗歌课程在学校内的开展情况，也就是说，如果学校保证未来两年内在全校范围内持续开设诗歌课程便可申请"诗歌校园"。随着认识的深入，我觉得"诗歌校园"不应该只是上课那么简单，也不是是光提供一个模板然后各地的学校照着葫芦画瓢，讲授千篇一律的内容。重要的是学校要认同"诗歌校园"的理念，学校要在其中承担重要角色，发挥重要作用，要根据自身实际打造自己的特色。为此我带着团队成员花了一年多的时间不断梳理、实践、调

整，最后才形成了现在的"诗歌校园共建计划"。在新的方案里，学校是绝对的主角。

在"诗歌校园共建计划"中，是光筛选已有诗歌课程基础、主观能动性强、认同"诗歌校园"的理念，并且愿意将诗歌作为校园文化建设主题的学校。入选是光"诗歌校园共建计划"的学校初期会在是光项目部伙伴的协助下制定每年的建设目标和方案，是光会在过程中不断跟进学校的动态。同时，入选的学校也将得到是光提供的激励和支持，包括诗歌校园装饰物料包、进阶物料包、诗歌校园专属活动、媒体宣传等。这些物料和支持可以帮助学校进行校园诗歌装饰与展示，为诗歌活动提供支持和奖品，并为入选学校提供宣传机会和平台。

对于入选"诗歌校园共建计划"的学校，除课程开设外，是光与学校将按照三个方向来着力打造：一是开展更加系统且有针对性的诗歌教师培训；二是营造系统化的整校诗歌装饰；三是结合节日及校本活动举办具有学校特色的诗歌活动并进行表彰。这意味着是光并不是打造千篇一律的"诗歌校园"，而是让每个项目学校将是光提供的"诗歌校园共建计划"作为"脚手架"，通过与校本特色以及当地文化相结合，发挥创意，打造独一无二的诗歌校园。2024年，是光诗歌的项目学校中有12所学校加入了"诗歌校园共建计划"。部分"诗歌校园"特色诗歌活动如图18所示。

作为"诗歌校园"的重要推动力量，校长的积极性必须得到充分的调动。为此是光专门设置了校长交流群。在校长交流群中，可以看到是光分享的最新项目动态以及各学校举行的诗歌相关活动，帮助校长实践和探索诗歌校园建设。实践表明，校长交流群不仅能为校长们建立起互动交流的平台，也能助力是光与项目学校建立更深的联结。为了能够更好地调动校长的积极性，是光打算下一步在是光诗歌的公众号上开设

向阳小学诗歌展

谷疃小学六一诗歌展　　　　　谷疃小学诗歌风筝节

图 18　"诗歌校园"特色诗歌活动

"校长专访"栏目，用文字的方式将校长们的教育理念、学校故事传递给每一个是光的受众。

从赋能"诗歌教师"到打造"诗歌课堂"，再到共建"诗歌校园"，是光将"点"连成了"线"。是光还希望能够带动"诗歌片区"的发展，从而使是光项目拓展到"面"。目前已有一些片区拓展的活动在开展，以山东聊城市莘县为例，截至 2023 年底，在"诗歌校园"共建学校——谷疃小学的带动下，是光已经在莘县覆盖了 6 个镇，13 所项目学校，43 位诗歌教师，受益学生人数超过 1 500 人。是光希望未来通过这种模式推动机构的规模化发展。

志愿者管理体系

囿于自身性质及行业发展的现状，公益机构的人力资源短缺一直以来都是一个具有普遍性且顽固的问题。由于不能依靠招募全职员工来解决人力资源短缺的问题，探索志愿者服务体系已经成为公益机构的共识。虽然初创的公益机构普遍面临严重的资金短缺等问题，康瑜和田田说，是光成立至今让她们花费心力最多的，并不是资金问题，恰恰是人力资源问题。经过最初两年多的摸索，是光诗歌已探索出一套较为成熟的志愿者管理体系。[①]

1. 三级志愿者体系

是光内部称自己的志愿者体系为"三级志愿者体系"（见图 19），该体系根据职能分工、专业程度、参与深度等，将是光的志愿者分为三个组成部分：普通志愿者、人才库和成员。

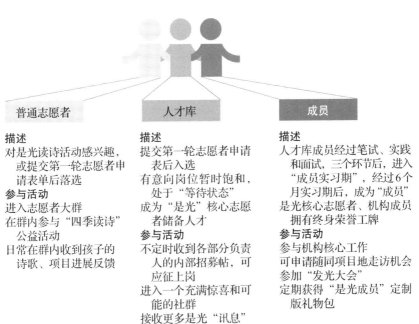

普通志愿者	人才库	成员
描述	**描述**	**描述**
对是光读诗活动感兴趣，或提交第一轮志愿者申请表单后落选	提交第一轮志愿者申请表后入选 有意向岗位暂时饱和，处于"等待状态" 成为"是光"核心志愿者储备人才	人才库成员经过笔试、实践和面试，三个环节后，进入"成员实习期"，经过 6 个月实习期后，成为"成员" 是光核心志愿者、机构成员拥有终身荣誉工牌
参与活动	**参与活动**	**参与活动**
进入志愿者大群 在群内参与"四季读诗"公益活动 日常在群内收到孩子的诗歌、项目进展反馈	不定时收到各部分负责人的内部招募帖，可应征上岗 进入一个充满惊喜和可能的社群 接收更多是光"讯息"	参与机构核心工作 可申请随同项目地走访机会 参加"发光大会" 定期获得"是光成员"定制版礼物包

图 19　是光三级志愿者体系

普通志愿者是志愿者体系中体量最大的部分。这部分志愿者的招募标准相对宽松，需要投入的时间较少，适合一些灵活的、不定期的志愿者活动，如"四季为孩子"读诗活动等。

人才库是指希望成为核心成员，但拟参与的岗位暂时没有空缺，需

---

① 是光诗歌. 关于是光：你想知道的问题和答案. 2020－05－20.

要排队等待的志愿者。这部分志愿者需要投递个人简历，经过较严格的筛选，要求有一定的专业性和时间投入。

成员也叫核心志愿者，是选拔标准最严格的岗位，完全参与是光的核心工作甚至部门管理工作。成员的选拔流程如下：意向岗位释出后，人才库中的志愿者需要重新提交个人简历，经笔试、岗位实践考察和面试，通过后进入实习期（实习期一般为 6 个月，部门负责人可根据实际情况延长实习期），实习期考察通过后就可以成为核心志愿者，即成员。成员拥有终身荣誉工牌，可解锁参加"项目走访"及"发光大会"的权限，定期收到年度定制纪念品。

2. 志愿者体系打造

是光志愿者体系打造主要采用两种方式：因事寻人和因人设事。因事寻人是指基于自己的需求寻找志愿者团队。2017 年 9 月，康瑜在家中收到滪水中学寄来的包裹后，最初的想法是在市场上买一套诗歌课程包寄给学校的老师，让老师们继续给孩子们上课，但是遗憾地发现市面上并没有成体系的、老师能授课且适合乡村中小学生的诗歌课程。在这种情况下，康瑜决定做一套标准化的诗歌课程出来。有了需求，康瑜开始有针对性地找合适的人，并搭建了第一个部门——课程研发部。康瑜的大学同学王庆成了最早支持她的志愿者，最早的一批支持者中还包括著名诗人朵渔、著名公益人梁晓燕等。他们至今仍然在课程建设、机构发展中发挥着重大作用。

这种寻找志愿者的方式一直延续到今天，在是光志愿者体系的打造中扮演着重要的角色。是光强调做负责任的招募，即在招募志愿者之前详细梳理岗位需求，包括各岗位所要求的专业度、工作职责、投入时长等，确保志愿者加入后有明确的工作任务和要求，防止出现志愿者因进来没事可做而变得迷茫、困惑或者失望，丧失加入时的激情，甚至产生退出念头的情况。

　　因人设事主要针对以下情况：机构发展到一定阶段，必要岗位的人力需求会缓和，整个机构的人力需求也会相对缓和。这时候一些锦上添花但又不是特别紧迫的岗位就可以暂缓招募。合适的人出现后，再开启这个岗位，让合适的人引领岗位发挥更大的价值。相较于因事寻人，因人设事强调机构的基本岗位固定、志愿服务步入正轨后，志愿者体系的灵活调整，以这种方式进入的志愿者同样需要经过严格的审核。

3. 志愿者招募方式

　　是光的志愿者主要有两个来源：一是从身边人中寻找；二是从公益圈外寻找。康瑜和田田发现周边有非常多跟她们有同样经历和感受的人，这些人和她们天然同频，能与她们共情，甚至可能也在为解决相同的问题而努力。所以，当是光决心采取行动、为解决问题而努力却缺少适合的帮手时，从身边的人中寻找帮手是很有效的一种途径。康瑜说：

> 　　我在最开始寻找课程研发人员时，没有其他途径，只能从身边想办法。不断向身边的人和遇到的人一遍一遍地介绍自己的想法和计划。朋友们会把我的想法介绍给他们身边的朋友。最后，厉害的同班同学加入了，身边的老师加入了，诗人朋友也加入了，是光最初的课程研发团队就这样搭了起来。

　　当然，身边的人总是有限的，随着机构的发展，是光需要针对部门、岗位的需求寻找专业人才。公益行业受限于发展现状、薪资待遇，往往比较难找到专业技能突出、工作经验丰富的人。康瑜和田田意识到必须要"破圈"，把招募渠道拓展到公益行业外。

　　为了能够成功地"破圈"，康瑜和田田意识到需要在更大的范围内展示，让更多的人看到是光、了解是光、认同是光、支持是光，甚至加入是光。其次是打磨项目故事。好的故事才能打动别人，才能够让别人记住，让他们更好地理解是光的使命，如此才能链接到社会上更广泛的资源。当然，打磨项目故事绝不意味着为了讲好故事而去挖素材，而是要扎扎实实地做好项目，通过项目使更多人受益。康瑜说：

> 不同于商业企业，公益机构还有一个重要使命：就是走到人群里，完成感召。我想要大家和是光一起支持这群孩子，那我就要把我眼睛曾经看到的和心灵得到过的支持，先分享出去。是光强调要以欣赏而非同情的方式支持这群乡村孩子；要通过对话书写的方式关注每个孩子的个性；要不困于现实的有限性，心能有诗意安放的地方……这些都是作为一个公益组织需要讲给大众听的。不要忽视发声的力量，也不要忘记大家都共有一颗向善向美的心。

当然，机构在初期需要快速获得人力、资金、平台的支持，让机构活下去。在几乎没有创业资金的情况下，成本最低的就是"讲故事"。这时至少需要有一个人能讲故事，会讲故事，保持对外发声，而康瑜就扮演了这个角色。她是个有故事的人，她也是一个会讲故事的人，她清澈的大眼睛、深情的表达，在公益大赛的舞台上、在大学的讲坛上、在媒体的平台上，感动了无数人，也让无数人记住了她和她的是光，记住了漭水中学，记住了孩子们质朴真挚的小诗。

4. 志愿者的专业度和持续性

如何保持志愿者的专业度和持续性是公益机构志愿者体系中常见的难题。针对专业度的难题，是光采用的方式是建立招募标准，提高门槛，并通过招募流程中的多个"检测点"进行把关。田田说：

> 找到 1 位专业的人，带来的效用远远大于找 10 位非专业的人。专业人才的加入，不仅仅意味着做好某一个志愿者工作，更多会决

定着这个小组、部门未来的走向和发展。而专业度的把控，是可以在成为"成员"之前完成的，投递简历，经历笔试、面试、6个月的实习期，会多维度看到这位成员的专业现状、岗位匹配度和未来发展潜力。

初期，提高门槛导致是光很长一段时间招募不到优秀、合适的人才，但康瑜和田田相信吸引力法则，相信高要求会逐渐形成一个良性循环。事实证明，严格的进入门槛，会带来"成员"加入的价值感，证明自己某方面的专业度和发展潜力获得了肯定，这对于志愿者来说也是十分重要的。这种"价值感"又会吸引更多的优秀人才加入。

针对持续性的难题，是光有自己的认知和做法。首先是光认为，重要的、高要求的、专业性强的核心岗位应该保持稳定且持续，这个岗位志愿者的服务时长应以"年"作为计量单位。非核心岗位则不必要求人的持续性，而应保证岗位持续，也就是说这个岗位一直有人承担相应职责即可。

为了确保核心岗位志愿者的持续性，是光采用的方式包括：让他们看到自己的价值，提供必要的协助和支持，给予充分信任和尝试空间，建立有归属感的团队文化等。康瑜说：

> 是光的核心志愿者是一群专业性高、自律性强且富有爱心的人。他们愿意在是光长久付出是为什么呢？我们认为是满足感，在他们看来他们所承担的志愿者工作是有意义的，是能帮助到他们关注的群体和机构的。

如何让核心成员感受到自己工作的意义呢？田田说：

> 第一，至少要让大家知道自己在做什么，为什么目标而努力。我们梳理了各个部门的SOP（标准作业程序），让大家明白所在的部门是为机构的哪部分在服务，他们在某时某刻的工作是在为部门的哪部分在服务。我们也利用了OKR（目标与成果管理法）工具

梳理团队目标，让大家的行动更清晰、更有目标感。第二，在志愿者服务过程中，我们注重收集服务群体的反馈并且及时反馈给志愿者。例如，有的老师会称赞课程主题非常受学生欢迎，我们会及时把老师的反馈分享到课程部门，让大家看到自己的努力得到了肯定和称赞。同样，让志愿者感受到自己工作的价值。

志愿者在服务过程中也会遇到一些自己无法解决的困难，比如，没有好的设计素材，工作需要新工具或新技术，缺乏专业的技能。在这种情况下，是光的全职团队会在志愿者提出需求时第一时间出面解决，包括投入资金让志愿者参加高水准的培训等。此外，是光给予志愿者充分的信任和很大的探索自由度。是光九大部门中的六个是由核心志愿者担任部门负责人的，具有部门全权的招募、审核人才的权利，并在部门内和部门间有旧项目调整、新项目开展的完全自由度，部门成员在部门内也有很高的探索自由度。是光还通过建立有归属感的文化来提升团队的凝聚力，包括每年举办一次大型线下见面会。在这个被称为"发光大会"的见面会上（见图20），除了各部门汇报工作，更重要的是让大家

图20 2024年是光核心志愿者发光大会

彼此相互了解，增进感情。康瑜说：

> 是光的各个部门工作群都是夸夸群，我们提倡第一时间反馈、第一时间肯定、有问题温和地提出，并且在团队内营造温暖、负责、有担当的氛围。大家的工作可以第一时间收到反馈，可以平和地接受批评，有错误第一时间主动承担责任，临时有事不能完成任务可以由小伙伴主动担当，从而使得团队内有很深的感情。

规模化发展的挑战

随着机构的发展，是光的使命越来越清晰了，即"通过诗歌，让每一个孩子拥有自由的情感表达，成为悦纳自己、热爱生活的未来乡村建设者"。但康瑜也深知，面对乡村 690 多万的留守儿童，仅靠是光自己的力量是远远不够的，必须要整合更多的外部资源和力量。

从机构成立之日起，是光就探索通过多平台的传播，讲述农村留守儿童心理健康的社会问题，讲述是光的创业故事和核心理念，讲述孩子们和乡村教师的故事，也通过组织和参与多种活动让孩子们和指导老师们被听到、被看到。客观地讲，是光获得了来自社会各界的大力支持，人民日报、新华网、央视、凤凰网等主流媒体平台都报道了是光诗歌和大山里孩子们的故事；多家基金会给予了是光项目资金支持；社会公众的关注和认可度也在不断提升，一个重要的表现是月捐人的数量在稳步上升。此外，是光也逐步探索出和品牌合作的模式，与星巴克、阿里巴巴、腾讯、中国银联、字节跳动等各行业的头部企业开展了多种形式的合作。应当说，是光在短短的六年间取得的成绩是有目共睹的。但是，康瑜和田田也非常明确机构的发展仍然面临诸多挑战。

首先是规模化的挑战。基于是光致力解决的社会问题的性质，是光从诞生之日起就确定要走规模化的道路，但规模化不是一件容易的事情，是光对于规模化有自己独特的理解。康瑜认为，是光追求的规模化不单纯是项目覆盖的范围和服务的人数，是光的规模化需要以可持续性为前提，在成本、效率、质量、规模四者中寻找平衡点。只有在平衡的基础上，梳理和输出标准化的运营管理模式，是光才能真正走上规模化运营的道路。

为此，是光提出了三步走的战略："点状深化—片区打造—向平台转型"。具体来说，点状深化阶段，是指巩固现有服务规模和成果，搭建数据型、标准化服务体系。片区打造阶段，是指输出标准化诗歌校园、诗歌片区的建设方案，扩大项目服务能力和服务规模，并引进多方社会资源，尤其是传播资源，增加项目的社会影响力。向平台转型阶段，需要完善内部管理制度，打磨内容；搭建成熟、稳定的项目落地平台和项目展示平台；尝试选点，赋能在地组织，逐步退出成熟的项目区等，并且需要向大平台学习，为向平台型机构转型做好准备。① 对此，康瑜说：

> 未来我们希望能把是光探索出来的经验、成果分享出去，是光未来是希望做一个平台型的机构。比如说是光诗歌课程，可以共享给公益机构，或者赋能乡村的组织者。无论是正式注册的机构，还是个体的老师，只要他们愿意做乡村诗歌教育，我们都支持。我们希望在当地能够孵化出这样的一些小的组织，他们自己来服务当地中小学的诗歌教育。

田田对于机构未来发展方向和康瑜有绝对的共识，但她会关注到更多运营层面的问题。田田说：

> 目前面临的挑战包括人才队伍建设和组织的发展。关于人才队伍，主要困难在于建设全职团队时难以找到合适的中层人员。关于

---

① 是光诗歌. "是光" 规模化运营的探索. 2021 - 11 - 15.

组织发展，我们担心康瑜和我的学习能力会成为是光的发展瓶颈，也就是那些我们没有意识到，但是对是光很重要的东西被忽略。此外，组织文化建设方面，我们强调组织氛围的对外呈现，员工对我们使命、价值观和行为准则的理解。我们意识到文化对组织发展至关重要，但在这方面的投入可能还不够。

虽然机构未来的发展尚有很多的不确定性，但无论是康瑜还是田田，都为能走上公益道路，并且创办了是光，感到幸运和自豪。她们希望通过是光的努力和思考，不仅服务好自己的受益群体，还要为公益行业提供一些可借鉴的行业问题解决方案。康瑜说：

> 我这几年一直在想，是光过去做对了什么，所以也想通过讲故事把这件事分享给大家。今后如果有像我这样做公益创业的人看到是光的故事，他们可以从中看到成功的可能性。我觉得我能行，大家肯定也能行。

（徐京悦　王建英　潘璇　刘晓梅　王刊良）

企业资料

1. 是光官网：http://www.shiguang.org.cn/#/home。
2. 微信公众号：是光诗歌。
3. 凤凰网公益频道. 行动者康瑜：用诗歌让大山孩子成为光. 2019-07-22.
4. 三联生活周刊.《万物有诗》：让山里孩子的才华被看见. 2020-10-15.

附录　是光小诗人的作品

太阳和月亮

王栎雅　13岁　云南

太阳和月亮是好朋友
他们在同一处上班
但上班时间不同
太阳负责白天
月亮负责黑夜
太阳怕月亮孤独
送给了她萤火虫
月亮怕太阳寂寞
送给了他棉花糖

泡沫

赵宇　10岁　云南

太阳公公一定是名
浪费冠军
看
他洗头时用那么
多的香波
满天泛起了
白花花的泡沫
泡沫向我
问了声好

复恩复观:

协力培植公益之林的
法律服务者

　　找到更多有共同价值观的人们，去赋能他们，
这是我回归自我和探索世界的方式，也是我们作为
法律人内心对美好社会的永恒追求。

——陆璇

近十余年来，我国社会组织①经历了由数量高速增长逐渐转向注重质量提升的发展历程，而公益慈善行业的法治建设是其高质量发展必不可少的一环。由于我国社会组织相关法律法规体系正在完善进程中，管理体制和人才队伍建设有待进一步推进，加之社会组织本身普遍存在法律意识淡薄、法律知识缺乏等问题，社会组织在运营过程中的法律纠纷，尤其是人格权纠纷、知识产权与竞争纠纷、劳动争议和劳务争议等层出不穷，在一定程度上影响了公益慈善行业的进一步发展。

如何为社会组织提供及时、易得、有针对性的专业法律服务？如何强化社会组织的法律意识，进一步规范其运营管理，以促进其健康发展？如何通过参与政府的相关立法，为社会组织高质量发展创造良好的社会环境？如何着力建设公益慈善行业法治化发展的基础设施，培养更多的专业法律人才？

复恩和复观所给出了自己的答案。一群行业顶尖的熟悉非营利组织法、公益法的专业律师和研究人员凝聚在一起，链接起上海复恩（ForNGO）社会组织法律研究与服务中心（以下简称复恩）和复观律师事务所（以下简称复观所）（见图1）。他们通过非营利组织法、公益法学术研究和立法参与，推动与社会组织紧密相连的法律法规的进步；他们专注于非营利法领域的法律服务，搭建为公益组织提供专业法律能力建设的支持型平台，成为联通法律人与公益组织的桥梁。

———————————

① 本文中的社会组织是指在民政部门登记的基金会、社会团体以及社会服务机构（民办非企业单位）。

图1   复恩和复观所的机构标志

在法律和公益的双线交织中，复恩和复观所携手，以研究深耕垂直专业领域，以实务赋能广泛公益主体，以立法参与厚植行业发展根基。作为姐妹机构，它们的故事还要从十多年前说起……

萌发：为社会组织而生

1. 双轨初启，深耕公益

在复恩的创始人之一陆璇的职业生涯里，法律和公益齐头并进、双线交织。2002年，陆璇毕业于复旦大学法律学系，在2016年全职从事社会组织法律事业之前，曾先后在上海市毅石律师事务所、孖士打律师行（Mayer Brown JSM）等律所担任共十四年的非诉讼律师。2003年，在大学同学的介绍下，他加入了"热爱家园"① 做志愿者，从此踏入了公益事业的田野。

在刚毕业的几年里，陆璇在两个世界中来回穿梭：在市中心的高档写字楼里，他为通用电气等外资企业提供大型投资或并购项目的专业法律服务；在"热爱家园"办公室和街头巷尾，他为社区居民和农民工提供免费法律咨询服务。他所接触的人们说着不同的语言、怀着不同的关切，但陆璇始终以法律人的专业素养应对一个又一个难题。在志愿工

① 热爱家园，全称上海市闸北区热爱家园青年社区志愿者协会，成立于2000年，于2004年正式登记注册，通过志愿者活动为社区普通居民尤其是弱势群体提供法律、环保、教育等志愿服务。

作过程中，陆璇专门学习和研究了继承法、婚姻法、动拆迁补偿、公房承租权等律所工作中不涉及的相关民事法律，并在实务中接触国内非营利组织法律的相关研究。陆璇说：

> 我的律所工作和志愿服务完全不交叉，也就是说我参与志愿工作不带有任何功利目的……是我的本心、我的社会责任感，驱使着我做这么多志愿服务。

2005 年，陆璇当选为"热爱家园"理事。成为一个公益组织的负责人对当时 25 岁的年轻律师陆璇来说是很大的挑战，因为这不仅仅意味着更多时间和精力的投入，更要求对组织管理和项目运营的深度参与和把控。在之后与资深公益人共事的数年里，陆璇一边把参与理事会讨论视作上课，快速地增进自己对组织管理和公益行业的整体了解，一边深入把控社会组织项目运营过程，深切体会到公益慈善事业一线执行过程中的重点、难点和痛点。

2. 洞察需求，复恩初立

2011 年，陆璇前往北京参加中华全国律师协会举办的公益律师培训班，接触到了来自全国的各种公益律师，产生新的触动。他回忆道：

> 与各位公益律师沟通之后，我发现我们"热爱家园"这样有法律援助资质的公益组织或社会团体是非常特别和宝贵的，因为他们都是个体在行动，我们还有社团。所以我觉得有使命感、有责任感，把这个项目再做下去。

当时的陆璇认为，相比于提供法律援助的单个律师，组织化的公益法律服务机构具有独特性和优越性。那么他们还能否再迈一步？

在与同行的交流中，陆璇敏锐地察觉到，时代正在对社会组织法律公益项目筹资提出新的要求。随着 2003 年《法律援助条例》的颁布，司法局提供的法律援助服务逐渐拓展到各个街道，社会组织运作的免费法律援助项目因而渐渐失去创新性；他们必须尝试再进一步，增加对受益群体的针对性研究，归纳整理援助案例，提供更多的专业视角和整体性长远规划，才能够满足资助人的要求。

> 之前做法律援助，都是对于单个个案的援助，是对个体权利的保护，其实真正能够带来的改变比较少。成立一家专业的公益法律NGO，我希望能够更有力地去推动法律环境的改变，其实这是一种集体权利的推动。①

在这一想法的推动下，陆璇带领志愿者成立三人小组，对这一组织定位的市场环境和供需关系进行了充分的调研和考量。在法律服务需求一侧，自2004年国务院颁布"三个条例"② 之一《基金会管理条例》，以及受2008年汶川地震灾后重建需求的催化，志愿者对创立草根公益组织的热情愈发高涨；2011年起，国家进行"两个一体化"改革③，民政局可以同时作为部分社会组织的登记管理机关和业务主管单位，进一步放宽了社会组织的登记限制，民间社会组织如雨后春笋般快速增加，引申出大量法律服务需求。但在社会组织合规运营一侧，由于大部分社会组织法律意识淡薄、面临问题特殊、支付能力有限，既无法从司法局法律援助得到足够的帮助，又无力承担商业化专业法律服务的费用；而公益慈善行业刚刚起步，行业支持水平较低，中介机构关注少，法律基础设施并不完善。根据复恩2012年开展的针对上海市公益性社会组织法律需求的调研结果，近90%的社会组织表示有法律服务需求，但70%的社会组织没有配备专业法律人员，其中超过一半表示需要时再外

① 栾欷. 2021. 陆璇：知行合一的公益法律人. 复旦人，（36）：62 - 65.

② "三个条例"指国务院制定的社会组织登记管理方面的相关条例，即《社会团体登记管理条例》《基金会管理条例》《民办非企业单位登记管理暂行条例》。

③ "两个一体化"指民政部门对公益慈善、社会福利、社会服务等类社会组织可履行登记管理和业务主管一体化职能；对跨部门、跨行业的社会组织，与有关部门协商认可后，可履行登记管理和业务主管一体化职能。

聘，另一半表示无能力外聘法律人员。

因此，陆璇等人认为，行业需要专业法律服务机构提供公益性支持。从执行到规划，从维持到增量，从单点到全局，陆璇开始勾勒"一个公益组织的法律支持中心"，即复恩的雏形。2012 年 9 月，复恩在上海注册成立，这一名称有三重含义：是其英文名 ForNGO（Legal Centre for NGO）的音译；"复恩"有"报恩"的意思，希望法律人可以用自身的专业能力回馈社会；取"复"字中"多"的意思，希望能够帮助更多社会组织健康发展。由此，复恩成为中国第一家专门为社会组织提供专业法律服务的志愿组织，服务内容包括法律研究、法律培训以及公益法律服务。

生长：组织形式的逐步探索

1. 全职化、专职化：从志愿组织到律所部门

创立之初，复恩驻扎在峨山路浦东公益街二楼的一个小玻璃房里，只有二十几平米的办公空间。团队中没有全职的研究者和员工，创始人和三位大学生志愿者利用空余时间讨论法律研究课题，为社会组织提供普法培训课程。由于组织形式和收入规模的限制，他们以项目为单位寻求与公益性律所律师合作，用"志愿者管理志愿者"的方式开展项目，即合作律师作为志愿者参与项目，复恩创始人作为核心志愿者进行跟进和统筹。

但是，复恩所处的法律细分领域决定了这种管理模式的局限性。复恩现任主任方哲回忆道：

"志愿者管理志愿者"其实是公益行业非常常见的组织形式，但是由于中国非营利法是极其细分的垂直领域，传统的商业律师可能对这个领域或者对这个行业的发展并不特别熟悉，所以他们的志

愿工作成果有时并不适用于所有社会组织。

同时，法律服务性质也对复恩的组织形式提出了挑战。在民间公益组织快速发展过程中，为了匹配实践发展，相关法律法规制定和执行细则存在巨大且复杂的地区差异，公益组织消化并落地的难度极大。若需要为其提供更有针对性的专业法律服务，则必须由律师事务所的律师团队进行，复恩作为民办非企业单位没有法律代理资格。方哲说："我们慢慢觉得原有的一些想法可能并不适合复恩的未来发展。"

因此，在认真考量之下，2014 年 10 月，复恩选择挂靠上海汉路律师事务所，作为其公益支持部开展业务，由林文漪律师全职担任执行主任。志愿者在开展法律研究工作的同时，凭律师资格为社会组织提供专业法律服务。这在事实上将复恩向前了推动一步，也孕育出后来复观所的雏形。

在初创的两年，复恩主要依靠基金会的资助、企业的小额捐赠和政府服务购买来支持组织运营。在汉路律所设立公益支持部后，复恩逐渐能够通过专业法律服务实现小部分的创收，并随着收入的积累逐步实现全职化。一开始，复恩没有预算聘请全职律师，只是从 2013 年 9 月开始招聘全职行政人员；2014 年 10 月，林文漪律师从商业律所辞职，到汉路律所公益支持部担任全职主任；2016 年起，复恩开始招聘全职研究员，结束了完全由兼职志愿者开展业务的阶段。此时复恩规模有限，在爱佑慈善基金会的资助下出版了第一本书《中国社会组织法律实务指南》。这本书在业内广受好评，复恩渐渐提升了知名度，承担更大量级的公益法律研究、法律赋能及平台建设项目，收入也得以慢慢增长。在几年的成长和积累下，复恩从志愿者管理一步一步地走向全职化、专职化，人员规模和资金规模都得到了大幅提升。2018 年，复恩的年度收入和支出规模与初创时相比增长了一个数量级，净资产增长了近 15 倍。

2. 独立律所：从复恩到复观所

随着复恩的快速发展，挂靠律所的组织形式逐渐显露出一些弊端。从客户角度出发，挂靠于汉路律所带来比较大的沟通成本，复恩的志愿者们需要向客户解释"汉路是谁、我们的关系为何"；在组织角度，复恩作为公益支持部在律所内部形成了相对独立的团队文化和管理制度，社会企业的治理模式与传统商业律所的治理模式存在较大差异；从财务角度考量，公益支持部的收益慢慢显现，20% 的挂靠管理费也是一笔不小的支出。

在此情况下，如何寻求组织形式新的突破？陆璇、林文漪等人开始酝酿建立一个独立品牌的律所。如果在复恩之外成立自己的独立品牌律所，和复恩共享使命和价值观，就能够有效降低商业客户的沟通和信任成本；比起嵌套在汉路律所的框架下，独立运营和管理既维系了团队特有的组织文化和制度，又能够免去管理费，更好地为组织业务发展和愿景实现提供资金支持。在诸多考量因素之中，最重要的仍然是使命的感召。当时，复恩是中国第一家关注非营利法和为公益组织赋能的民间公益机构，而酝酿之中的独立律所也可能是当前中国唯一一家专注于公益慈善领域的律师事务所，能够在新的层面更好地完成使命延递。陆璇肯定地说：

> 我当时一直在参与《慈善法》草案的修订讨论，知道《慈善法》即将在（2016 年）3 月份正式颁布。观察到中国的非营利法法治进程，我觉得需要专业的律所提供专门性服务，要把整个社会组织支持平台做起来……不能等别人去探索，要自己去做这个开创者。

因此，尽管成立新的律所意味着更多风险和挑战，但在综合考量之后，复恩当时的负责人陆璇、林文漪等人决定迈出这一步。经过两年多的酝酿，2018 年 7 月，复观所从汉路律所公益支持部的雏形中脱胎而出，成为中国第一家专注于非营利法领域的社会企业型律师事务所，以独立的组织形态面向社会。

复观所的建立使得复恩的定位进一步明晰：由复观所提供专业的非营利组织法领域的法律服务，复恩致力于"立足非营利组织法研究与非营利组织赋能，成为公益行业法律基础设施建设的引领者"。通过一些工作坊及与 ABC 美好社会咨询社①的合作，复恩进行了品牌的再确认，"彻底地完成了从一个志愿服务机构升级为一个专业法律支持机构的转化"。聚焦自己的使命，复恩整合了业务板块，舍弃了与使命贴合度不高但占用资源较多的社区法律服务项目，如纯粹的社区调解和咨询工作，并将精力聚焦于与社会公益组织有关的项目；顺应互联网的快速发展着手开辟线上板块，从零开始运营互联网法律支持平台，步入新的发展阶段。

3. 社企认证：从使命认同到量化评估

在谈及"社会企业"的定位时，陆璇表示："其实你可以说复恩有社会企业的色彩，因为复恩是研究中心，某种意义上来说是靠自己的专业服务来获得收入的，而不仅仅是接受公益性捐赠。但是，我们复观所毫无疑问是真正的社会企业。"

早在 2013 年前往香港中文大学访学时，陆璇便接受了社会创业家和社会企业的系统学习。他对社会企业相关理念抱有肯定态度，认为这是一种公益组织实现可持续发展的方式，但同时也认为不是所有公益组织都适合采用社会企业的模式。在访问考察了一些港台著名社会企业后，陆璇深受触动："他们农场生产的豆浆瓶子上面有康复者的留言，豆浆瓶子我到现在都留着。"回沪后，陆璇等人开始主动向社会组织和大众发起关于社会企业的理论和法律培训。

---

① ABC 美好社会咨询社成立于 2008 年底，是中国公益界首家完全由志愿者向中小型 NGO 提供公益咨询服务的组织。

2016 年 3 月，在拜访一家合作机构社创空间（The Good Lab）香港办公室时，陆璇和林文漪两人与该空间的创办人、香港第一家公益企业（Benefit Corporation，简称 B Corp）仁人学社的创始人谢家驹博士和蔡美碧女士会面交流，并收到了一本他们赠送的英文版 *The B Corp Book*（《共益企业指南》）。B Corp 认证是由美国非营利组织 B Lab（共益实验室）发起的一种认证标准，旨在推动企业在经营活动中实现可持续发展。该认证要求企业在经营过程中要考虑并积极干预自身对员工、社区、环境、治理和客户的影响，以实现企业与社会的共赢。获得 B Corp 认证的企业是全球包容、公平和可再生经济运动的领导者，它们都有一个共同的理想：不仅成为世界上最赚钱的企业，更要成为对世界最有价值的企业。

研究了 B Corp 的影响力评估工具 BIA（business impact assessment）之后，陆璇、林文漪都非常认同共益企业的理念，于是产生了这样的想法：如果他们自己创立品牌律所，一定要认证为 B Corp。2019 年年底，即复观所成立一年后，他们迅速着手准备申请，次年以 96.4 的高分成功认证[①]，其中社区和员工维度分别达到了 31.2 和 30.6 分。B Corp 认证要求复观所在治理等方面的努力通过可视化指标展示，例如，是否将社会和环境影响作为成功的主要衡量标准，并赋予其比盈利更高的优先级；是否有书面的使命声明，包括对社会或环境责任的一般性承诺、对有需要的目标受益群体的服务承诺等。这一步认证在形式上将复观所的组织定位确认为"社会企业型律师事务所"。

陆璇表示，复观所这么做并不是为了迎合市场需求或打造宣传噱头，而是为了向内明确组织定位和统一员工价值观：

> 为了让律师们，包括复恩的同事们，都能够认知和理解：从现在开始到未来，我们都是一个社会企业。

---

① 按照 B Corp 认证要求，企业需要达到 80 分以上才可以认证为 B Corp。

浓荫：姐妹机构的业务版图

经过数年的摸索，尤其是经历了新冠疫情期间的挑战，复恩和复观所逐渐完成了对自身业务板块分布和运营机制的梳理、积累和强化。作为姐妹机构，如何明确各自的业务焦点，同时又充分调动整体资源相互支持，进行流动和循环？在陆璇心里，有一张环环相扣的地图。

1. 复恩的业务板块

目前，复恩法律的业务主要有两大类：从事非营利组织法、公益法学术研究和提供公益慈善行业的法律支持平台。后者可细分为三个板块：公益慈善法律基础建设、公益法律咨询和社会组织法律能力建设、青年公益法律人才培养。

（1）法律学术研究

复恩作为非营利组织法研究智库，始终紧跟法律变动的脚步，为社会组织提供最新的法律变动信息，并提供易懂的法律解读，帮助社会组织及时掌握、适用非营利法律法规。一方面，依靠爱佑慈善基金会、上海市慈善基金会等第三方的资助，复恩编写和出版了一系列基于非营利组织法、公益法的实践性指导书，包括"中国非营利组织法律实务丛书""中国公益法丛书"，以及大学生公益慈善学教材《公益慈善法律教程》等（见图2）。这些书不仅详细介绍和解读了相关法律规范内容，而且由点到面地阐述了配套规定和相应的实务指南，为社会组织清晰、全面、深入地剖析了中国公益慈善事业法律体系的实务要点。另一方面，复恩发表了一系列非营利组织法方向的研究报告与文章，并为民政部、联合国开发计划署、上海市人大常委会、上海市民政局、深圳市社会组织管理局等部门和机构提供智力支持，持续合作各类课题研究项目。尽管相关研究类业务的项目资金常常无法覆盖成本，但复恩致力于为公益组织发出自己的声音，为非营利组织法和公益法研究带来公益组织的独特视角，立足法律追求解决公益慈善相关方的共性需求。

图2　复恩编写的出版物

（2）公益慈善法律基础建设

复恩看到，在我国公益慈善行业方兴未艾之时，法律法规和行业标准的欠缺影响到社会组织服务的落地有效性和公益可持续发展；因社会组织参与不足，国家与地方性法律政策的制定和修订无法充分反映其呼声；行业相关政策、知识点散落各处，可靠信息获取难度高。因此，复恩以参与立法、政策建言和建设线上公益百科知识平台的方式，努力建设成体系、更可及、易操作的公益慈善法律基础设施。

一方面，复恩在《中华人民共和国慈善法》的制定、《上海市慈善条例》的修订等项目中给出立法建议并进行政策倡导。除了受国家机关委托起草一些社会组织相关法律法规或行业标准之外，复恩对每一件与社会组织相关的法律草案与征求意见稿都认真研究讨论。例如，《中华人民共和国境外非政府组织境内活动管理法》《慈善组织保值增值投资活动管理暂行办法》《社会组织登记管理条例》《民间非营利组织会计制度解释第1号》等立法草案征求意见时，复恩开展诸多相关研究工作，提出书面修改建议和意见。据此，复恩希望推动与社会组织紧密相连的法律法规的进步，与立法和行政部门一起为更加友好的社会公益环境努力。

另一方面，从 2020 年开始，复恩抓住新冠疫情期间线上平台蓬勃发展的契机，打造"益两（YiLight）"平台，即一个"专业的数字化公益百科、务实的行业赋能工具"。由于公益慈善行业专业知识庞杂、互联网领域的信息密度大，公益组织和社会公众难以触达、收集和理解可靠信息。而行业并没有一个公众普遍可及的百科知识平台。为此，复恩希望将自己积累多年的非营利组织法研究和实践经验显性化，开创一个一站式中国公益慈善行业知识普及平台。在"百科"板块，益两目前已上线 100 多万字词条，从分类专业、标签完善的专业名词，到类别周详、效力级别完整、行业领域全面的行业规范，为公益行业从业人员和社会公众提供可靠的专业教育；在"法律数据库"板块，益两收集整理了超过 1 000 条涉及公益行业的法律法规、政策文件，并与相关词条互链，联结公益实践，解释关键概念；在"300 计划"板块，益两以微观视角解读中国公益的发展和前进方向，用播客的方式汇集公益人的故事，用"我们的声音"为公益组织实践和大众公益认知提供案例参考。复恩希望通过益两这个线上平台，降低社会组织和大众的信息获取成本，缩减行业内组织间的信息鸿沟，从而赋能整个行业的发展。

（3）公益法律咨询和社会组织法律能力建设

一方面，复恩坚守最初的使命"帮社会公益组织解决法律问题"，为社会组织提供免费法律咨询服务。围绕登记注册、劳动关系、财务制度、内部治理、税务管理、募捐捐赠、知识产权和对外合同等八类法律问题，复恩为前来咨询的社会组织免费提供法律意见。这些小微社会组织都是遇到问题才会来，而且这些问题都非常棘手，所以通常是复恩的核心专业律师提供志愿服务，并且不严格遵循小时服务时间的限制。新冠疫情期间，复恩提供了超过 200 小时的免费法律咨询服务，涉及金额超过 3 亿元。

另一方面，复恩在线上线下都开展了一系列面向社会组织的法律能力培训项目。在线下，复恩开办包括社会组织数据安全法律能力建设、社会组织风险与预防等内容的培训课程和论坛，如北京基金会法律公开课、金融尚善系列论坛等。在线上，除了自有的"益两"平台，复恩还联合一些公益平台，如国际公益学院的公益网校、"益修学院"① 等，录制行业法律和组织合规相关网课，以极低的价格为整个公益行业提供专业知识普及服务。

（4）青年公益法律人才培养

非营利组织法律环境的完善和社会组织合规能力建设离不开非营利组织法律人才的努力，所以复恩一直致力于青年法律人才的培养；同时，复恩也期望通过自身的实践与经验，向法律人展示另一种可以发挥其法律能力的可能。从 2018 年开始，复恩推出"公益律芽发掘计划"，募集和选拔优秀的法学院学生及青年律师加入训练营，围绕环境保护、可持续发展、残障融合、性别平等、儿童保护、青年发展、社区参与等议题开展研讨和实践活动，为他们探索"法律参与公益"提供可能性。复恩希望借此认识和发掘更多对公益事业怀有好奇心和热情的法律人，并力所能及地提供自身的知识、经验和资源，启发和引领他们加入公益行业，让"法律知识为公益赋能"。

截至 2023 年，"公益律芽发掘计划"共计开展了 8 期，受益人数达167 人。在社交平台上，参与者们纷纷分享了自己的体验和感想，有的拓展了对公益慈善的理解，有的感念于前辈和伙伴们的努力和真诚，有的认识到自身的成长和潜力。成为"律芽"的他们，有些成为志愿者延续对公益的传播，有些选择加入了公益一线。

"懂法律，也懂公益；潜心研究，实务赋能。"2020 年，复恩荣获上

---

① 益修学院是一个公益人共同成长和增值的互助社区，提供线上学习课程，让公益从业者可以利用碎片化时间，跨地域、有针对、有系统、低成本、高效能、愉快地学习职业技能。

海公益最高奖项——公益之申 2020 年度十佳公益机构；2021 年，复恩被遴选为上海市品牌社会组织，这些都是复恩的工作赢得的社会肯定。

2. 复观所的商业模式

复观所和其他律师事务所最重要的区别在于其价值观和业务范围。从创立到发展，从 B Corp 认证到实际工作，复观所坚持"以法律服务公益，以共益为导向进行设计，追求社会影响力的最大化而非利润最大化"。方哲表示："我们是一个价值观驱动的律所，业务聚焦于中国非营利法相关工作。"

复观律师团队由 7 位律师构成，服务客户中大约 99.9% 都是中国公益慈善行业的各个利益相关方，包括资助人、社会组织、受益人。客户类型包括境内非营利组织、境外非政府组织、企业公益慈善、慈善家、社会企业与影响力投资几大类，其中基金会、企业公益慈善占据了收入来源的绝大部分。客户名单包括 UBS 瑞士银行、腾讯等世界五百强企业，Global Giving 等大型国际公益组织，恩派公益①、百特教育等中国公益慈善行业领先组织，以及 BottleDream、格莱珉中国等社会企业（见图 3）。

图 3　复观所部分客户

---

① 恩派公益成立于 2006 年，是中国领先的支持性公益组织，致力于公益孵化、能力建设、社区服务、政购评估、社会企业投资、社创空间运营等领域。

　　复观所的主要服务形态是常年法律顾问和专项合规顾问服务，从客户的战略规划阶段就开始提供长线式、常态化的专业法律服务，不仅回答和解决法律问题，更从战略管理视角出发，给出预防性、决策性、建设性的法律意见，帮助客户在合规的发展轨道上平稳运行。"常年法律顾问服务对律所生存比较重要，不仅因为它是一个可持续的现金流，也因为这是专项法律服务项目的基础。"方哲介绍，"有一些一次性的项目，比如说有些基金会要投资，聘用我们做法律尽职调查；有的企业要发起一个企业基金会，聘用我们做企业基金会设立服务；有的组织需要做合规；有的机构聘用我们做解散清算的相关工作……"陆璇骄傲地表示，复观所的客户都会续约，证明他们的服务质量非常好。例如，恩派公益从 2015 年开始与复观所缔约，持续至今，而复观所出于感恩老客户的心态，一直给恩派公益最低的服务报价。

　　比起一般商业律所，复观所在法律服务中加入了公益人的行业视角——不仅从法律角度运作一个公益项目，更加入了公益人对这个项目的理解与洞察。复观所希望以法律作为工具，为客户在公益慈善领域的努力和创新提供坚实的支持，通过客户在各自的公益领域所取得的成就，实现自身的社会影响力。事实上，对复观所来讲，这种常年法律顾问工作也在不断从合规基础设施、实施能力、法律素养等方面完善其组织能力建设。因此，复观所和客户之间并非简单的服务供需双方的关系。除了与客户的合力，复观所的合伙人还是影响力律师亚太区工作小组（ESELA APAC Working Group）的成员，与其他国家或地区的影响力律师一起，沟通可持续经济在各自国家的发展，并鼓励更多的律师参与其中。复观所希望与这些境内外领先的公益慈善行业工作者在实践创新和生态建设的过程中携手并进，通过合作打造更好的公益慈善行业生态。

3. 研究—服务—教育三元闭环

作为两个独立的组织实体，复恩和复观所如何实现业务互哺和价值共创？"关于复恩和复观所，我们的脑海中有这样一个图，"陆璇说道，"法律研究、法律服务和行业教育，形成一个良好互动的业态（见图4）。"

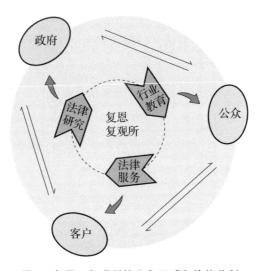

图4　复恩、复观所的业务互哺和价值共创

目前，在我国公益事业和非营利事业中，法律法规制定者、实务实践者、学术研究者和社会公众之间存在对话和理解的鸿沟。陆璇说："立法者希望更有效地了解社会组织实践的真实情况和需求，而社会组织也希望理解政策和法律规范的实务要点和内在逻辑；有时候社会组织热切地投入到公益慈善工作中，但大多数公众并不了解它们在做什么……"复恩和复观所就是一座桥梁，致力于通过与社会组织紧密相连的法律服务、法律研究和立法参与，以及公益慈善行业的法律基础建设和大众教育，弥合行业生态主体之间的沟壑。

在复恩和复观所之间的业务互动中，法律研究、法律服务和行业教育相辅相成。首先，复观所的律师团队在法律服务中获得了丰富的案例经验，复观所服务过的有高净值或大型企业，也有中小微组织，这些位于不同生态位置的机构，在实践中面临着截然不同的法律问题。其次，律师们把一手经验内化，以复恩研究员的身份开展法律研究工作，出版指导书，产出的研究成果和出版物适用于更加广泛的公益行业活动主体，为其提供更低成本的专业实践指导。同时，复恩也通过宣传培训进行大众教育，推动社会公众更好地理解公益慈善。再次，团队带着一线经验和民间视角参与立法和政策倡导，向相关政府部门反馈社会组织的发展现状、实际需求、真实案例，更好地推进立法进步。最后，团队在法律研究中积累的经验反过来提高了法律服务的质量。陆璇谈道：

> 比如一个不做公益、不了解公益行业的律师，在给这些客户提供法律咨询服务的时候会比较"不接地气"。这就是为什么很多客户找到我们，认为我们说的话能让他们听得懂——因为我们自己也做公益项目。

复恩和复观所从来不只着眼于单个客户，而是放眼整个行业生态，面向行业各层次、各方位的主体，致力于基础建设和长线培育。从基层的公益实践到行业的法律规范，在这个闭环中，复观所尽心尽力服务每一个客户，所获第一手信息服务于复恩的法律研究和立法参与工作，从而使复观所获得更有系统性、洞见性和针对性的法律服务能力。复恩凭借自身和复观所多年的法律研究和实务经验，搭建起公益慈善行业平台，让更多社会组织和公众参与其中，从而营造参与式的社区，推动自下而上的环境优化，"最终都回归到公共利益的部分"。陆璇形象地比喻：

> 这就像是"种树—育林—培土"的过程：种树，就是面对接触到的每一个行业同伴，倾囊相授，支持成长；育林，就是与志同道合的人们一起，培育行业，优化生态；培土，就是回归行业基础设施建设，教育大众，持久发力。这是复恩和复观所共同实现的社会价值所在。

扎根：保障互哺的多面平衡

复恩和复观所共同合力打造了三元闭环业务版图，还需要在组织文化、企业治理、市场营销、财务管理、人力资源管理等多个方面形成相辅相成又相互监督的管理设计，从而把控方向和支撑运营。这对姐妹机构已在工作内容、管理制度、团队构成和组织文化等方面初步完成打磨，目前还在持续探索相关的制度体系，以实现两个机构之间更强有力的链接以及商业目标和公益目标的平衡。

1. 组织文化引领

在复恩和复观所的发展中，为社会组织赋能的使命始终牵引着它们的生长历程。而与之相匹配的，是关注"人"的多元、平等、包容的组织文化和体现尽责、开放、公益的价值观体系（见图5）。

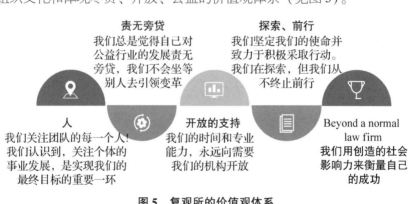

责无旁贷
我们总是觉得自己对公益行业的发展责无旁贷，我们不会坐等别人去引领变革

探索、前行
我们坚定我们的使命并致力于积极采取行动。我们在探索，但我们从不终止前行

人
我们关注团队的每一个人！我们认识到，关注个体的事业发展，是实现我们的最终目标的重要一环

开放的支持
我们的时间和专业能力，永远向需要我们的机构开放

Beyond a normal law firm
我们用创造的社会影响力来衡量自己的成功

图 5　复观所的价值观体系

从"关注每一个人"的价值观出发，复恩和复观所建立了安全、包容、稳定的职场环境。员工在寒暑假可以带孩子来上班，女性员工在月经期间可以直接请假，性少数群体不用担忧和忍受歧视，同事之间如有感到不适的肢体接触可以直接和负责人沟通并得到处理……方哲谈道："这些都是我们同事在工作当中交互产生的经验。我们会反思我们

怎样去处理某件事情，并且更好地去处理。"

复恩和复观所均实行扁平化管理，主张平等沟通。如果涉及战略性的、宏观的决策会，每位团队成员都要参加和发言；如果是某一个项目的会，就由项目组成员和老板一起沟通。"大家就事论事。我们的实习生、刚入职的同事，照样可以说服我们的合伙人和理事长。"

组织文化还渗透到日常工作当中。在"法律服务公益"使命的引领下，复恩和复观所始终希望在满足客户基础法律需求之外，尝试传递一些有关社会组织或非营利组织法的价值和理念。比如，社会组织接受捐赠时，按照用途可以分为限定性捐赠和非限定性捐赠。团队在处理一些相关问题时，会向客户额外展开解释两者的区别、对社会组织的影响、运营的细节等，以及背后所涉及的公益价值。这些"更进一步"看似微小，却是复恩和复观所之所以独一无二的初心所在。

2. 治理结构维稳

从法律性质上说，复恩是社会服务机构，理事会是决策机构，由监事会进行财务及合规监督（见图6）；复观所是合伙企业，由合伙人掌舵。

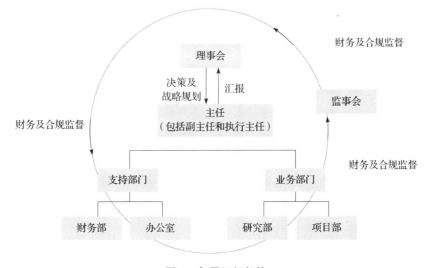

图6　复恩组织架构

目前，复恩理事会由 7 人构成。陆璇、林文漪、方哲分别作为复恩理事长、副理事长和主任，主要负责复恩的战略规划、筹款、政府关系维护、战略执行等工作；其余几位理事长期从事中国非营利、公益领域的学术或实务工作，在企业 ESG 政策、公益机构的可持续发展、慈善信托法等公益领域有着独特的见解，为复恩在法律研究、政策倡导方面的项目执行，以及机构长期可持续发展战略的规划与执行，提供了坚实的支持。

复观所的合伙人为创始人陆璇、林文漪和陆耘三位律师。这些合伙人有着相似的理念和价值观，早年又都有法律志愿服务经历，作为创始人和合伙人共同维持着机构的稳定运行。陆璇说，在复恩，林文漪律师很早就参与了项目管理，包括社会组织法律需求调研等工作。在复观所的创立和复恩的后续运营中，林文漪律师的角色像是管理合伙人，负责对内的项目服务质量控制、人力资源管理等，包括目前一些涉外的法律事务的处理；而他自己相当于市场合伙人，负责对外的市场性工作。

创始人、资深志愿者和行业资深学者作为复恩理事会成员和复观所合伙人，牢牢把控着组织运营和发展方向，确保复观所的律师在法律服务过程中贯彻公益使命，也保证组织始终如一地秉承公益使命。陆璇、方哲等人都很清晰地表示：

> 在选外部合伙人的时候，我们非常看重申请者的价值观。创始人，以及我们的团队，不是为了赚钱才去做复恩和复观所的。我们对公益、对社会组织是有感情的。

谭玥律师介绍，复观所的法律服务都要经过双重审核，律师处理完之后必须要经过至少一位合伙人的审核，才能把服务成果交付客户。"在这个过程中，合伙人对我们产出结果严格要求，就体现了我们复观所想用法律服务公益的专业性。我们希望我们提供的法律服务的质量足够帮助到这些社会组织。"

3. 市场营销分化

复恩和复观所都提供法律咨询服务，但方哲表示，两者的客户来源渠道和业务类型有比较清晰的界限。复观所的客户集中在大型组织和企业，有明确的系统性法律诉求，倾向于长期支持性服务；而复恩提供的则是志愿法律服务。前来复恩咨询的客户大致通过两种渠道获得服务：一是私域传播，以律师本人的关系网为限接通联络，提供即时的问答服务，咨询结束后在复恩的台账留痕；二是官网途径，客户点击复恩的网站上"我要免费法律咨询"按键，提交相关信息后就会收到律师的回复。复恩的客户类型主要是中小型社会组织，咨询的问题也常常集中在突发性、临时性的法律问题。"有可能是一个视频会议就能解决问题，有可能是书面修改合同或出具法律意见，也有可能在上海面对面咨询，基本是一个小时以内的免费法律服务。"

在营销推广和资金筹措方面，复恩投入了非常大的精力来获取资助方的支持。目前，我国民办非企业单位获取发展资源的方式普遍较为单一，对政府购买服务项目的依赖依附程度比较高，而来源于民间捐赠和资助的收入占比较低。[①]"相比于中国大部分社会服务机构，复恩市场化的程度很高，收入中政府购买大约只占20%，更多的资金来自基金会捐赠和服务性收入。"为此，复恩在公众号和网站平台极力宣传自己的活动和产出成果，在筹款方面更侧重于国内外市场化运作的公益行业支持机构。在筹款时，复恩需要在项目计划书中向资助方说明自己的使命、价值、项目意义等。但因为复恩聚焦的法律基础建设工作并非立竿见影的服务类型，与行业生态息息相关，所以筹款难度很大。"本身资助型基金对行业支持类组织的关注就比较少，能够提供资助的就更少了……"陆璇说，"目前我们复恩的筹资并不容易，但是我们希望通过

---

① 黄晓勇，徐明，郭磊，吴丽丽. 2023. 中国社会组织报告（2023）. 北京：社会科学文献出版社：102.

'益两' 等平台与更多的组织结缘，增进公益行业的合作。"

至于复观所，自身在营销推广方面的工作做得很少，主要靠客户之间 "口口相传"。从公众号和网站的更新频率看，复恩的宣传活动非常活跃，而复观所很少更新。除了客户之间的相互推荐，少数情况下，复恩的法律咨询业务会对复观所形成客户引流：

> 有些商业律所在免费回答问题时遮遮掩掩，希望客户购买专业服务。我们复恩问啥答啥，真心诚意帮你解决问题，不会说一半留一半。很多人在这个过程中形成了信任，之后需要专业律所服务的时候，就会自然想到复观所。

此外，复恩的资助方在合作过程中信任复恩的团队能力，于是找到复观所来提供专业法律服务。反过来，复观所的商业服务客户也不乏因为信任而开始资助复恩的公益项目。在这个相互引流的过程中，客户信赖成为链接姐妹机构的关键一环。

但同时，陆璇也提到，复观所的有付费能力的客户和复恩的无付费能力的客户，两者的需求是不一样的。他们也希望接下来针对复观所的客户群体做一些营销推广工作，比如 News Letter 法律简报。为了应对当下的行业环境，复观所希望 "再多做一些"，"至少让别人知道我们可以提供什么服务"。

与资助方和客户合作的过程，实际上也是复恩和复观所接受外部监督的过程。资助方和客户的信任网络某种程度上构成了对它们使命坚守和承诺履行的审查和强化机制。作为公益慈善行业的基层支持者，复恩和复观所不仅直接面向社会组织和公益慈善行业工作者的需求，也间接回应着他们的服务对象的广泛期待。

4. 财务独立互哺

尽管复恩和复观所的人员部分重叠，但两者的行政工作和财务结算相互独立，由不同人员负责核算，分别属于各自的流程体系，这保证了姐妹机构在行政和财务上的形式独立性。复恩和复观所分别制定了详细的财务管理制度，对财务核算、财务会计人员管理、财务报告、收入与支出管理、财务监督等内容做出规定。

在财务联系上，复观所成立时计划每年向复恩资助一定金额，大约占复观所利润的 10%，以支撑复恩的基本财务开支，但复观所每年的实际资助金额远远超过该计划。陆璇介绍，在 2022 年，复恩筹款遇到困难的时候，复观所向复恩支持了近 60 万元。而在这些年中，复观所已累计向复恩支持了近 200 万元。

5. 人力资源赋能

什么是复恩、复观所维稳结构中的支柱，哪怕在最艰难的时候也能支撑起姐妹机构链接的核心？陆璇认为，是"人"。复观所的职员律师大多也是复恩的研究员，律所的律师招聘还需要兼顾研究能力和兴趣，这使得复观所的人力资源管理体系变得极其特殊且关键。

（1）招聘选拔

关于人员的招聘，陆璇谈道：

> 我们的价值观会吸引有相同价值观的人加入我们，这是一个双向（选择）的过程，从一开始就导向了我们组织文化的和谐和目标的一致。

在招聘选拔环节，应聘者和组织所追求的共同价值像磁石一样将双方连接在一起。在应聘者方面，陆璇说："我们吸引到了法学院很小一部分对社会和公益特别关注的学生和青年律师。他们有和我们相似的价值观，愿意放弃更高收入的商业律所加入我们。"应聘者在高校就读或在职期间，几乎都有深度参与公益服务的经历，选择复观所在很大程度上是因为价值观的契合和对社会公益事业的使命感。在组织方面，面试分为三轮：方哲负责简历筛选和"一面"，初步沟通应聘者和两家机构的情况；合伙人陆璇、林文漪负责"二面"，询问更多法律相关专业能力和经验；最后是群面，应聘者和所有团队成员进行 30 分钟至 1 个小时的面对面聊天，只有所有人都认同，应聘者才能正式入职。

尽管由于法律实体不同，复恩和复观所分开招聘宣传，但进入面试的应聘者对两家机构都有基本的了解。在面试过程中，复恩和复观所的成员除了考察应聘者的能力，更关心应聘者的个人兴趣、就业需求、职业规划和价值观等是否与社会企业匹配。谭玥在 2019 年加入团队，回忆起五年前的面试仍记忆犹新：

> 当时考量我的维度可能集中在我自身对非营利组织的兴趣和投入意愿。方哲律师和陆律师、林律师都提醒过我，如果后面再去商业律所，在复观所积累的服务经验可能并不是那么对口……

所有员工参与的群面环节采取一票否决制，如果有员工认为应聘者不够多元和包容、不够认可组织的使命和价值观等，就能够决定面试结果。这也确保新的伙伴加入团队后所有人都互相熟悉、彼此和谐。

对应聘者来说，面试也是一场考量机构气质是否与自己契合的尝试。谭玥说：

> 这里的面试气氛不像之前面试一些商业律所时那种特别严肃或压抑，比较轻松自在……方哲律师在面试过程中给我带来一些很好的个人特质的感受；陆律师面试的时候会讲很多个人创业的故事和对于非营利法的想法，等等……这些让我感到整个团队的气氛比较融洽和轻松。

加之复恩和复观所的价值观也体现在面试时的核心关注之中，应聘者能清晰地感知到组织的价值取向。谭玥笑道：

它的价值观和业务内容，以及整个团队的气氛，让我没有拒绝的理由。有点像交朋友一样，双方都觉得很合适。

（2）职位设计和人员配置

复恩和复观所的职位管理非常扁平化。除了特别重大的项目需要全员参与，一般的项目会综合考虑员工的时间、兴趣和特长进行分配。方哲介绍：

> 比如，复恩要做一个与控烟相关的慈善捐赠研究，或者复观所有一个专注野生动物保护的客户，我们会在群里说明，感兴趣的成员就会积极报名，接手这个项目……或者有些律师特别擅长某一个领域（比如个人信息保护），那么可能会在尊重个人意愿的基础上分配给擅长的成员。

在项目任务的分配上以尊重个人意愿为主，在复恩和复观所两方面的工作比例协调上则通过团队配合达到平衡。一个项目至少会有两个人同时服务，由其中一个主要负责。因此当其中一个负责人因为其他项目抽不出空，或者有紧急情况暂时缺席，其他伙伴或者合伙人会迅速跟进。方哲说："这也是为什么很多客户，尤其是律所的客户很信任我们的原因。我们不是一个人，而是一个团队在服务。"

（3）培训管理

复恩和复观所不设定期培训，但制定了更高效、更有针对性和人文关怀的员工培训机制。首先是内部共享互助：团队中的成员可以召集大家，就自己关于某一问题或课题的独特想法或专项研究进行分享和探讨。其次是外部培训：律所会不定期邀请外部专家学者对团队进行培训或交流，如社会企业专项培训，为组织注入新鲜观点和方法。此外，针对工作以外的员工个人成长，律所也给予充分支持。谭玥提道："比如，我今年正好有一个去国外学习的机会，要请一个月的假。当时跟合伙人沟通的时候，他们也非常支持。"

在业务水平之外，团队成员也在经历着工作能力的锻炼。复恩的公益研究和培训项目与复观所的法律咨询服务双线并行，对员工多线任务处理的能力要求很高。复恩的项目工作常常需要即时关注和反馈，而复观所的法律服务有固定的反馈时间，有时项目工作会在时间线上不可预见地插进来，需要马上处理，在这种情况下，如何合理安排工作时间和顺序，保证两边的任务都不耽误，对新员工来说是一个挑战。此时有经验的伙伴以及合伙人会给予帮助，传授如何按照事件的性质和紧急程度进行划分和安排。谭玥说："这样比刚开始闷头去干、没有头绪要好很多。"

（4）绩效和薪酬管理

在工作时间考核方面，员工们并不受制于"老板不走我不走"的"职场潜规则"。如果任务不重，员工们会在五点半准时下班；如果项目紧急，大家会主动选择加班，但是加班时间会进行统计，用于调休。在绩效考核指标方面，由于复恩研究员（即复观所律师）的薪酬由复观所发放，考核标准也依照律所传统，采用 billable hours（计费工作小时数）指标，统筹年资和专业能力发放薪酬。薪酬水平和中上等律所相当，尽管比不上顶级律所，但是能够满足员工在上海的基本生活需求。

在并不严格的考核制度下，合伙人通过什么来了解员工的绩效？事实上，由于复恩、复观所的团队层级扁平、人员精简，伙伴们相互之间的了解非常直观。除了日常工作的参与和观察，每年年末，合伙人会对每位员工进行一对一的年终会谈，了解员工当年的整体工作感受、个人年度目标完成度，以及对未来的期待、对律所业务调整的看法等。关于个人年度目标，员工有比较大的自由度，从参与的项目种类、课题研究的主题种类、偏好的社会组织客户类型等方面向合伙人表达需求。谭玥解释：

其实不像是打分、评价或考核，更像是对谈，沟通我们的想法……因为是兴趣导向，所以我们所有同事都会认真对待工作，合伙人从不对同事作出负面评价。

(5) 员工黏性

复恩、复观所的团队成员非常稳定，人员流失问题并不严重。

从组织外部来看，谭玥认为，国内公益圈子比较小，复恩、复观所的客户和合作伙伴基本覆盖了主要公益组织，因此不太会出现来自其他公益组织的工作邀请。

在工作内容层面，员工们从事律师服务、法律研究、公益培训，甚至网站运营工作，工作形式丰富多元；内容涉及环保和可持续发展、残障人士权益保障、妇幼关怀……复恩和复观所提供了一个面向公益慈善行业不同细分领域的各个参与者的平台，工作合作对象涉域广泛，得以满足员工对某个特定公益领域或议题的好奇或发展需求。方哲提到，复恩和复观所的生态定位决定了员工们能接触到不同发展规模的组织和不同风格的项目，从几十亿、几百亿元的大项目，到几百元的公益慈善项目，客户需求完全不同，这对员工们的工作也是一种富有新鲜感的挑战。

谈及工作价值，每位员工的语气都轻快而幸福。方哲充分地肯定这份工作带来的支持和活力：

我感到很强的被需要、被认可的价值。服务社会组织所收到的感谢比改两个合同要厚重得多……公益培训项目中那些未来公益领域的青年法律人才所迸发出的活力，以及社会组织的工作者们所坚持的信念，会让我们看到很多光明的、积极的东西。

谭玥也描述了自己感受到的非凡工作价值：

坐在办公室里修改合同、处理文书的时候，你没有跟人之间的特别明显的连接感。但是在直接面对培训群体和"律芽"项目大学生的时候，能够看到他们及时的反馈。可能有一些问题对我来说是一个法条、一句话的事，但是对他们来说是实践当中遇到无数次的问题终于有了解决方案——这种时刻让我觉得，我们在做的工作非常有价值和意义。

陆璇认为，在宏观叙事之下，团队成员看到的是具体的"人"，所以为社会组织赋能的同时，自己也在被支撑和温暖着。这对他们的工作来说，是永不枯竭的原动力。

未来：挑战与愿景

对于未来发展，陆璇表示，作为社会组织的支持机构，复恩和复观所的生存和发展局势也在很大程度上受公益行业和非营利行业生存和发展局势的影响。前几年受新冠疫情等因素影响，经济压力增大；政策方面，民政部出台了《民政部关于进一步加强和改进社会服务机构登记管理工作的实施意见》等文件。社会组织生存与发展面临新的环境，资助方和客户在资助提供、研究项目基金设置、法律服务购买等方面的预算整体缩减或转移至更紧迫的领域，其压力也相应地传递到复恩和复观所。

复观所的状况相对稳定，因为其客户都是大型机构和企业，有一定的风险抵御能力，能够基本维持与复观所的合作。相较之下，复恩受到的冲击较大：在财务表现上，2017、2018、2019 连续三年的收入大致每年翻一番，到了 2020 年增长戛然而止，紧接着开始减少，筹款压力逐渐增大；在业务方面，新冠疫情期间很多项目开展受限，复恩将重心转向"益两"、出版、线上公益课程等业务；在员工支持方面，作为高度价值观驱动的组织，复恩需要员工的热情来维持其健康运营，而当多方压力逐渐增大，员工的心理状态容易产生波动；财务上的压力也使得人员招聘和团队拓展受到限制，"保持现状"成为此时最合适的选择。陆璇说，复观所作为社会企业，能够在外部压力增大时尽可能减小所受影响，为员工提供一个积极稳定的工作环境，这可能也证明了社会企业的有效性。

尽管压力重重，复恩和复观所仍然希望从公益的立场出发，为支持社会组织健康发展、优化公益行业和非营利行业的生态环境，寻找更多的可能性。在业务内容方面，复恩希望接下来着眼于更细致的研究需求，对细分领域的议题进行针对性的研究和服务，比如在环境保护和可持续发展领域开展涉及相关法律的公众宣传和社会组织培训。在传播形式方面，新冠疫情期间的考验也让其意识到线上业务的优势，从而实现全线下活动向拓展线上平台资源的转变。"线上协作其实把更多人聚集到了一起，"方哲说，"我们搭建'益两'知识平台，也是一种新的赋能方式。"未来，团队将进一步优化"益两"平台和其他网课资源配置，并探索更多线上传播形式。

陆璇谈到，复观所目前服务了非常多的头部机构，业务量的增长是一种原地加法。而复恩和复观所希望尝试公益增量服务，拓展公益事业和非营利事业这片林地的边界。陆璇描述着心中的规划：

> 我们的眼睛不是盯着现有的存量，而是看向存量之外的可能性。我们是不是可以多做一点类似慈善顾问的服务，帮助更多想做公益的人进入这个领域……那些面向对公益有想法的企业家的顾问服务、面向青年律师和法律学生的公益教育，谋这些才是谋未来。

这些构想指向的是对公益主体的创造和行业边界的拓展，复恩、复观所在目前赋能社会组织的基础上，再迈出一步——迎着风声眺望，在树林之外的原野上，或许还有无限可能。

（吴涛　李东贤　潘璇　徐京悦　王建英）

参考文献

1. 凤凰网. 蒋雪玮谈爱芬名称权案一审问题，呼吁注重维护社会组织名称权. 2020－12－21.

2. 复恩法律. 这三年，复恩有啥变化？——做好非营利组织法社会智库. 2020－03－25.

3. BCorpsCN 共益企业. 共益企业中国 | 复观：中国第一家拿下 B Corp 认证的律师事务所. 2020－07－14.

4. The Fuguan Law Firm-Certified B Corporation-B Lab Global. bcorporation. ［2024－11－10］，https://www.bcorporation.net/en-us/find-a-b-corp/company/the-fuguan-law-firm/.

5. 复恩法律. 复恩 2023 年年报 | 不惧阻碍与喧嚣，长期坚持做"公义"的事情！2024－05－09.

企业资料

1. 复恩法律网址：https://www.forngo.org.cn/。

2. 复观律师事务所网址：https://www.fuguanlaw.com/。

3. 益两 Yilight 网址：https://www.yilight.com.cn/。

4. 微信公众号：复恩法律。

5. 微信公众号：复观所。

6. 微信公众号：益两 Yilight。

7. 微信公众号：公益律芽发掘计划。

古村之友：

从古村落保护到乡村善治的
社会创新实践

　　公益人要清楚自己的定位，惟有如此，才能在每一场社会运动中发挥出优势。在我看来，公益人做公益的目的是推动社会变革，这个目标不能随意挪移变化。社会创新必须在真实的社会变革中得以体现，如果社会没有发生变革，社会创新就没有实现。公益人擅长的是倡导，优势在于轻灵和飘逸，其价值在于依靠理想和情怀促动出来的联结和激发，而不是建设和管理，更不是运营和牟利。

——汤敏

2015 年 6 月,三十而立的汤敏决定辞去深圳奥雅设计集团研发总监的职务,全身心投入古村落保护的公益事业。

作为古村之友的创始人和理事长,汤敏不仅以一己之力开创了古村落保护的"侠义江湖",而且以"当代侠客"的勇气和智慧,在推进古村落保护和乡村善治等方面进行了长足的探索。

从 2010 年利用业余时间创建可持续城市公益论坛,到 2015 年正式创立古村之友,再到 2018 年开发"爱乡宝""爱校宝"等善业互联网平台,以及 2020 年正式成立"善联图远"公司,提出"让天下没有难做的公益"的使命定位,十多年来,汤敏带领着精干的团队和众多的志愿者在古村落保护和乡村善治的道路上艰难前行。虽然前途漫漫,不确定因素很多,但是汤敏觉得,多年的探索和磨炼不仅让团队形成了坚定的共同信念,也培养出了坚韧的生存能力。这样的信念和能力能够抵御未来不可预期的各种风险。为此,汤敏对于自己走上这样一条"苦路"从未感到后悔,而是感恩一路走来的各种"风景"给自己带来的独特人生体验和人格成长。

结缘公益

1. 北大求学,初识公益

2008 年,汤敏从东北林业大学毕业并考取了北京大学深圳研究院,攻读景观设计(地理学)专业研究生,师从北京大学建筑与景观学院创始院长俞孔坚教授。上学期间经历的两件事让汤敏初识公益。一件事是汶川大地震，电视报道中的场景让汤敏悲伤不已。汤敏对当时的情景记忆犹新：

> 汶川是我老家四川的一个市，虽然我家在川东北，汶川在川西南，隔得远，但这种天灾造成的悲痛还是会比非川籍同学要深刻。那些天每次去食堂，看到墙上电视播报震区的画面和伤亡数字，眼泪就止不住，只能一个人躲到角落边流眼泪边吃饭。

看到很多志愿者去一线救援，汤敏也想回去。可那时还是个学生，还有功课，加之胆小，汤敏最终没去成汶川。没能和受灾同胞一起共克那段伤痛，现在回想起来仍然觉得很遗憾。第二件事是 2008 年北京奥运会在鸟巢做两周志愿者的经历。汤敏回忆说：

> 这是我印象里第一次接触"志愿者"这个词，感觉是个蛮酷的称谓，大家伙儿一起傻傻萌萌地穿着统一服装，新鲜欢乐，这是我第一次真正意义上的志愿者活动，现在回想起来很美好。

这一悲一喜两件事情让汤敏从情感体验上初识公益。除了这两次实践中的公益体会，在北大的学习也让汤敏受到了很多人文关怀和社会关怀的熏陶，为其后的精彩人生埋下了伏笔。汤敏记忆尤其深刻的是陈志华教授的大师课讲座。陈老先生早年师从建筑大师梁思成，本想从事中国古建筑整理研究工作，后来的政治运动迫使他转而研究西方建筑和园林史。改革开放以后，陈老先生重续中国古村落和乡土文化遗产保护研究工作。20 多年来，他实地调研了温州楠溪江古村落群、兰溪诸葛八卦村、建德千叶古村、客家围龙屋等，开启了发掘、保护和利用中国古村落和乡土文化的先河。讲座中，陈老先生用优雅的言语、优美的图片展示着中国古村落的风土人情。讲座末尾，陈老先生讲到年龄不饶人，自己已经走不动路了，但还有太多古村落来不及调研时不禁落泪。直到后来亲自从事古村落和乡土文化保护工作，汤敏才深刻地体会到陈老先生的心情。汤敏说：

> 我的办公室墙上悬挂着陈志华先生的画像，还有梁门三代梁启
> 超、梁思成和梁从诫，乡村振兴领域的梁漱溟、晏阳初，社会学界
> 的费孝通，社会公益领域的朱传一、钱为嘉，以及诺贝尔和平奖得
> 主甘地、特蕾莎、尤努斯的画像，这些人是支撑我去做公益事业的
> 精神导师，帮助我从容渡过难关。

2. 创建"可持续城市公益论坛"

2010 年研究生毕业，汤敏进入成都一家国有设计规划院，规划院主要承接房地产开发项目设计。然而，体制内的工作没有给汤敏带来成就感和荣誉感，而是让他看到了城市规划中的一些灰色地带。这让正义感非常强的汤敏感到困惑甚至愤怒。2012 年他从设计规划院辞职，入职杭州一家有国际背景的规划咨询公司，但很快发现，现实商业只秉持在商言商、利润至上、合规合法就好的行为标准，他理想中的公平正义往往只停留在企业的宣传册里。

但是汤敏不愿意沉默。业余时间，汤敏开始到杭州的一些图书馆做公开讲座，向公众分享拆迁和购房过程中如何识别开发商欺骗伎俩，在什么环节向政府申请信息公开、了解政府在公示过程中的程序等，用专业知识帮助群众维护合法权益，避免发生伤害自己、危害社会的事情。公开讲座逐步扩展到保护河流、保护湿地、争取公园绿地、监督偷排污染等方面，汤敏将之命名为"可持续城市公益论坛"。

"可持续城市公益论坛"让汤敏获得了众多追随者，也结识了很多环保领域、民生领域的诉讼律师、记者、知名公益人。他们默契配合，逐渐形成了一套成熟的做法，练就了一支有血性、敢于亮剑的公益援助队伍，汤敏也获得了年度绿色人物、年度公益人物等称号。汤敏说：

虽然群众懂得了保护河流、保护湿地、争取公园绿地、监督偷排污染的道理，但一遇到真实的案例，他们仍旧没有太多的办法，文章写不好，法律程序不会走。在这些具体案件中，媒体援助和法律援助显得非常重要。我们不是只给他们讲捍卫生态环保理念、捍卫公共利益的经验，而是必须亲自下场援助群众。不然这些群众的正当权益，尤其公共利益长期得不到保障，会导致他们长期上访、拉条幅、挂标语，组织群众上街示威，长期与地方政府发生冲突。让普通百姓走上一条理性合法的维权之路，既是对他们自己的保护，也是对社会、对政府的保护。因此开展媒体援助和法律援助，帮助群众捍卫公共利益，我们感受到了价值和意义。

聚焦古村落保护

1. "梅州围龙屋保卫战"

由于某种机缘，2013 年，汤敏来到深圳奥雅设计集团担任研发总监，业余时间延续了在长三角的演讲和公益援助模式。活动主题也大都与环保有关，包括参与深圳坝光的银叶树保护、推动深圳一些黑臭河流的调研与政策倡导、开展系列海绵城市的公民讲堂等。机缘巧合，因着广东梅州围龙屋保护事件，汤敏开始将关注点聚焦到古村落保护领域。

2014 年夏天，梅州政府相关部门颁布了江南新城规划方案，要求大规模拆除围龙屋。围龙屋是客家先祖从中原迁到粤北山区后逐步形成的圆形城堡式居住聚落，中间是祖宗祠堂和家族公共活动与议事空间，外围由大家族分户居住（见图 1）。围龙屋代表着客家人千百年来赖以维系的精神纽带和家族荣耀。

图 1　梅州围龙屋

在客家人心中，拆除围龙屋几乎等同于刨祖坟，因此客家人激烈抗争，事件很快上了微博的热搜，阅读量超亿人次，当地志愿者慕名找到汤敏寻求援助。虽然没有保护古建筑领域的经验，但是景观设计专业背景和北大人文精神驱使汤敏接受援助请求。他在当地联系人的协助下用三天时间完成了调查取证的工作。调查结束后，汤敏在返回深圳的大巴上，一边痛哭一边写下长篇文字，期望引起公众对这事的关注。

经过一次次艰难的沟通，新城规划方案中涉及的大部分围龙屋最终被保留下来，梅州围龙屋"保卫战"让汤敏一战成名。

2. "关注古村落保护的同志们我们团聚吧"

梅州围龙屋保卫战之后，公益圈内许多志同道合者慕名找来，很多热心人士也作为志愿者纷纷加入到保护古村落的事业当中，汤敏一度被称为"汤司令"。

汤敏知道，必须要将这些保护古村落、保护文化遗产的志愿者团结起来。一方面，只有团结起来，形成一支覆盖全国每个县的古村落保护志愿者队伍，当地的古村落和文化遗产面临毁坏的风险时，大家才能及时得到消息并伸出援手。另一方面，汤敏认识到，在全国类似拆除梅州围龙屋的事件很多，客观上也需要更多的志愿者加入。为此，汤敏决定建立一支全国性的古村落保护志愿者队伍。

2014年11月，汤敏在微信公众号以"关心古村落的同志们我们团聚吧"发出了"全国古村落保护志愿者的集结号"并草拟了方案，主要包括宗旨和行动计划（见表1）。在方案中汤敏写道：

> 全国古村落数以十万计，但纳入政府传统村落目录（并能得到保护的）仅有2 500多处，占古村落1%不到。古村落的发展不是政府和企业能解决的问题，需要全社会的共同投入。古村落面临着关注度不够、保护性破坏、开发性破坏、盗窃性破坏等问题。活化中又面临着基础设施不足、信息化不足、人才不足和法律诚信不足等多种困难。古村落保护所面临的障碍一方面是物质现实造成的，更重要的是缺乏关爱。志愿者就是爱心的代名词，我坚信只有志愿者精神，才能帮助大面积古村落走向明天。

表1　"全国古村落保护志愿者的集结号"宗旨和行动计划

宗旨	让热爱古村落的人找到同伴不再困难；让不论多么偏远的古村落都有人走近它；让破坏性的活化方式不再伤害任何古村；让古村落活化方式不再以掠夺村民为动机
行动计划	第一步：2014年12月，团聚志愿者。通过网络征集将志愿者群体集合，同时按城市形成保护与活化小组，大致明确工作思路
	第二步：2015年1月，组织各地志愿者线下见面，推动古村落保护志愿者协会的认证
	第三步：2015年1月—6月，组织开展古村落调查与传播行动，邀请专家和经验丰富的实践者开展线下和网络培训
	第四步：2015年6月—12月，开展古村落活化，建设古村落保护志愿者网络平台。鼓励并支持志愿者投身古村落，与村民共建共赢，真正带动古村落及乡村活化

大约一个星期，2 000 多名来自全国各省份的志愿者接龙报名参加，并按照要求留下了微信联系方式。汤敏挨个申请加为好友并备注省份，然后将这些志愿者按省份建群，很快就形成了 30 多个省份的古村落保护志愿者群。有了线上建群的基础，各群内活跃的骨干也逐渐清晰，汤敏根据大家的要求开始进行全国巡讲。每到一地，当地的牵头人召集所在地志愿者以及一部分专家，物色一个交流场所，就可以开展一次线下见面会。

每次见面会上，汤敏都会明确说明召集大家加入志愿者队伍的原因：共同保护中华民族优秀的文化遗产——古村落。汤敏也会明确表达对志愿者队伍的期望：在每个县建立一支志愿者队伍，守护在古村落周围，就像守护老人一样。汤敏还会给大家讲述梅州围龙屋保护战中的曲折和经验，倡议大家团结起来，共同面对类似的破坏古村落的事件。

为了建设全国性的志愿者交流平台，2015 年 5 月，来自全国 10 多个省份的 100 多名骨干志愿者在河南郏县召开"全国古村落保护志愿者网络"的筹备会议。大家围绕古村落保护、乡村振兴等议题展开了热烈深入的讨论，基本明确了"全国古村落保护志愿者网络"的纲领和宣言。

2015 年 9 月，汤敏以"全国古村落保护志愿者网络"项目的名义参加了第四届中国公益慈善项目大赛，获得了第一名，荣获首届深圳创意设计七彩奖设计之都特别贡献奖，他本人也受到了联合国教科文组织总干事的会见和肯定。联合国教科文组织给古村之友的颁奖词这样写道：

> 该项目的最高价值在于其实旨在保存深圳以及中国最后剩下的完整遗址：古村落，这在国家以及国际层面上有着重大的文化、经济、社会以及政治影响。因此，该项目在提升深圳城市生活质量以

及深圳在国际上作为"设计之都"的文化含量方面有着突出的贡献。

此次获奖让全国古村落保护志愿者们热情高涨，期待汤敏能够全身心地带领大家轰轰烈烈地开展古村落保护事业。面对志愿者的期待和古村落保护的伟大心愿，汤敏正式从公司离职。

创立古村之友

1. 注册民办非企业机构

离职后，汤敏重点推进的第一项工作是将组织合法注册。以"全国古村落保护志愿者网络"名义开展的活动没有合法身份，志愿者得不到有效的保护，组织客观上不可持续。但在当时设立一家民办非企业机构并不容易。在上海和杭州多次碰壁后，汤敏在深圳迎来了转机。由于"全国古村落保护志愿者网络"项目在第四届中国公益慈善项目大赛中获得了第一名，深圳市民政局颇为认可并推动完成了深圳市古村之友古村落保护与发展促进中心（简称古村之友）的注册。"古村之友"的命名参考了我国第一个民间公益组织——"自然之友"的命名方式。"自然之友"是梁从诫先生在20世纪90年代创立的，为中国社会的志愿精神、公共精神、环保事业开辟了先河，树立了榜样。汤敏说：

> 使用"之友"这样的社群化名称更能使公益精神深入人心，人人都是自然的朋友，人人都是古村落的朋友，何愁古村落得不到保护？保护古村落既是一桩事，更会感染一群人，最终目的是造就一批有古村落保护意识的人。"古村之友"四个字从此赋予了机构保护古村落、保护文化遗产的伟大使命，也让全国志愿者有了一个引以为豪的身份认同（见图2）。

"古村之友"全国古村落保护志愿者网络，简称"古村之友"，正式创立于2014年11月，是一个以古村
落保护活化为载体，以新乡贤工程为抓手，以乡土文化复兴和激活民间公益慈善土壤为目的的生态系统
公益组织。研发与支持中心设于深圳市，为全国三十个省、近千个县市共计数万的古村落保护与活化志
愿者社群搭建平台、研发模式，共同推动古村落的全面保护与活化。

图2　古村之友的 logo 及简介

2. 召开"中国古村大会"

汤敏重点推进的第二项工作是筹备首届中国古村大会，正式召集天
下古村志愿者们共商保护事宜。首届中国古村大会于 2015 年 9 月 26 日
在乌镇盛大召开，有 700 余人现场参会（见图3）。

图3　首届中国古村大会现场图片

大会明确了三项重点工作：一是给各省古村之友授旗，鼓励各省独
立注册志愿者组织。由此推动新增注册古村落保护的合法组织近 20 家，
编入古村之友的组织近百家。全国各地百余家古村之友公众号相继推
出，在提高全民文保意识、形成全国文保社会组织联盟方面发挥了重要
作用。汤敏希望古村之友作为全国性组织应遵循"形散神聚、化整为
零"的原则，即总部提供平台支持和各项援助，各地组织实行管理自治

化，这样既保证各地自主、创造性地开展工作，也避免全国统一法人带来的风险。二是发挥古村之友全国志愿者网络的监督作用。遇到违法拆除、强拆的事件，当地志愿者向总部申请援助，总部通过全国平台影响力，调动援助资源，开展曝光、举报、公益诉讼工作。三是开展抢救性修缮的公益众筹行动。主要是对因长年缺乏资金修缮导致自然倒塌的大量古村落、濒危文物开展紧急抢救。这项工作对后来与轻松筹、火堆公益等互联网平台开展合作，独立研发熟人互助的公益众筹平台爱乡宝，起到了奠基性作用。

3. 建立规范化的策略和流程

为了在全国各地开展规范且行之有效的古村落保护行动，古村之友在前期案例的基础上总结出一套策略和流程。以文物保护公益诉讼为例（见表2），该流程以简明扼要的方式明确了总部和各地志愿者组织协同的方式，确定了为各地志愿者提供舆论和法律支持的环节，同时制定了通过研讨会等方式向公众发声、影响舆论并进行公众教育的策略。这一清晰的流程既规范了全国志愿者的行动，也给予他们极大的信心。

表2　文物保护公益诉讼流程

序号	流程	详情
1	志愿者求援	发现文物被破坏，志愿者向古村之友总部求援
2	启动诉讼	古村之友总部评估决定采取公众号曝光、公函交涉等手段无果后，启动公益诉讼
3	收集证据	当地志愿者配合律师团队整理案情，律师团队进入案发地秘密收集证据
4	提交诉状与信息公布	向法院提交诉状，同步向媒体与公众公布，形成舆论关注
5	学术研讨	召开学者研讨会，做强学术声音与公众教育
6	法律程序的推进	开庭、协商、一审、二审等

相对于公益诉讼流程来说，抢救濒危文物流程（见表3）的重点是沟通和筹款。通过动员各地志愿者和爱心人士掌握全国各地濒危文物的情况，然后由古村之友与各公益平台合作，为项目募集资金。募集到的款项由古村之友拨付给当地志愿者实施濒危文物抢救，并进行必要的监督和工程指导。

表3　抢救濒危文物的流程

序号	流程	详情
1	发布征集公告	古村之友总部发起濒危文物古建抢救征集公告，动员各地志愿者和社会爱心人士上报濒危文物情况
2	申报信息	各地志愿者和热爱文化遗产的朋友向古村之友总部申报
3	修缮筹备与筹款	和当地志愿者沟通，明确修缮方案和预算，由古村之友以法人身份与公开募捐平台合作，发起筹款，这些平台包括腾讯公益、火堆公益、轻松筹等
4	款项拨付与实施	筹集到的款项由古村之友拨付给地方志愿者实施濒危文物抢救，做好必要的监督与工程指导
5	结项	提交工程成果说明以及财务说明，结项

至此，古村之友不仅获得了正式的法人身份，形成了全国性的古村落保护线上平台和线下志愿者组织，也形成了诸多行之有效的策略和方法。成绩是显著的，甚至有业内人士称赞"古村之友用两年时间打开了文保百年未有的局面"，但是汤敏认为需要通过有效的方式进一步提升乡村的内生性力量。只有乡村有足够多的、有情怀、有能力、有影响力的人才，乡村活化和振兴等议题才能够真正落地。汤敏说：

> 当我们逐渐转变模式，将主动抢救古建筑的责任交回给乡村里的带头人，各项事务的局面一下豁然开朗。我们的工作重心由抢救文物古建深化到寻找当地有责任心的人，我们给这类人取了个很有文化传统的称谓，叫新乡贤。鼓励更多人成为新乡贤，只要这个群体的规模扩大，乡村的各项公共事务就有了抓手，不仅可以开展古

建筑的抢救，还可以延伸到老人食堂的开设、儿童图书馆的运营等一系列乡村内部的公益事业。

4. 孵化"新乡贤"

2015年6月，汤敏在古村之友召开的新乡贤大会上首次提出了"新乡贤培养计划"，并明确指出古村保护的核心抓手在于新乡贤。"乡贤文化"在中国已有上千年的传统，历朝历代的乡贤们在推进乡村文化、教育、经济、社会发展等方面都起到了重要的作用。汤敏认为，新时期重提乡贤文化有传统的血液认同，同时也有新时期各项工作的需要。可以说，乡贤文化是打开乡村全面健康发展的一把钥匙，是一项意义深远，甚至在乡村发展史上具有划时代意义的制度建设。

乡贤通常是指对乡土社会有突出贡献的社会贤达，比如办学修路、助老扶幼，并在乡土社会有危难之时，能够勇敢地出现在第一线的人。全国各地有很多乡贤祠，便是对这种精神的表彰和传承。乡贤这一概念并不限定阶层，而更突出的是精神——贤达、贤能的精神。因此，从历史上看，乡贤可以是告老还乡的官员，也可以是本地的教书先生，但更广泛的意义是乡村里情怀高洁、勇于承担公共责任的人。在传统乡贤文化的基础上，汤敏提出了"新乡贤"的概念。

汤敏认为，新乡贤是指生活在乡村，具备以贤为主的品格特征，同时具备带领乡亲们走向幸福生活的初衷和能力的人。相对于历史上的乡贤依托于宗族制度的特点，新乡贤不应只产生于个别繁荣的家族中，而是应该覆盖到整个乡村。只有人人可做新乡贤、人人争做新乡贤、人人易做新乡贤，才能形成古村落保护和乡村发展的根基性的力量。汤敏说：

> 古村之友作为公益组织，是以志愿者精神和公众情怀为纽带的人群聚合，天然持以德行为主要衡量标准的组织价值观，是新乡贤的集中地和孵化器。我们更看重一个个普普通通的知识分子、青年

等自发担当起乡贤职责，关心公共事务，体察社会，帮助弱势群体。这股精神在普通人中的复兴，体现了新乡贤精神的蓬勃回归，让我们非常欣慰。

为了在已有的古村之友的队伍里发掘具备新乡贤潜质的人群，汤敏决定用公益的方法激励和帮助他们先做公益，一方面考验其是否具备做公益的决心和恒心，另一方面也能够通过公益让他们积累足够的社会公信力和号召力，进而能够承担起推动乡村发展的使命。

2016 年 9 月，古村之友在腾讯 "99 公益日" 活动中，帮助 37 个新乡贤公益众筹项目上线筹款，项目范围从保护文物古建延伸至乡村里的各个公益项目，筹款总额达到 327 万元，参与人次近 2 万人。为了提高帮扶效率，古村之友还推出了首届中国新乡贤公益创业大赛，并引入互联网公益 PNPP（Public-NGO-Private-Partnership）模式，帮助 47 个新乡贤项目上线筹款，筹款总额 83.6 万元，参与人次近 14 000 人。2017年，古村之友与山东省扶贫开发基金会合作，开展了山东扶贫创客培育计划，帮助 30 个新乡贤扶贫项目上线筹款近 265 万元，参与人次近 2万人。到 2023 年底，古村之友已在全国公益孵化了 50 余名新乡贤，涵盖了公益服务、农产复兴、非遗传承、老宅修缮、文化传播、古村生态等多个方面，带动乡村资产活化上亿元。汤敏说：

> 这样的试验让我感受到了新乡贤+公益众筹模式解决各项农村问题的有效性。除了教育问题，我们还发动新乡贤为老人众筹老人食堂、健身场所等。新乡贤+公益众筹不仅解决了不少农村的公共问题，更增强了农村的凝聚力和道德文化水平。一批优秀的新乡贤在公益众筹过程中凸显出来，在后来各项乡村治理中发挥了更重要的作用。比如公益众筹项目中，表现突出的新乡贤成为了村庄合作社的理事长，带领村民致富奔小康。有一部分新乡贤在公益众筹中体现出了大公无私的品格和卓越的组织领导能力，得到了群众的拥

护，被村民们选为了新的书记、村长。新乡贤的工作最大的魅力是为乡村振兴筛选出了一批有情怀、有担当、有能力的乡村组织人才，这项工作随着时间推移，所呈现出的力量会更加强大。

开辟善业互联网赛道

1. 开发"爱乡宝"

为了支持新乡贤开展古村落保护和乡村活化的项目，古村之友与腾讯公益、火堆公益、人人公益等机构合作，取得了一定的成果，但也存在一些问题。首先，相对于大的、官办的公益机构，小的、民营的公益机构很难筹到钱；其次，基金会通常会收取较高的管理费，大多在10%左右；最后，项目经费使用要求提供开支细目和发票，但古村之友很多项目地处偏远，如在偏远山区采石头、砍木头、修房子等，不可能提供发票。

为此，汤敏开始思考是否可以自建互联网平台，凭借互联网去中心化的优势、高性价比的组织优势以及触达个体的便捷性，搭建互帮互助的善业生态系统，让公益筹钱变得更有效率、成本更低。说干就干，2017年3月，古村之友拿到经营许可牌照，注册成立深圳爱乡宝信息科技有限公司（以下简称爱乡宝），并上线"爱乡宝"App，爱乡宝logo与简介如图4所示。

爱乡宝是依托血缘、地缘等传统人情关系构建的熟人社区，是移动互联网时代下乡村文化互助项目资源平台，为每一个乡村建立起无门槛的自助机制，并以此沉淀乡村大数据，构建乡村亲情社交网络，从而解决乡村振兴经济、文化、社会全方位的综合性问题。

图4　爱乡宝 logo 与简介

作为一款稳定而易用的小程序，"爱乡宝"是依托血缘、地缘等传统人情关系构建的熟人社区，是移动互联网时代下乡村文化互助项目资源平台。任何有家乡情怀的人，都可以注册入驻"爱乡宝"，并在平台上找到自己家乡的社群，相当于一个线上"同乡会"。大家在爱乡宝的同乡群中一起讨论家乡的发展，为家乡的建设捐款、搞活动、贡献智慧。线上"同乡会"可以非常便利与透明地筹集"内部小范围赠与式组织资金"，直接落到某个具体乡村的"同乡会"选举出来的负责人的账户，从而直接支持家乡的各项事业。在捐助金额上，"爱乡宝"认为"做公益是每个人的权利"，因此拒绝大额捐赠，鼓励每个人都能参与。

"爱乡宝" App 主要功能包括：社区建设，为每一个村子建立起自己的乡亲圈；公益众筹，每个人都可以随手发起、支持家乡的公共项目；家乡钱包，给每个村一笔可以自由支配的公共资金；家乡小卖部，让人们远游在外也能吃到家乡味道；生态衍生，包括乡村保险、乡村医疗、乡村教育、乡村旅游、乡村电商等。

项目发起者在"爱乡宝"上发起筹款的流程如下：首先，当事人在平台熟人圈发起项目，平台审核项目方案是否合规、合理，要求的证据是否齐全；若有质疑，评论区会自然显示出来，当事人要提供说明自证。能从熟人圈筹到钱，说明当事人人品可靠，熟人圈本身就能帮助平台考核当事人。其次，项目拨款。项目拨款通常分三笔，最后一笔金额最大。当事人拿到第一笔款后，完成到一定程度要进行阶段性审核，并要求上传照片、票据、资料等进行公示，审核通过后拨第二笔款，依此类推。最后，项目完成后，当事人把费用结果公示出来，列出项目细目清单，由熟人圈监督，平台无须做仔细审核。

由此可见，"爱乡宝"具有三个显著的特点：一是熟人圈的赠与模式，收取相对较低的管理费用（2%）；二是借助互联网筹钱，简捷而高效；三是在熟人圈筹款，不是公募，可靠且值得信赖，大大降低了筹款成本和可能的风险。汤敏认为，"爱乡宝"是介于慈善救助和个人求助之间的熟人互助，更符合中国传统文化互帮互助的社会心理，将释放出远大于慈善救助和个人求助的社会能量。而且，熟人互助对社会自治、德治、全社会道德文化水平提高、社会治理现代化都有着不可忽略的作用。汤敏用海绵城市的治水理念打比方，把"爱乡宝"作为善业小池塘，他说：

> 我是学景观设计的。景观生态学有个海绵城市的治水理念，即把雨水用小坑塘、小池塘储存起来，而不是当成废物直接排走。用排水理念指导实践，结果要么大涝要么大旱；用海绵城市治水理念指导实践，雨水就可以变成滋养土地的宝贝，变成润泽万物的甘露。

经过不到一年的运营和调试，"爱乡宝"帮助 500 多个乡村发起了同村众筹项目，筹得上千万资金帮助乡村改善各种公共服务设施，给村庄汇聚了一批热心的外出亲友，村庄内部也因这样的善举而民风向善、民心团结。然而，中国有近 3 000 个县，60 余万座村庄，3 亿~4 亿的农村户籍人口，占 80%以上国土面积。"爱乡宝"期望能够为更多的乡村提供同村互助的平台支持，不可能一直采用"散点式"的推广方式，而是必须开展规模化推广，也就是需要借助于当地政府、基层组织等机构进行规模化推广。但是，在探索的过程中，汤敏和团队遇到了不少困难，既有来自政府的，也有来自项目发起人的。追随汤敏多年，主要负责古村之友运营的大丁说：

> 从政府方面看，寻求地方政府协助推广爱乡宝时，政府会担忧筹的钱是公募还是私募、有没有基金会、有没有公益背景，因而不愿意承担责任。对于项目发起人来说，他们或多或少都会有政治诉求，有话要说，这会影响甚至直接改变当地的乡镇选举。这两个方面都会严重影响到"爱乡宝"的推广。

"爱乡宝"的发展似乎陷入了僵局，但很快，汤敏及团队又发现了新大陆，就是校友圈。汤敏发现帮助县域中小学的筹款往往很顺利，效果也很好。通常一个百年老校的校友会有几千甚至上万人，不仅能够筹款，还可以链接到校友的其他资源。其次，校友相信母校，愿意帮助母校，在很大程度上会配合项目落地。汤敏和团队开始思考是否将工作重心转移到校友圈筹款平台的搭建上。

2. 推出"爱校宝"

2019 年，在长江商学院校友的认可和支持下，汤敏和团队开始筹划上线新的善业互联网平台——"爱校宝"。"爱校宝"实际上是"爱乡宝"的一个聚焦版本，更专注于为县域中小学的发展和建设提供筹资支持。据统计，中国有 30 万所县域中小学，有些学校具有数十年甚至百年的历史。为了更好地服务这些学校，"爱校宝"设置了"线上校史馆""线上爱心池""线上校友会"等功能。"爱校宝" App 于 2021 年正式上线，其 logo 与简介如图 5 所示。

爱校宝作为县域校友大数据管理运营平台，旨在连接校友与母校，建立起校友回馈母校的有效通道和持续机制，让广大校友可以低门槛为母校提供力所能及的帮助，为家乡的教育事业尽己所能。同时平台为校友参与家乡招商引资、消费助农、文旅资源推介、返乡创业等提供对接渠道，全方位支持县域基础教育振兴与乡村振兴。

图 5　爱校宝 logo 与简介

校史馆是校友找回上学时的记忆、唤起校友对母校感恩之情的重要载体。线下校史馆筹建与维护成本太高，且无法与离开家乡的校友连接，爱校宝首先为学校搭建线上校史馆，与国内外校友连接和共建。其次，线上校史馆同步建立校友回馈母校机制——开通了爱心池功能。校友在线上为学校捐资、捐物以及对接资源。线上爱心池主要服务大多数校友，他们没有很大的财力支持，但可以支持几十、几百、几千元，聚少成多。最后，校友通过平台找到母校并上传个人基本信息，就可以形成学校的校友名录并建立线上校友会。校友们可以通过校友名录与相关校友进行联系互动，甚至合作，共同投身家乡建设。

"爱校宝"与"爱乡宝"一样，鼓励小额赠与，拒绝个人承包式的大额捐赠，主要目标是让那些关爱家乡、关爱教育的校友们有落脚点，唤起其公益之心，促进其参与社会变革。据此，汤敏说：

> 在推动社会变革方面，小区域、强互信、高黏度的紧密型公益活动具有明显的优势。社会变革说起来很宏大，其实都在一个个具体的微小变化中。中国社会现在有很多地方要么出现了断层，要么出现了深冻区，要想暖化甚至融合僵硬板块，只能通过小分子高速的热运动来刺激和化解，公益活动天然具备这样的能力。个人自觉力上来了，小群体的自治能力表达了，整个社会由小机体的活跃而联动成了大机体的活跃，社会才有可能真正实现健康、和谐、可持续发展。

以贵州榕江县为例，2021 年 12 月，在贵州榕江县委、县政府的支持下，爱校宝团队进入榕江，开展榕江县校友互助与友善型社会创建工作。到 2022 年底，推动榕江县完成了校友工作框架搭建、机制建设，成立了榕江县校友总会，搭建了线上榕江校友互助平台，榕江县 39 所学校建立了校友会，线上累计筹集善款超过 100 万元，激活线下校友捐资捐物超过 700 余万元，并发掘了一批优秀且积极助力母校与家乡发展的校友，为后续校友招商引资、校友返乡创业、校友农特产与文旅推介、校友企业家联盟、校友智库等发展奠定了基础。项目团队也同步为榕江县引入优质的企业与公益资源，助力榕江县教育与乡村振兴全面发展。

2019 年，汤敏在长江商学院的校友、软件开发出身的黄斌正式加入汤敏团队，负责互联网产品的设计研发和相关运营管理工作。黄斌说：

爱校宝公益互联网平台的核心是做公益模式上的创新，是一种探索性的业务模式。业务模式每天都在变，因此在做架构时，需要把后台、中台和前台做灵活性开发设计，以便高效地响应业务的变化。随着团队规模扩大，要考虑引入人才的多元化，既要从公益圈，也要从市场端引入人才，逐步把两端文化进行融合，既要有坚忍不拔的公益初心，也要有商业化的管理效率。

自 2019 年 8 月启动开发"爱校宝"以来，截至 2023 年 5 月，"爱校宝"已帮助全国近 100 个县的 1 万余所中小学建立了线上校友会与线上校史馆，汇聚了 100 多万名校友，为母校发展提供资金、物资与资源对接总额等方面的支持，线上累计筹款总额超过 8 000 万元，线下累计捐资、捐物与资源对接总额超过 1 亿元。为了更好地整合资源、提高效率，2020 年，汤敏注册成立"善联图远科技有限公司"，其 logo 及简介如图 6 所示，将"爱乡宝"和"爱校宝"等业务都纳入进来，并提出了"让天下没有难做的善事"的使命定位。

善联图远科技有限公司脱胎于国内知名公益组织古村之友，从保护活化中国乡土文化遗产出发，逐渐成长为涵盖乡村振兴（爱乡宝）、乡镇教育（爱校宝）、乡土文化为一体的线上线下平台型社会创新集群。善联图远取"以善相联、图其致远"为准绳，以"义利并重、以义为先"为手法，以"让天下没有难做的善事"为目标，构建起中国式平民善业的社会基础设施。

图 6　善联图远 logo 及简介

探索乡村善治

1. 乡村善治的传承

从 2014 年起，汤敏在十年间走访了近 1 000 个县，数千个人文遗迹点。在实地走访中，一个问题始终萦绕在汤敏的头脑中：为什么一个古村落能在数百年间与数十代人和谐共处？汤敏发现，走进每一个古村落，对联、祖训、堂号、雕刻、匾额、牌坊等上面往往写着："数百年人家无非积善、第一等好事还是读书""惟善是举""乐善好施""从善如登""急公好义"等字样，其中最多是与"崇德向善"相关的。汤敏说：

> 我和古村之友的伙伴们为中国的古村落保护、文化遗产保护事业做了些许工作，但更要感谢古村落的人文遗迹带给我们的巨大收获和认知改变。每次在荒郊野岭拜谒那些几百年前古人留在墓碑上、石壁上、门窗上的文字、对联、壁画时，我似乎看到一位老人将武功秘籍、人生智慧等跨越时空传授给前来探望的后人，我好似虚竹误入无崖子前辈的山洞，获得了无崖子灌顶的七十年内力一般。

近十年以公益的方式组织社会力量保护古村落和文化遗迹的经历，让汤敏亲身感受到了社会扬善之后的美感。他认为这种人心之美比容貌美、建筑美、设计美更沁人心脾。也正是因为社会力量的充分调动和参与，古村之友以近乎零成本的投入抢救了上千处濒危文化遗迹，感染和动员了全国数十万计的志愿者投身古村落和文化遗迹保护事业中来。汤敏认为，由于社会文明发展水平是国家的核心软实力，对外可以彰显国家与民族的魅力，成为最具影响力的名片；对内能够增进群众和谐相处，减少社会矛盾，降低行政管理和社会治理成本。因此，乡村善治文化的传承对于乡村振兴、乡村治理，乃至中华民族的伟大复兴都尤为重要。他说：

> 知识的攀登通过学校教育来实现，而文明的普及则是通过天长日久的社会教化来完成。知识对应教育，而文明则对应着教化，如何挽救基层社会的教化体系应当成为中华民族伟大复兴的战略工

程。那些能够传承数百年甚至上千年而屹立不倒的历史场所，之所以受到一代又一代人的爱戴与供养，正在于它们是精神的堡垒，是文明的道场，是润泽子民的精神母亲。

2. 平民善业重于精英善业

在推进乡村善治的过程中，汤敏认为平民善业重于精英善业。作为平民善业理念的鼻祖，孟子崇尚"人性向善"的理念，他在《孟子·告子章句下》中肯定了"人皆可为尧舜"的观点。孟子相信"人性向善"的理想社会，劝诫人们要树立向善的信心，自尊自贵，不要妄自菲薄，从力所能及的事情做起，成为一个有所作为、有利于他人的人。

基于公益创业十余年的经验，汤敏认识到社会善治体系中既有精英善业，也有平民善业，才是均衡和可持续的结构。但他认为，社会善治的核心应当是平民善业。只有如此，才可实现"人皆可为尧舜""人性向善"的理想社会。他说：

> 很多人愿意去做那枝头的玫瑰、攀天的凌霄花、参天的乔木，可是能真正治理沙尘暴的却是那默默无闻、承受践踏的、匍匐的藤蔓和低矮的灌木，缺少它们，必将沙尘肆虐。同样的道理，缺失平民善业，必将出现严重的社会生态危机，其危险程度要远远高于自然生态危机。

"爱乡宝"和"爱校宝"的筹款机制都是基于平民善业的理念设计的。汤敏认为，最重要的不是筹款本身，重要的是通过搭建渠道，激发每个人对于家乡、母校的感恩之心，让每个人都能够在力所能及的范围内做善事，培养慈善习惯和公民意识。"爱乡宝"和"爱校宝"被广泛用于濒危文物抢救、名人故居修缮、文物撑伞行动、乡村图书馆建设等领域的实践，也让汤敏认识到互联网便捷、低成本地汇聚一个个"善意小池塘"的能力和普通人善意被激活后的巨大潜能。

但是，汤敏也深深地感受到"爱乡宝"和"爱校宝"在推行过程中的困难，特别是"爱乡宝"。首先，由于"爱乡宝"通过新乡贤和志愿者在当地开展古村落保护、扶危济困、修路搭桥等各种公益活动，客观上成了乡村治理中的一支力量。这支力量如何与基层政府、村委会等机构合作和有效协同成为关键。如果二者之间能够建立共识和有效协同，将会在很大程度上推动乡村的发展；反之，则可能形成互不信任、相互掣肘的不利局面。其次，面对中国 60 多万个乡村，"爱乡宝"的规模化推广必然需要通过与当地政府和基层组织合作。但是应当搭建怎样的机制才能确保与政府部门、村委会等基层组织有效地合作？如何优化平台的设计和功能使之更符合普通大众的需求，从而有利于快速推广？这些问题萦绕在汤敏的脑中迟迟不能破解……

3. 平民善业的隘隍实践

2018 年 6 月，汤敏在慈善公益论坛公众号上发表文章《村村有车上》，介绍了乡村善治的模式和构想。有一位名叫罗佳凯的人留言："你们在'构想阶段'，我们已经做到了。"之后，罗佳凯联系上了汤敏。2018 年 11 月，汤敏第一次到访广东丰顺县隘隍镇实地考察，吃惊地发现隘隍镇在平民善业方面独特且创新的实践。

隘隍镇位于广东潮汕、梅州之间，潮汕和客家两大民系几百年来在此地杂居，形成了一种具有"半山客"特色的潮客文化。隘隍镇也是著名侨乡，旅居海外的华侨和港澳同胞有 6 万多人，他们一直关心家乡建设，兴办各种公益事业；20 世纪 80 年代改革开放以来，隘隍镇外出经商致富者继承了兴办家乡公益事业的传统，近十年来捐资家乡建设累计达 2.6 亿元。关心家乡兴办公益事业一直是在外隘隍人的传统美德。①

---

① 中共丰顺县隘隍镇委员会，丰顺县隘隍镇人民政府. 2017. 锦绣隘隍. 广州：羊城晚报出版社.

罗佳凯是溜隍本地人，1997 年从华南师范大学数学系毕业后，来到东莞商业学校任教。2016 年底，罗佳凯回乡访友探亲期间，见到时任溜隍镇综合执法队长的发小叶学胜。二人聊到溜隍人在珠三角打工以及做城市义工等活动，希望能在溜隍创建服务队、从事义工活动。说干就干，罗佳凯、叶学胜等人当年就在当地敬老院开展了第一次义工活动，随后建立首个网上筹款群，起名"乐善群"（见图 7），有群主、群规和财务

图 7　广东丰顺县溜隍乐善群

章程。乡亲们可在乐善群中自由捐钱，一旦确定捐款用途，款项使用由线下义工完成。到 2017 年 7 月，乐善群已在溜隍当地迅速发展到 30 多个。

不同于一次捐资几百万甚至上千万元的企业家所做的慈善，乐善群是一种几乎全覆盖的平民互助模式。乐善群中大多是在外普通务工或留守的乡亲，他们力所能及、自愿小额捐资几十元，汇集起来五六万元就可以用于养老助学、修桥铺路、大病救助等公益活动。叶学胜说：

> 乡亲们在捐款行善中所体会到的互帮互助、受人尊敬的精神愉悦和满足是无法估量的。积德行善不只是有钱人的特权，也是我们普通老百姓享有的权利，在捐资行善中我们找到了乡亲们在一起的温暖。

多次隰隍镇的调研考察，让汤敏更加确信人人皆可捐款行善的可能性和可行性，也让汤敏认识到平民善业能够帮助乡村缓解各种社会问题，对中国乡村振兴、乡村精神文明建设都有不可估量的价值。汤敏说：

> 它不只是一种试验，它让我感受到了生命力。他们可以像沙漠里的野草一样，没水、没阳光、长在岩石上，但也能开出花朵来。它也让我看到了平民善业的一个真实的案例，看到我和我的团队所做事情的可持续性。

汤敏也注意到可能存在的冲突，这也恰恰是他在推广"爱乡宝"和"爱校宝"时遇到的困惑。隰隍的案例能够让他更加具体地思考解决问题的路径和可行方案。他说：

> 乐善群这种自发的志愿者组织超出了现行乡村治理格局和能力，难免造成彼此之间的摩擦。乐善群规模大，一个群就可能有两三百人，群与群联动有上千人，势必成为村庄公共事务和村两委、乡镇干部的重要监督力量，这可能会影响到乐善群的发展。因此，乐善群应当在更早期的阶段谋求与政府的沟通和合作。

因为受到隰隍模式的启发和激励，汤敏对于平民善业有了更大的信心，也让他进行了更深入的思考。2023 年 8 月，汤敏在全国第二届社会工作助力乡村振兴大会上做了"古村保护和乡村治理经验分享"的报告，并针对平民善业提出了五个重要观点：第一，平民善业（互帮互助）是中华优秀传统文化中的核心精神；第二，平民善业是满足乡村社会服务需求的经济实效的模式，可以大大节省国家政府的财政开支；第三，平民善业是改变乡村社会风气，形成向善向上正气的必经之路；第四，平民善业是夯实党的群众基础，减少社会矛盾，实现长治久安、长期执政的社会土壤；第五，推行平民善业要求转变思路，政府倡导、社会搭台、群众唱戏、全民荣耀。

在探索中前行

在"爱乡宝"和"爱校宝"的探索中，汤敏确信运用互联网去中心化的优势、高性价比的组织优势以及触达个体的便捷性，能够将"善意小池塘"重新组合起来，逐步建设一个互帮互助的善事生态系统，让天下没有难做的善事。

汤敏认识到公益创业成功的关键在于创始人的清晰的定位和战略领导能力，既要坚守公益人的初心，保持战士般的执着、领导者的感染力，也要具备商业眼光、商业化的创新力。此外，高层团队成员的多样化十分重要，只有公益人的初心和创造力与商业化的管理和运营能力有机结合，公益事业才是可持续的。汤敏说：

> 我们逢山开路，遇水架桥，遇到一个问题就去解决一个问题，一步步走来。尽管速度和节奏要比想的慢很多，但当看到给被服务的乡村和学校带来实际成果，就增添了我们做成事的信心。

十多年来，汤敏从公益援助、古村落保护、善业互联网、乡村善治等一系列的探索过程中，修炼成了多个角色：公益事业的鼓动家、作家、演说者，以及社会创业的领导者。展望未来，汤敏将会继续扮演这些角色。他说：

> "一半霹雳手段，一半菩萨心肠"。我们将会一直坚持公益诉讼，坚持对僵化体制漏洞进行啄木鸟式的治疗。同时通过公益众筹、传播经验、演讲写作去激活社会善意，发现社会善意的规律，构建千千万万的"善意小池塘"，用善意去缝合社会的撕裂，滋润亿万个日益板结的心田。

（李晓光　徐京悦　王建英　李焰　陈雯）

参考文献

1. 爱乡宝. 汤敏：相向而行——商业向善与善业向商. 2022 - 05 - 12.

2. 爱乡宝. 汤敏：为什么平民善业比精英善业更重要. 2023 - 04 - 24.

3. 爱乡宝. 社投盟专访/爱校宝：以校友力量振兴县域发展. 2023 - 05 - 15.

4. 爱乡宝. 陷隍平民互助模式走进中国社会工作联合会. 2023 - 08 - 24.

5. 爱乡宝. 新华社专访汤敏：公益越来越成为人们的心理疗愈与生命救赎.
2023 - 12 - 21.

企业资料

1. 微信公众号：古村之友。

2. 微信公众号：爱乡宝。

附录 1

社会企业通过使命平衡机制创新，助力商业企业 ESG 绩效提升

马翔宇[①]

　　社会企业能否平衡社会价值与经济价值，是其社会使命可持续和稳定的立身之本。令人惊喜的是，《社会企业家精神（第三辑)》将这一话题作为重点讨论内容。值得一提的是，"向光未来"举办的"向光奖"中发掘的社会企业案例，与《社会企业家精神》从第一辑到第三辑中选取的案例呈现出一致性。在第三辑选取的十个案例中，有七家社会企业是"向光奖"往届获奖或入围企业。这或许揭示了，在识别中国优秀社会企业上，业界存在某种共识，且尤为看重"社会企业为了可持续与规模化解决其核心关注的社会问题，在使命稳健性上的创新"。这也是向光奖在评选优秀社会企业时，所关注的重要表现之一。

　　除了将创新作为向光奖的评选条件，我们还通过策划"重新定义社会企业"的专题，采访像诚信诺、黑暗中对话等社会企业的创始人，了解他们在使命平衡方面的创新。此外，在最新发布的《社会价值企业创新实践指南》中，我们将社会企业与商业向善企业统称为社会价值企业，其中对社会企业的定义更倾向于成立、转型或存在的初衷是为了解决社会问题；对商业向善企业的定义，我们倾向于商业企业通过运营、业务与价值链参与解决社会问题与环境问题，并带来可持续的商业增长。

---

① 向光未来总裁，中国社会企业与影响力投资论坛总裁，中国管理科学学会可持续发展管理专业委员会副主任兼秘书长。

　　由于强调社会企业成立、转型或存在的初衷的重要性，因此在探索使命平衡方面，我们对包括向光奖获奖和入围的社会企业及国内外持续运营的上百家社会企业进行观察，发现社会企业往往主要从权力分配机制和价值创造机制两个维度去平衡自身的使命稳健性。

　　在权力分配机制中，我们观察到，无论国内还是国外，非营利组织的可持续生存都面临同样的困境。为了可持续地解决社会问题，不少创新组织开始探索通过商业化的方式为自身解决社会问题的持久性蓄力，并通过单独成立企业的方式，用其利润支持社会使命的达成。此外，还有一种现象是，越来越多的社会企业在发展过程中通过补充注册非营利组织，促进更多社会力量以不同形式参与支持，或协同使命的达成。我们将上述拥有两个以上注册主体形式，协力解决社会问题的组织称为混合型组织。通过观察发现，目前混合型组织已经成为国内不少社会企业可持续发展的重要创新形式。

　　在价值创造机制中，我们观察到，不少社会企业天然地将商业模式与社会价值创造的模式相互绑定，作为一种过程型机制，价值创造机制的方式十分多元。以向光奖往届获奖企业"好润"为例，该企业通过回收塑料制品再加工成为纺织产品，从源头上减少塑料制品对环境的污染。因此，在好润的商业模式中，商业利润与社会使命是100%平行的，企业利润越高，证明回收再造的塑料越多，创造的社会价值越大。因此，在社会企业平衡社会价值与经济价值时，可以通过创新的商业模式创造更多利润，并将利润投入社会价值的可持续和规模化创造中。

　　此外，还需要注意的是，社会企业在平衡社会价值与经济价值的过程中，同样需要平衡在价值链上创造的社会价值与经济价值的关系。社会企业在价值创新过程中，可能具备多重社会价值主张，解决多个困境群体面临的问题。因此，创新的社会企业还会将受益人作为共创者，使其参与服务产品的生产、制作与运输，为他们提供就业机会，增加收入。企业如何通过外部捐赠收入或 ESG 影响力投资的支持，抑或是对利润的再分配，让价值链上更多人群受益，也是平衡社会价值与经济价值的主要方式，同时也是社会企业区别于商业企业的主要特点。

另一发现是，当我们将社会企业与商业向善企业放在同一个社会价值企业的语境下观察时，我们看到一些商业向善企业和社会企业往往可以为同一个可持续发展目标而努力。基于共同目标，社会企业的创新已经越来越成为商业向善企业在践行可持续发展过程中的重要补充力量。

通过向光奖对社会企业与商业向善企业的观察，我们看到越来越多创新的社会企业开始成为商业向善企业价值链上的重要商业合作伙伴。一方面，社会企业通过为企业提供产品或服务，开拓新的业务；另一方面，越来越多的商业向善企业作为商业企业探索 ESG 与可持续商业的先行者，通过投资、设立或将社会企业纳入价值链采购等方式，同样为自身开拓了新的市场。此外，社会企业在社会价值方面的正外部性，弥补或消除了商业企业在商业运营中可能产生的负外部性，提高了商业企业在 ESG 方面的表现和评分。

这一互惠行为也可以视为社会企业在平衡社会价值与经济价值上的创新尝试。而令人兴奋的是，随着中国商业企业的采购订单越来越多流向社会企业，社会企业的发展或许将进入另一种良性循环中，我们期待见证这一美好愿景的到来。

最后，再次祝贺《社会企业家精神（第三辑）》的出版，并邀请该书申报向光奖（学术研究奖）。我们期待越来越多像《社会企业家精神》这样优秀的作品通过向光奖这一平台被更多人看到。

附录 2

新兴的社会企业如何走向高质量发展

夏璇①

加快社会企业的发展对优化政府职能、完善公共服务供给、加强社会治理创新和激发经济活力具有重要的现实意义。社会企业不同于企业社会责任，也不同于社会组织，社会企业作为具备社会属性和经济属性且对环境友好的组织类型，在创新公共服务供给和推动社会治理可持续发展上，较传统企业和社会组织更具优势。

一、发展路径

社会企业是以商业的手段可持续地解决社会问题，并以此为宗旨或首要目标的特定组织类型。社会企业在中国带动经济增长、消除贫困、解决就业问题、改善环境、实现可持续发展等方面起到了积极的作用，成为社会发展的"第四推动力"。社会企业在一定程度上解决了政府做不了、市场不愿做和公益慈善服务覆盖不足的社会难题。

社会企业在中国，积极响应了党和政府提出的"建设人人有责、人人尽责、人人享有的基层治理共同体"的号召，发挥其在改善社会服务、参与社会治理、创新社会管理、促进社区发展等方面的积极作用。

当前我国公共服务与社会治理中的困境亟需借助社会企业来破解。随着经济社会的发展，社会公共服务需求和供给短缺之间的矛盾、社会问题多样化与社会治理现代化程度较低之间的矛盾日渐突出。虽然我国的公共服务与社会治理水平均有了大幅提升，但政府资源与能力的有限性决定了

① 深圳市社创星社会企业发展促进中心创始人，社会企业服务平台联合创始人。

政府不可能提供所有公共服务、完成所有社会治理事务，必须创新社会力量参与的方式，构建不同社会治理主体合作联动的新机制。同时，社会企业在创新公共服务和社会治理中较一般企业和社会组织有重要优势。社会企业具有社会和经济双重属性。社会企业为创新社会治理、健全公共服务体系提供了一条既可实现社会目标又可持续发展的新路径。各地实践表明，社会企业为居民在街道、社区提供了大量就近就业机会。[①]

二、认定数据

社创星社会企业服务平台（以下简称社创星）自 2015 年起参与中国慈展会社会企业认定工作，2018 年起参与佛山市顺德区、成都市、北京市、安徽省等各地的社会企业认定、培育试点工作。截至 2024 年 6 月，社创星认定的社会企业合计 724 家（去除重复认定的社会企业数量，详见图 1）。其中四川、北京、广东、上海、浙江、江苏等 6 省市集中了中国八成以上的认定社会企业。以城市而言，成都、北京、深圳、佛山、上海和杭州的社会企业数量远远领先于其他城市，一方面，"仓廪实而知礼节，衣食足而知荣辱"，经济发展依然是社会企业发展的必要条件（详见图 2、图 3）；另一方面，这 6 个城市基本上都出台过与社会企业有关的政策，政策引导对一个地方社会企业的发展十分必要。在认定的社会企业中，教育与培训、社会支持、社区经济、无障碍服务、绿色经济与生态环保、文化体育与艺术及乡村发展是我国社会企业集中的主要领域，占认定社会企业的 70% 以上（见图 4）。

三、政策梳理

2021 年 8 月，中共中央统战部印发了《关于深入推进新时代光彩事业创新发展的意见》，其中明确提出"支持探索发展慈善信托、社会企业、公益创投、影响力投资等新模式，总结推广典型案例和成功经验"。

[①] 李兰，王伟进，张芳. 2027. 我国社会企业发展状况调研报告. 国家治理周刊，(47)：43-48.

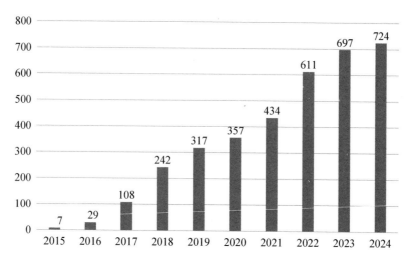

图1 中国社会企业认定数量（数据统计截至 2024 年 6 月 10 日）

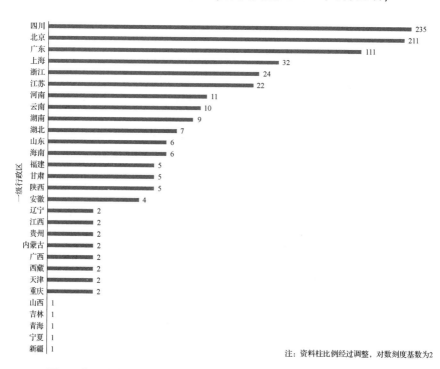

注：资料柱比例经过调整，对数刻度基数为2

图2 中国认定社会企业省份分布（数据统计截至 2024 年 6 月 10 日）

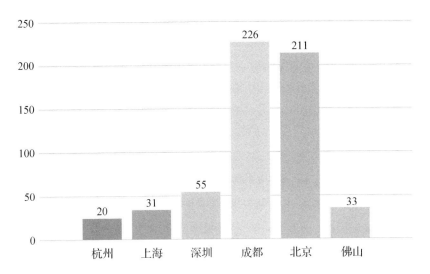

图 3　六大城市认定社会企业数量（数据统计截至 2024 年 6 月 10 日）

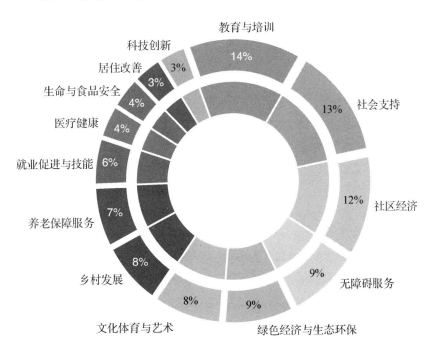

图 4　中国认定社会企业领域分布（数据统计截至 2024 年 6 月 10 日）

2021 年 3 月，民建中央在全国"两会"上提出了"关于弘扬社会企业家精神加快社会企业发展的提案"。

2021 年 12 月，共青团中央等多个部门联合举办了创青春大赛（社会企业专项）。

截至 2023 年 12 月，地方层面出台的支持社会企业发展的文件共 36 个（四川省 22 个，安徽省 6 个，北京市 3 个，上海市 2 个，湖南省 1 个，湖北省 1 个，河南省 1 个）。以 2015 年佛山市顺德区率先破冰认证发展社会企业为起点，此后，深圳市（福田区）、成都市、北京市（含市级及昌平区级试点区域）、上海（浦东新区）、武汉（高新区）、安徽省、四川省等多地纷纷推出支持政策，有力促进了社会企业的发展。我国社会企业在行业构建、培育孵化、认证倡导、政策支持等方面均已逐步成形。

四、发展成效

1. 北京市

北京市《关于促进社会企业发展的意见》明确了北京市社会企业发展的六项工作原则，力争到"十四五"末期，北京市基本建立促进社会企业发展的体制机制，社会企业纳入党委政府工作议程和相关部门工作体系；基本建立社会企业行业支持体系，主管部门和行业组织相互配合，推动社会企业服务管理规范化；社会企业的吸引力不断增强，认定社会企业超过 300 家。扶持方向上，重点扶持社区服务等民生保障类社会企业。同时北京市还将完善金融支持，创新融资担保方式，支持设立社会企业投资资金；三级布局建立社会企业培育孵化基地；加强监管评估，组织开展社会企业星级评定等基础性工作。

截至 2023 年末，北京市认定、培育各类社会企业超过 211 家。据不完全统计，北京市认定的社会企业提供了 9 289 个工作岗位（含兼职），平均每家社会企业提供了 38 个就业岗位。北京社会企业的发展目前已形成官方智库研究引路、党委政府认可支持、枢纽组织协同落实、社会企业与各方支持力量共同参与的模式。

2. 成都市

成都市的支持政策从 2018 年起连续更新出台,除市级外,超过 12 个区市县出台了与社会企业有关的支持政策。自 2018 年以来,成都市共认定各类社会企业 226 家,其中在有效期内的认定社会企业 157 家,这些社会企业资产总额超 60 亿元,年度营业收入总额达 8.27 亿元,从业人员合计7 391 人,平均每家社会企业提供 33 个就业岗位。① 社会企业在成都已经成为调动社会资源参与社会治理的有效途径,发挥着保障民生、促进就业、推动新发展的重要作用。目前,成都已成为全国认定社会企业数量最多、政策支持最完备、参与社区治理最广泛、业态最丰富、行业发展最为活跃的城市。

3. 安徽省

安徽省作为社会企业新兴之地,积极借鉴各地经验,省市区三级社会企业支持政策纷纷出台,社会企业在安徽正逐步兴起。

一是安徽省已初步构建起认定规范、政策完备、育管并举的社会企业发展培育制度体系。在省级层面,2022 年 7 月,由安徽省民政厅联合省发改委、省财政厅、省商务厅、省农业农村厅、省乡村振兴局、省市场监管局等七部门出台《安徽省社会企业认定培育试点管理办法(试行)》(皖民慈社字〔2022〕66 号)。办法明确了安徽省社会企业认定、培育、发展的五项原则:党的领导、政府引导、各方参与、市场驱动、社会共益。安徽省综合研判了国内现有的社会企业三种认定模式,结合本省经济发展水平及公益力量发展现状,最终决定采用以官方名义认定的模式作为主要认定路径。同时,明确了以芜湖、安庆、滁州、淮南等四地市作为试点主体进行政策适用探索,不强制跨越社会发展和认知水平的社会企业认证培育发展策略。2024 年 7 月,安徽省民政厅发布《安徽省建设社区公益慈善发展新生态行动方案(2024—2026 年)》,在发展社区慈善服务机构方面,明确提出四个试点城市的民政部门要持续推进社会企业试点建设,尽快孵化一

---

① 数据统计截至 2023 年 12 月 31 日。

批贴近社区、贴近群众的小微社区社会企业，参与社区治理和服务。

在市级层面，滁州、芜湖、淮南、安庆等四地市先后出台地方社会企业培育试点政策文件，旨在提高保障和改善民生水平，加强社会治理体系和治理能力现代化建设，协同推进安徽省社会企业认定培育试点工作。

在区级层面，滁州市琅琊区率先出台区级社会企业认定、培育管理办法，建立由民政部门牵头，市场监管部门、农业农村局、发改委、住建局、商务局、财政局等多部门参与的联席会议制度，为安徽省探索社会企业三级培育制度提供了试点基础。

二是切实促进了社会企业行业生态的形成，契合了社区居民与公益慈善发展的多样化需求。安徽省的社会企业认定培育对象主要是针对全省3A级以上社会组织、企业和农民专业合作社。原则上优先认定培育残疾人集中就业企业和困难群体互帮互助企业、慈善组织投资兴办的实体企业、乡村振兴中带动脱贫群众较多的企业、农民专业合作社、社区养老服务机构等。涌现出如安庆沐阳之家、芜湖永太养老、滁州七色光居民服务等一批国内知名的社会企业。安庆、芜湖、滁州、淮南等地在社区挂牌社会企业孵化基地4个，征集观察社会企业100余家，且呈现增长趋势。

三是社会企业已经成为调动社会资源参与公益慈善与社会治理的有效路径，成为保民生、促就业、新经济、新发展的新生力量。截至2024年6月，安徽省已认定社会企业8家，申报机构20余家，地域上主要集中在合肥、安庆、滁州、芜湖、淮南、铜陵等城市，行业领域上主要集中在养老、未成年人服务、社区发展、就业等民生领域。

五、本土化创新

1. 社区社会企业

习近平总书记指出，"社区是基层基础。只有基础坚固，国家大厦才能稳固""社区是党和政府联系、服务居民群众的'最后一公里'"，强调"贯彻以人民为中心的发展思想，在幼有所育、学有所教、劳有所得、病有所医、老有所养、住有所居、弱有所扶上持续用力"，强调要"把更多资源、服务、管理放到社区，更好为社区居民提供精准化、精细化服务"。

目标公益化、经营商业化、服务专业化的社会企业，如何实现社区公共利益与市场经济利益的平衡，实现社区持续发展，是发展社区社会企业的核心逻辑。

以成都市为例，近年来，成都市通过创制"社会企业+社区社会企业+信托制物业社会企业+社区基金+社区合伙人"的方式，创制社区社会企业这一新型社区经济主体和新型社区治理主体相结合的方式，从而完善社区治理体系和提升社区治理能力现代化，实现社区治理的可持续发展。

发展社区社会企业的核心主张是在中国共产党的领导下，以人民为中心，以社区公共利益为核心，通过市场化运作方式盘活各类社区公共资源，链接社区外的资源为社区居民提供多样化的、普惠性的公共服务，解决社区居民共同关注的议题，美化社区环境，提升社区居民就近就业、创业的机会。

目前，成都、杭州、宁波、上海、郑州、深圳、昆明、攀枝花、合肥、芜湖、淮南、贵阳、潍坊、赤峰、天水等城市已逐步出现各类不同发展形态的社区社会企业。从各地实践探索的效果看，社区社会企业在参与社区治理方面，发挥了积极的作用。

（1）盘活了社区资源。大部分社区无论其成立背景与发展水平如何，基本上都有一定的公共资源，最主要的是社区的公共空间，如社区内空地、电梯、停车场地、使用权归居委会的房屋、宣传公示栏等。由社区居委会作为特别法人成立社区社会企业，能够在党建引领下，通过市场行为，盘活各类社区资源，让其发挥最大价值。

（2）增强了社区财力。社区社会企业给社区提供的经营性利润，能结合社区的实际，有针对性地用于解决社区的特殊性问题。减少社区公共服务资金对财政资金的依赖，满足居民的多元化服务需求。

（3）扩大了居民参与社区事务的渠道。社区社会企业在原有的社区居民代表大会、居民议事会和业委会等组织构架之外，拓展出了一个居民参与社区公共事务、促进社区共建共治共享的新平台和新路径。在一定程度上增强了社区事务的民主监督，提高了居民参与社区治理的程度和水平。

（4）丰富了社区服务。社区社会企业在性质上是社区服务型企业，目的就是整合公共资源、发展社区经济、完善社区服务。一是增加了社区服务的数量。二是提升了社区服务的质量。三是促进社区服务的供给与居民需求精准对接。四是引入了社会资源，提升了社区服务的专业水准。

（5）密切了社群联系。城镇化进程加快，人口流动频繁，老旧小区改造提升，新建商品房增多，这些因素都使一些社区从熟人社会变为陌生人社会，社区社会企业通过组织、资助开展社区活动，起到了跨界沟通融合、密切社群关系、促进社区和谐等作用。

（6）解决了社区问题。在成都，社区社会企业普遍利用各自的优势，把解决社区问题、提升居民生活质量作为其社会目标，一些社区社会企业还注重解决社区困难人群的就业问题，从而提升了社区居民的获得感和满足感。

2. 信托制物业社会企业

信托制物业社会企业是将信义理念、信托方法用于小区物业服务，帮助业主与物业服务人建立"充分授权、概括约束"的信义关系。在信托制物业服务设计中，将小区物业费、业主共有部分的经营收入等作为小区共有基金，托付给物业服务人管理，用于小区物业服务和业主共同决定的其他事项。这种方式规制了物业服务人履行信义义务、完成服务目标，支付事先约定的物业服务人履约收益，实现了小区共同体利益最大化。信托制物业是助力完善共建共治共享的社会治理制度。

信托制物业社会企业的特点体现在：

（1）党建引领是发展方向；

（2）共有资金是根本制度；

（3）信托文件是实施依据；

（4）公开透明是机制使然；

（5）开放参与是重要特点；

（6）以收定支是预算原则；

（7）专业监察是保障手段；

（8）忠实善管是最终目的。

以成都市信托制物业社会企业为例，凡是引入了信托制物业的小区，居民满意度、平均物业缴费率等直线上升；截至 2023 年 12 月，成都市已有信托制物业社会企业 10 余家，服务小区超过 200 个。构建了以忠诚、勤勉、有效、透明、担当、利他为核心的信义关系，通过社区营造的深入和监督制衡机制的建立，有效解决了业主、业委会以及物业服务人之间存在的严重"信任赤字"，化解社会危机，筑牢韧性社会的基石。

六、反思

社会企业在中国的发展呈现出多点、多域、多元发展的局面。社会企业逐步成为解决受制于精神困境、经济困境、社会困境与身体困境的相对弱势群体的生活、社会、健康、就业等发展需求的重要路径。

现有的案例也表明，社会企业作为特定的经济组织，确实为社会治理、环境保护、弱势群体发展、社区发展等带来了积极影响。在中国，社会企业的实践形式多种多样。除了企业身份注册外，相当部分的社会企业以民办非企业单位、福利企业、社会团体的身份发展，还有农民专业合作社、互助组织、集体经济组织、社区服务组织等多种形式，这表明中国有相当数量的社会企业还未觉醒或尚待发现。

同时，社会企业由于定义的跨界、影响力评估不完善、政府法规政策相对滞后、公众认知偏差、社会企业运营团队能力低下、监管跟不上等问题，也不可避免地存在各类问题与风险。

未来，社创星希望联合社会各界共同推动中国社会企业基础设施的建设，继续推动更多政策出台，持续推动社会企业认定在全国的开展，积极传播各种有趣有用的社会企业理念与案例；依托天府股交社会企业板，推动社会企业金融服务的基础设施建设，构建有效的社会企业产品与服务资源对接平台；与各高校研究机构合作，开展社会企业行业数据分析和研究，培育专业人才；联合各地各界成立各种社会企业自组织或行业协会，开展行业自律与评估，继续完善各领域社会企业认定标准与影响力评估标准；共同构建可持续发展的社会，培育有共同良知的企业。

附录 3

第一辑、第二辑案例社会企业发展后续概况

企业 1 分享收获

1. 机构在 2020 年至今的五年发展中，对自身的社会使命和目标是否进行了调整或修正？为什么？

分享收获始终坚守社会生态农业的使命，致力于"重建人与土地的连接"，目标表述更为具体："让市民下乡、农业进城，城乡融合发展、共同富裕，做有机生活方式的引领者"。这一目标不仅强化了机构作为城乡桥梁的角色，而且增加和强调了有机生活方式的引领，使机构的发展视野不再局限于生态产品的生产，更是放眼于消费者观念的改变和健康可持续生活方式的倡导。然而，创始人石嫣越来越意识到，这个使命和目标不能由分享收获一家机构独立完成，分享收获单个机构发展是其使命和目标探索并落实的一个具体载体和基础。通过分享收获的实践经验，在全国范围内传播其理念，凝聚行业力量，一起实现中国社会生态农业的整体发展，这才是使命和目标达成的体现，也是石嫣对于分享收获的一个重新定位。

2. 机构在这五年的发展中，运营方面最主要的变化或进展有哪些？

新冠疫情中，分享收获生产者与消费者直接对接的短链模式优势得到充分的发挥，机构的销售额迅速增长，社会生态农业模式也因此得到了验证和巩固。在这五年中，分享收获的运营策略发生了以下变化：（1）产品构成从以种植品为主，转向以加工品为主。这一转变不仅解决了种植品集

中成熟带来的销售问题，还通过提升附加值，满足了市场对健康饮品、零食、调味品等的多样化需求。（2）随着加工品的增加以及全国社会生态农业新农人销售合作网络中的品类扩展，分享收获的销售模式从以会员为主，扩展到了更大范围的市场零售，市场零售也为会员系统带来了新的流量。（3）社会生态农业的新农人培训呈现明显增长趋势，影响力日益扩大。2023年后，新农人培训独立为一个专门的创客学院。2023年，石嫣在分享收获之外，主持创办了一个由生产者和消费者共同投资的"生态地球"公司，用这个超越区域范围和超越个人投资的全国合作社结构的公司作为社会生态农业这个使命在更高层面的倡导和实践主体。

3. 机构在这五年的发展中，是否遇到过比较大的困难或矛盾冲突？最终是如何解决的？

分享收获所面临的挑战包括两个层面。一个层面是社会生态农业领域共同面临的挑战。社会生态农业的关键是信任机制的建立，即如何让消费者能够信任生产者，生产者如何能够保证自身的生产符合标准。2019年开始，由分享收获的创始人之一程存旺牵头，召集全国各省主要的社会生态农业机构负责人，成立了各省的社会生态农业合作社，并制定了由生产者、消费者、专家构成的参与式保障体系（PGS），由该体系和最终产品检测双重保证的产品可以进入新农人各自的销售系统进行合作分销，目前这一机制的有效运行，在很大程度上解决了信任问题。此外，在社会生态农业链条的各个环节中，新农人大都处于弱势地位。为了保障投入品的品质、降低采购价格、提升众多小农场的运营能力，并增强新农人在现有商业流通领域的地位，分享收获通过创办全国性的合作社机构"生态地球"公司，打造"公平田野"这一全国性品牌，将生产者和消费者的力量通过制度性稳定机制联系起来，以公司制度的形式紧密合作，解决全国社会生态农业产业链上的各种问题。另一个层面的挑战是分享收获自身面临的组织和管理的挑战。分享收获地处北京顺义郊区村庄，机构面临专业管理人才匮乏、运作效率较低和人才稳定性较差的问题。成立全国性的"生态地球"公司之后，石嫣将更多的发展压力和需求转移到"生态地球"，重新定位分享收获的任务和功能，使之作为"生态地球"的一个产品供应商和新农人实践培训基地，这在一定程度上减轻了人才不稳定对于分享收获发展的压力，也解决了石嫣一直以来对如何体现和证明社会生态农业是全国新农人共同事业的困扰。

企业 2　喜憨儿洗车

1. 机构在 2020 年至今的五年发展中，对自身的社会使命和目标是否进行了调整或修正？为什么？

自 2020 年以来，喜憨儿洗车的社会使命和目标没有变化，仍聚焦于洗车业务的扩展和喜憨儿品牌的打造。创始人曹军成功推动洗车成为政府认定的残障人士就业项目。

2. 机构在这五年的发展中，运营方面最主要的变化或进展有哪些？

五年来，曹军成功推动地方政府出台相关政策，将洗车纳入残障人士就业项目，如中国残联就业服务指导中心下发《关于喜憨儿洗车助残就业项目的通知》，该通知设定任务目标：到 2027 年 12 月，建设一家喜憨儿（中国）技术资源服务中心；建设 10 家标准化喜憨儿洗车示范店，辐射建设 100 家洗车标准店。安徽省残疾人劳动就业服务中心下发《关于做好喜憨儿洗车助残就业项目相关工作的通知》，落实中国残联的相关通知。五年来，创始人曹军在社会创业实践中逐步认识到，要专注喜憨儿洗车发展和品牌打造，确保喜憨儿洗车稳步扩张。这些政策的出台，进一步加速了喜憨儿洗车在全国的复制速度。截至 2025 年初，喜憨儿洗车在全国 40 个城市开设了 45 家店，帮助 400 多名心智障碍者就业。

3. 机构在这五年的发展中，是否遇到过比较大的困难或矛盾冲突？最终是如何解决的？

目前，创始人曹军和喜憨儿洗车已度过了创业之初的艰难期，正进入健康且稳步发展的新阶段。社会创业成就显著，获得了社会各界的认可，也推动了相关政策的出台。从国家到地方政府，各级相关部门逐步出台了一系列支持性政策，为喜憨儿洗车的持续发展创造了有利条件。

企业3　成都朗力

1. 机构在2020年至今的五年发展中，对自身的社会使命和目标是否进行了调整或修正？为什么？

朗力将自身的使命定位于"提升老人生活品质，减轻子女照护压力"，这一使命始终未变。朗力在公司网页上对企业文化做了如下表述："作为中国金牌社会企业，旨在用商业模式解决社会问题，在追求经济效益的同时，为社会带来积极的影响，积极主动承担社会责任，让商业成为一种向善的力量。在推动养老事业发展的道路上，朗力将永不止步，稳健成长。同时明确企业的社会责任，给经济、社会和环境以积极影响，实现自身的可持续发展和社会的可持续发展。"成都朗力所处的行业天生具有很强的社会属性，其在公司章程中明确列出"固定比例税前利润锁定用于公益事业"的条款。

2. 机构在这五年的发展中，运营方面最主要的变化或进展有哪些？

朗力的社区养老中心业务和社工服务以非营利组织形式运营，目前发展的重心已转向以公司形式推动适老化相关业务的规模扩张。适老化评估和改造业务部分面向政府采购（30%），更大部分则以市场化的方式面向全国各地的普通家庭（70%）。朗力当前运营模式新的内容和特点包括：（1）在客户端，发展城市合伙人拓展业务，同时凭借20年来在养老服务领域所积累的适老化评估专业能力，通过与各大保险公司、大型企业等全国性机构合作，直接接入这些机构的服务平台系统，成为这些机构适老化评估和改造供应商，为全国各地的个人客户提供服务。（2）在适老化专业人才供应端，通过线上平台（如"刘姥姥说养老"公众号和视频直播）向社会公众宣传适老化的理念、技术和案例，不仅吸引了个人客户，还激发更多人投身适老化行业的兴趣。朗力因势利导开设适老化评估训练营，培养了大量专业的适老化评估师。这些分散在全国的适老化评估师通过朗力提供的客户需求提供上门服务，助力全国范围的业务增长。（3）朗力通过适老化产品研发和贴牌定制，已拥有上千款适老化产品，可用于适老化改造。目前，朗力业务已覆盖75个城市，为超过100万个家庭提供了适老化改造服务。

3. 机构在这五年的发展中，是否遇到过比较大的困难或矛盾冲突？最终是如何解决的？

朗力服务困难人群的适老化改造最初主要通过政府采购的形式提供，普通大众对适老化必要性和适老化改造专业度的认知需要漫长的消费者教育和市场培养，并且需要为普通人打造用得起和用得好的适老化改造方案。这一直是机构面临的挑战，也是市场发展过程中的正常现象。成都朗力通过这五年的不断探索，摸索出了前述的运营模式，提高了业务扩展的速度，减轻了企业的运营压力。但也产生了另一挑战，即在全国范围内适老化施工方合作环节的质量管理问题，这类问题未来可通过企业的标准化和精细化管理进行规范。

企业4 老爸评测

1. 机构在2020年至今的五年发展中，对自身的社会使命和目标是否进行了调整或修正？为什么？

在《老爸评测2021年度报告》的"立场声明"中写道："老爸评测自媒体，针对消费品做横向测评和科普，是非营利性业务，不接广告，不写软文。从2015年发展至今，从未收取任何厂家或品牌方的费用。"但在自媒体业务之外，老爸评测有了突破性的调整。2020年10月23日，老爸评测成立五周年庆典上，"老爸抽检"业务正式推出，面向厂家和品牌方，通过提供产品检测、审核、验厂等服务以提高产品质量，并对这些服务收取技术服务费。2020年，新冠疫情的爆发对老爸评测的盈利造成了不小的冲击，企业亟须降低单一C端业务的盈利压力，开拓新的市场空间。同时，市场上有大量品牌商通过图像后期处理来篡改评测结果，打着老爸评测的名号蒙骗消费者，进行不正当营销。因此，创始人魏文锋提出"堵不如疏"，与其疲于打假，不如直面企业需求，打造了"老爸抽检"业务。

2. 机构在这五年的发展中，运营方面最主要的变化或进展有哪些？

（1）进行业务创新。老爸评测在原有C端评测业务基础上，逐步拓展到多元化领域，形成了完整的产品与服务链条。推出"老爸抽检"，赋能B端合作伙伴；推出"老爸家装"，拓展家居领域；推出"爸气学苑"，布局B端合规培训。（2）推出"老爸标准"。老爸评测在内部技术审核标准的基础上，总结制定了100余项"老爸标准"，将分散的标准汇总、优化，形成具有行业前瞻性的一套完整技术审核体系，实现了评测工作的系统化和规范化。

3. 机构在这五年的发展中，是否遇到过比较大的困难或矛盾冲突？最终是如何解决的？

近年来，老爸评测在发展中确实遇到过一些较大的困难或矛盾冲突，特别是在人事调整与业务发展方面。其中，自媒体部门的发展一度面临挑战。随着短视频行业竞争的加剧，流量红利逐渐消失，老爸评测的自媒体数据增长明显放缓。作为企业与消费者沟通的主要渠道，各平台流量的低迷不仅影响了品牌曝光，也对整体业务的用户转化造成了一定冲击。为应对新媒体运营的困境，老爸评测先后更替了几任新媒体部主管。第二任主管是编导出身，内容创造和运营策略难以适应节奏极快的短视频平台。几经周折，老爸评测从专业MCN机构引进了第三任主管，此人具备丰富的新媒体运营和团队管理经验。新主管结合公司整体战略，重新设定了自媒体运营的目标与定位。在其带领下，老爸评测的流量增速很快重回正轨。2023年1月19日发布的八周年纪念短视频，在抖音平台累计获得了270万点赞和5.8万条评论，观看量突破千万，同时也为电商直播引来了大批流量。通过调整管理团队，老爸评测成功克服了阶段性挑战，也进一步提升了其应对市场变化的能力。

企业5 梦想骑行

1. 机构在2020年至今的五年发展中，对自身的社会使命和目标是否进行了调整或修正？为什么？

梦想骑行起步于川藏线，创立之初即将机构定位成"为骑行者提供安全救援保障活动的专业机构"，将"守护天路和安全救援"作为机构使命，将"建成国内最大的、基于北斗导航系统的安全骑行平台"作为机构愿景。2018年之前，梦想骑行的主要业务是川藏线和城市安全骑行的救援保障；此后，开始为城市马拉松和越野马拉松等赛事提供救援服务。2020年新冠疫情爆发后，梦想骑行在川藏线和城市开展的所有业务暂停，转而为城市的疫情防控提供服务。总之，梦想骑行在不同发展时期业务范围不断拓展，但其社会使命和目标没有大的调整，仍然聚焦在安全救援保障上。2025年，梦想骑行准备开辟环海南骑行的安全救援保障业务，这一探索仍然与其社会使命和机构目标保持一致。

2. 机构在这五年的发展中，运营方面最主要的变化或进展有哪些？

新冠疫情爆发后，梦想骑行在川藏线上的业务被迫停摆，城市安全骑行的业务也无法开展。在这种情况下，梦想骑行利用其安全救援的专业能力，为成都和重庆等城市提供疫情防护的救援服务。同时，对户外运动者提供安全方面的线上培训。新冠疫情期间，梦想骑行虽然发展不快，但上述举措满足了机构生存的需要。2023年，梦想骑行整体用户的增长量虽不显著，但依然能够维持机构的正常运作。2024年，梦想骑行迎来了新的机遇和挑战。大学、外地骑行俱乐部组织的百人以上骑行团体，纷纷向梦想骑行寻求安全救援保障服务。这些大团队的需求与梦想骑行之前服务的零散个人的需求有显著不同，他们要求梦想骑行在短时间内集中投入医疗和救援物资等资源，对服务方式和服务能力也提出了新的要求。梦想骑行目前正在积极与更多的医疗机构沟通合作，同时招募医疗专业的志愿者，并加强对机构主要负责人及员工素质和能力的培养。2025年，梦想骑行还将探索与海南省政府合作，开展环岛骑行的安全救援业务。

3. 机构在这五年的发展中，是否遇到过比较大的困难或矛盾冲突？最终是如何解决的？

梦想骑行遇到的最大困难是疫情期间的生存问题，因为川藏线和城市骑行的业务都无法开展。为了维持生存，梦想骑行缩减了人员，主动为政府提供疫情防护的服务，并开展了户外安全的线上培训，这些举措支撑机构渡过了难关。目前面临的最大困难是如何为超过100人的团队客户提供优质服务。这对机构的未来发展走向提出了关键考验，涉及服务思路的改变、医疗资源的拓展、服务能力的提升。梦想骑行准备采用项目制的解决方式，成立专门的团队服务大团队客户，另一部分人员则继续服务原有的个人客户。此外，梦想骑行也在积极探索通过合作获得更多医疗资源，包括穿戴式防护设备等。

企业6　乐朗乐读

1. 机构在2020年至今的五年发展中，对自身的社会使命和目标是否进行了调整或修正？为什么？

乐朗乐读的社会使命是不让一个孩子落后，机构目标是让每个孩子爱上阅读。公司在最近五年，一直坚守社会使命，机构目标没有调整。现实中，一些孩子的读写困难是客观存在的，这是一种真实的社会需求，不是人为创造的伪需求。大量实践证明，对于有读写困难的儿童，早期干预的成功率可以达到80%～90%。乐朗乐读是一家社会企业，从成立之日起，一直坚守社会使命和机构目标。

2. 机构在这五年的发展中，运营方面最主要的变化或进展有哪些？

一是开发了线上App，推出分级阅读产品，作为线下产品的补充。产品由一线老师开发，顺应孩子的兴趣和爱好。二是尝试进行业务转型，由早期主要面向读写困难儿童转向常规、大众化的业务，通过多元化运营，聚焦顾客的真实需要，以促进公司的可持续发展。

3. 机构在这五年的发展中，是否遇到过比较大的困难或矛盾冲突？最终是如何解决的？

2020年的新冠疫情，给公司经营带来较大挑战。（1）店面关闭与业务萎缩。在北京地区，业务量下降近80%，只剩下海淀一家店苦苦支撑，石景山、朝阳店无奈关闭；京外地方店同样未能幸免，近一半的店铺因疫情而关闭。针对这一困难，公司主动寻找突破口，除继续维持原有的线下业务外，转战线上，开发了线上App，推出线上的分级阅读业务，作为线下产品的补充，为公司带来新的收入来源，帮助公司在疫情期间存活下来。（2）生源减少。尽管疫情后孩子读写能力普遍下降，本应是乐朗乐读发挥专业优势、提供帮助的时机，但受疫情后消费降级的影响，一些家长认为学费偏贵，不愿意再为孩子支付必要的开支，导致生源减少。针对这一困难，公司努力让家长认识到读写困难早期干预的重要性，增强家长的危机意识，并让纠正读写困难成为一种社会共识。（3）宣传渠道变窄。早期重要的宣传渠道，如媒体的采访数量下降了80%；第三方代投资金也大幅减少，部分代投机构甚至消失。针对这一困难，公司积极寻找新的广告投放渠道，如抖音、日常媒体等，扩大社会对读写困难的认知，提高广告投放效率，吸引更多潜在客户关注公司的业务。

企业7 Power-Solution（诚信诺）

1. 机构在2020年至今的五年发展中，对自身的社会使命和目标是否进行了调整或修正？为什么？

从总体来看，诚信诺的社会使命并没有发生变化，公司一直致力于提供清洁能源和可持续发展方案，只是服务对象的范围发生了变化。创立之初，公司将自身的使命定位为"用绿色能源改善全球BOP（金字塔底层）人群生活品质"。截至2023年底，诚信诺通过可持续的产品及服务，累计为全球超过700万个家庭提供太阳能照明，覆盖5 000多万极端贫困人口；为地球减少近670万吨二氧化碳排放。2024年，诚信诺发现非洲城市居民和个体商户存在因无电或者缺电而无法使用家电的问题。面对这一新的市场需求，诚信诺开始探索非洲的家电直流化和离网光伏储能系统的业务，研发用太阳能电池板为冰箱、空调等家用电器提供电能驱动。这一新的业务方向意味着诚信诺将其服务对象从 BOP 人群拓展到非洲城市居民和个体商户，使更多非洲无电或缺电的人群用上清洁能源，进一步减少碳排放。

2. 机构在这五年的发展中，运营方面最主要的变化或进展有哪些？

运营方面主要的变化如下：（1）从 2020 年至今，诚信诺持续进行技术创新，目前拥有 70 多项专利，是国家高新技术企业，也是专精特新企业。（2）引入了高级管理人才，逐步提升了公司的管理水平和交付能力。（3）2022 年，诚信诺获得了三一基金会的投资，创始人表示三一基金会是耐心资本，愿意陪伴企业发展，目前还有一些投资意向在洽谈中。（4）与埃塞俄比亚有长期合作关系的企业签订了合资建厂协议，并于 2023 年底实现了生产运营，推动了本地化服务落地。（5）获得国内外广泛认可。2020年，诚信诺获得"向光奖：年度社会企业 TOP10"，其成功案例入选中国人民大学、中欧国际工商学院以及 SAGE 案例库。2022 年，案例入选哈佛商学院案例库，2024 年又成功入选 IMD 案例库。同年，创始人李霞在达沃斯世界经济论坛荣获施瓦布基金会"社会企业家"奖项。此外，李霞多次受邀参加联合国气候变化大会并做主旨发言，诚信诺作为主要生产商，为世界银行 VeraSol 项目提供 20% 的认证产品。

3. 机构在这五年的发展中，是否遇到过比较大的困难或矛盾冲突？最终是如何解决的？

第一个困难是疫情带来的挑战，包括无法如期复工、订单量下滑、已有订单交付能力不足、现金流告急、原材料涨价等一系列问题。在这种情况下，诚信诺"双管齐下"，一方面，利用这段特殊时期"练内功"，着力提升数字化水平，优化员工队伍，提升企业整体能力；另一方面，确保已有订单顺利交付，努力维护住老客户。通过以上方式克服了疫情期间的重重困难。2022 年，诚信诺开始开发新产品，并组织全体员工积极跑市场，开拓新客户。第二个困难是人员梯队建设滞后。随着诚信诺在市场上得到更大的认可，市场机会增多，但是人员力量跟不上。这一问题至今未得到有效的解决。一是因为公司主要服务于BOP人群，利润率较低，不敢在人员招聘和团队建设上进行大规模投入；二是因为人员流动性较大，前期的投入得不到相应回报，导致公司在人员投入上更加谨慎，畏首畏尾。虽然面临巨大挑战，但公司也意识到这个问题必须解决，一方面，准备通过扩大产品线、拓展客户群体等方式来提升毛利率；另一方面，计划专门拿出一笔资金投入到人员招聘和团队建设上。

企业8　山水伙伴

1. 机构在2020年至今的五年发展中，对自身的社会使命和目标是否进行了调整或修正？为什么？

山水伙伴使命的表达在原有的"自然保护地乡村可持续生态发展的践行者与共创者"之前，增加了"生物多样性价值的倡导者"；在目标落实手段的表达上，在原有的"通过示范'生态公平'产品与服务，赋能保护地生态资源可持续管理能力和商业能力，促进跨界共识与合作，探索人与自然和谐共存的解决方案"之前，增加了"通过推动城市公众对中国自然保护地和它们的守护者的了解"。这两个表达的改变，体现山水伙伴随着村庄工作的进展，工作重心向前推进的愿望，从原来专注自然保护区村庄村民的产品赋能，延伸到对村落社区发展和治理的综合能力建设；在城市端从倡导者转为更具行动力的推动者，发挥链接城市与保护区村落真实需求之间的作用。

2. 机构在这五年的发展中，运营方面最主要的变化或进展有哪些？

2020年底，山水伙伴创始人郑岚宣布将山水伙伴的业务方向由单一产品的生产经营，转向保护地社区可持续发展能力的孵化建设。主要体现如下：（1）突出对原有合作社自身市场能力的培育。（2）培养村民公开透明、公平公正议事的习惯，引导村民了解和发现社区的公共事务需求，积极参与，共同行动。（3）围绕来自森林的、以可持续方式生产的安心食材，分享自然保护区或周边村民的生活、生产场景，讲述食物和森林的关系及背后有趣的故事，进而传播生态保护和有机生活。（4）通过设计和组织公益活动和公益生态自然旅行项目，链接保护地真实需求和城市资源。深入发掘村民对社区和生态保护的真实需求，为城市志愿者提供小额资金，将社会公众参与的善意引入，满足社区真实的需求。（5）为学校、企业、社区等提供参与可持续生活、生物多样性观察保护项目相关的专业服务，推动更多人调查、了解、关心、保护身边的自然。

3. 机构在这五年的发展中，是否遇到过比较大的困难或矛盾冲突？最终是如何解决的？

两年前，山水伙伴的注意力主要是帮助村民销售蜂蜜以及社区营造，并希望通过销售能力的提高促进村庄的可持续性发展。但是以下两个原因让郑岚在近两年重新思考机构的定位：（1）仅依靠外部包销方式，难以实现村民较大覆盖面的受益。以朝阳村为例，各地扶贫使中华蜂蜂蜜的供应大增，国家自然保护区生态蜂蜜和生态产品的销售面临低价产品的冲击；同时，村民较难适应高端礼品市场上更为严苛的质量要求。（2）社区产业发展需要资源投入，仅靠一个机构或者当地林草部门的力量远远不够，迫切需要跨界与破圈。

郑岚反思：（1）从"生态农林产品"到"自然教育"。考虑到诸多村庄中保护地村庄的比较优势，产业不应只聚焦于生态农林产品，而更应着眼于自然教育，以自然教育带动产品的销售。（2）从"销售产品/服务"到"社群营造"。村民集体行动力提升并不仅指村民能以诚心生产出好产品、有凝聚力，也包括培养了解和支持保护地可持续发展的社群、提升村民与外部资源的互动能力。因此"社群营造"应该是未来的工作中心。具体而言，一方面通过为村庄引入更多不同领域的志愿者，激发村民参与社区发展的积极性，帮助他们挖掘村庄的核心资源，由此确定自然教育的发展方向。另一方面，尽管自然教育已初步形成部分课程体系，但是村民参与度不高，多为雇佣心态而非主人翁心态。对此，山水伙伴拟通过为村落引入更多自然教育的客户群体，让村民看到被需要并有切实的收益，从而主动围绕自然教育进行能力提升，改善环境。（3）通过成立管委会等形式，稳定并巩固保护区和地方政府、村民的合作关系，各方共同投入村庄社区建设。（4）发动城市人群参与生态保护，他们不仅是消费者，更是保护区村庄的朋友和伙伴，以自然教育和自然产品作为链接手段，让保护区和自然教育形成更大的影响网络，突破专业圈层，让社会上更多的普通民众参与和关注自然保护区及身边生态的可持续发展和保护行动。

企业9　ABC 公益咨询

1. 机构在2020年至今的五年发展中，对自身的社会使命和目标是否进行了调整或修正？为什么？

2021年，ABC公益咨询（以下简称ABC）的使命正式升级为"引导社会资源，发展专业人才，赋能社会问题的解决"。围绕有效解决社会问题这一核心，ABC进行了战略升级，构建ABC生态，向各利益相关方提供专业服务、人才和资金三方面的业务组合，目标从专注自身发展提升到影响行业生态。

2. 机构在这五年的发展中，运营方面最主要的变化或进展有哪些？

基于使命和战略的升级，ABC依托自身优势与深厚积淀，以赋能社会问题的解决为目标，在运营上主要有以下变化：（1）启动了公益创投业务线，提供以资源引导为目的的专业服务，包括为捐赠人提供捐赠建议服务、为影响力投资人提供投资顾问服务及为社会目的性组织提供融资顾问服务，引导善意资本科学系统地投放到有效的公益解决方案中。目前已顺利启动8个捐赠圈，共招募100多位捐赠人，预计筹集善款160余万元人民币，有力支持了四大议题下的10多家公益机构开展服务。（2）拓宽服务模式。过去，ABC通过招募志愿者，主要为中小型公益组织提供普惠咨询服务。如今，ABC还招募曾参与过ABC项目的志愿者，以自由顾问的身份，为具有高支付能力的公益组织提供优享咨询服务。这种模式不仅满足了不同客户的差异化专业服务需求，更有效提升了 ABC 的交付能力，让 ABC 有机会服务更广泛的客户群体。

这些变化不仅体现了 ABC 对公益领域的深刻理解和创新精神，也为社会带来了积极的影响。

3. 机构在这五年的发展中，是否遇到过比较大的困难或矛盾冲突？最终是如何解决的？

2022 年，因受到外部经济形势走低与内部新业务拓展不利的双重冲击，ABC 出现了较为严重的亏损。后来因完成了一轮融资而挺过了这次危机。危机之后，团队开展了多轮讨论，反思所犯下的几个主要错误：（1）没有充分发挥 ABC 专业志愿者模式的独特优势，涉足了与自身发展不相符的业务。（2）战线拉得太长，团队精力和能力受限，业务不够聚焦，也未能突破。（3）没有足够重视业务的增长逻辑，未能做到财务可持续。

2023 年，ABC 积极调整，在以下几个方面做出了努力：（1）开始重新思考怎样才能持续提升项目数量，从而提升专业志愿者的服务时长，鼓励全职团队全员走出去与行业伙伴交流；先后建立了数字化公益创造营和公益创投两个业务分社，通过加强专业团队的投入来拓展 ABC 在两个新业务上的服务能力。（2）暂停了一些当下还不能实现盈利的业务，如公益基金托管和人才寻访；减少了部分在创新方向上的探索，如人才数字化和学院化；缩短了战线，将公益创投业务的探索聚焦于"资源引导"这一核心模块。（3）积极尝试优享项目的拓展和捐赠圈项目的试点工作，期望借助这两个项目，在 ABC 积累的经验和资源基础上，实现志愿服务形式的创新和时长的明显增加，同时保持财务的可持续性，打造 ABC 的第二增长曲线。目前优享与捐赠圈项目已成功实施超过一年，已为本机构及被服务的公益机构带来了实际效益。在持续巩固和优化现有成果的基础上，ABC 也在积极探索更多新的可能性。

企业 10　工友之家与同心互惠

1. 机构在 2020 年至今的五年发展中，对自身的社会使命和目标是否进行了调整或修正？为什么？

工友之家在后期对其业务进行了全面拆分，各业务板块独立运行。其中最为典型的是采用社会企业模式的同心互惠，案例后续跟踪以同心互惠为重点展开。旧衣回收本身具有非常重要的环保价值，而同心互惠服务进城打工者的使命始终没有变化。

2. 机构在这五年的发展中，运营方面最主要的变化或进展有哪些？

2017 年，同心互惠独立为公司模式运营；2018 年，同心互惠获得亿方公益基金会的公益投资；同年，亿方公益基金会派驻职业经理人董智敏女士担任同心互惠的总经理。2018—2023 年，在董智敏的带领下，同心互惠实施了一系列专业化运营举措。（1）开拓捐衣渠道：2019 年，推出线上收衣的小程序，将过去单纯依靠线下的模式拓展到线上；在已有线下社区、高校收衣渠道之外，与麦田房产中介合作，在北京各门店与社区物业合作，定期回收旧衣；通过与字节跳动、美团、星巴克等机构的社会责任部门深度合作，共同设计与打工人群和流动儿童相关的公益活动，并在这些公司的内部系统中嵌入旧衣捐赠的界面，不仅增加了稳定的捐衣渠道，还建立了机构与捐赠者的互动渠道。（2）衣物销售和用途开发上，通过细分衣物品质进行精细定价，从而提高销售的总收入；增加旧书和旧物的回收及相关销售，拓展收入来源。（3）依托皮村的同心互惠社工中心和旧衣销售店铺，打造流动儿童阅读和社区教育环境，链接社区、企业和学生的公益活动。（4）梳理和改进企业原有的仓库管理、员工激励等较为薄弱的问题，提升内部管理和激励手段。

3. 机构在这五年的发展中，是否遇到过比较大的困难或矛盾冲突？最终是如何解决的？

第一个挑战是城市功能疏解与政策变化带来的冲击。同心互惠成立公司之后，迅速面临城市功能疏解政策的影响，原服务的打工人群急剧减少。2019 年，政策方面对于公益组织退出旧衣回收领域的提法，进一步加大了同心互惠回收旧衣的难度。为此，同心互惠重新审视机构的目标和意义，重新梳理了自身的价值呈现：（1）为打工人群提供实惠的商品，降低打工者的生活成本。（2）提供有尊严的帮助而非施舍。（3）让捐赠者获得价值认同感和意义感。价值呈现获得了更多企业和个人的认可，提升了捐赠意愿。第二个挑战是员工工作方式与态度的转变困难。同心互惠的员工多为皮村及附近的打工者，他们在机构创办时加入，有很好的坚持和耐心，但对于商业运作和商业管理规则存在天然的抵触情绪，导致企业内部的管理改变缓慢，员工激励效果有限。第三个挑战是专业化运营依赖与领导层变动的影响。同心互惠的专业化运营主要依赖投资方亿方基金会的支持。2022 年末，董智敏离任后，同心互惠的发展陷入停顿。随着皮村打工者的进一步减少，原有的旧衣商店和员工规模也缩减了一半。现任总经理、同心互惠的创始人王德志正在积极探索新的发展方向，将目光投向海外旧衣销售市场，寻找新的销售渠道，以改变同心互惠当前的困难局面。

企业 11　一公斤盒子

1. 机构在 2020 年至今的五年发展中，对自身的社会使命和目标是否进行了调整或修正？为什么？

一公斤盒子在最近几年的发展中，对自身的社会使命和机构目标进行了一些调整和修正。（1）社会使命的调整。从关注乡村孩子物资匮乏到关注教育公平和创新：一公斤盒子早期以"多背一公斤"的形式，为乡村孩子提供物资和情感陪伴；随着机构的发展，其社会使命逐渐转向关注乡村教育公平和创新，通过提供教育内容和产品设计服务，赋能乡村教师，提升乡村孩子的教育水平。从关注个体到关注系统和生态：一公斤盒子早期主要关注个体教师的赋能，后期逐渐转向关注乡村教育系统和生态的改善，通过建立教师共同体、与当地教育部门和乡镇合作等方式，推动乡村教育的整体发展。（2）机构目标的调整。从规模化到专业化：一公斤盒子早期追求规模化发展，希望影响更多乡村孩子；随着发展，机构目标逐渐转向专业化发展，希望提供更专业、更优质的服务，提升机构的核心竞争力。从短期利益到长期发展：一公斤盒子早期更加关注短期利益；后期逐渐转向关注长期发展，希望实现机构的可持续发展，并持续为乡村教育贡献力量。

一公斤盒子进行社会使命和机构目标调整的原因主要有以下几个方面：（1）外部环境的变化。乡村教育环境和公益行业环境的变化，要求一公斤盒子调整其社会使命和机构目标，以适应新的形势。（2）内部发展的需要。一公斤盒子在发展过程中，不断积累经验和提升能力，需要调整其社会使命和机构目标，以实现更高层次的发展。（3）团队理念的变化。一公斤盒子的团队成员逐渐成长，对教育和社会问题的理解更加深入，需要调整其社会使命和机构目标，以更好地实现其社会价值。总之，一公斤盒子通过调整社会使命和机构目标，更好地适应了外部环境的变化，满足了内部发展的需要，实现了团队理念的提升，从而更好地实现了其社会价值。

2. 机构在这五年的发展中，运营方面最主要的变化或进展有哪些？

一公斤盒子在最近几年的发展中，运营方面发生了以下几个主要变化或进展：（1）业务模式的标准化和流程化。从探索到落地：一公斤盒子将早期探索出的业务模式进行标准化和流程化，使其更加规范和高效，从而实现机构的可持续发展。从产品到项目：一公斤盒子逐渐从单纯的产品销售转向更深入的项目合作，通过提供更全面的服务，满足合作伙伴的需求，提升机构的影响力。（2）组织架构的优化。部门职责更加明确：一公斤盒子的三个部门（运营部、项目部、研发部）职责更加明确，协作更加高效。决策机制更加民主：一公斤盒子建立了决策委员会，鼓励团队成员参与机构决策，共同为机构发展贡献力量。项目小组的建立：一公斤盒子建立了灵活的项目小组，促进跨部门协作，提升项目效率。（3）团队建设的加强。人才培养：一公斤盒子注重人才培养，通过内部培训、外部学习等方式，提升团队成员的专业素养和职业能力。团队文化：一公斤盒子建立了良好的团队文化，增强了团队凝聚力，激发了团队成员的积极性和创造力。（4）合作模式的拓展。与基金会合作：一公斤盒子与多个基金会合作，共同开展乡村教育项目，获得资金和资源支持。与企业合作：一公斤盒子与多家企业合作，开展企业社会责任项目，拓展合作渠道。与高校合作：一公斤盒子与高校合作，开展研究项目，提升机构的专业性。（5）传播方式的多样化。社交媒体：一公斤盒子积极利用社交媒体平台，传播其理念、项目成果等，提升社会影响力。官方网站和博客：一公斤盒子通过官方网站和博客，发布其最新动态、研究成果等，与公众进行交流。媒体报道：一公斤盒子积极与媒体合作，通过媒体报道其项目和成果，扩大社会影响力。总之，一公斤盒子通过以上变化和进展，提升了机构的运营效率和管理水平，为更好地实现其社会价值奠定了坚实的基础。

3. 机构在这五年的发展中，是否遇到过比较大的困难或矛盾冲突？最终是如何解决的？

一公斤盒子在这几年的发展中，确实遇到过一些比较大的困难和矛盾冲突，并采取了不同的方法进行解决。（1）团队年轻化与经验积累的矛盾。一公斤盒子的团队比较年轻，充满活力和创造力，但缺乏经验和社会资源的积累，在面对一些复杂问题时，往往感到力不从心。应对措施：加强人才培养，通过内部培训、外部学习等方式，提升团队成员的专业素养和职业能力；引入外部专家，与行业专家、学者等合作，为团队提供专业指导和支持；建立师徒制度，让经验丰富的员工指导年轻员工，帮助他们快速成长。（2）宏观环境变化带来的挑战。公益行业资金减少、《慈善法》出台、企业合作受限等宏观环境变化，对一公斤盒子的运营和发展带来了挑战。应对措施：提升专业性，通过提供更专业、更优质的服务，提升机构的核心竞争力；拓展合作渠道，与更多基金会、企业、高校等合作，寻求更多资源支持；探索新的模式，探索与乡村振兴、企业社会责任等结合，拓展新的合作机会。（3）一线行动空间受限。随着村小撤并和中心学校的兴起，一公斤盒子在教育创新方面的行动空间受到限制，与校方和教育局合作的难度增加。应对措施：聚焦核心区域，选择愿意合作的镇域片区，建立教师共同体，进行深度合作；抱团取暖，与其他公益机构合作，形成联合效应，增强影响力；寻求替代方案，探索与当地乡镇、企业等合作，寻求更多支持。（4）人员流动带来的挑战。早期一公斤盒子的设计师等岗位人员流动率较高，影响了团队的稳定性和项目进展。应对措施：优化组织架构，建立更完善的组织架构和流程，明确岗位职责，提高工作效率；加强团队建设，建立良好的团队文化，增强团队凝聚力，减少人员流动；引入外部人才，与外部设计师合作，弥补内部人才不足。总之，一公斤盒子通过以上方法，来应对发展过程中遇到的困难和矛盾冲突，实现了机构的可持续发展，并持续为乡村教育贡献力量。

企业 12　保护豆豆

1. 机构在 2020 年至今的五年发展中，对自身的社会使命和目标是否进行了调整或修正？为什么？

保护豆豆的社会使命和机构目标没有改变，始终专注于儿童性教育，致力于让每个孩子都能获得性教育。

2. 机构在这五年的发展中，运营方面最主要的变化或进展有哪些？

保护豆豆的业务模式发生了比较大的变化。包括：（1）新增师资培训业务，成为机构营收的主要支柱，约占机构营收的 70%。早期，保护豆豆主要依托胡佳威 IP，知识付费是主要的变现模式，线上家长课、儿童视频课等产品在市场上占重要地位。然而随着知识付费行业整体下滑，性教育行业同样面临惨状。2019 年初，保护豆豆开发了家长讲师培训；2020 年初，保护豆豆又开发了儿童讲师培训。后来这两个培训业务快速发展，迅速撑起机构主要营收。（2）配套的教具、教材、周边的业务逐渐发展，约占机构营收的 20%。（3）随着保护豆豆知名度的扩大，有越来越多学校、机构联系保护豆豆，希望付费邀请老师去授课。与此同时，保护豆豆在全国培养了 1 300 名性教育讲师，保护豆豆就像"滴滴"平台一样，为这些学校、机构派遣性教育老师，并收取一部分的介绍费。目前该业务还处在萌芽阶段，仅占机构营收的 5% 左右。

3. 机构在这五年的发展中，是否遇到过比较大的困难或矛盾冲突？最终是如何解决的？

最大的困难就是新冠疫情带来的行业停滞甚至退步。不单单是性教育，整个家庭教育行业，尤其是处于中上游、以师资培训为主要业务的机构，都面临无法开发课程、招生难的困境。当时，保护豆豆正好处于转型做师资培训的阶段，凭借此前积累的良好行业口碑，在疫情前两年，保护豆豆的营收还勉强可以维持，但到第三年出现了断崖式下降。即使疫情结束，曾经行业快速发展的势头也明显停滞。对此，保护豆豆调整工作重心，不断"修炼内功"，将精力放在课程研发、客户精细化管理、丰富营销手段、学员后续服务等方面，从而做好口碑，提升软实力，为后续行业快速增长时的爆发奠定坚实的基础。

企业 13　无障碍艺途

1. 机构在 2020 年至今的五年发展中，对自身的社会使命和目标是否进行了调整或修正？为什么？

无障碍艺途（以下简称 WABC）是一家为精神智力障碍人群提供绘画艺术疗愈并促进社会融合的公益组织，其愿景是让每个人都生活在美与爱的社会中，唤醒人的美感和精神的力量。从 2010 年创立以来，WABC 一直坚持机构的使命和愿景，没有进行调整或修正。

2. 机构在这五年的发展中，运营方面最主要的变化或进展有哪些？

WABC 在近五年中，服务重点、服务对象、服务地域都有一定的变化。主要体现在：（1）由于受新冠疫情影响，机构线下课程和服务难以开展，因此，WABC 将国内的业务重点从社区服务转变为社会倡导，即从直接服务精神智力障碍人群转为通过线上课程赋能家长、志愿者以及其他关怀残障人士非政府组织的员工等。同时，WABC还通过画展、错袜日等活动进行社会倡导。（2）WABC开始拓展海外项目，目前主要在泰国和新加坡开展业务。在新加坡，成立了基金会并开展了一些社区服务；在泰国，为落后地区的居民和儿童提供艺术疗愈的课程，促进社区发展。

3. 机构在这五年的发展中，是否遇到过比较大的困难或矛盾冲突？最终是如何解决的？

（1）疫情导致的运营困难。由于线下课程无法开展，机构运营压力剧增。为了节省成本，一方面，WABC退租了原来较大的办公场所，改租了较小的场所；还缩减了人员数量以减少开支。另一方面，重点开展线上培训业务和社会倡导活动，并尝试探索海外业务。（2）从整体上看，公益行业的从业人员职业的社会认同度低，人员流动较大，机构能力难以提升，WABC也面临同样的挑战。针对这一问题，WABC在招聘员工时会考虑用工成本，做好预算，为员工提供合理的工资保障；同时在招聘时寻找有志愿者心态、热爱公益的人，希望通过"双管齐下"的方式减少员工的流动性。WABC创始人大苗认为，公益组织发展过程中会面临很多困难，要保持一个良好的心态是关键，即遇到困难，就要及时转换方法和策略，只有这样才能做到适者生存。

企业14　灵析

1. 机构在2020年至今的五年发展中，对自身的社会使命和目标是否进行了调整或修正？为什么？

灵析的机构使命始终如一，即"让人人皆可参与公益，且受益"。愿景为"每个智慧公益背后都有灵析"。灵析始终秉持初心，以专业信息化与咨询服务助力公益慈善领域的数字化转型，协助各机构降低成本、提高效率、优化服务质量，促进公益行业的透明化进程。

2. 机构在这五年的发展中，运营方面最主要的变化或进展有哪些？

在过去的五年中，新冠疫情的冲击、商业大环境的波动、大型互联网公司慈善支持策略的转变，以及国家政策与《慈善法》的施行，促使公益慈善机构的管理步入高质量发展的新阶段。这一变革不仅为慈善组织的专业能力建设带来了全新挑战，也使得其信息化需求显著提升。在筹款层面，各慈善机构对于稳定且可持续的筹资模式有着更为迫切的需求。灵析的发展轨迹与上述行业背景紧密呼应。灵析积极投身于月捐系统的开发工作，并提供专业的筹款运营服务，同时构建机构内部的资金财务项目管理系统，以此推动机构管理的合规化与高效化进程。与五年前相比，目前灵析全职员工数量约40人，业务规模与收入均实现翻倍增长，服务客户数量增长约1.5倍，深度服务客户群体亦得到显著扩充。

3. 机构在这五年的发展中，是否遇到过比较大的困难或矛盾冲突？最终是如何解决的？

从业务发展的结果来看，灵析整体呈现出稳定增长的态势，其间所遭遇的困难与冲突均处于正常经营的范畴。回顾过去五年，主要面临的困境集中于专业人才的引进以及管理能力的提升与突破。2019年，管理层人员出现较大规模的流失，至2020年又遭遇疫情冲击，核心团队的不稳定以及专业人才的流失，对业务增长造成了较为显著的影响。在持续招募新人的过程中，新管理团队在人事管理、团队文化传承与建设等方面，也面临诸多挑战。应对之策在于，无论面对何种难题，始终回归公司的愿景与使命，时刻遵循为客户解决问题、创造价值的原则，以此凝聚核心团队，携手共克时艰。

企业 15　黑暗中对话

1. 机构在2020年至今的五年发展中，对自身的社会使命和目标是否进行了调整或修正？为什么？

2020年至今，黑暗中对话的社会使命和目标没有改变，始终聚焦于"为视障人士创造发挥其才智的就业机会，促进多元和包容的社会文化"。

2. 机构在这五年的发展中，运营方面最主要的变化或进展有哪些？

2020 年，新冠疫情导致上海的体验馆被迫暂时关闭；2023 年和 2024 年，由于整体经济大环境的影响，黑暗中对话陷入了进入中国市场后业务最为艰难的时期。与此同时，工作坊分享师带领五名视障教练，私自模仿黑暗中对话的活动形式，并以半价抢走了很多客户。上述内外部环境变化等对黑暗中对话造成很大影响和冲击。

目前，黑暗中对话开设了黑暗中对话、无声对话、教育等工作坊。除已有的上海、成都和深圳三家体验馆外，2024 年底，在杭州开设了第四家体验馆，2025 年准备在广州开设第五家。黑暗跑团自 2016 年成立以来，取得了令人瞩目的成绩。截至 2024 年底，在全国 30 个城市举办了 500 多场活动，参与人数累计超过 5 万人，让残障人士享受到平等参与运动的权利。例如，2019 年 10 月成立的北京黑暗跑团，已发展成为拥有 1 600 余名残障跑者和志愿者的大家庭；此外，黑暗跑团还开设了公众号，作为宣传推广的平台，让更多人了解和参与活动。

3. 机构在这五年的发展中，是否遇到过比较大的困难或矛盾冲突？最终是如何解决的？

疫情使企业陷入了困境，几乎耗尽了十年辛勤耕耘所积累的财富。疫情后大环境发生变化，企业的业务更是每况愈下。而员工的背叛和同行的恶性竞争更是雪上加霜，使企业的处境更为艰难。目前，企业正采用法律手段，对那些侵权和不正当竞争行为提起诉讼，以捍卫自身合法权益和市场秩序。

企业 16　联谛

1. 机构在 2020 年至今的五年发展中，对自身的社会使命和目标是否进行了调整或修正？为什么？

联谛从一开始就选择了"用商业手段解决社会问题"的模式和路径。创始人说："不用纠结'拿出利润的百分之多少做公益'，因为那不是我们的方式。"企业的主营业务是"为科技产品做无障碍优化，让残障人士、老年人等弱势群体能顺畅使用"，因此，收入越多，意味着越多客户购买企业的服务；而购买其服务的客户的产品能被弱势群体使用，意味着弱势群体得以通过科技产品融入主流社会。联谛本身的盈利和社会价值是同时发生的。

2. 机构在这五年的发展中，运营方面最主要的变化或进展有哪些？

联谛不断在根据市场需求、弱势群体需求以及新的战略机会，调整自己的运营重点。这几年来，联谛丰富了很多服务内容，新增了很多行业的客户，也让更多弱势群体从更多维度受益。

3. 机构在这五年的发展中，是否遇到过比较大的困难或矛盾冲突？最终是如何解决的？

联谛近年来确实遇到了一些挑战。例如，新冠疫情这个不可抗力因素，对发展规划、资本运作计划、经营成果等，都造成了不同程度的影响。虽然面临如此困境，联谛却展现出强大的韧性和活力，企业在疫情期间逆势增长，无论是企业营收，还是服务的客户数量，或是帮助的弱势群体规模，都有所增长。然而，也有部分因为疫情而遇到困境的股东，给企业施加了更多鞭策和压力。

附录 4

本辑案例社会企业混合目标管理机制概况

企业 1   善品公社

1. 机构的社会目标和商业目标分别是什么？运营过程中两者之间如何相互促进或者需要哪些可能的平衡？

善品公社的社会目标是让诚信生产实现市场价值，助力欠发达地区的农业发展，解决小农户对接大市场的难题，促进乡村振兴，并实现共同富裕。这体现在通过社会企业的模式，以农民合作社为抓手，帮助村民形成农产品规模化供应，对接电商平台，实现持续增收。此外，善品公社还通过提供资金、培训、设计包装、品牌建设和市场推广等支持，帮助农户进行市场化经营生产。善品公社的商业目标是以合作社为基础，建立一个统一的品牌，架起小农户与城市消费者之间的信任桥梁。这包括帮助农户提升产品品质、打造品牌，并通过市场推广增加农户和村集体的收入。善品公社还致力于通过合作社孵化、品质提升、品牌打造和市场推广，带动农村地区小农户充分参与生产发展，提升产品的市场竞争力和溢价能力。为了平衡这两者，善品公社采取了一些策略，例如，合作社模式：通过组织农户成立合作社，提高农产品生产规模和效率，同时保证农户的参与度和收益。品质管理：实施标准化的品质管理体系，确保农产品的质量和安全，满足市场需求。市场导向：以市场为导向，选择有市场需求的产品进行推广，确保商业活动的可持续性。本土化管理：培养本地管理团队，确保项目与当地实际情况相符，增强社区的参与感和归属感。通过这些策略，善品公社在实现商业利润的同时，也积极推动社会价值的创造，为乡村振兴和共同富裕做出了贡献。

2. 雇佣和管理拥有不同技能的员工时，是否考虑传递企业的社会目标或考察其对企业社会目标的认同？

善品公社在雇佣和管理拥有不同技能的员工时，确实考虑传递企业的社会目标和考察其对社会目标的认同。具体包括：（1）价值观评估：在选人时，善品公社会评估应聘者与公司价值观的相符程度。（2）价值观培训：新员工培训中包含重要的价值观培训，涵盖善品公社和基金会的价值观。（3）试用期考核：员工需要在试用期内认同公司价值观并通过考核，才能正式入职。（4）持续强化：通过读书会、月例会等形式，善品公社持续向员工传递公司理念和目标，强化价值观认同。（5）品牌宣传：善品公社将社会目标和价值观融入品牌宣传中，例如产品详情页、活动介绍等，让员工了解公司使命。总而言之，善品公社在雇佣和管理员工时，将社会目标的认同作为重要的考量因素，并通过多种方式传递和强化价值观，以确保员工与公司使命一致。

3. 机构管理团队曾面临哪些社会目标和经济目标平衡方面的挑战？是如何应对的？

善品公社面临的挑战体现在：（1）市场竞争压力：善品公社销售的产品并非稀缺品，在市场竞争中缺乏优势，导致利润低，甚至出现亏损。（2）前端平台问题：春播平台出现经营问题，导致善品公社的应收账款无法收回，影响了公司的现金流和运营。（3）团队调整：由于商业模式的变化，善品公社需要进行团队调整，这可能涉及人员变动和职责调整，对团队稳定性和士气造成了一定影响。应对方法：（1）转型县域品牌推广：放弃单纯的销售模式，转向县域品牌推广，通过为政府提供服务和帮助合作社提升品牌价值来获得收入。（2）积极争取应收账款：通过协商、诉讼等方式积极争取春播平台的应收账款，维护公司的合法权益。（3）加强与合作社的合作：与合作社建立更紧密的合作关系，共同打造县域品牌，实现共赢。（4）加强团队建设：通过价值观培训、团队活动等方式加强团队建设，提升团队的凝聚力和战斗力。总之，善品公社在面对春播平台问题时，即使自身遭受损失，也坚持支付合作社的款项，体现了诚信的经营理念。善品公社致力于帮助欠发达地区的农业发展，体现了企业的社会责任感；积极探索新的商业模式，体现了企业的创新精神；与合作社、政府等合作伙伴共同发展，体现了企业的合作精神。

4. 机构是否向外部利益相关方传递自己的社会企业属性或者强调社会价值目标？具体的传递方式有哪些？

善品公社积极向外部利益相关方传递其社会企业属性和社会价值目标。具体的传递方式包括：（1）品牌推广：通过产品包装、宣传资料、销售渠道等方式，介绍善品公社的使命和价值观，以及其在农业发展和乡村振兴方面的努力。（2）参评获奖：善品公社积极参与社会企业相关的评选和活动，并获得了多项荣誉，这有助于提升其社会影响力。（3）媒体报道：善品公社积极与媒体合作，通过新闻报道、专题报道等方式，宣传其社会价值目标和社会责任。（4）公益活动：善品公社积极参与公益活动，例如扶贫济困、环境保护等，用实际行动践行其社会价值目标。（5）与政府合作：善品公社与政府合作开展县域品牌推广项目，这有助于提升其在政府和社会公众中的认可度。总之，善品公社通过多种方式积极传递其社会企业属性和社会价值目标，取得了良好的效果，提升了其社会影响力，为其发展提供了有力支撑。

企业2　成都天杰

1. 机构的社会目标和商业目标分别是什么？运营过程中两者之间如何相互促进或者需要哪些可能的平衡？

成都天杰的商业目标是"成为中国农业综合技术服务商"，其社会目标是"土壤更健康、农产品更安全"。两者的关系如下。

（1）相互促进：天杰从土壤检测做起，将土壤修复作为前提条件，根据土壤特点合理配肥。坚持将保障农产品的安全和品质放在第一位，从植物营养和田间管理入手解决作物生长问题，提供覆盖作物生长全过程的农业技术服务和高质量的化肥产品，帮助农户解决生产问题，赢得农户信任，从而促进产品销售，实现利润。

（2）相互平衡：治理土壤污染、研发土壤修复产品、提供农业技术服务都需要大量的人力、资本投入，投资回报慢，需要平衡长期投入和短期利润的关系。

2. 雇佣和管理拥有不同技能的员工时，是否考虑传递企业的社会目标或考察其对企业社会目标的认同？

在招聘与日常考核的环节，天杰非常注重对员工价值观的考察。新员工必须认可天杰的价值观才能通过试用期并长期工作。

在员工定期的培训中，天杰也不断向员工强调"诚信做人，专业做事"的理念，鼓励员工以诚信和专业为准则，做好自己的本职工作，不追求虚浮的商业行为。具体表现在：

（1）对于市场销售岗位，天杰强调员工不能虚假宣传，要以试验田的数据为依据，实事求是地进行营销，要以良心为底线。

（2）对于技术服务类岗位，天杰要求员工深入田间地头为农民解决技术问题，和农民交朋友，帮助农民增产增收，发展绿色农业。

（3）对于生产一线岗位，天杰要求员工严格遵守生产流程规范，以确保农户购买到的产品量足、质优。例如，为了精准把控包装重量，天杰要求机修工每隔半小时监测一次机器的称重，如果发现包装重量少了马上进行调整，做到只多不少。

3. 机构管理团队曾面临哪些社会目标和经济目标平衡方面的挑战？是如何应对的？

挑战：天杰在平衡土壤更健康、农产品更安全的社会目标与降低生产成本、提高经济效益的经济目标时存在挑战。天杰致力于提供环保高效的肥料产品和技术服务，以保障农产品安全，推动农业可持续发展，但这往往意味着更高的生产成本和初期较低的经济效益。应对方式如下：

（1）天杰与四川农业大学、西南科技大学等多所高校开展合作，共同进行农业科研和技术转化。这不仅有利于降低天杰的科研成本，也促进了环保高效的新产品的研发和推广。

（2）天杰采用直营和代销相结合的销售模式，既能够直接与农户建立联系，深入了解他们的需求和痛点，又能够利用经销商的销售渠道和资源快速拓展市场，降低销售成本，提高经济效益。

（3）天杰积极开展市场推广活动，如设立示范田、举办技术培训班等，让农民亲身体验天杰产品的效果。这些活动有助于增强农民对天杰产品的信任感和接受度，提高市场占有率。

（4）天杰通过提供全过程技术服务，与农民建立长期的合作关系，既帮助农民科学施肥，保护土壤，产出绿色优质的农产品；也有助于天杰稳定销售渠道，提高客户忠诚度，实现经济效益和社会效益的双赢。

4. 机构是否向外部利益相关方传递自己的社会企业属性或者强调社会价值目标？具体的传递方式有哪些？

天杰不断向客户、经销商、合作伙伴等多个外部利益相关方传递自己的社会企业属性，强调其社会价值目标。具体的传递方式有：

（1）通过产品与服务传递：天杰不仅提供土壤友好、吸收高效的肥料产品，还通过设立农业综合服务中心和农业技术服务中心，为农民提供全过程的技术指导，传递出企业致力于解决农产品安全和农业可持续发展问题的社会价值目标。

（2）通过合作与交流传递：天杰与高校、政府积极进行合作与交流，通过参与项目、举办活动、提供技术支持等方式，传授科学的种植理念和技术，展示公司的专业技术能力和社会责任感。在与中和农信的合作中，天杰也注重合作伙伴对其社会目标的认可与践行。

（3）通过社会责任项目传递：天杰积极参与社会责任项目，如土壤污染治理、农产品质量提升等，通过项目的实施和成果展示，向社会各界传递公司致力于解决社会问题、推动农业可持续发展的社会企业属性。

企业3　七约生态农业

1. 机构的社会目标和商业目标分别是什么？运营过程中两者之间如何相互促进或者需要哪些可能的平衡？

"让人和土地更自然"是七约的理想。七约致力于保持土壤健康和有机种植的可持续性探索，最终选择的有机大米种植和相应的米酒研发与销售，是创始人在多年挫折中找到的实现这个理想的具体方式。有机米酒如何被市场认可，从长远看，需要社会价值传递和商业模式探索并行，只有产品销量和利润增长才能让更多的土地用于有机种植，实现土地的健康。但是，目前为止，对土地有机种植技术仍旧缺少系统性的技术积累和相关技术推动，在经济目标不断实现和突破增长的情况下，社会目标后续进展令人拭目以待。从短期看，当小酒厂生产能力过剩时，七约采用临时的代加工策略，提高设备利用率并借此磨合自己的酿造技术，在不影响自身社会目标和核心产品的情况下，策略性地提升经济目标。新酒厂建设规模大，生产能力面临过剩问题，七约又一次面临如何利用产能以降低成本的问题，需要再一次思考在提升经济价值的同时，是否需要对社会价值增长投入更多的努力。

2. 雇佣和管理拥有不同技能的员工时，是否考虑传递企业的社会目标或考察其对企业社会目标的认同？

在向村民、顾问、合作伙伴以及渠道发出合作邀请或招聘员工时，许学超首先传递的是他坚持的以有机种植为核心的价值理念。目前，从邵如意到工厂厂长，再到顾问与员工，可以说都是被这个理念感召而来。在日常工作中，许学超通过读书会的形式，实现与员工的共同成长；同时，把价值观列入管理者和员工日常绩效考核之中。考核体系还在不断完善之中，相关内容需要更加具体的阐述以及制定切实可行的评价标准。

3. 机构管理团队曾面临哪些社会目标和经济目标平衡方面的挑战？是如何应对的？

七约的社会目标和经济目标是一致的，当经济目标无法达成时，社会目标就难以可持续。许学超前两次创业过程中面临经济困难，难以为继时，合伙人选择了放弃。经济目标的挑战很大程度上来自创始人对商业逻辑的陌生。这也使得七约当下最为关键的任务是坚持社会目标下的商业模式的成功探索。企业在扩大规模方面面临的挑战是目前对于有机种植的技术和控制手段尚未实现规范化和系统化，因此难以扩大到更远的地方。如果因为市场需求或外部要求扩大米酒产量的压力而盲目扩张，会导致产品信誉的下降。目前企业顶住诱惑和压力，坚持控制销量增长的速度。违背七约坚持的七个理念的行为，也会对经济价值的创造产生负面影响。

4. 机构是否向外部利益相关方传递自己的社会企业属性或者强调社会价值目标？具体的传递方式有哪些？

"七约"的企业名称本身就在传递与其价值观有关的七个理念，即"真实、自然、专注、合作、分享、感恩、博爱"；这七条约定既出现在企业产品页面的所有标识上，也突出展现于七约农田的醒目位置。七约与农户的合同中规定，对有机种植的稻谷，七约将以3倍于普通稻谷的市场价格进行收购，七约通过承包制、农资统一采购、近距离日常监控等方式保障合作农户按照合同约定的种植方式进行种植。许学超和邵如意与各方的谈话中，始终将企业对七条约定和有机种植理念作为重要内容进行传播；企业举办的各种活动都在努力传递七约的价值观，展现乡村与人们的美好自然的生活方式和生活场景。

企业4　集善乐业

1. 机构的社会目标和商业目标分别是什么？运营过程中两者之间如何相互促进或者需要哪些可能的平衡？

集善乐业的商业目标是成为在全国范围运营的专业残障人士人力资源服务社会企业；社会目标是支持残障人士从事竞争性就业，推动残健人群深度融合。

2. 雇佣和管理拥有不同技能的员工时，是否考虑传递企业的社会目标或考察其对企业社会目标的认同？

集善乐业是一个使命优先的社会企业，因此在雇佣和管理员工时首先需要考察员工对公司价值观的认可度。在日常管理工作中贯彻企业文化，强调企业的助残社会企业定位，持续传递公司的社会目标。

3. 机构管理团队曾面临哪些社会目标和经济目标平衡方面的挑战？是如何应对的？

社会目标的挑战：目前，由于残障人士尚未广泛参与社会生活，主流社会对于残障人士群体的认知还停留在同情层面，这是集善乐业推广残健融合社会所面临的一个主要挑战。应对措施：通过集善乐业的积极行动与倡导，逐渐改变社会大众对残障人士群体片面刻板的认知。

经济目标的挑战：残障人士劳动者作为劳动力资源普遍存在着受教育程度较低、认知水平偏低、劳动效率偏低、需要的支持体系成本较高等问题。集善乐业组织残障人士从事数字化劳动密集型岗位就业，残障人士劳动者的平均产出显著低于健全人团队的产出，因此给企业的盈利能力带来巨大挑战。应对措施：（1）集善乐业通过组建基金会、社会服务机构、社会企业组成的公益联合体，筹集社会资源，降低企业在场租、设备设施购置、人员招募培训、人员福利等方面的运营成本，从而弥补残障人士劳动者产出较低导致的企业盈利短板，让集善乐业能实现自负盈亏，持续运营。（2）由于集善乐业在与利益相关方沟通中，强调自身的社会企业属性，获得了普通企业较难获得的合作机会，也降低了企业的商务成本。

4. 机构是否向外部利益相关方传递自己的社会企业属性或者强调社会价值目标？具体的传递方式有哪些？

企业在与外部利益相关方沟通合作时，会突出自身的社会企业属性，但较少强调社会价值目标。传递的方式包括利用集善乐业官网、公众号、视频号等媒体平台，以及企业的宣传资料等途径，展示集善乐业的社会企业属性，以及推动残健融合社会发展的社会目标。

企业5　十方缘

1. 机构的社会目标和商业目标分别是什么？运营过程中两者之间如何相互促进或者需要哪些可能的平衡？

十方缘专注于其社会目标，志在为全国重症、临终老人提供专业的心灵呵护服务，使老人在宁静祥和中走完人生的最后旅程。它通过北京十方缘公益基金会募款来支持全国各地老人心灵呵护项目，同时邀请社会各界力量（包括商业机构）参与老人心灵呵护服务事业，并免费向社会各界分享十方缘开发的老人心灵呵护的方法和技术。

2. 雇佣和管理拥有不同技能的员工时，是否考虑传递企业的社会目标或考察其对企业社会目标的认同？

十方缘的正式员工大多是因认可十方缘的社会使命而加入组织的，也在十方缘的培训体系中不断学习和成长。尽管正式聘用的员工数量不多，十方缘珍视每位员工独特的认知和能力。此外，十方缘善于充分发挥热心义工和志愿者的积极性，使其与正式员工携手并进，共同推动老人心灵呵护事业的发展。

3. 机构管理团队曾面临哪些社会目标和经济目标平衡方面的挑战？是如何应对的？

十方缘面临的挑战：（1）随着十方缘从北京单一中心发展为全国更多个中心，规模不断扩大，各地机构面临资金短缺问题。为此，在212位爱心人士的支持下，北京十方缘公益基金会注册成立，专注于老人心灵呵护事业，是临终老人心灵呵护事业的捐赠平台和为老服务个人和组织的资助平台。迄今，十方缘在全国的400多家机构可以通过基金会提供的联合劝募平台来为其项目募款，支持各地的老人心灵呵护项目。（2）如何更有效地开展义工培训和管理问题。针对这一问题，各地的老人心灵呵护组织联合成立了中国生命关怀协会心灵呵护工作委员会。该委员会制定并出版了《十方缘老人心灵呵护团队标准》，并将这些标准和各类管理工作优化成手机App和微信小程序，以技术助力团队管理。

4. 机构是否向外部利益相关方传递自己的社会企业属性或者强调社会价值目标？具体的传递方式有哪些？

十方缘不断向外部利益相关方传递自己的社会目标。传递方式包括：（1）通过老人心灵呵护义工培训课程和五星级义工成长体系向义工传播；组织编写和出版《流动的生命：爱与陪伴的故事》《老人心灵呵护理论与实务》《十方缘老人心灵呵护团队标准》等书籍向老人心灵呵护服务机构、团队和义工以及社会大众传播。（2）通过心灵呵护产品（包括微纪录片、爱与陪伴一堂课等）向社区、学校及社会大众传播。（3）通过线上平台向农村和国际地区传播；通过老人心灵呵护职业技能培训向养老、家政、医疗行业等为老服务从业者传播，并为他们赋能。（4）通过与中国公益研究院合作，通过联合研究推动临终关怀进入医保长期照护险报销名录，向政府建言献策。（5）通过研讨会、VR（虚拟现实）、电影等各种新方式向社会传播。

企业6　大米和小米

1. 机构的社会目标和商业目标分别是什么？运营过程中两者之间如何相互促进或者需要哪些可能的平衡？

大米和小米的社会目标在于提升孤独症儿童干预服务水平，改善众多孤独症儿童及其家庭的生活质量，推动社会对孤独症群体的理解和支持。企业通过研发科学有效的干预方法、提供全面可靠的干预服务，促进孤独症康复行业发展以及倡导对孤独症的科学认知，帮助孤独症儿童融入社会。为使社会企业能够在市场上生存下来，必然要谈及企业的商业目标。管理层明确指出，对于一个社会企业而言，企业首先应当保证自己在激烈的市场竞争中得以生存，才能够谈及社会价值的创造。大米和小米的商业目标是通过科学化和规模化的运营模式，持续拓展孤独症儿童干预服务的种类和规模，从而实现企业的可持续发展和盈利。虽然大米和小米的社会目标和商业目标之间存在着良性的互动，但同时也存在着紧张关系。例如，规模化扩张与质量管控的权衡，快速扩张实现商业目标的同时可能带来服务质量的下降，从而背离社会目标。为此，大米和小米通过夯实师资队伍、建立四级巡查机制、设立稽核部门、引入AI技术监控等方式，确保干预质量不受影响。另外，大米和小米也面临普惠性与成本之间的平衡，高成本的一对一干预服务价格较高，低收入家庭难以负担，但如果只提供价格较高的产品则又不符合其社会目标的追求。为此，大米和小米正开发低成本但高效的一对多模式，如"小镇模式"或小组干预课程，逐步扩大中低收入家庭的覆盖面。

2. 雇佣和管理拥有不同技能的员工时，是否考虑传递企业的社会目标或考察其对企业社会目标的认同？

不管是在康复师、督导和管理团队的招聘，还是在内部员工的培训、考核中，大米和小米高度重视组织成员对其社会目标的认同。（1）在招聘信息中明确阐述企业的社会目标，让求职者在应聘前就了解大米和小米致力于为孤独症儿童及其家庭提供服务，推动社会融合等使命，吸引认同这一社会价值的人才前来应聘。新员工入职时，会接受系统的岗前培训，在培训内容中融入企业社会目标的讲解和阐述，让员工深入了解大米和小米所从事的事业对于孤独症儿童及其家庭乃至整个社会的重要意义，增强其对社会目标的认同感和使命感。同时，借助企业文化活动，如孤独症关爱公益活动等，凝聚员工对社会目标的认同，增强内部凝聚力。（2）大米和小米还将专业培训与价值塑造相结合。在各类专业技能培训中，强调如何运用专业技能更好地服务孤独症儿童，实现社会目标。比如康复师培训，不仅教授专业的康复知识和技能，还会引导康复师思考如何通过自己的工作帮助孤独症儿童更好地融入社会，使专业培训与社会目标紧密结合。康复师需通过分级培训体系，掌握专业技能的同时强化社会责任意识，如对干预效果和孤独症儿童福祉的关注。督导定期组织个案讨论，既提升技术能力，又通过实际案例传递社会价值的重要性。这些举措都促进了企业社会价值的传递。（3）员工考核中的一部分归康教部门负责，检查其针对孤独症儿童案例的干预方法是否规范有效，同时也是在社会目标上对员工的行为进行约束和考核。

3. 机构管理团队曾面临哪些社会目标和经济目标平衡方面的挑战？是如何应对的？

身处不同的位置，团队成员会有不同的关注点。运营和市场部门更多关注企业效率和扩张的问题，而以姜英爽为代表的创始人团队始终怀揣着理想主义情怀，这难免会造成社会理想与商业现实的冲突。例如，姜英爽和喻尘经常在企业商业版图的拓展决策上产生分歧。企业的经济目标要求保持一定的盈利水平，以维持运营和发展。因此运营和市场部门追求快速扩张以实现经济目标。然而，快速扩张可能导致服务质量的下降，造成社会目标的背离。而以社会目标实现为行为准则的成员致力于提供全方位高质量的孤独症儿童干预服务、培养专业康复师等，这些举措往往需要大量资金投入，若没有收入也难以实现企业的可持续发展。为了协调组织内的这两种声音，在扩展商业版图的过程中，大米和小米针对每一位寻求干预服务的孤独症儿童，建立四级巡查机制，综合协调并合理分配各种资源，以达到干预的最优化，确保孩子们获得有效的干预治疗。同时，大米和小米设置双线汇报考核（康教中心和运营部门双线管理）、稽核与巡查机制，引入 AI 技术监控等方式，通过监控和反馈，既保障服务质量，又兼顾商业发展，实现社会目标与商业目标的平衡。大米和小米非常重视向员工传递企业自身的社会价值，让员工深入了解大米和小米所从事的事业的社会价值，增强其对社会目标的认同感和使命感，确保所有员工，尤其是领导团队，深入理解和认同企业的价值观，让组织成员在思想上达成共识，明白在追求经济利益的同时，不能忽视社会使命。

4. 机构是否向外部利益相关方传递自己的社会企业属性或者强调社会价值目标？具体的传递方式有哪些？

大米和小米积极向外部利益相关方传递自己的社会企业属性和社会价值目标，以获取大众对企业的信任、吸引投资、提升社会影响力，进而促进行业进步和社会发展。具体有如下方式：（1）在干预市场上，大米和小米通过各种自媒体平台发布涵盖孤独症知识、干预案例等的专业文章，通过视频号直观展现机构的干预训练场景、专家讲座及孤独症孩子的成长变化，使公众深入了解孤独症群体的状况以及大米和小米所付出的努力。其线下康复中心已在众多城市设立50多家机构，以科学体系和专业团队开展服务。大米和小米还积极参与行业活动，分享成果经验，推动行业发展，彰显社会企业属性与价值。（2）在产学研合作上，大米和小米与医院、学校、科研机构广泛合作，为普通学校提供融合支持以推动特殊需要儿童融合教育，还联合设立孤独症研究专项基金，开展科研工作，切实履行其社会责任。自主培养专业康复师和治疗师，并与高校联合培养标准化人才，为行业发展提供人才支持，彰显了其作为社会企业对社会责任的担当。（3）在资本市场上，越来越多的投资者在寻找既具有经济回报潜力，又能产生社会价值的投资项目。大米和小米与投资人沟通过程中积极传递自身社会价值，吸引了众多理念一致的投资者。双方契合的价值观构建起战略合作纽带，一同砥砺奋进。在获得投资后，团队多次公开表示融资将用于推进干预康复产品和服务体系建设、智能化解决方案等方面，明确阐述社会目标及战略规划，清晰地向外部利益相关方传递企业在追求经济目标的同时，始终将社会价值目标放在重要位置，并以此为导向进行战略布局和资源配置。

企业7　成都童萌

1. 机构的社会目标和商业目标分别是什么？运营过程中两者之间如何相互促进或者需要哪些可能的平衡？

童萌的社会目标是促进社区普惠早教的发展，让质优价廉的早教惠及更多的家庭。其早期的纯公益模式在经济上不可持续，使其实现社会目标受阻。在转变为社会企业以后，童萌社区普惠早教的特性使其更容易得到社区的支持、家长（客户）的信任与青睐；稳定的经济收入使得社区普惠早教更可持续。

2. 雇佣和管理拥有不同技能的员工时，是否考虑传递企业的社会目标或考察其对企业社会目标的认同？

童萌在招募妈妈老师（合伙人）时，将认同普惠早教作为一个重要的筛选标准。这些妈妈老师不来自经济压力大的家庭，也不来自富裕家庭，而大多是工薪阶层家庭。这一群体的经济状况相对稳定，她们较少因为经济原因离职，也不会单纯将追求经济利益最大化作为行为导向。童萌的区域经理也是从这些妈妈老师中选拔培养而来。

3. 机构管理团队曾面临哪些社会目标和经济目标平衡方面的挑战？是如何应对的？

童萌的价值观不是由创始人个人决定的，而是管理团队共创的结果。他们坚定推广社区普惠早教的使命，管理团队强烈认同这一社会目标。当出现内部冲突时，他们秉持"遇事不决问使命"的原则。然而，如何在坚持社会使命的同时提高自我造血能力、实现经济上可持续是童萌面临的主要挑战。主要应对方式如下：（1）通过与社区合作，以零租金的方式获得社区闲置空间的使用权。（2）聘用妈妈老师，降低了童萌在教师工资方面的支出，也提高了教师队伍的稳定性；将专任教师转变为合作人，这种身份的转变在激发妈妈老师创业热情的同时，也实现了经济利益的共享。（3）凭借社区的背书以及提供质优价廉的早教服务，童萌吸引了众多的家庭客户。

4. 机构是否向外部利益相关方传递自己的社会企业属性或者强调社会价值目标？具体的传递方式有哪些？

童萌与社区合作时，强调自己的社会企业属性以及对社区的价值，从而赢得社区的支持；在选择第三方合作机构时，一开始追求价值观完全一致，后来调整为寻求共同价值观的最大子集。

企业8 是光

1. 机构的社会目标和商业目标分别是什么？运营过程中两者之间如何相互促进或者需要哪些可能的平衡？

是光的社会目标是通过使命来明确表述的，即"通过诗歌，让每一个孩子拥有自由的情感表达，成为悦纳自己、热爱生活的未来乡村建设者"。是光的机构属性偏向于公益，没有明确的商业目标。是光的运营经费来自基金会、政府、企业的公益项目资金，用于支撑是光的运营，两者之间的关系是相互促进的，也就是说，更多的公益资金的投入就可以支持是光开展更多的项目。

2. 雇佣和管理拥有不同技能的员工时，是否考虑传递企业的社会目标或考察其对企业社会目标的认同？

是光所有的活动都是围绕社会目标开展的，因此需要对所有的员工，包括众多的志愿者进行机构使命的传递和考察，比如新的志愿者在正式入职前需要实习一个月，除了考察能力外，最重要的就是考察其对于机构社会目标的认同情况。

3. 机构管理团队曾面临哪些社会目标和经济目标平衡方面的挑战？是如何应对的？

目前，是光全职人员有9名，主要负责人是两位创始人康瑜和张田田，两人在经营理念有一些不同，但是在社会目标和经济目标两者关系的问题上未见分歧。

4. 机构是否向外部利益相关方传递自己的社会企业属性或者强调社会价值目标？具体的传递方式有哪些？

是光非常明确需要获得更多的外部利益相关方的认可，因此从创立之初就用各种方式传递是光的理念，也获得了很多正面反馈。具体的方式有很多，包括创始人参加各种公益竞赛、发表演讲、介绍媒体的参访、撰写公众号文章、带领小诗人们参加大型诗歌朗诵会等活动、和企业联名开展公益活动等。

企业 9 复恩复观

1. 机构的社会目标和商业目标分别是什么？运营过程中两者之间如何相互促进或者需要哪些可能的平衡？

复恩的社会目标是促进社会组织依法合规运营，推动中国公益事业及非营利事业发展；商业目标是获取市场服务性收入以维系自身运营。复观所的社会目标是为非营利组织提供专业且价格亲民的法律服务，确保它们健康运作并持续服务社会；商业目标是为公益慈善行业利益相关方提供中国非营利法领域专业法律服务。

两者相互促进：（1）在复恩和复观所的联系中，复恩从事的法律研究、立法参与、公益慈善行业的法律基础建设和大众教育与复观所主营的商业法律服务形成了良性循环，两者人才共享、资源共享，实现两个组织商业目标和社会目标的协同和强化。（2）复观所提供的商业法律服务使公益慈善行业上下游的各个参与者受益，优化行业生态，促进其社会目标的实现，并反过来支持其商业价值的实现，构成良性循环。

2. 雇佣和管理拥有不同技能的员工时，是否考虑传递企业的社会目标或考察其对企业社会目标的认同？

复恩和复观所在员工管理的全程中积极探寻与企业社会价值相契合的方法。（1）在招聘环节，考察应聘者的个人兴趣、就业需求、职业规划和价值观等是否与复恩和复观所的社会目标匹配，且经由全体员工群面确认。（2）在目标和绩效管理中，鼓励员工与合伙人沟通项目种类、课题研究的主题种类、偏好的社会组织类型等整体工作需求。

3. 机构管理团队曾面临哪些社会目标和经济目标平衡方面的挑战？是如何应对的？

（1）2014年，复恩成为汉路律所的公益支持部后，逐渐能够通过专业法律服务实现创收，但嵌套组织形式在一定程度上影响了社会目标的传达和管理。应对方法是建立独立品牌律所——复观所，在组织上与复恩分立，在人力等方面保持联合，这样既保留了专业法律服务的创收途径，又能保证组织文化的独立性。

（2）2019年后，受大环境影响，复恩面向社会组织的业务受到较大限制，而复观所的商业合作基本得以维持。应对方法是：一方面，由复观所向复恩提供更多经济支持；另一方面，复恩也积极转向"益两"、线上公益课程等受限更小的业务来实现社会价值。

4. 机构是否向外部利益相关方传递自己的社会企业属性或者强调社会价值目标？具体的传递方式有哪些？

复恩和复观所一直在向外部利益相关方传递自己的社会企业属性和社会价值目标。复恩：（1）出版非营利组织法、公益法的实践性指导书籍，提供公益法律咨询服务，面向社会组织传递社会目标。（2）建设免费的线上公益百科知识平台，面向社会大众传递社会目标。（3）参与法律法规制定过程，向立法机关和政府部门强调其社会目标。（4）通过"公益律芽发掘计划"项目培养非营利法青年法律人才，有针对性地向法学学生和青年律师传递社会目标。

复观所：（1）获得 B Corp 认证。（2）业务只聚焦于中国非营利法，在完成客户基础法律需求之外，尝试传达有关社会组织或非营利法的价值和理念。

企业 10　古村之友

1. 机构的社会目标和商业目标分别是什么？运营过程中两者之间如何相互促进或者需要哪些可能的平衡？

古村之友从创立之初就被赋予了"保护古村落，保护中华文化遗产"的社会使命。为了完成这一社会使命，创始人汤敏推动建立全国性的古村落保护志愿者网络，并以"新乡贤工程"为抓手，尝试激活民间公益慈善文化，培植乡村善治的土壤。作为一家公益属性非常强的社会组织，古村之友没有明确的商业目标，其开展的所有活动，包括爱乡宝、爱校宝等互联网公益捐赠平台均是围绕其社会目标实现而进行的探索，是为了实现古村落保护、乡村善治的社会目标而进行的社会创新实践。

2. 雇佣和管理拥有不同技能的员工时，是否考虑传递企业的社会目标或考察其对企业社会目标的认同？

作为古村之友创始人，汤敏从事公益事业10多年来始终坚守公益人的初心，修炼成了多个角色，包括公益事业的鼓动家、作家、演说者，以及社会企业的领导者等。因此，古村之友通过以下方式来传递其社会目标：（1）在汤敏的言传身教中，能够让拥有不同技能的员工认同组织的社会目标，并且努力践行之。（2）组织中已有关于使命、价值观等的总结提炼，如"让天下没有难做的善事"使命陈述。在日常工作中，古村之友积极履行这一使命。作为一家成长中的社会组织，古村之友在未来成长发展中还需要完善治理结构，强化制度流程，确保员工对机构社会目标的认同，并且落实在工作中。

3. 机构管理团队曾面临哪些社会目标和经济目标平衡方面的挑战？是如何应对的？

汤敏及其管理团队成员有公益、商业背景的差异，团队成员分工明确、各司其职，团队成员们高度认同创始人汤敏的理念。2019年，古村之友获得了外部投资，投资人是在高度认可汤敏的公益理念和古村之友的社会价值的情况下决定投资的，投资人与古村之友的管理团队的管理理念比较一致。此外，汤敏及其团队与投资方定期召开见面交流会，从而使双方在社会目标和经济目标平衡方面没有明显的冲突。

4. 机构是否向外部利益相关方传递自己的社会企业属性或者强调社会价值目标？具体的传递方式有哪些？

（1）在古村之友创立之前，创始人汤敏通过公益演讲、公益法律援助、建立志愿者网络等方式向外部利益相关方，包括志愿者、专家学者、地方政府等传递其社会价值目标。（2）古村之友成立之后，汤敏及其团队通过召开全国古村落保护大会、成立各省古村落保护志愿者组织、建立古村落保护公众号、开展抢救性修缮的公益众筹行动等方式对外积极传达机构的社会价值目标。（3）在爱乡宝、爱校宝发展过程中，面对来自外部利益相关方如投资方的各种质疑，汤敏及其团队通过与投资方定期举行见面交流会，明确商业与公益在思维、行为上的差异，以及这些差异如何导致管理方式的不同，从而让投资方认同其社会价值目标。

图书在版编目（CIP）数据

社会企业家精神. 第三辑, 混合目标的挑战与管理 /
易靖韬等著. -- 北京：中国人民大学出版社，2025. 6.
ISBN 978-7-300-33912-2

Ⅰ. F279. 23

中国国家版本馆 CIP 数据核字第 2025N6Q437 号

社会企业家精神（第三辑）
——混合目标的挑战与管理

易靖韬　赵萌　徐京悦　王强　王建英　等　著

Shehui Qiyejia Jingshen（Di-san Ji）
——Hunhe Mubiao de Tiaozhan yu Guanli

出版发行	中国人民大学出版社	
社　址	北京中关村大街 31 号	**邮政编码**　100080
电　话	010 - 62511242（总编室）	010 - 62511770（质管部）
	010 - 82501766（邮购部）	010 - 62514148（门市部）
	010 - 62511173（发行公司）	010 - 62515275（盗版举报）
网　址	http://www.crup.com.cn	
经　销	新华书店	
印　刷	北京联兴盛业印刷股份有限公司	
开　本	720 mm×1000 mm　1/16	**版　次**　2025 年 6 月第 1 版
印　张	28.5 插页 1	**印　次**　2025 年 6 月第 1 次印刷
字　数	359 000	**定　价**　99.00 元